JN079683

東 京 時 影

桑田光平／田口 仁／吉野良祐・編

1964／202X

Shadows of Time:
Cross-Cultural Reflection on Tokyo 1964 / 202X
Edited by KUWADA Kohei, TAGUCHI Hitoshi, YOSHINO Ryosuke
Hatori Press, Inc., 2023
ISBN 978-4-904702-89-5

宙吊りの時間を記録する

桑田光平

　本書を企画したのは、ロシアのウクライナ侵攻はもちろん、新型コロナウイルスのパンデミックよりもずっと前の、まだ平和な時代だった。平和だったというのは、もちろん、現在からの印象でしかない。当時は当時で、日本社会のどん詰まり感がそこはかとなく、いたるところに漂っており、だらだらとゆるやかに沈んでゆく感覚を覚えていたはずだが、そんなことなど忘れてしまうほど、一挙に世界全体が大きな危機に突入してしまった。大きな危機といっても、新しい国際戦争と、新しいウイルスという、昔からある危機の再来にすぎない。資本主義と民主主義とテクノロジーの発展によって、一瞬克服したかに見えた古い亡霊たちが、またぞろ復活したというわけだ。人は歴史から学ぶというが、それははなはだあやしい。忘却の能力のほうがはるかに優れていることをあらためて認めるべきではないだろうか。現に、コロナ以前の生活については忘れつつあるというのが本当のところで……いや、実際には、コロナ以前の生活などというのも、コロナを経験したあとから意味づけされたひとつの虚構でしかないのかもしれない。

　約60年ぶりの東京オリンピック・パラリンピックを目前に控えた2018年の夏、建築家の友人によるある展覧会プロジェクトを耳にし、1964年と2020年の東京を比較してみることは確かに面白そうだと思った。二つの時代において、東京が芸術・メディアによってどのように表象されてきたのか、また、東京という「都市のイメージ」（ケヴィン・リンチ）がこの60年でどのように変容したのか。オリ・パラにとくに思い入れがあるわけではないのだが、自分たちが暮らす街について問い直してみるよいきっかけにはなるだろう。ただ、都市論やメディア論を専門にしているわけではないし、一人で取り組むには時間がかかり、偏りも出るはず。そこで、2019年前半の大学院の授業で、学生さんたちの力を大

いに借りながら、文学、映画、建築、漫画、音楽、舞台芸術、写真、マスメディアにおける東京の表象を調査することにした。データやエビデンスを用いて東京を論じるのではなく、あくまで表象文化論的なアプローチから、さまざまな作品に描かれた東京を分析するという手法をとった。授業内で行われた調査報告のいずれもが面白いと感じられたので、それをもとに参加者有志で論考を書き、出版のあてがあったわけではなかったが、論集を編んでみたらどうだろうという案が浮かんだ。実際のところ、参加者全員がレポートを書いて提出してくれたが、論集というアイデアについては、パンデミックによってオリ・パラ開催の見通しが立たない状況下で再考を余儀なくされた。

　目に見えないウイルスの脅威にさらされ、世界中が活動を一時的にストップせざるをえなくなった時点で、当初の比較論的な都市表象分析は自明なものではなくなった。「都市」と呼ばれるものがむしろウイルスの脅威を増幅する装置として働き、インフラだけでなく生活様式の全面的な見直しが早急に求められていた。2020年4月には新型インフルエンザ等対策特別措置法に基づき「緊急事態宣言」が発出され、人々の行動は大幅に制限されることになった。都市はその姿を一変してしまったのである。論集の口実であったオリ・パラの開催が翌年に延期され、論集の計画も一度は白紙に戻すことになったのだが、授業に参加してくれていた田口仁、吉野良祐両氏の協力により、すぐにあたらしい視点から計画を再開することにした。時間が止まったかのようなこの非常時においてのみあらわれる、東京を舞台にした複数の歴史と現在時の交錯を、自分たちの感情的な反応も含めて（といっても、あえて含めるという必要はなく）描き出すこと。それが本論集の目指すものとなった。未曾有の事態に対する不安、怒り、悲哀、期待といった執筆者の主観が、明示的であれ暗示的であれ、論考に記録されているのはそのためである。この方針のもと、2020年12月に各自があらためて執筆を開始し、途中で互いの原稿を読み合い、論評しながら、すべての原稿が出揃ったのは2021年6月末のことだった。幸いなことに羽鳥書店が論集の刊行を承諾してくださり、同年の秋には書店に並ぶ予定だった。その後、2年近くも時間が空いてしまったのには複数の理由がある。いずれも直接的・間接的にパンデミックに関わるものである。

　本書に収められた論考を読み直してみると、当時のいくらか切迫した雰囲気

が、はるか遠い昔のことのように感じられる。2年という時差のせいで、社会状況は大きく変化し、「ニューノーマル」と呼ばれた新しい生活様式が定着し、新型コロナウイルスに関しても、また、さまざまな問題を露呈する結果となったオリ・パラに関しても多くの追加情報が得られている。それでも、宙吊りになった時間の中で書かれたこれらの論考に手を加えることはしないことにした。起こったことを事後的に整理し、それに一定の意味づけを与えるよりも、災厄を前に狼狽した自分たちの身振りや思考をそのままの形で記録しておくほうが、健忘症気味のわたしたちにはよほど貴重だと思われたからだ。

　本書のタイトル『東京時影』には、忘却の影に消えつつあるあの宙吊りの時間の痕跡という意味が込められている。そこに住んでいるはずなのに、限りなくよそよそしくなった東京という街の束の間の憂いの表情が、わたしたちのとまどいとともに、ここに描き留められているならば、それこそが本書の意義ということになるだろう。

目　次

Part II／時

Part X / 夢

東京時影 1964/202X

序──「東京と」

田口 仁

1　東京と / 2020-2023

──2020年11月

　東京とそこに暮らす人々について語りたい。

　東京と人々を「と」、という助詞で結び付ける。平板に並べられたふたつの言葉はまだあらゆる関係性に漠然と開かれている。それは、東京で暮らすことかもしれないし、ときに分かち難い両者が取り結ぶ様々な関係や、その過去と未来のことかもしれない。あるいは、東京とそこに住む人々は、もはや互いによそよそしく存在しているだけなのかもしれない。

　2020年開催予定であった東京オリンピックを梃子として、現在都市東京では大規模な再開発やインフラの整備が進められている。これは単なるオリンピック特需ではなく、第2次安倍内閣の成長戦略の一部を成す国家戦略特区に基づく、国家主導による都市改造である。東京都の国家戦略特区は「2020年開催の東京オリンピック・パラリンピックも視野に、世界で一番ビジネスのしやすい環境を整備することにより、世界から資金・人材・企業等を集める国際的ビジネス拠点を形成するとともに、起業・イノベーションを通じ、国際競争力のある新事業を創出」[1]することを目的とするという。このプロジェクトには無論観光インバウンド増加を企図した都市の魅力向上も含まれており、2020年度に都内美術館で開催された「MANGA都市TOKYO」展や「STARS」展などの東京や日本を強調した展示も、この動きに呼応するものとして理解できる。

　こうしたオリンピックを梃子とした都市改造と経済振興が1964年の東京オリンピックでの「成功」の再現を狙ったものであることに疑問の余地はない。オリンピック招致決定時の総理大臣であり、招致に強い意欲を見せてきた安倍晋

三は、2006年9月の最初の総理大臣就任に先立ち、同年7月に『美しい国へ』を出版して自身の国家像を示した。その中では映画『ALWAYS 三丁目の夕日』への賛辞に数頁がさかれており、映画の舞台である昭和30年代はその後しばしば彼の理想として語られることになる。『ALWAYS』は興行収入32億3千万円の大ヒットを記録し、日本アカデミー賞各部門を始め国内映画賞を総なめにしたことで三部作となったが、その完結編たる第三部こそがオリンピック開催年を舞台にした『ALWAYS 三丁目の夕日'64』であり、元号では昭和39年、正に30年代の復興と成長の集大成となる年なのである。

　日高勝之は『昭和ノスタルジアとは何か』を安倍晋三のこの映画への愛着から始め、サッチャー政権下での文化遺産の政治利用の例を参照しつつ、「昭和ノスタルジア」の政治利用に懸念を示している[2]。いかにもサッチャー政権下において、ヴィクトリア朝の遺産が国民統合と新自由主義的政策の正当化のために動員されたことと、このオリンピック招致を頂点とした高度経済成長の神話化は相似を成す。公的には東日本大震災からの復興五輪を掲げた2020年の東京オリンピックの背後には、戦後復興の記憶を震災からの復興と重ね合わせることで、目下進行中のグローバル資本主義への邁進を歴史的に正当化しようとする欲望がある。

　しかし、2020年春からのコロナ禍によってオリンピックの延期が決定され、安倍晋三も9月に持病の悪化を理由として総理大臣職を辞任した。当初のもくろみはオリンピックの開催を待たずして挫折したかにみえる。だが、そもそも都市東京とそこに暮らす人々にとって、2020は初めから1964の再演とはなり得なかったのではないか。1964年の東京を都市として「魅力的」にしていたものは、政府や広告代理店が主導するビジネスマンや観光客を引き付けるインフラやイベントではなかったはずだ。今考えられている都市の魅力はあまりにも功利的に過ぎる。かつて東京に行くこと、東京に住むことにはもっと無目的で漠然とした期待があったのだ。その感情の記憶は文化現象や芸術などの表現とその経験のなかに息づいている。

　60年代に家出の思想を唱えた寺山修司は、東京に憧れた高校時代を真木不二夫の「東京へ行こうよ」のレコードの記憶と共に回想している。

東京へ行こうよ　東京へ

　　思うだけではきりがない

　　行けば行ったで　何とかなるさ

　　未練心も　故郷も

　　捨てゝ行こうよ　夜汽車で行こう³

　この1955年に発売された真木不二夫「東京へ行こうよ」は、寺山少年のみならず多くの人々の「いてもたってもいられない」心情をいたく掻き立てたらしく、家出を奨励するものとして発売禁止・放送禁止の処分を受けた。人々の上京の背景には無論地方の窮状という現実もあったが、いずれにせよ個人を縛りつける様々なしがらみから自由にする場所として、東京は人々を引き付ける明るい場所と想像されたのだ。

　更に60年代を通じた高度経済成長によって、グループ・サウンズや美樹克彦「行こうぜ東京」(1966年)にみられるような、夢、青春、欲望の街としての——資本主義の熱さ、速さ、軽さの顕現としての——東京のイメージが確立されることとなるが、中でも1964年の東京オリンピックが果たした役割は決定的なものであった。オリンピック開催に向けて羽田空港、首都高、環状7号線などが整備され、東海道新幹線やモノレールの開通、都心の米軍施設の返還があり、市街の浄化や風紀の是正とも相まって、東京はその景色を大きく変えた。また、こうして東京オリンピックは物理的な意味でも東京の都市空間を変容させ、東京を中心とした全国的な交通インフラを整備したが、それ以上に戦後日本の復興と国際社会への復帰を象徴する国家イベントを東京が象徴し、それが爆発的に普及したテレビを通じて、日本全国の家庭へと届けられたことの影響は重大であったにちがいない⁴。歌謡に限っても、1964年の紅白歌合戦では4組もの歌手が東京をタイトルに含む歌を披露する、大東京ブームが生じたのである。

　一方で2020年現在。新たな東京オリンピックを控えて、東京という言葉はもはやかつてのような喚起力をもってはいない。都市生活を東京に象徴する表現は依然として見られるものの、それらはどこか手あかにまみれて鈍重な調子でさえある。「街の中で歌を作る」と語る前野健太は「東京2011」(2012年)の中で以下のように歌っている。

使い古された憧れの街
　　東京

　　夢　希望　野望　野暮ったいけれど
　　東京

　　君と出会った　君と別れた
　　この街がやっぱり僕は好きなんだと思った

　　使い古された青春の街
　　東京

　　今灯りは消え　若者たちは去り
　　東京

　　街なんて何処だっていいのに　いいはずなのに
　　この街はキラキラ輝いて　寂しがりやの僕にぴったりだった

　　使い古された憧れの街
　　東京

　　花の都なんて思わないけれど
　　東京⁵

憧れの街、溢れる光、出会いと別れ、夢と挫折、クリシェと化した都市東京の表現を「使い古された」と前野は痛烈に突き放す。曲のタイトルにある2011は東日本大震災があった特別な年であり、2020年の東京五輪はこの震災からの「復興五輪」を招致時からの理念として掲げてきた。しかし、ここに歌われているのは震災のために変わってしまった東京ということではない。震災の影響があ

るとしても、それは夢から覚めるきっかけに過ぎず、感傷があるとしてもそれ
は酔いから醒めた寂しみだろう。長引く経済成長の鈍化、「新自由主義」経済
下で与えられる絶えざる欠乏と無能の感覚、SNSに媒介された生活全般に及
ぶ過酷な競争は、不安や失敗のリスク意識を高め、すでに、かつての都市の自
由は「無縁」の恐怖へと置き換えられつつあった[6]。また、20世紀末から急速
に大衆化したインターネットとスマートフォンの普及は都市の経験を変え、も
はや都市は目的地への通過点に過ぎなくなったという指摘もある[7]。今や人々
が総体としての東京を共通に想像することさえもが難しくなっているのかもし
れない。1964と2020の二つの五輪の背景を成す都市東京は対照的なものとなっ
ているのだ。そして先に述べたように、この「復興五輪」に紐づけて進められ
る諸政策は、更にこうした傾向を助長する方向へと向けられているのである。

　ここには欲望されてきた都市生活の高揚感やそれへの期待など微塵もない。
だが、その一方で前野健太のシンボルを欠いた東京は、そのクリシェの否定の
なかに——街なんて何処だっていいのに　いいはずなのに——個人的な記憶の
場所の集積としての東京を仄かに浮かび上がらせているのではないか。アパー
トの自室、近所のコンビニ、ドラッグストア、駅への近道といったもはや郊外
と区別のつかない均質な風景から、貧しさと豊かさを共に含み持つ肌理に富ん
だ別様の東京の姿が立ち上がる。このコロナ禍の途上においては、そうした何
処にでもあるはずの光景、取るに足らないはずの日常は幸福な記憶として一層
強く想起され、埋没していた感情の襞を次々と逆なでにしていく。この想起は
対象がすでに失われているという事実とその痛みを前提とする以上、決して甘
美な退行だけではありえない。それはスヴェトラーナ・ボイムが言うようなモ
ダニティの時間の概念、歴史と進歩の時間概念に抗うノスタルジアであり[8]、
同時代への省察を促すものでもあるはずだ。

　このコロナ禍における自粛のなかで東京は一時的に時を止めた。この急ブレー
キによって、五輪を軸に組織されようとしていた神話は綻びを見せ、そこから
剥がれ落ちた過去は秩序を失い、忘却の波打ち際に置き去りにされた記憶や顧
みられることのなかった現在と出鱈目に並んでいる。その一方、都市では自明
のものとされていた目的が中断され、目的地に縛られた移動ではなく、目的と
しての移動——遊歩が回復されることで、都市東京は目的地の集積であること

を止め、そこに堆積された都市とそこに住む個人の歴史を自ら語りだした。空白となった看板広告、閉店を決めた飲食店、それら支持体の思わぬ古さ、保存されるものとされないもの、コミュニティを持つ広場と持たぬ広場、意識されなかった風の感触、昼から姿を見せ始める鼠たち、隠れていたものたちが姿を現し、新たに作り替えられた部分と混じり合う。

　本来であれば祭りを待つはずの東京は、すでに祭りの後のような倦怠感に包まれている。東京は気づかないうちに年をとり、存在しない過去を未来に経験するのを待つようだ。この時の蝶番を外された宙吊りの空間の中に束の間だけ立ち現れるのは、ピラネージの《カンプス・マルティウスの地勢図》やアルド・ロッシの《類推的都市》のような、混在郷(ヘテロトピア)としての東京である。未だコロナの収束がいつになるのか分からぬ、オリンピックが開催されるのかも定かではない、この狭間のときにはいずれ終わりが来るだろう。そして再び後退も停滞も許さぬ歴史の時間が刻まれ始め、この混在郷は蜃気楼のように姿を消すはずだ。本書の目的はこの束の間にだけ描き出し得る、都市東京を舞台とした複数の歴史と現在を記録することである。このコロナ禍の中で社会の圧倒的な複雑さが可視化されたように、今や階級とは層をなさず斑に存在するものであり、都市に刻まれた傷跡はあまりに深く入り組んでいる。そこに共通の対立構図を組織し、それら全てが救済されうる対抗ナラティヴを描き出すのは手に余る。そこでまずは、「と」という助詞で都市東京と様々な過去と現在を、それらが織り成す多様なナラティヴを、複数の混在郷としての東京を並べてみる。「東京と」、と結び付け開いた諸関係とナラティヴが書物の中で生き残り、いずれかの別様な東京がいつか再び呼び出され続きの時を刻み始めるように。

*

——2021年9月

　導入の「東京と」を執筆してから、十ヵ月程度の時間が経った。その間に楽観的なムードが漂ったこともあったが、残念ながら強力な変異種の出現もあり、2021年9月現在新型コロナウイルス感染症は未だ収束していない。一方、東京オリンピック・パラリンピックは今夏1年遅れで開会・閉会し、2021年に到ってもいたる所に掲げられていたTOKYO2020の看板はついに街から姿を消した。まるで、2020年の「特別な夏」(小池百合子)が今やっと終わったかのように。

*

——2023年1月

　2022年にも新型コロナ感染症は依然として収束することはなかったが、多く
の職種では会食制限が減少し、ゼロコロナ政策を続けてきた中国もついにその
方針を転換した。他の衝撃的な事件にやや隠れた形だが、東京オリ・パラ関連
ではスポンサー契約をめぐる汚職事件が発覚し逮捕者が出た。こうして「宙吊
りの時間」はなし崩し的に終焉を迎えようとしているが、年ごとに前年が「昨
日の世界」（ツヴァイク）に思えるほどに、この間の心理的・認識的変化は大きかっ
たように思われる。巻頭言にある通り論考を時勢に応じて改めることはしてい
ないが、各論考の末尾に後記を付し、ポストコロナ時代への曖昧な期待と不安
を本書最後の記録とした。

2　本書について

　本書は東京大学大学院総合文化研究科2019年度Sセメスター開講の桑田ゼミ
におけるリサーチを基礎としている。当初はオリンピック開催の1964年と2020
年の都市東京とその文化の比較分析を行い、そこから析出されたいくつかのテー
マに基づき作品や事象を分類し図版にテクストを添えて掲載する、総覧的な書
物の刊行が構想されていた。しかし、諸般の事情によって企画が一時停滞する
間に、COVID-19の世界的流行とその影響としての重大な社会的変容があり、
2020年には、最早それらを抜きにした両時代の比較文化批評が時宜を逸したも
のであることは明らかな状況となっていた。

　目下収束の兆しが見えず、自身がその渦中にあるこの事態を包括的に分析す
るのであれば、それだけで手に負える仕事ではなく、勇み足や軽薄さに堕する
危険は大きい。しかし、批評的分析が多かれ少なかれ現在を立脚点にせざるえ
ないとすれば、いずれ生々しい実感と記憶を失うであろう、この変転の時代の
渦中にしかとりえない視点、書きえない歴史があり、それらを残すことには意
義があるのではないかと考えたことが本書の出発である。

　それゆえ本書が目指すのは、文化や芸術が公的な歴史とは異なるまなざしを
記録してきたように——無論大きな偏りは否めないが、「一定の時間を経て振

り返ってみたときに、間違いであるかもしれない可能性はあるにせよ、東京で生きているわたしたちの視点から、つまり、都市の矛盾、痛み、悲しみが顕在化し、生活様式や価値観の再考が求められている現在のわたしたちの視点から、1964年と2020年の東京の姿を考え直してみることで、東京という都市が、そして、そこでの生活が、どこからどこへ向かっているのかを、おぼろげながらでも明らかにすること」（桑田光平、本書企画書より）、この非常時においてのみ描き出しうる、都市東京を舞台とした複数の歴史と現在を記録することである。

3　本書の構成

　以上のような目論見に加え、ジャンルを跨いだ共時的な類似性とジャンルごとの通時的な変遷を展望する為に、本書は三部構成をとっている。〈Part I／動〉には論集全体を貫くテーマを示す、ジャンル横断的な論考二本を収めた。桑田光平「歩くこと」では、コロナ禍において「歩く」行為が復権しつつあるという観察から、「歩く」ことの意味の系譜を通時的に追跡し、現代における「歩く」行為を「第四の場所（フォースプレイス）」と結び付け新たに概念化している。田口仁「われら内なる動物たち」では、コロナ禍に都市で存在感を増した野生動物（鼠）を導きとして、「擬動物化」「擬人化」をキーワードに動物表象の変遷を追跡し、現代の動物表象を「神経症的世界の表現」として論じた。

　〈Part II／時〉にはジャンルに特化した論考を七本収めた。田口仁「Waves From A Seaside City in 1964」はポピュラー・ミュージックを扱い、近年再流行を見せている City Pop をイメージ史的に分析して、サーフィンや GS といった60年代ロックと関連付けた。陰山涼「都市のレイヤーを描く」は漫画を扱い、漫画表現における地下世界の表象を通時的に追跡して、コロナ禍に露になった都市東京を構成する「不可視の複層性」を分析している。高部遼「半醒半眠のシネマトグラフ」は映画を扱い、コロナ禍以降一層希薄になった「共に映画を見る」という経験を「共に夢を見る」ことと捉え、映画史の中にその喪失と再生の可能性を論じている。西川ゆきえ「「壁」景から「窓」景へ」は写真を扱い、両時代に東京を撮る写真家たちの東京を見る眼差しのありようを分析し、60年代の写真を「壁」景、現代の写真を「窓」景として概念化している。吉野良祐

「無柱のメカニクス/かたちのポピュリズム」は建築を扱い、ザハ・ハディドによる新国立競技場設計案の白紙化を起点に、60年代において建築家が大衆や消費社会と取り結んだ様々な関係と、東京オリンピック2020に向けて構想された都市の「余白」をめぐる建築プロジェクトを論じている。伊澤拓人「東京肉体拾遺」は文学を扱い、都市東京の開発と変容を背景に文学的想像力が描き出した東京を通時的に分析し、都市と身体のアナロジーの内に都市に埋もれた記憶とその表出の過程を描き出した。小林紗由里「失踪者のための回路」もまた主として文学を扱っている。「ステイホーム」の呼びかけの中で見過ごされた「ホームを持たない人々」への注目から、60年代の自由を求めた「蒸発」と現代の「無縁社会」における失踪とを文学を中心に比較分析し、柴崎友香『千の扉』に新たな社会的関係の構築と連帯の可能性を指摘した。

〈Part III／標〉にはモノグラフ的な論考を三本収録した。桑田光平「赤瀬川原平の楕円幻想」は、ハイレッド・センターの《BE CLEAN! 首都圏清掃整理促進運動》に「ベタ」な清掃行為としての側面を認めることを起点として、「論理」と「身体」の二つの焦点をもつ楕円構造の存在として赤瀬川原平を論じている。平居香子「ガールたちの無自覚な反乱」は60年代の流行作家源氏鶏太論である。1965年に出版された『愛しき哉』を主な分析対象として、同時代に「覇権的男性性」を誇ったサラリーマン男性の欺瞞を指摘し、その一方で、作中で自身の感情に翻弄されるままに見えるBG(ビジネス・ガール)に、無自覚な反抗の姿勢を読み取った。吉野良祐「ジオラマ都市のカタストロフ」はゴジラが破壊した都市東京を論じている。コロナ禍での都市機能の停止から「繰り返される東京の破壊」というモチーフを引き出し、都市破壊モチーフの起源にある心性を追跡し、主として新旧ゴジラの比較分析を通じて「シンボルから地形へ」という都市表象の推移を析出した。

更にこれら三部に加えて、様々な文献からのパスティーシュの中に樺美智子と土方巽の歴史に存在しない邂逅を仮構したエッセイ、平居香子「捏造のランデブー」(Part X／夢)が収録されている。このエッセイは他とは毛色を異にするが、意図的な錯誤によって事実を別様な角度から考察する、一種の「方法としてのフィクション」の試みである。

本書では、コロナ禍やその影響自体が分析的に論じられるわけではなく、扱

われる作品や事象は広範に及び、視点や論じ方も複眼的であることをよしとしている。また、ときに飛躍や情緒的な記述も目に付くかもしれない。それを散漫として難じることも出来よう。しかし、個人性に立脚した歴史記述の実験として、それらは本書の長所でもあるのではないかと考えている。執筆者にとってこれらの論考を書くことがそうであったように、本書が読者の皆様にとって、都市東京の現在と過去を新鮮に捉え返す一助となれば幸いである。

註

1｜「国家戦略特区」、Invest Tokyo website、〈https://www.investtokyo.metro.tokyo.lg.jp/jp/about/nssz/〉（最終閲覧日：2022年12月8日）。
2｜日高勝之『昭和ノスタルジアとは何か──記憶とラディカル・デモクラシー』世界思潮社、2014年、7-72頁。
3｜寺山修司『戦後詩──ユリシーズの不在』筑摩書房、1993年、96-97頁。JASRAC出2301558-301。
4｜吉見俊哉はメディアによるオリンピック報道の増大が、オリンピックへの肯定的な世論の形成と成功への確信に寄与していたと分析している。吉見俊哉『五輪と戦後──上演としてのオリンピック』河出書房新社、2020年、147-150頁。
5｜前野健太「東京2011」作詞前野健太、felicity、2012年。JASRAC出2301558-301。
6｜例えば、こうした認識的変化は失踪言説の歴史的な変遷の中に見出すことができる。以下を参照。中森弘樹『失踪の社会学──親密性と責任をめぐる試論』慶應義塾大学出版会、2017年、57-102頁。
7｜「浜野安宏インタビュー──1968年から都市と建築の未来を考える」、三浦展・藤村龍至・南後由和『商業空間は何の夢を見たか──1960〜2010年代の都市と建築』平凡社、2016年、65頁。
8｜Svetlana Boym, "The Future of Nostalgia," New York, Basic Books, 2008, Kindle edition, No.133/9468.

参考文献

寺山修司『戦後詩──ユリシーズの不在』筑摩書房、1993年
中森弘樹『失踪の社会学──親密性と責任をめぐる試論』慶應義塾大学出版会、2017年
日高勝之『昭和ノスタルジアとは何か──記憶とラディカル・デモクラシー』世界思潮社、2014年
前野健太「東京2011」作詞 前野健太、felicity、2012年
三浦展・藤村龍至・南後由和『商業空間は何の夢を見たか──1960〜2010年代の都市と建築』平凡社、2016年
吉見俊哉『五輪と戦後──上演としてのオリンピック』河出書房新社、2020年

Boym, Svetlana, "The Future of Nostalgia," New York, Basic Books, 2008, Kindle edition

「国家戦略特区」、Invest Tokyo website、〈https://www.investtokyo.metro.tokyo.lg.jp/jp/about/nssz/〉（最終閲覧日：2022年12月8日）

Part I / 動

歩くこと

──「人間の尺度」の回復

桑田光平

> もっと歩くべきではないでしょうか。
> 電車にも、マイカーにも乗らず、バスに追い越されながら町を眺めて歩くことのよさ、そういうよさを皆は忘れてしまったようにおもわれてなりません。[1]

東京オリンピック・パラリンピックを目前に控えた1963年、寺山修司は『家出のすすめ』（初刊時のタイトル『現代の青春論』）の中で、「歩け」というぶっきらぼうな小見出しに続いて、そう述べている。家出をすすめる書である以上少しも不思議はないが、「マイカー」という響きの古めかしさを除けば、この言葉は近年の町歩き・散歩ブームの中で、誰が口にしてもおかしくない紋切り型となっている。平均寿命が伸び、人口に占める高齢者の割合が増す中、健康促進のためのウォーキング推奨キャンペーンとしてこの寺山の言葉をそっくりそのまま政府なり企業なりが使ったとしても驚くにはあたらないだろう。ただ寺山の目的は「人間の尺度」を取り戻すことにあった。寺山は言う、「歩く……というきわめて素朴な行為〔…〕が、合理的な機械にとってかわるようになってから、歴史のなかで人間はしだいにみずからの道具に主客転倒されつづけてきたのではないだろうか、と考えられるのです」[2]。AI時代に突入した現在、この言葉はわれわれにどのように響くだろうか。2度目の東京オリンピック・パラリンピックを前に生じたCovid-19の世界規模の拡大によって、寺山の言葉はさらに生々しく切迫したものとなった。不要不急の外出自粛が世界中で叫ばれ、Stay Homeが推奨される中、「歩くというきわめて素朴な行為」の自由は自明なものでなくなった。2020年4月7日から5月6日までの期間、最初の緊急事態宣

言が発令され、仕事の形態もテレワーク中心となり、テレビのニュースでは毎日、渋谷や新宿、浅草などの町の様子が定点カメラで写され、人出についての報告が行われた。当初、人々は外出を控えていたが、それでも少しずつ夜遅い時間や早朝に、一人で、あるいは家族、友人、恋人と一定の距離を保ちながら歩く（あるいは走る）ことをはじめた。それは生活全般がテレコミュニケーション化し、人間同士だけでなく自然との接触も限りなく少なくなった都市生活者が本能的に「人間の尺度」を取り戻そうとする最初の行為のようにも見えた。

1　GOの思想——「ここ」ではないどこかへ

　話を寺山の時代に戻そう。東京都は1962年12月以降、毎月10日を「首都美化デー」に定め、戦後復興を果たした日本の首都が国際都市にふさわしい相貌をまとうため都民総出の清掃作業を推進した。「当時、東京の町は歩きながら公道や河川にごみや吸い殻などを投げ捨てる人が後を絶たず、町中にごみが散乱し、悪臭も漂っていた。盛り場や駅などには違法のポスターや広告看板が掲示され、町の景観を損ねる事態も起きていた」[3]。64年のオリンピックまでは、汲み取り便所が一般的だったため、町中で汲み取り屋を見かけることもあり、立小便をする子供も多かった[4]。当時、大学一年生だった川本三郎は、オリンピック前に、ドブ川がきれいに埋め立てられたことを述懐しながら、今にしてみれば「水の東京」をなくしてけしからんと言われるが、当時は本当に汚かったので多くの人がきれいになってよかったと思っているだろう、と語っている[5]。高松次郎、赤瀬川原平、中西夏之らハイレッド・センターが《首都圏清掃整理促進運動》[図1]と銘打って、一種のパロディとしての清掃を行った銀座の町は、当時の写真［図2］ではかなり整備されてはいるように見えるものの、開高健のルポルタージュを読めば、酒場のトイレではネズミがうろちょろと姿を見せ、夜になるとトウモロコシ屋、スズムシ屋、タコ焼、ケツネウドン、甘栗屋、サル屋（！）など、さまざまな屋台が町角にたっていたことが分かる[6]。こうした屋台もオリンピック開催に向けて「清掃整理」されていったが、当時は銀座ですら時間帯によっては臭いが漂っていたのだろう。2020年のオリンピックを前にして、60年代の東京を撮影した写真集が数多く出版されたが、歓楽街や中心

の町角をノスタルジックに写したものが多く、東京の悪臭はなかなか伝わってこない。それでも、池田信の『1960年代の東京』[7]には、戦後の姿をとどめた路地裏や川沿いも収められている［図3］。こうした悪臭を一掃しようとしたのが東京オリンピックだったのだ。黒ダライ児は、ゴミだけでなく、ゴミのようなものとして「人間の生活臭、裸体、さらには人間そのものを排除していく動きが、オリンピックと万博という二大国家行事への対応のために強化された」のであり、ハイレッド・センターらによる「反芸術パフォーマンス」はそれに対するリアクションとして理解することができると述べている[8]。オリンピックのための都民総出の清掃運動は、清掃すべき猥雑なものの存在を強烈に示しており、当時の東京が、清潔さと猥雑さ、新しさと古さが混在し、無数の襞を含み持っていたことが容易に想像できる。消えつつある戦後のバラック小屋と新設されたばかりの高速道路や新宿紀伊國屋ビルが共存していたのが当時の東京の姿なのだ。

　50年代に戦後詩の風景を一変させ、「感受性の祝祭」（大岡信）と形容された谷川俊太郎の詩は、高度経済成長期の日本の姿をもっともヴィヴィッドに描き出している。

　　　　どぶ板鳴らして路地を曲れば
　　　　終日駐車禁止の町道で
　　　　一寸きざみに町道行けば
　　　　永久に工事中の国道だ
　　　　だがほこりまみれで国道ぬけると
　　　　突然あこがれのフリーウエイ
　　　　時速百粁野越え山越え
　　　　いっきょに聖火の道をたどり
　　　　たちまち光速よりもさらに早く
　　　　人間の心と心をむすぶ大道に至る
　　　　世界じゅうの道が一本の大樹の
　　　　枝々のように茂る日はいつか[9]

[図1] 平田実
《BE CLEAN! 首都圏清掃整理促
進運動 ハイレッド・センター》
1964年
© HM Archive /
Courtesy of amanaTIGP

[図2]
1964年5月24日の
銀座4丁目交差点
写真提供：朝日新聞社

[図3]
1964年6月7日の八丁堀・桜川
撮影：池田信
写真提供：毎日新聞社

高速道路の建設はオリンピック事業のひとつの目玉ではあったが、「あこがれのフリーウエイ」に乗るには、「永久に工事中」の「ほこりまみれ」の国道を通らなければならず、その前にはそれぞれの暮らしに通じている「どぶ板」のある「路地」を通らなくてはならなかった。これはそのまま、敗戦国の首都東京から国際都市TOKYOへの道を暗示しているともいえよう。そして、地方出身者の視点からみれば、この道路は、自分たちの農山漁村から輝かしい東京へと通じているのである。この時期、東京への流入人口はピークに達しており、出稼ぎ労働者だけでなく上京学生の数が相当数いたと考えられている[10]。ほぼ同時代に書かれた谷川の別の詩を見てみよう。

さあ。いこう。何処へいこう。
と　我が友詩人の藤森安和君は云った
さあ　いこう
ひとまずいこう　とにかくいこう
ここはしめっぽい　ここはくさってる
ここはごきぶりで一杯だ　ここは顔のない他人で一杯だ
ここはいかさない
だからいく　いくんだ　とにかくいく
〔…〕
俺たち　走れる俺たち　さあ　いこう　汽車で　舟で
自動車で
自動車はクライスラーそれともプジョーそれともシムカそれともモリスそれともMGそれともクラウン　あゝ何というスピード　自動車はジープ自動車はフォード自動車はモスコヴイツチ自動車はスコダ自動車はランブラー
あゝ何という自由　ぶらぶら歩きの自由　いく自由！
さあ　いこう！　何処へいこう！[11]

高速道路建設をはじめとする道路交通網の発達、自動車の普及、経済水準の向上が、「ここ」ではないどこかへと人々を誘う。レジャー社会の到来をいち早く予見した作品ともとれるだろう。この軽快でポップな詩には、行き先など問

題にならないほどの、「ここ」に対する強烈な否定がはっきりと刻印されている。この感性こそが、「フリーウエイ」を「時速百粁野越え山越え」するという夢想を抱かせるのだ。どこであれ外へ出かけることそれ自体が解放感をもたらすのであり、その解放感は「ここ」ではないどこかに対する期待によって支えられていた。谷川が安保闘争に参加していたことはよく知られているが、闘争に敗れた若者たちは、「ここ」にはない政治的理想をなお求め続けたのであり、それが60年代後半の大学紛争へとつながっていくことになる。

　清掃と建設によって綺麗になっていくのは現実の都市空間だけではない。58年の東京タワーの完成以来、戦後復興を遂げ、オリンピック放送へと向かうメディア都市・東京がテレビを通して徐々に作り上げられていった。『テレビ越しの東京史』の松山秀明によれば、それまで放映されていた東京に残る戦後の暗い影——闇市、バタ屋、水上生活者、ガード下などの都市下層——のドキュメンタリー番組は、輝かしい未来都市・東京を描くさまざまな番組にとってかわられる[12]。丹下健三の「東京計画1960」がNHKの番組内ではじめて発表されたことはその顕著な例だろう［図4］。また60年代前半のテレビは、未来都市・

［図4］
「東京計画1960」と丹下健三
撮影：川澄明男
写真提供：川澄・小林研二写真
事務所

東京を描くだけではなく、上京者が東京を第二の故郷としてそこで家族を築き上げる「ホームドラマ」を生み出すことで、東京建設・オリンピック建設を支える地方からの上京者＝家郷喪失者のよりどころとなっていた。「ホームドラマ」は、「ますます大衆化していくテレビというメディアが創りだす〈東京〉の措定」[13]を担ったのである。こうして、東京はイメージとしても現実としても、いわば脱臭された美しい理想的な都市へと変貌していく。一方には、当時建設された団地や近郊の一軒家に典型的なマイホーム生活があり、他方には、こうした中流階級が望むノイズのない都市風景に対する若者たちの反抗のエネルギーがあった。端的に言えば、マイホーム生活を夢見る人々にとって「ここ」ではないどこかはアメリカであり、実際には日々の「ここ」での生活をアメリカ化することを意味していたのに対して[14]、主に地方出身者からなる若者たちは、とりわけオリンピック終了後の1960年代後半に、「ここ」ではないどこかへの夢を生み出す「盛り場」を作っていくことになる。異質で雑多な要素を受け入れるアジールとしての「新宿」は典型的な「盛り場」として、いわゆるアングラ文化や強い政治性をもつカウンター・カルチャーを育んだことはよく知られている[15]。

　そのアングラ文化の旗手である寺山修司は「ここ」ではないどこかについて徹底して思考した人間の一人だろう。『戦後詩──ユリシーズの不在』（1965年）の中で、寺山は「現代人の大半は、現在の自分の姿を「世をしのぶ仮の姿」だと思っており、どこか「ここより他の場所」へ行きさえしたら、もう一度生きることをやり直してみたいと思っているのである」と述べた上で、「どこか本当に「ここより他の場所」は存在するのだろうか？」と問うている[16]。そしてその問いに対して、「ここより他の場所」を記号によって構築する詩作行為の重要性を強調するのだが、寺山にとって、詩を書くことは必ずしも「ここ」からの逃避ではなく、「ここ」を相対化し、「ここ」を変革する契機となりうる。この時点で、すでに寺山には「ここより他の場所」が現実には存在しえないことを暗に認めている気配がある。それでも彼は自らを歴史嫌いの地理主義者と規定して、伝統や故郷へと帰るのではない「行く思想」を称賛し、真木不二夫の54年に発売された「東京へ行こうよ」を自らの地理的心情にぴったりの曲だと言い切るのだ[17]。言うまでもなく、この曲は谷川俊太郎の詩「GO」と同じ

精神を共有している。しかし、67年の『書を捨てよ、町へ出よう』になると、はやくも自らが信奉してきた地理主義の敗北を宣言することになる。「ここ」ではないどこかを求めて何度GOしても、「あなた（彼方）」は存在しないのだ。

> 　私は、どこにも逃げ場なんかないのだ、ということをひしひしと感じていた。それは、ただ歴史に幻滅したあとの地理によせるロマンチシズムにすぎないのだ。「山のあなたの空遠く」にあこがれたのは、少年時代のはなしにすぎず、六〇年代では落語家が「山のあなた」にあこがれた人たちを「山のあな」に落ちてでれなくなってしまったといって、山のあな、あな、あなと吃っては笑いものにしていた。
> 　だが、どこにも行けないとなったら、覚悟をきめなければならない。[18]

覚悟をきめたものは、永山則夫や片桐操のように日本脱出を考えて現実の「ここ」に銃弾を発射することはしない[19]。地理主義に幻滅しながらも、下着を脱ぐように家を捨て去り、町に出て、「ここ」を絶えず変容させていくしか方法はないのである。当時の東京（とりわけ新宿）は、若者たちに「ここ」ではないどこかを垣間見させる場所であった。たとえそれがどこまでいっても自分たちが生きる「ここ」でしかないとしても。それゆえ、寺山は「町を眺めて歩くこと」をすすめたのである。

　地理主義者である寺山修司の対極にいた歴史主義者たる三島由紀夫もまた64年2月に刊行された小説『肉体の学校』において、池袋や新宿を「別な場所」として表象している。小説に登場する四十前後の三人のバツイチ女性たちはいずれも戦前は上流社交界の令嬢だった。彼女たちは戦後になっても経済的に少しも困ることなく、アパレル、飲食、ジャーナリズムとそれぞれの道で自立した生活を送り、月に一度は、年増園という例会を開いて、酒を飲みながら不倫やセックスの話に興じていた。麻布にオートクチュールの店をもつ妙子は、戦後没落しながらも成金や権力者の取り巻きとして業界に居続ける旧華族を軽蔑し、そういうファッション業界そのものに倦怠を覚えながら、友人たちとの猥談にも強い虚しさを感じていた。セックス話の後にはいつも目の前に「砂漠」[20]が広がる感覚を覚えたものだった。そんな妙子は、池袋のゲイバーで働く若い

バーテンダー千吉に惹かれていく。妙子にはかねてから「この世の掟の外にある青黒い淵の深さを」²¹ 覗きたい欲求があり、業界のパーティなどの薄っぺらい典雅さに対する嫌悪感がその欲求をいや増していた。千吉はまだ21歳の大学生で、父親の経営する町工場が倒産して貧乏生活を送っており、金になるアルバイトを求めてゲイバーへと辿り着いたのだった。冷たく端正で野性味のある千吉は店でたちまち人気を博すが、五千円で誰にでも身体を委せるとも言われていた。妙子の目には、自分が普段決して足を運ぶことのない場末で働く美しい千吉が、「青黒い淵の深さ」を秘めているように見えたのだろう。よくあるメロドラマ的構図には違いない。妙子の誘いにのって最初のデートにつきあうことになった千吉は、待ち合わせの場所に新宿の喫茶店を指定した。シックな大人の装いで高価なブランドの装飾品を身につけて待ち合わせ場所にわざと遅れて行った妙子だったが、そこに千吉の姿はなかった。しかも、そこは「がらんとした明るい無趣味な店」で、妙子の格好は店にまったく不釣り合いだった。

> 妙子はみじめさの絶頂にあった。春のファッション・ショウの成功のかがやかしさ、日ましにふえる金持の顧客や、店の増築計画などに頭を強いて向けると、その妙子が、こんな時間に、こんな場所で男を待っているなどと誰が想像するだろうか、という気持ちがみじめさに拍車をかけるのと同時に、あの贅沢と偽善あればこそ、こういう「別な場所」が自分にとって必要なのだという肯定的な気持も高まってきて、妙子に席を立って帰るきっかけを失わせた。何故だか知れないが、これが自分の人生の転機で、これを逃したら二度とチャンスは来そうもない気がしたのである。²²

このあとGパンに下駄という出で立ちで遅れてやってきた千吉は、焼き鳥屋で一杯やって妙子とキスをしたのち、歌舞伎町へと向かい、コマ劇場そばのパチンコ屋で一心不乱にパチンコに興じはじめた。どうしてよいかわからない妙子は、店の前で待っていたが、そこで娼婦と間違えられてしまう。千吉とのあいだには埋めがたい深淵が広がっていることに、ようやく妙子は思い至るのだった。

妙子は足下にみるみるひらいてゆく深淵にいつまで耐えられるか自信がなくなり、今夜ほどあらゆるものから隔てられて一人ぼっちになったことはなかった。[23]

しかし、妙子が求めていたのは他ならぬこの「深淵」だったのではないだろうか。彼女はパチンコ屋に戻り次の約束をとりつける。「深淵」は「距離」と違って埋め合わせることができない。埋め合わせることができないからこそ、そこには限りない魅力が生じる。このような「深淵」を妙子に感じさせたのは他ならぬ新宿という町だろう。千吉は新宿がもつスペクタクル的な性質をうまく利用したと言える。物語終盤でわかるように、千吉はきわめて凡庸な出世欲をもつひとりの青年にすぎなかった。新宿や池袋は妙子にとって贅沢と偽善にあふれるブルジョワ的生活からの転機をもたらす「別の場所」であり、千吉にとっては反対に裕福なブルジョワ的マイホーム生活を手に入れるための賭けの場所だった。目的こそ違えども「ここ」ではないどこかを町の中に求める二人は同類だといえる。

　オリンピックによって整備され変化していく普請中の東京は、時間的・地理的な複数の襞をはらみ、「ここ」ではないどこか、自分を変えてくれる未知の何かを夢見させてくれた。若者たちは家を出て、たむろし、一時的な共同性を築き、「ここ」ではないどこかへの夢を「ここ」の中で実現しようと試みた。歩くことが、生活や社会の変革にダイレクトに結びついていると少なくとも信じられたのである。こうした時代はそれほど長くは続かなかった。ほどなく副都心計画が実行され、西新宿に高層ビルが相次いで建設される。その後、渋谷は企業のマーケティング戦略によって消費社会的な演出が張り巡らされた広告都市へと変貌する。ある意味で、オリンピック前にはじまった首都清掃はオリンピック後も継続され、清潔な「ここ」が作られ続けたと言えるだろう。70年には、国鉄による大型観光キャンペーンである「ディスカバー・ジャパン」[24]が展開され、若者は町を歩くよりも、まだ行ったことのない地方に「ここ」ではないどこかの夢を託し、そこであたらしい自分探しを行った。こうして、寺山が語った「電車にも、マイカーにも乗らず、バスに追い越されながら町を眺めて歩くことのよさ」や、「人間の尺度」の回復は徐々に忘れ去られることになる。

2　歩くこと＝読むこと──「ここ」へのまなざし

　谷川の「ぶらぶら歩きの自由」も寺山の「行く思想」も、時代と関係なく若者ならば、いや、若者でなくとも誰もが抱く根源的な人間的欲求だといえるが、それでも現在、行先＝目的よりも先にまずは「GO」と唱えて町に出る者は少ない気がする[25]。

　反面、2000年前後からいわゆる町歩きや散歩がメディアにおいてブームとなり、町歩きや散歩についての雑誌やテレビ番組が急速に増えた。これは「人間の尺度」の回復を意味しているのだろうか。2021年3月現在放送中の主要な東京キー局のTV番組を放映開始の年代順に挙げてみると以下のようになる。

- 『ぶらり途中下車の旅』（日本テレビ、1992年〜）
- 『出没！アド街ック天国』（テレビ東京、1995年〜）
- 『じゅん散歩』（テレビ朝日、以前の『ちい散歩』、『若大将のゆうゆう散歩』を含め2006年〜）
- 『モヤモヤさまぁ〜ず2』（テレビ東京、2007年〜）
- 『ブラタモリ』（NHK、2008年〜）
- 『有吉くんの正直さんぽ』（フジテレビ、2012年〜）
- 『国分太一のお気楽さんぽ　〜Happy Go Lucky〜』（フジテレビ『国分太一のおさんぽジャパン』として2013年4月〜2020年3月、後続番組『国分太一の気ままにさんぽ』2022年4月〜2023年3月）
- 『夜の巷を徘徊する』（テレビ朝日、2015年〜、2020年10月より新型コロナウイルス感染拡大のためロケを行わず『夜の巷を徘徊しない』と番組名を変更。2021年3月に番組終了）

『出没！アド街ック天国』は、毎回、対象となる町のさまざまな情報をその場所の映像とともに伝え、それに対してスタジオのゲストが個人的なエピソードをまじえながらコメントするもので、いわゆる町歩きや散歩番組とは言い難い。各番組によって置かれている力点や特色が異なるのは言うまでもないが、概ねどの番組もタレントが毎回、きまったエリアをいきあたりばったりに（あるいはそのような演出で）散歩し、人々と交流しながら、お店や観光スポット、地元で

話題の場所などを紹介していくスタイルである。テレビ番組の制作費が「リーマンショック以降一向に回復しないばかりか、さらに削減されて」[26]いる中で、スタジオセットが不要で、ロケ時間も1日足らずの散歩番組は低予算で済ませることができる。ブームの一つの要因だろう。一方的な情報紹介ではなく、着飾らない普段着に近いタレントがブラブラ歩きながら地域の人々と交流するという脱力したスタイルは視聴者目線にフィットする。社会学者の太田省一は、昨今の散歩番組の隆盛から二つの事象が見えてくると言う。一つには、再開発によって町の風景が変わり続ける中、変わらず残り続けているもの、あるいは、失われつつあるものに対して視聴者がノスタルジックな感情や安心感を抱いているということ。二つ目は、非日常的な「ハレ」のメディアとして賑やかな祭りを流していたテレビが「日常的な「ケ」のメディアへと変わりつつある」ということである。二番目の点に関して、太田は「視聴者とテレビは段差のない対等な関係になった。ナレーターと出演者が気軽に会話を交わす体のお散歩番組の定番的演出は、そうした視聴者とテレビの対等な関係を象徴しているように思われる」[27]と結んでいる。テレビはもはやかつてのように町をスペクタクルの場として演出することはなくなった（あるいはできなくなった）のであり[28]、別の言い方をすれば、メディアにとって、そしておそらくはメディアを享受するわたしたちにとっても、町が非日常的なものの可能性や、「ここ」ではないどこかへの回路を孕むものではなくなったということである。メディアにおける散歩や町歩きのブームが示しているのは、わたしたちが「ここ」ではないどこかを夢見ることから醒めただけでなく、「ここ」という日常そのものを心地良い夢のようなものとして生きているということではないだろうか。まるで散歩番組のように、わたしたちはテレビ、ネット、SNSで話題になっている情報を集め、その情報を確認するために町へ出る。あるいは特に計画することなく散歩に出かけて、スマホを片手に、話題の場所や評価の高いお店へと足を運ぶ。GPS機能のついたスマホのおかげで、もはや迷うことも、間違えることもない。三島が描いた妙子や千吉のように、未知への期待が可能であった時代から、既知の情報を確認し実体験する時代へ。現代の散歩者は——それをなお散歩と呼ぶなら——ネットやSNSを利用する時と同じく、自分が見たい風景だけを見る傾向にあるのではないか。そんな散歩者に不意打ちをくらわせるものこそ、

匂いや異質な雰囲気などのノイズだが、ノイズそのものが街からなくなりつつ
あるのが現状だろう。

　東京とそこを歩く人間のこうした関係は文学言語にもあらわれている。青木
淳悟の『このあいだ東京でね』(2009年)に収められた作品は、東京を記述する
ことがもはや生きられた空間の経験になりがたいことを示している。表題作の
「このあいだ東京でね」は、東京に新しい不動産物件を購入しようとする人物
の話だが、物件探しの方法、取引の手続き、さまざまなローンの情報、周囲の
環境、土地に関する法律知識、銀行融資などが列挙されるだけで、肝心の主語
が誰なのかわからない。「私」はほとんど姿を見せず、主観的感情は皆無と言っ
てよい。町で起こっていることの客観的(たろうとする)描写ないし報告が続くが、
それらの報告が一体何のためになされているのかはわからない。例えば、渋谷
と思しき「大きなスクランブル交差点」を渡った時の――しかし誰が渡ったの
かはわからない――記述は次のとおりだ。

　　　青信号の交差点を無事渡りきる。列からひとり抜け出すかたちで、歩道のガー
　　ドレール側か建物の壁面に貼りつくようにして立つ。表通りの歩道を行く人の
　　流れ。依然として人通りは絶えない。あれらのカフェが流行るはずだ、外には
　　落ちついて座れる場所が少なすぎる。
　　　建物内にも歩行空間は途切れることなくつづいている。大型商業施設なら街
　　路の延長のように内部を回遊することもできる。形態や規模、テナント数や売
　　り場面積、空間利用という面からも高度な商業集積がそこに見られる。
　　　道路沿いに建物が連なった商業地のまち並みである。近代的な中高層の建物。
　　その棟のボリュームを頭上に仰ぐ。[29]

このあと、ビル建築の容積、建築構造の記述が続く。簡潔な報告の連続という
記述の仕方そのものが、都市における「人間の尺度」の縮減を端的に示してい
るといえるだろう。「TOKYO SMART DRIVER」では、Google Map のストリー
トビューによるヴァーチャルな散歩が記述されている。実際に散歩しているか
のように見えても、それはスクリーン上で「フィルムのコマを送るようにして
自由な移動」[30]をしているにすぎない。この散歩には歩く人間の身体感覚がそっ

くり抜け落ちているのである。青木淳悟の文体そのものが、現代の東京と人間のあり方を浮き彫りにしているといえるだろう。

　では、散歩者にとっての東京は、もはや未知の気配さえ失った、のっぺりした情報の堆積にすぎないのだろうか。久住昌之原作・谷口ジロー画の漫画『散歩もの』(2006年) は、そのような町と人間の関係を考え直させる。ただし、「ここ」ではない未知のものへの回路が提示されるわけではなく、むしろ「ここ」を成立させている歴史が散歩を通してそれとなく可視化されている。第一話は、自転車を盗まれた主人公の上野原 (30代後半、吉祥寺在住、文房具会社の商品開発部長) が、放置・撤去自転車の保管所にまで足を運ぶものの、結局見つけられず、歩いて帰ることにしたその帰途で、十年以上前に紹介された一軒家の物件に偶然出会うという話。今見ると小さいと感じるその家で暮らしていたらどんな生活だっただろうかと夢想しながら、彼は普段見過ごしていた雑貨屋に立ち寄り、1879年に発明されたエジソン電球を購入するのだった。一軒家を諦めて (そしておそらくは子供も諦めて) 夫婦でのマンション暮らしを選んだ過去と、忙しさのあまり近所にある感じの良い店にも目が向けられていない現状が、高価で非効率的な120年前の光によってほんのりと照らされる。この漫画は通販カタログ雑誌『通販生活』に掲載されたもので、販売されている日用品以上に散歩こそが生活の一部であるかのような内容となっている。漫画の中には散歩番組のようなお店やスポットの紹介情報はない。また、「原作うらばなし」で語られていることだが、一コマに丸一日近くかかるほどスクリーントーンを多用した細かい仕上がりになっており、何でもない日常の景色が (一見してわからなくとも) 繊細で複雑な要素から成り立っていることが、漫画を描く手法によっても示されている[31]。第二話は上野原が品川のオフィスビルでの会議を終え、部下に土産物を買おうと商店街を散策する話。「旧東海道」の掲示をみて、「この通りを　ちょん髷でわらじの　人達が歩いて　行ったんだよな　関西めざして」とつぶやきながら、ひっそりとたたずむ創業140年の履物屋にそうとは知らずに入り、下駄を購入する [図5]。店の主人の下駄の説明を通して「東海道」と呼ばれていた時代の生活の一端が束の間浮かびあがる。

　上野原は昔日を手放しで称賛することが多いが、ノスタルジーだけでは生きていけない現状が突きつけられることもある。第七話には、取り壊し予定の吉

［図5］久住昌之・谷口ジロー『散歩もの』
扶桑社、2009年、20-21頁
［図6］同書、74頁

祥寺のハーモニカ横丁の活性化のため、マップ作りやガイドツアーなどキャンペーンが企画されていることを聞いた上野原が、路地や散歩はマップやガイドに頼らない自由な喜びだ、という説教じみた意見を披歴する場面がある。その時、カウンターの一番端で黙って食事をしていた老人が「まあなんでもいいさ／来てくれりゃ……理由なんて」とこぼし、勘定を済ませて店を出る［図6］。この老人は、ハーモニカ横丁で古くから商売している人で、ノスタルジーに満ちた町歩きの美学だけでは路地の店は生存できないことが示唆されている。大部分の散歩番組を支えるノスタルジーの感情が、逆説的にも「いま、ここ」の町の現実を見えなくしているという事態がここには表現されているのだ。

　2000年以降のテレビが東京の見えない格差を描いてきたと考える松山秀明は、散歩番組の中でも異彩を放つ『ブラタモリ』が、町の地形、とりわけ「坂」が生み出す風景に焦点をあてることで、かつて坂が「山の手」と「下町」のような階級格差を空間的に象徴していたことを想起させると分析している[32]。『ブラタモリ』はタモリのタレント性に多くを負いながらも、専門家とともに、普通の散歩では目につかない「地形」という観点に着目し、起伏や地層や地質などから「ここ」がどのようにして形成されているのかをわかりやすく説明する。お店やスポットを日常的な「ケ」の視点から紹介するその他の散歩番組と根本的に異なるのは、町の風景を構成する不可視の地理的・歴史的条件を明るみにだそうとしている点である。町を地形や地質から見るこの番組の先駆けとなったのは中沢新一の著作『アースダイバー』（2005年）だと言われている。東京の地図を洪積層と沖積層に塗りわけて、その上に遺跡・神社・お寺の分布を記したものを手に町を散策し、ハイパーモダンな東京に太古の縄文とのつながりを呼び起こそうとする試みである。

　山田亮太『オバマ・グーグル』（2016年）は、内面の表現としての詩とも、それを否定する言語的効果としての詩とも異なる、ネット社会における新しい詩の表現を提示した革新的な作品だといえるだろう。第II部にあたる表題作の「オバマ・グーグル」は、Googleで「オバマ」という語を検索し、その結果表示された上位100件のウェブページの中から抜き出した文章によって構成されている。類似した手法で作られた詩篇「みんなの宮下公園」は、2010年4月22日に作者が宮下公園（現ミヤシタパーク）を歩いて見つけた言葉で織りなされている。

落書き禁止「きれいなまち渋谷をみんなでつくる条例」違反者は、処罰されます。見つけた人は警察に通報してください。／おおむらさきつつじ　つつじ科／ここはみんなの公園です。うらに書いてあるきまりを守って、みんなでなかよく遊びましょう。／NO NIKE!! ナイキ 悪／ゴミは持ちかえりましょう／水を大切にしましょう／公園はみんなのものだ！ PARK is OURS／フットサル場 使用上の注意 このフットサル場は、ゴムチップ入人工芝を使用しています。きれいな緑と足にやさしい使用感をいつまでも保つためみなさまのご協力をお願いいたします。／皆様のフットサル場です。大切に使いましょう。／フットサル場は平成22年4月末まで休場いたします。／防犯カメラ作動中／喫煙所／忘れ物・落し物にご注意ください〔…〕**33**

64年の東京オリンピックによって生まれた「東京初の空中公園」である宮下公園は、老朽化のため、改修されることになった。渋谷区は2009年にナイキジャパンに公園の命名権を売却し、同社が改修費用を全額負担してスポーツ公園化することが決定された。この改修整備のため、ホームレスは十分な説明や支援を受けることなく強制排除となり、それに対して市民団体をはじめ多くの人々から強い批判の声があがった。ホームレスだけでなく、アーティストやミュージシャンが集ってパフォーマンスを行う場でもあったため、若者たちからの反対の声も大きかった。2011年4月のリニューアルに至るまで、宮下公園は、パブリック・スペースとは誰のものなのかをめぐる行政vs市民団体・ホームレスの対立の場となっていた。山田亮太はこうした抗争の場に刻まれた言葉を収集しコラージュすることで詩篇にしたのである。本来なら誰でも自由に散歩できるオープンスペースが、さまざまな力の抗争の場と化していることが、異質な言葉たちのコラージュによって生々しく提示されている。

　60年代的な「ここ」ではないどこかへという夢から醒めた私たちは、それでも「ここ」を情報空間として享受し消費するだけで満足するのではなく、可視の要素を頼りにして、「ここ」を成り立たせている不可視の条件（歴史、地理、政治など）へと目を向けはじめている。それが「ここ」のラディカルな変容を起こす可能性は否定できないだろう。

3 「第四の場所」をもとめて

　「不要不急の外出は控えてください」という言葉が、毎日のように政治家やマスメディアから発せられる中、2020年6月号（5月発売）の雑誌『散歩の達人』はいち早く特集タイトルを「ご近所散歩を楽しむ15の方法」とし、コロナ禍で外出が制限されている生活において、「散歩に何ができるか」という原点に戻り、日々を楽しめる散歩のアイデアを提案した。8月号では「朝を歩こう」という特集が組まれ、コロナ以前に主流だった特定地域のスポット紹介ではなく、人出の少ない早朝の時間の過ごし方を提案している——朝食や朝カフェはもちろん、朝ヨガ、理容院での朝シャンプー、寺での座禅、朝飲みなど。もちろんあくまで情報誌としてお店やスポット紹介は行われているものの、コロナ禍の現状を意識した生活スタイルの提案という側面のほうが強い。最後に、コロナ以降の散歩や街歩きについて少しだけ考えてみたい。

　テレワークが推奨されている現在、自宅周辺の「ご近所散歩」が生活において重要性を増している。都市論を専門とする吉江俊は、第一の場所としての自宅でも第二の場所としての職場でもない、自宅周辺の小さな居場所である「第四の場所」への欲求が人々の中に芽生えていると指摘する。この名称は、社会学者レイ・オルデンバーグが提起した、自宅でも職場でもない「インフォーマルな中核的環境」[34]としての「第三の場所」という概念に倣ったものである。吉江は、宮台真司の郊外論を引き受けながら、「第四の場所」は「故郷からも東京の仕事場からも疎外された単身者たち、家庭からも学校社会からも疎外された若者たち、そして自宅からもまちからも居場所を見失い、疎外された私たち」といった「二重に疎外された者」の集まる場所だと定義している。外出自粛のなか家庭生活だけで十分に満足であるという人を除けば、都市に暮らす大部分の人が程度の差こそあれ「二重に疎外された者」に当てはまるだろう。家族との関係が円満であっても自粛生活が続くなか、外で一息つきたいと思うのは誰にとっても自然なことのように思われる。民主主義の基礎となるパブリック・オピニオンの形成に寄与するのが「第三の場所」とするならば、「第四の場所」はどのような社会的機能をもつのだろうか。

第四空間で行われる行為はそれよりもささやかなものだろう。そこでは熱心な議論が交わされるわけでも、特定の目的の行為が行われるわけでもない。そこで行われるのは、ただ「眺める」ことであったり、「時間を過ごす」ことそのものであったりする。私たちの社会の基底には、私たちの社会が今後も変わらずこのようにあり続けるだろうという確信がある。第四の場所は、私たちがなぜ「私たち」でいられるかを、互いに確認しあう空間である[35]

「第四の場所」では、社会（世界）の存続とそこに自分がいても良いという確信が得られるということだろう。言い換えれば、自分自身を保つための場所ということになる。具体的にそれがどのような場所なのかは、各人によって異なる。近所の小さな公園かもしれないし、通勤・通学路かもしれないし、犬の散歩コースかもしれないし、町の中華料理屋や近くのコンビニかもしれない。「第四の場所」は歩くことによってのみ認識される、あるいは新たに創出される。つまり、歩くための特別な目的や理由はあらかじめ必要ないのだ。「いずれ外を歩き出せば、理由はいつの間にか蒸発していく」（赤瀬川原平）[36]。それはある意味で寺山が言った「人間の尺度」を回復する行為だといえるだろう。かつて哲学者のメルロ＝ポンティは科学的思考、対象一般を論じる思考を「上空から鳥瞰する思考」として批判し、そうした思考に先立つ「そこにあるということ」に、すなわち「われわれの生活のなかで、われわれの身体にとってあるがままの感覚的世界や人工的世界の風景のうちに、またそうした世界の土壌の上に」に立ち返らなければならないと説いたが[37]、歩くことはそのためのまさに一歩となるだろう。現状では、社会や他人（人づき合い）のリズムに合わせて外出する必要が減った分、Stay homeとGo walkの配分は各人に任されており、自分の生の様式を考えるよい機会となる。

　詩人の野村喜和夫は、「私にとって緊急かつ必要欠くべからざる行為」として2020年3月から「コロナ散歩」を実践した。ほぼ毎日、自宅の世田谷区羽根木から2、3時間を費やして、「原則、でたらめに行ってでたらめに折り返し、でたらめに戻ってくる」[38]。普段から歩くことを詩作の源泉としている野村は、パンデミック下でもそれをやめることなく、十分に注意しながら、いつも通り

ルーティンとしての散歩を続けた。野村にとっての「第四の場所」とは、散歩の中で降りてくるインスピレーションを言葉としてメモに書きつけ、それを元に行う詩作そのもの、ということになる。あるいは端的に、散歩そのものが野村にとっての「第四の場所」なのだろう。野村は「何度も同じ道を歩くことになった」[39]と述べている。コロナ散歩によって生まれた詩は『花冠日乗』と題され、4月30日から7月16日まで全12回に渡って、白水社の「webふらんす」に掲載された。「未知の波濤」と題された最初の詩篇には次のような言葉がある。

> 散歩に出る
> 世田谷の
> 区画整理されていない住宅街は
> まるで迷路を行くよう
> でも気づいてしまう
> たわむれているのは私ではなく道だ、未知だ、みえないまま
> 損なわれた生があちこちにころがっている
> 半分は私として
> うつほ
> うつろぎ[40]

この言葉は前後に日付をもっており3月9日から14日のあいだの散歩だと考えられる。WHOがようやくパンデミック宣言を行ったものの、オリンピックの開催見直しは検討されておらず、新型ウイルスの性質についてはまだほとんどわかっていない時期。いつものように散歩には出たものの、「道」は「未知」となり、住宅街は一種の「迷路」となる。「損なわれた生」としての感染者が「あちこちにころがっている」中を、不安や恐怖をいだきつつ散歩している野村の姿が思い浮かぶが、「たわむれているのは私ではなく道だ、未知だ」という言葉から、「私」には生の主導権、主体としての権利が奪われていることが暗示されている。以降、『花冠日乗』には、「コロナが私を軟禁してしまったので」という「私」が主語の地位を「コロナ」に奪われた表現が繰り返しあらわれる。散歩でさえ「私」の思うままにできない状況。「私」はこの未曾有の災厄のな

かをただ迷うことを受け入れたのであり、そればかりか、主客逆転して、「街がさまよい始める」[41]ことに身を任せたのである。七番目の詩篇「軟禁ラプソディ」では、主体性を失った「私」の迷いにますます拍車がかかり、それが意味と論理の迷い——迷妄? 迷走?——として反復的に表現されている。

> 繰り返そう、コロナが私を軟禁してしまったので
> ほらまたちがう鳥が来ている
>
> コロナが私を軟禁してしまったので
> 記憶の遠さに海があふれる
>
> コロナが私を軟禁してしまったので
> なぜ乳房がふたつ
> コロナが私を軟禁してしまったので
> そうだ毛虫を焼こう
>
> コロナが私を軟禁してしまったので
> 私は扁桃体がボヤだ
>
> コロナが私を軟禁してしまったので
> 老年が断崖のように輝く
>
> コロナが私を軟禁してしまったので
> 胸郭に思惟の猿を招き入れる
>
> コロナが私を軟禁してしまったので
> 耳の底の侏儒に逆メソッドヨガさせる
>
> コロナが私を軟禁してしまったので
> 夜の青い犀とぶつくさオンラインで懺悔し合う

懺悔？

コロナが私を軟禁してしまったので

祈りの芽のあわあわと挙句どこかで羽化の音がする

羽化？

コロナが私を軟禁してしまったので

さあせめて窓を開け放ち途端キラキラとどこからか尿

尿？[42]

『花冠日乗』の散歩詩の魅力は、そこが決して安心できる場所でないにもかか
わらず、とりあえず歩くことで「第四の場所」を確保しようとしているところ
にある。未知を前に、その未知の手触りのなさに右往左往しながら「ただおろ
おろ歩く」[43]という散歩。歩きながら、迷いながら、生と死に関する詩作＝思索
が災厄に直面した際の証言のように延々と試みられている。野村特有の性的な
仄かしや音韻の面白さ、思想家・詩人への参照の中に、緊張感のある言葉がふ
と現れる。

出口はあるのだろうか

ない、たぶん

ここ自体が非常口なのだ、未来永劫にわたって

ヘヴン、非常口なのだ[44]

出口のない「ここ」を迷い続けること。この迷いの経験、主客逆転の経験もま
た、意識的な選択に他ならない。迷うことも、いや迷うことこそ、「人間の尺度」
の回復のためにもっとも必要な営みなのかもしれない。それはきっと、「ここ」
を「ここ」ではないものに変容させ、自らを自らではないものに変容させるた
めの鍵――「不確実性や謎」――を手に入れることなのだろう。

迷う、すなわち自らを見失うことはその場に余すところなくすっかり身を置く
ことであり、すっかり身を置くということは、すなわち不確実性や謎に留まっ

ていられることだ。そして、人は迷ってしまうのではなく、自ら迷う、自らを見
失う。それは意識的な選択、選ばれた降伏であって、地理が可能にするひとつ
の心の状態なのだ。[45]

註

1｜寺山修司『家出のすすめ』角川文庫、1972年、187頁。

2｜同書、189頁。

3｜関根浩一「毎日新聞 オリパラこぼれ話──「首都美化はオリンピックの一種目」 きれいな町づくりで東京都」(2020年7月3日)、〈https://mainichi.jp/articles/20200630/k00/00m/050/130000c〉(最終閲覧日：2023年2月15日)。

4｜種村季弘『東京迷宮考 種村季弘対談集』青土社、2001年、181頁。

5｜同書、181-182頁。

6｜開高健『ずばり東京』光文社文庫、2007年、305-314頁。

7｜池田信『1960年代の東京』毎日新聞社、2008年。

8｜黒ダライ児『肉体のアナーキズム──1960年代・日本美術におけるパフォーマンスの地下水脈』grambooks、2010年、486-488頁。

9｜谷川俊太郎「道の夢」『落首九十九』岩波書店、2016年、Kindle版、位置no.478/9169。

10｜吉見俊哉『都市のドラマトゥルギー──東京・盛り場の社会史』河出文庫、2008年、287頁。

11｜谷川俊太郎「GO」『21』岩波書店、2016年、Kindle版、位置no.291-312/3404。

12｜松山秀明『テレビ越しの東京史──戦後首都の遠視法』青土社、2019年、77-88頁。

13｜同書、93頁。

14｜「1950年代以降、民主主義とか共産主義といった知の水準での理想ではなくて、もっと大衆的な理想の焦点は何が象徴したかというと、家電製品ですね。この家電製品はアメリカ的なものと深く結びついている。家電製品が表現している価値というのは、要するにアメリカ的ライフスタイルということです」(大澤真幸『戦後の思想空間』ちくま新書、1998年、71頁)。吉見俊哉『親米と反米──戦後日本の政治的無意識』(岩波書店、2007年)の第4章「マイホームとしてのアメリカ」により詳細な分析がある。

15｜吉見俊哉『都市のドラマトゥルギー──東京・盛り場の社会史』、前掲書、第IV章。

16｜寺山修司『戦後詩──ユリシーズの不在』講談社学芸文庫、2013年、39-42頁。

17｜同書、95頁。「東京へ行こうよ」は若者の家出を推奨する曲という理由で最終的に発禁処分となった。寺山が引用している歌詞は次のとおり。「東京へ行こうよ 東京へ／思うだけではきりがない／行けば行ったで 何とかなるさ／未練心も 故郷も／捨てゝ行こうよ 夜汽車で行こう」。JASRAC出2301558-301。

18｜寺山修司『書を捨てよ、町へ出よう』角川文庫、1975年、49頁。

19｜「ここ」の革命の可能性を手放すことなく、赤軍に合流して「よそ」(パレスチナ)へと旅立ち、パレスチナ解放闘争のゲリラの日常を撮影することで、日常における革命の根拠を問い直し(『赤軍──P.F.L.P・世界戦争宣言』)、それを討論会も含めた上映隊運動として日本各地で上映した足立正生や若松孝二の軌跡は、寺山的な「ここ」へのアプローチとは異なるものだと言える。

20｜三島由紀夫『肉体の学校』ちくま文庫、1992年、21頁。

21｜同書、23頁。

22｜同書、32頁。

23｜同書、45頁。

24｜この国鉄キャンペーンは70年に開催された大阪万博終了後の乗客数の減少を危ぶんで実施された旅客誘致策であった。

25｜AR（拡張現実）による町歩きゲームとして2016年7月にリリースされた「ポケモンGO」が寺山の言う「人間の尺度」としての「歩く」ことの復権に寄与したかは疑わしい。膨大な時間を費やして「歩く」ことを促す装置ではあるが、多くの場合、スクリーンへの没入をもたらしたのではないか。

26｜ATPメディアセンター『ATPの主張——製作と権利の認識について』ATP、2016年、2頁。

27｜太田省一「「お散歩番組」人気の秘密は、どこにあるのか——テレビは「ハレ」のメディアではなくなった」（2016年3月5日）、東洋経済オンライン、〈https://toyokeizai.net/articles/-/107268〉（最終閲覧日2023年2月15日）。

28｜60年代後半の新宿という町全体がもつアナーキーな力からハプニングを期待したドキュメンタリーとして『私は…新宿編』や『木島則夫ハプニング・ショー』がある。当時は「テレビが新宿を劇場化」していたのだ。Cf. 松山秀明『テレビ越しの東京史——戦後首都の遠視法』、前掲書、128-133頁。

29｜青木淳悟『このあいだ東京でね』新潮社、2009年、41-42頁。

30｜同書、112頁。

31｜久住昌之・谷口ジロー『散歩もの』扶桑社、2009年、103頁。

32｜松山秀明『テレビ越しの東京史——戦後首都の遠視法』、前掲書、280-283頁。

33｜山田亮太『オバマ・グーグル』思潮社、2016年、24頁。

34｜レイ・オルデンバーグ『サードプレイス』忠平美幸訳／マイク・モラスキー解説、みすず書房、2013年、59頁。「第三の場所」は、家と職場という領域を超えて人々が自発的に楽しみとして集まっている場所をさす。カフェ、居酒屋、美容院・理髪店など社会的肩書きに関係なく誰でも集まれる場所が想定されている。

35｜吉江俊「感染症と「都市の離陸」のゆくえ——コロナ危機後の都市地理空間を考える」（2020年9月1日）、Webマガジン『建築討論』、日本建築学会、〈https://medium.com/kenchikutouron/%E6%84%9F%E6%9F%93%E7%97%87%E3%81%A8-%E9%83%BD%E5%B8%82%E3%81%AE%E9%9B%A2%E9%99%B8-%E3%81%AE%E3%82%86%E3%81%8F%E3%81%88-%E3%82%B3%E3%83%AD%E3%83%8A%E5%8D%B1%E6%A9%9F%E5%BE%8C%E3%81%AE%E9%83%BD%E5%B8%82%E5%9C%B0%E7%90%86%E7%A9%BA%E9%96%93%E3%82%92%E8%80%83%E3%81%88%E3%82%8B-9641ed218eb9〉（最終閲覧日2023年2月15日）。

36｜赤瀬川原平『散歩の学校』毎日新聞社、2008年、45頁。

37｜モーリス・メルロ＝ポンティ『眼と精神』滝浦静雄・木田元訳、みすず書房、1966年、255頁。訳文には変更を加えている。

38｜野村喜和夫『花冠日乗』（写真・朝岡英輔、音楽・小島ケイタニーラブ）白水社、2020年、140頁。

39｜同書、171頁。

40｜同書、10頁。

41｜同書、172頁。

42｜同書、71-72頁。

43｜同書、141頁。

44｜同書、129頁。

45｜レベッカ・ソルニット『迷うことについて』東辻賢治郎訳、左右社、2019年、12頁。

参考文献

青木淳悟『このあいだ東京でね』新潮社、2009年
赤瀬川原平『散歩の学校』毎日新聞社、2008年
池田信『1960年代の東京』毎日新聞社、2008年
ATPメディアセンター『ATPの主張——製作と権利の認識について』ATP、2016年
大澤真幸『戦後の思想空間』ちくま新書、1998年
太田省一「「お散歩番組」人気の秘密は、どこにあるのか——テレビは「ハレ」のメディアではな

くなった」（2016年3月5日）、東洋経済オンライン、〈https://toyokeizai.net/articles/-/107268〉

レイ・オルデンバーグ『サードプレイス』忠平美幸訳／マイク・モラスキー解説、みすず書房、2013年

開高健『ずばり東京』光文社文庫、2007年

久住昌之・谷口ジロー『散歩もの』扶桑社、2009年

黒ダライ児『肉体のアナーキズム――1960年代・日本美術におけるパフォーマンスの地下水脈』grambooks、2010年

関根浩一「毎日新聞 オリパラこぼれ話――「首都美化はオリンピックの一種目」きれいな町づくりで東京都」（2020年7月3日）、〈https://mainichi.jp/articles/20200630k00/00m/050/130000c〉

レベッカ・ソルニット『迷うことについて』東辻賢治郎訳、左右社、2019年

谷川俊太郎『21』岩波書店、2016年

――――『落首九十九』岩波書店、2016年

種村季弘『東京迷宮考　種村季弘対談集』青土社、2001年

寺山修司『家出のすすめ』角川文庫、1972年

――――『書を捨てよ、町へ出よう』角川文庫、1975年

――――『戦後詩――ユリシーズの不在』講談社学芸文庫、2013年

野村喜和夫『花冠日乗』（写真・朝岡英輔、音楽・小島ケイタニーラブ）白水社、2020年

松山秀明『テレビ越しの東京史――戦後首都の遠視法』青土社、2019年

三島由紀夫『肉体の学校』ちくま文庫、1992年

モーリス・メルロ＝ポンティ『眼と精神』滝浦静雄・木田元訳、みすず書房、1966年

山田亮太『オバマ・グーグル』思潮社、2016年

吉江俊「感染症と「都市の離陸」のゆくえ――コロナ危機後の都市地理空間を考える」（2020年9月1日）、Webマガジン『建築討論』、日本建築学会、〈https://medium.com/kenchikutouron/%E84%9F%E6%9F%93%E7%97%87%E3%81%A8-%E9%83%BD%E5%B8%82%E3%81%AE%E9%9B%A2%E9%99%B8-%E3%81%AE%E3%82%86%E3%81%8F%E3%81%88-%E3%82%B3%E3%83%AD%E3%83%8A%E5%8D%B1%E6%A9%9F%E5%BE%8C%E3%81%AE%E9%83%BD%E5%B8%82%E5%9C%B0%E7%90%86%E7%A9%BA%E9%96%93%E3%82%92%E8%80%83%E3%81%88%E3%82%8B-9641ed218eb9〉

吉見俊哉『親米と反米――戦後日本の政治的無意識』岩波書店、2007年

――――『都市のドラマトゥルギー――東京・盛り場の社会史』河出文庫、2008年

【後　記】

　　新型コロナウイルスの感染拡大で人が外出しなくなったとき、2011年の福島原発事故直後の東京のことを思い出した。あの時、目に見えない放射能が風に運ばれて東京を汚染するのではと怯え、一定数の人が外出を控えていた。東京から脱出して南へ避難した人も少なからずいたし、多くの外国人は日本を脱出した。もちろん、緊急事態宣言でほとんど人のいなくなった今回の東京の姿とは異なるが、それでも、あの時の感覚が蘇った。福島の時も、「日常」という言葉を誰もが口にし、「日常」が誰の手によって作られ、誰の手によって破壊されるのか、非常に脆くてかけがえのない「日常」をどのように取り戻すかがさまざまな形で議論されたように思う。危機を前にすると、人間はどうしても狼狽えるが、危機が日常になると、すぐに狼狽えたことを忘れてしまう。人が歴史から学ぶというのは結構疑わしい。歩くことを控えなくてはならなかったので、歩くことについて書いてみた。現在の東京での生活を考えると（とはいっても今、自分はコンゴ共和国のブラザビルにいる）、隔世の感があるが、備忘録としておきたい。

われら内なる動物たち

── 寺山修司、ダナ・ハラウェイ、AKI INOMATA

田口 仁

> あのバンクシーの作品かもしれないカワイイねずみの絵が都内にありました！
> 東京への贈り物かも？ カバンを持っているようです。
>
> 小池百合子[@ecoyuri] 2019年1月17日午後2:17tweet [1]

1　動物たちの帰還

　小池百合子東京都知事は、東京都港区の防潮扉で発見された匿名の芸術家バンクシーのものと思しきねずみのグラフィティと共に写った写真を添えて、twitterに先のように投稿した。バンクシーのねずみはドブネズミ（Rat）であり、害獣として反体制的なメッセージを担うとも、抑圧された大衆の比喩とも解釈されるが、この「カワイイねずみの絵」は「無用な混乱をまねかない」ために防潮扉ごと取り外され、現在は東京都の管理下におかれている。思えばこれが前触れだったのかもしれない。だが、ここで議論したいのはバンクシー作とみられるこのねずみと権力の間に生じたアイロニーのことではない。問題はまず、ねずみが現れたということの方なのだ。このドブネズミ──都市に現れた野生動物の導きが、1960年代と現在を通過する新たな歴史の断面を開くだろう。

　2020年3月24日、バンクシーの「贈り物」の甲斐もなく、COVID-19の世界的な流行のために東京オリンピック・パラリンピックの延期が決定された。それ以降も感染拡大は続き、4月7日には東京都に緊急事態宣言が発令され、5月小池都知事はGW期間を「ステイホーム週間」として、帰省や旅行はせず東京にとどまり在宅するよう呼びかけた。こうして2020年の春には、渋谷や新宿の

ような都内有数の繁華街ですら、昼から人気がなくなったのだった。

　例年であれば大学入学や就職のために上京した東京の新顔たちで賑わうはずの、緊急事態宣言発令下の渋谷の街は、静かで、初夏の光に満ち、路上からはゴミが消え、奇妙にも「緊急事態」の響きとはかけ離れた、のどかさと清潔さをみせていた。一方、この人気のない渋谷で人間の代わりに存在感を増したのは、都市の野性動物たちだった。ハトやカラスは無論のこと、普段は夜中や早朝に人目を避けるようにして残飯を漁るドブネズミたちが、昼からおっとりと通りでたむろし始めたのだ。

　1964年の東京オリンピック以前には、東京の街でこうした野生の動物たち、中でもねずみが今よりも強い存在感を放っていたことが、様々な記録や創作物の中に確認できる。ノンフィクション作家のロバート・ホワイティングは映画館で足元を走るねずみを避けながら映画を見た経験を回想し[2]、開高健の『パニック』では大量発生したねずみが都市に流入し混乱を引き起こす。増加する人口に対して当時の都のゴミやし尿の処理機能は脆弱であり、都市に動物たちのための養分は今よりも遥かに豊富だった。だが、こうした環境を一変させたものこそ1964年の東京オリンピックを迎えるための都市改造と浄化運動だったのである。それ以前では、都市に出現するねずみは防疫上の重要な課題であり、その首長が「カワイイ」などとはとても言ってはいられなかったはずだ。

　こうした都市に住む動物たちと、主に都市の文化として形成されてきた芸術における動物表象には無論密接な関係がある。以下では、都市の動物とそれら動物と人との関わりの変遷、そして、それと分かちがたい関係にある動物表象を、それぞれを代表すると考えられる事例において、1964年前後から現在へと捉え返すことを試みる。では、1960年代の創作物におけるこうしたねずみの扱いについて、その象徴的な事例として、寺山修司を中心に取り上げみていくことにしよう。

2　寺山修司のねずみたち

　60年代を代表する文化人の中に数えられる寺山修司は、しばしばその作品に動物を登場させ、動物の比喩をよく使い、実生活でも競馬を愛し多くの著作を

残している。寺山は1960年に初となるテレビドラマ脚本『Q——ある奇妙な診断書』を執筆し、その中に大量のねずみを登場させた。『Q』の粗筋は以下のようなものである。過失で100人を死なせたバスの運転手小林Qは、収監された刑務所の中で人をねずみに変える力に目覚めた。その力に目を付けた体制側は、対立する労働組合委員長らをねずみに変えることを条件に、Qに特赦をあたえる。出所したQは与えられたリストに従って、次々と労働組合の大物をねずみに変え、自身の足かせとなっている父親までもねずみに変えてしまう。しかし、これをきっかけとして、Qは反体制側の学生たちにもその力を知られることとなり、今度は彼らに説き伏せられて、体制側の権力者を次々とねずみに変え始める。学生たちの賞賛を浴びてQは大得意となり、街にはどんどんとねずみが増えていく。しかし、自身を非難する恋人までもうっかりねずみに変えてしまったQは、参加したデモが警官隊と衝突し乱闘になると、我を失いとうとう敵味方なく全員をねずみに変えてしまうのだった。そうして無人となった街を歩くQに、唐突に生命保険の外交員が話しかけてくる。外交員はQに保険を勧め、二人が前向きに握手をして哄笑するところで物語は終わる[3]。

　寺山自身がこの作品の制作意図について語る言葉は一様ではない。ドラマ台本の冒頭に添えられた制作意図では「能力のために犠牲になる「はだかの王様」を描き、それによって痛烈に現代人を分析し、その嘘を摘出し、新しい人間性をネガチーブな形で追及したい」[4]として、作品が実社会のアレゴリーであることを認める一方で、「Qのためのメモ」では「ここから何か比喩を拾いあげて1960年代の現実にあてはめなければいけない、とは思っていない」[5]とその解釈を否定してもいる。しかし、瀬崎圭二が言うように、この物語の背景には、当時激化した日米安全保障条約の改正反対闘争や岸信介首相の襲撃、浅沼稲次郎社会党委員長刺殺などの右派のテロ、「総資本対総労働」とも称された三井三池争議があったことは、その内容と対照すれば明らかだろう[6]。瀬崎は更に寺山による戯曲「血は立ったまま眠っている」での、自暴自棄の為に政治目的から外れたテロリズムの描写や、映画『乾いた湖』のシナリオにおける、デモを否定してダイナマイトを用いたテロによる革命を構想するも、別件逮捕で空しく挫折する主人公と、その一方で政治に無関心なその恋人が偶然に巻き込まれたデモに同調するという描写を参照して、「警察隊とデモ隊の衝突と混乱の中

で全ての人間を鼠に変えてしまう行為は、いずれの集合も鼠の群れであるということを示しているという意味において、双方の権力性に対する揶揄が込められていることになろう」[7]と、『Q』でのこのねずみ化を解釈している。

寺山が1960年の安保闘争のデモに冷淡だったという証言は多数あり、映画『乾いた湖』のシナリオでは主人公に「デモに行く奴らは豚だ。豚は汗をかいて体をこすりあうのが好きだからな。豚には自己主張もない。みんな同じ鳴き声しかないんだ」[8]と語らせているが、その「デモに行く奴らは豚だ」という言葉は寺山が自身の所感として述べたものであることを、『乾いた湖』の監督篠田正浩は証言している[9]。また後の対談連載で寺山は『Q』について、「小市民の無気力さの亡霊として」ねずみを描いた[10]と述べており、『Q』においてねずみが、権力に魅了されるがその実主体性と理性を欠く群盲的な大衆の比喩であったことは凡そ間違いないだろう。

このような寺山のねずみの扱いは、群れを好み本能的な欲求のままに残飯を貪るものとしてねずみの動物的性質を一般化し、同様の性質を人間のなかにも認め、それを風刺的に表現するために人間に動物の形象を与える擬動物化と言える。こうしたねずみの位置づけ、擬動物化は無論寺山に限ったものではなかった。1964年に製作され未完に終わった『大群獣ネズラ』[図1]では、新たに開発された宇宙食S602を食べた離島のねずみが突然変異によって巨大化し、島

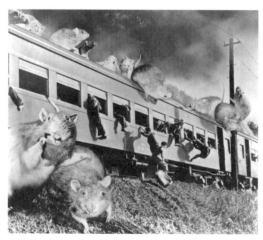

[図1]『大群獣ネズラ』1964年（未公開）　©KADOKAWA

中の人々や牛馬を喰い尽くして全滅させたあげく、海を渡って銀座の下水道に巣を作り東京を襲撃する。残されたスチールを見ると、東京に暴れ込んだ巨大ねずみが高速道路や、電車の上を駆け回るさまが写されており、オリンピックを契機に整備された首都高や鉄道を駆け回るねずみの群れは、都市にひしめき合う群衆を

容易に想起させる。その他にも、中国戦線での札付きを集めた特務部隊の活躍を描く岡本喜八『どぶ鼠作戦』(1962年)があり、こちらでは人目を盗んで食料を貪るねずみの姿が人質奪還のために暗躍する主人公らに擬えられている。今村昌平の『豚と軍艦』(1960年)、川島雄三『しとやかな獣』(1962年)、土方巽の暗黒舞踏における鶏、森山大道における野良犬など、1960年代においては、ねずみに限らず動物が本能的・根源的なものを代表して、風刺やときには進展する都市社会を異化するためのモチーフとして取り上げられるという、両義的な意味をもっていた。1970年代に連続企業爆破事件を起こした東アジア反日武装戦線「狼」部隊は、その最も極端な例にして、掉尾を飾るものと言えるだろう。

　寺山自身は『Q』について、「鼠化していく社会をパノラミックにかくことを愉しみすぎて、私は一番大切な小林Qの「明日のヴィジョン」を書かなかったようである。無論、滅亡した社会を書きはしたが、滅亡しないもう一つのヴィジョンが書けなかったのが残念でならない」「次に書くテレビドラマは、この『Q』の終わりの時点から発想しなければいけない、と思っている」[11]と述べており、『Q』のねずみは作中で否定的な意味しか持っていないようにみえる。しかし、このねずみには寺山自身もまだ気づいていない両義性があるのではないか。『Q』のラストシーンでは、無人となった街を歩くQに、唐突に生命保険の外交員が「やりましたね」と「月世界についに人間が飛んだ」という新聞記事を見せて話しかけ、その後科学の発達を根拠に生命保険を勧め、二人が前向きに握手をして哄笑するところで幕を閉じる。この場面は、国家権力も反体制派も消えた後に、非人格的な金融制度と自己目的化したテクノロジーに駆動された、リバタリアン的な後期資本主義社会が現れると解釈しうる点で予言的な性格を持っている。しかし、ここでQ以外の人々は、ねずみになったことでこのディストピア的な世界と資本主義が駆り立ててくる欲望から逃げ出せているのではないか。

　寺山は1975年の『疫病流行記』と1979年の『レミング』でもねずみの群れ(レミング)を登場させているが、野島直子は両者で登場するレミングについて、「つまり、「レミング」とは、結論を先取りすれば、ドゥルーズ＝ガタリの「逃走線」、「国家装置」から逃れる逃走線である」とする解釈をみせ、寺山のドゥルーズ＝ガタリ受容の痕跡を推測している。集団自殺を行うレミングの突然の狂気は

生を解放するものという両義性をもつのである[12]。無論『Q』のねずみは、このレミングたちの祖型に他ならない。後に『家出のすすめ』を書く、「一所不在」の思想に憑りつかれた寺山の芸術形式は、「闘争」ではなく「逃走」だったはずだ。動物性とは欲望のために闘争することだけではない、ときに生命の為に外聞なく地を這い逃げ出すこともまた本能のなせる業だろう。すると、このタイトルの「Q」はねずみの後ろ姿に見えてくるのではないか[13]。だとすれば、このねずみたちは泥にまみれて潜伏し、閉幕後にはレミングのように狂気に駆られて廃墟の街を逃げ出すことが予告されていたのである。ドゥルーズとガタリは『千のプラトー』において動物を「固体化され、飼いならされた、家族的、感傷的な動物」つまりはペット的な動物、「性格ないしは属性をもつ動物」これは国家の起源神話などに参照される動物、そして「悪魔的な面が強く、群れと情動をその特質とするのみならず、多様体や生成変化や個体群やコント［奇譚］を作り出す動物」の三つに分類している[14]。この三番目の分類の動物は群れを成し、その群れの起源は「家族や国家とは異なる内容の形式や表現の形式を動員しつつ、家族や国家をひそかに突き動かし、外からおびやかし続ける」[15]という。ドゥルーズがねずみの繁殖と群れを大規模なモル上の力をつき崩していく動きとして位置付けているように、この三番目の分類こそ都市のドブネズミたちに相応しいものだろう。『Q』の逃げ出したねずみたちもまた、ネズラのように逃亡先で地下に巣をつくって潜伏し、都市への襲撃のときを待つのかもしれない。

3　都市動物の「浄化」

　一方、現在こうした動物表現を目にすることは稀になった。その転換点は1964年のオリンピックに由来する、都市における動物の存在感の変容にあると考えられる。2018年の東京都公文書館調査研究年表によれば、東龍太郎都知事は1962年1月の年頭の挨拶で、「都政の重点目標に首都美化を掲げ、単に街を美しくするだけでなく、道路・公園・上下水道の整備、河川の浄化から公衆道徳の高揚までが美化の対象であることを強調した。これ以後同年3月には首都美化審議会が設置され、首都美化推進本部、首都美化推進協議会、首都美化協力

員、首都美化推進モデル地区等の組織も整備され、都民を巻き込んだ全都運動として首都美化運動が展開した」[16]という。オリンピックを控えた東京では「訪れる外国人に恥ずかしくない東京」を目指して官、民が手を携えた大浄化運動が展開されたのである。ハイレッド・センターが「首都圏清掃整理促進運動」(1964年) で批評的に介入してみせたのはまさにこの状況であった。その中では都市における野生動物もまた「浄化」されることとなる。どぶ川には殺鼠剤がまかれ、飼い犬を紐でつなぐように指導する一方で、野良犬、野良猫は手当たり次第に捕えられて殺処分にされた。オリンピックの開会までの1年には推定20万匹が殺処分されたとも言われ、都市の野性動物は美観のために急激に姿を消していくのである[17]。

　石田戢は『日本の動物観』において、動物を家庭動物、産業動物、野生動物、展示動物に分類しているが[18]、その後都市で存在感を増すのは家庭動物たるペット (愛玩動物)[19]であった。宇都宮直子によれば、1945年の終戦直後には食糧不足から家庭で飼育される動物で人気があったのは、鶏や兎など食料となる家畜であり、49年に新宿三越デパートでアヒルと鶏が販売されたときには、数千人の行列ができたという。その後52年頃には不安定な社会状況を反映して、番犬用の犬が人気となる。しかし、この第一次ペットブームを経て、高度経済成長を迎えた60年代にはこうした番犬が疎まれるようになり、今度は「豊かさの象徴」として小型犬 (室内犬) の大ブームが起こった。マルチーズが65年から増え始め、70年代からポメラニアン、ヨークシャーテリアがその人気に加わって「小型犬御三家」と呼ばれるようになり、80年代からはミニチュア・ダックスフンドも人気となった。また、70年代あたりから放し飼いは大幅に減少するが、宇都宮はその理由を規制に加えて純血種の浸透、その価格の高価さに求め、屋内で飼育されることが増えたことが、飼い主がペットにより感情を注ぐ要因になったと推測している[20]。

　石田もまたペットと飼い主の関係の変化に言及しており、ペットの飼育率は昭和54年から平成15年の間に30%台中盤で微増しているのみだが、ペットの中で鳥が占める割合が37.6%から7.7%へと減少する一方で、その分が犬猫に置き換わっていることに注目し、接触の有無をその最大の変化と指摘している。石田によれば、この接触性こそが、ペットを子供のように保護する対象であり

ながら、成長し、反抗することのない愛情を注ぎうる家族と認識させる要因で
あり、2007年の調査で69％もの飼い主がペットを年少の家族のように考える結
果を生んでいるという[21]。一方、濱野佐代子は第二次ベビーブーム終了後の少
子化と、超高齢化社会、経済力の豊かさが伴侶や、仲間、「永遠の子」として
の役割をペット（コンパニオンアニマル）に与えてきたとして、その社会的な背景
を分析した[22]。

4 擬動物化から擬人化へ

　以上のように1964年を重要な転換点として、都市から野生動物は姿を消し、
その一方で家庭動物は感情移入の対象として存在感を高めた。現在もまたそう
した傾向を促進するペットブームの渦中にあると言えるだろう。芸術表現に
おいてもその影響は顕著であり、特に映画・ドラマにおいては『幼獣マメシバ』
シリーズ（2009-2014年）、『きな子 見習い警察犬の物語』（2010年）、『星守る犬』（2011
年）、『ひまわりと子犬の7日間』（2013年）など子供向けに限定されない動物映画
が目立ち、興行的にも成功を収めている。先の分類に従えば、60年代の例とし
て挙げたものの主なカテゴリーは野生動物や産業動物であるのに対して、これ
ら2010年代の例は主に家庭動物、なかでも接触性が高い犬となっており、四
分類中の存在感の変化とも対応している。この動物たちはコミュニケーション
と感情移入の対象であり、しばしば幼児化される傾向がみられ、それによって
自己の願望的なイノセンスを仮託されているようでもある。つまり、これらは
人の性格から動物の性格を類推する擬人化の表現だと言えるだろう。60年代の
諸例が擬動物化によって人間の本能的、本質的な側面をときに露悪的なまでに
突き付けようとしていたとすれば、現代の擬人化では動物の中に汚れない自己
を慰撫させるのである[23]。つまり、60年代の動物は他者的な存在として見る者
の世界を異化したが、現代の動物はもはや不可能な自己愛を許すために現れる
のだ。
　一方、大衆向けの映画・ドラマよりも、自覚的に対象に対して批評的であろ
うとするファインアートではどうか。2020年6月号の『美術手帖』では「新し
いエコロジー」の特集が組まれ、その中には動物の項目も設けられている。そ

の扉には以下のようにある。「地球上のあらゆる生き物は、時間や種を超えた連続性と相互作用のなかにある。動物や微生物たちを「ともに生きるもの」としてまなざす表現から、他種との共生や、人間の内なる動物性を探る」²⁴。また、やはり同特集中に含まれる山本浩貴「エコロジーの美術史」の2000年代から現代についての記述では、「非人間中心主義的思想の展開：自然との関係性の再考」と小見出しをつけて、人新世やダナ・ハラウェイによる「重要な他者性」と関連付けてアーティストを紹介している²⁵。長谷川祐子「新しいエコロジー下のアート、あるいは「まごつき期」の芸術表現」では、この十年のアートの動向を、非人間を含む新しいヒューマニティや美学の探究として特徴付けているが、ここでも人新世とハラウェイは理論的な参照として取りあげられた²⁶。これらの記述では地球規模の生態系が問題にされているが、そうした生態系の概念が普及したのもまた1960年代中盤からであり、興隆するカウンターカルチャーの中で主に自然回帰の概念として芸術表現に現れていた。一方、2020年代においてはもはや疎外論的に無垢なる自然を措定することは素朴として退けられ、人間に対して圧倒的に劣位に立たされた自然が、その社会的経済的な活動と骨がらみの構造の中でいかに人間と共生していくかが、自然の側に立って語られている。こうした人間中心主義批判とそれに基づく新しい世界観の構築が、現代のファインアートにおける動物表象の主な解釈枠となっていると考えられるだろう。

5　重要な他者とは誰か──われら内なる動物たち

　この「新しいエコロジー」特集にも参照されているAKI INOMATAの作品には、しばしば動物が現れるが、その作品は動物をモチーフとするのではなく、動物と共に制作すると解釈されている。《やどかりに「やど」をわたしてみる》(2009年–) [図2] では、プラスチックで日本の二階建て家屋とフランスのアパルトマンをかたどった「やど」を制作して、やどかりに引っ越しをさせ、《インコを連れてフランス語を習いにいく》(2010年) では、タイトルの通りインコを連れてフランス語を習いに通い、《girl, girl, girl...》(2012年／2019年) では、人間の女性服の布地を細く切り、それを素材にミノムシにミノをつくらせている。

これらの作品のなかで、動物はときに予定調和を乱しうることから、共に作品を生み出す「異者」とされるのである。

　INOMATAは、ダナ・ハラウェイの「重要な他者性」の概念から着想を得て、2019年に「Significant Otherness: 生きものと私が出会うとき」と題した国内初の美術館個展を開催し、これらの作品を展示した。展覧会タイトルやインタビューにおいて明確に概念的な参照を与えていることから、INOMATAの作品には特にハラウェイの思想と関連付けての解釈が目立つ[27]。展覧会カタログの中で、パオラ・アントネッリはこのタイトルが「種族の境界を超え、その先の新たな領域が秘めた興味深い可能性を示唆している」[28]と述べ、岩崎秀雄は、動物たちに人間の振る舞いを模倣させる手法について、「必然的に作家の特権的な主体性・権威性を、制御不可能な異者との共同によって異化すること、それによって作品が他者あるいは異なる文脈に開かれていくこと、さらにはアクターに見立てた動物の異者としての存在を丁寧に確認していく回路を開くことに繋がっていく」[29]とする。

　中でもINOMATAの代表作としてしばしば扱われる《犬の毛を私がまとい、私の髪を犬がまとう》(2014年) [図3・4] は、犬を扱っておりハラウェイの思想との関連が特に言及される作品である。本作においては、飼い犬の毛と、作家

[図2] AKI INOMATA《やどかりに「やど」をわたしてみる》2009年–
©AKI INOMATA courtesy of Maho Kubota Gallery

［図3・4］AKI INOMATA《犬の毛を私がまとい、私の髪を犬がまとう》2014年
撮影（上）：Nagano Satoshi　©AKI INOMATA courtesy of Maho Kubota Gallery

自身の髪を数年にわたって集め、その毛／髪で、互いの衣服／毛皮をつくり、
それを交換するように互いが身にまとい、その状態で散歩する様子を映した映
像と、その衣服／毛皮の実物が展示される。

　私が自分の犬に接触するとき、私は、誰と、そして何と接触するのだろうか。「～
　と一緒になる」ということは、「現実世界的になる」実践と、どのような関係にあ

るのだろうか。種と種が出会うとき、いかに歴史を継承するかという問いは、差し迫った問いであり、いかに一緒になるかという問いは、利害の絡んだ問いだ。[30]

ハラウェイを参照しつつ、INOMATAは自作を以下のように説明する。

私も「生き物をペット化してよいのだろうか？」というジレンマをいつも抱えている。そうしたなかで、これまで生き物たちには私の作品に登場してもらってきた。〔…〕これは、作品によって引きおこされるある種の感情移入によって、生物の生態を看取しようというコンセプトをもっている。本作ではさらに踏み込んで、ペットと人との関係について思考し、犬と私との間で身体の部位である毛を交換しようと試みた。毛と毛の交換には、形見や契りといった絆の形象化を表すいっぽうで、体温調節という「はたらき」の交換が含まれている。現代におけるペットと人との絆は、適性な能力によって生みだされる互いの「はたらき」の連結によって、再び捉えなおすことができるのではないだろうか。[31]

いかにも、ハラウェイは『伴侶種宣言』において「重要な他者」としての犬と人間との関係を提起した際に、犬と人間の相互依存的な関係の歴史から論を始め、そこから犬を無垢な幼児として見なさず、人間との共生に独自の利益を持つ個体と認め、訓練等のなかで相互に権利の場を持つようになるというヴィジョンを展開している。《犬の毛を私がまとい、私の髪を犬がまとう》における作家自身のものをも含む主要な解釈もまた、こうした、ときに理解不能な独自の利益をもつ「異者」として犬の存在を認めた上での共同作業の可能性とその困難である[32]。

　ここでは先に挙げた映画の諸例では見られなかった動物の「他者性」が、60年代の諸例よりも知性化された形で前景化しているようにみえる。しかし、ここにはハラウェイの絵解きに収まらない、むしろ現代の人間やハラウェイの「他者性」の概念に対するアイロニカルな批評があるのではないか。前述の《やどかりに「やど」をわたしてみる》の作者解説では、自身の動物との共同について作家の複雑な心境が吐露されている。

当初、私のつくった「やど」にやどかりが引っ越しをしてくれるか不安だったが、随分と悩んだ末に、私のつくったプラスチックの「やど」に引っ越したやどかりを見つけた時は、嬉しいような悲しいような複雑な気持ちになった。[33]

この「複雑な気持ち」はどこから来るのだろうか、そしてこの複雑さはなんと言い換えられるのだろうか。それは恐らくハラウェイが意識的であれ無意識的であれ抑圧しようとしている、この関係の不都合な側面が生み出した、疚しさや不気味さと似たものではないか。

　ハラウェイはマニフェスト的な書物である『伴侶種宣言』のなかで、犬が人間に無償の愛を与え人間の魂を復活させると考える「イヌ偏愛的ナルシズム」や、動物を西洋哲学の政治理論における権利を持った人間中心主義的主体との相似度によって測る「直解的擬人化」を批判し、「相互構成的」な関係性を伴侶種という言葉に主張している。そして、その具体的な事例として、アニマルトレーナーであり作家でもあるヴィッキー・ハーンが「伴侶「動物の幸福」とは何なのか」という問いに答えて述べた主張を引用する。

　　彼女の回答は、努力や仕事、そして可能性を実現することをつうじて満足感を得られること、というものだった。そのような幸せは、内部にあるもの——すなわち、ハーン曰く動物トレーナーが「才能」と呼ぶもの——を引き出してやることから生じる。伴侶動物の才能はトレーニングという関係性の仕事を通じてのみ、花開かせることができるという。[34]

このハーンの主張をハラウェイは「それは創発する自然―文化の例に他ならない」「あらゆる動物はそれぞれちがっている。その特異性（specificity）——つまり、種類としての特異性と個体としての特異性——が問題なのである。動物たちの幸福の特異性こそが大事なのであり、それは実際に出現しなければならないものである」として、自身の文脈で言い換えている。ハラウェイはこれらのハーンの主張に自説を代弁させていると言っていいだろう。更に以下のように引用は続く。

ハーンは人間だけではなく、犬たちもまた、道義的理解や真剣な達成にたどり
　　つくことができる、種に特異的な(species-specific)能力をもった存在だと考え
　　ているのである。所有は——財産は——相互性とアクセス権を意味している。
　　わたしが犬をもっているとしたら、わたしの犬は人間をもったことになる。[35]

　一見すれば、ここで述べられるような、動物の擬人化や自然対文化の疎外論
的な対比構図を退け、人間と動物がその種的個的な特殊性を互いに認め合い、
共生しようと努力する関係性は理想的である。ハラウェイはこれら人間と動物
の関係を扱う議論の中で、西洋的人間（男性）主体を相互関係のなかに解体し、
多様さを多様なままに共生させるヴィジョンを展開しているのだろう。しかし、
ハラウェイが例として示すアジリティー[36]においてさえ、人間が犬に対して行
う条件付けがその反対を圧倒していることは自明であり、ここでは人間と犬の
互いをコントロールする力の圧倒的な不均衡が極端に軽視されている。犬はと
きに吠えたり、子供に噛みつくことはあるかもしれないが、徒党を組んで人間
を支配しようとする可能性は想定できず、生殺与奪の権は常に人間の側が独占
しているのだ。こうした絶対的な権力格差を無視した上で相手の利益を想定し、
その関係を美的に称揚することには、良心的な植民者による被植民者への「教
育」や農園主による奴隷の「保護」といった物言いと同様、美的なレトリック
の中に自身を免罪する響きがあることは否めない。ハラウェイは続く『犬と人
間が出会うとき』においては、ナンシー・ファーマーの小説を参照して、実験
動物に対しても犠牲に代えて労働の概念を与えているが、一方で、そこで動物
に対して働く不平等な力関係や利害関係を認め、人間の責任の自覚と動物への
尊重とケアを訴えている[37]。アジリティーにおいてもそのルールの恣意性や基
準が人間によって定められたことを認めており、支配の非対称性についての議
論は慎重になった。しかし、そうした迂回を経てもなお、ハラウェイの、自身
の愛犬がアジリティー訓練を好んでいることの確信は揺るがず、その根拠は経
験的感覚的なものによって主張されるのである[38]。
　イー・フー・トゥアンはペットについていささかシニカルに次のように述べ
ている。

だが、愛情は支配欲の対極にあるのではなくて、むしろ支配という行為の鎮痛薬と言っていい。愛情は人間の顔を持つ支配欲だ。支配が暖かさのかけらもない残忍で搾取的な行為である場合、「犠牲者」を生む。ところが支配と愛情が結び付くと、そこに生まれるのは「愛玩物（ペット）」である。[39]

　トゥアンの主張は人間不信の気味が強すぎるとしても、トゥアンが人間の欲望のみを語っているのに対して、ハラウェイの議論は自身の動物に対する姿勢を動物の側にも想定しなければ成立しない。しかし、ハラウェイがアジリティー訓練で行う正の強化による統制は、統制にも拘らず受け手に自由の感覚を錯覚させるものであり、そもそも圧倒的な権力格差の前では、命令に対する服従と個体の意志は人間においてさえ客観的にも主観的にも判別しがたいのだ。ハラウェイの主張は、覆し得ない圧倒的な人間の勝利を前提とした可能な倫理的配慮としてはその意義を認めうるが、それを相互性や「重要な他者性」と謳うのは腑に落ちない。ハラウェイが二匹の犬の戯れ合いに「再生産的異性愛ヘゲモニーへのからかい」を読み取ってしまうように[40]、そこにいる「重要な他者」はやはり自身の似姿であり願望の投影なのである。

　では、《犬の毛を私がまとい、私の髪を犬がまとう》が持つ別様の批評性とは何か。本作で投影される映像は中央で二分割されており、ときにINOMATAと犬が別々の画面に抜きだされる。両者を個別に見れば、人間の毛皮を被せられた犬は無論自らの意志でそれを行っているようには見えないが、一方で犬の毛皮をまとう作家は愛犬と制作物を傍らに自身を堂々と表現しているように見える。しかし、両者を対照するうちに次第にある疑念に囚われ始める。この人物は本当に作家自身なのか、と。仮にこの人物が作家ではなく雇われたモデルであれば、モデルもまた毛皮を着せられた犬と同様に作家の演出に従っていることになる。だとすれば、この作品で提起された相互的な関係の物語は、その実資本と契約による支配の物語の偽装であったというアイロニーを生じるのだ。我々はその真偽を作品の中で完全に識別する術を持たず逡巡する。だがすぐに、結局のところこの人物が作家自身であったとしても、やはりある種のアイロニーが生じざるを得ないことに気が付くだろう。

　急激なデジタルテクノロジーの発展によって、あらゆる情報がデジタル化さ

れ、大量の情報が国家、企業、個人を問わず発信、拡散される一方で、我々の私的・公的なあらゆる行為は収集・集積の対象となった。ソーシャルメディアを媒介として集積された情報はマーケティングの為の資源となり、ビッグデータとしてAIによって解析され、再び選好傾向に基づいたフィードバックがなされるという無限循環が創出される。ニュース、商品の広告、グルメサイト、音楽のストリーミング、SNS、検索エンジン、我々はそれらの場所で絶えず自分自身からのリコメンドを受けとるのだ。スマートフォンの普及やIoTにより、我々は常時そうしたフィードバックループにオンした状態となり、自身の選好を絶え間なく慰撫され、強化され続けることになる。こうしたデジタル通信回路を流通する膨大な情報の活用に依拠した資本主義をジョディ・ディーンは「コミュニケーション資本主義」として概念化した[41]。こうしたテクノロジー環境下にあっては、訓練された犬が指示に従うことと、個体の意志によって行動することの区別がつかないのと同様に、最早人間においてもこの両者の区別がつかないのではないか。我々は笑えと命令されてさえも、それが命令と気づかずに、混じりけのない純粋な笑顔を見せるのだ。

　つまり《犬の毛を私がまとい、私の髪を犬がまとう》では、犬に対しては毛皮を交換して着せるという擬人化によって自己が投影されるが、今度はそれが、服を着せられた犬に人間が喩えられるという擬動物化へと反転するのである。ここではデジタル環境におけるのと同様の自己の再帰的な反復が演じられている。だとすれば、この「重要な他者」とは資本の論理と骨がらみのデジタルネットワークに媒介された己自身に他ならず、作品は人間中心主義批判ではなく、むしろ自己という人間が全面化した強迫神経症的な世界への批評として読み得るのである。INOMATAがヤドカリの移住に感じた複雑な感情も、この不可視の権力の働きを自身が模倣していることの気づきによるのではないか。寺山修司が『Q』の結末で描き出した、経済活動と手を結んだテクノロジーが人間を包摂する世界の到来がここにある。しかし、寺山がディストピアとして描き出したのとは異なり、現実のそれは広告の中で理想化され、豊かで平凡な日常の姿として現れるのだ。

＊

　寺山修司は『Q』に続く「ねずみもの」作品たる『レミング』で、突如とし

て世界のありとあらゆる壁が失われた世界を描いた。寺山によれば壁は資本主義が作り出す幻想であり、それが内面の神話をも作り出しているという[42]。いかにも壁は境界を確定し所有を作り出す。しかし、この壁のない世界もまた、経済活動へと動員されるべく、あらゆるものが境界を失い流動化して数量化可能で可変的な部品となる、ポストフォーディズム段階のグローバル資本主義の比喩とみることができるのではないか。壁のない世界では医者と患者は目まぐるしく入れ替わり、メタ構造の物語は無限に現実を包摂し続ける。自分が他人を夢に見て、その自分が他人に夢みられる。主観と客観、真実と虚構の区別もない。実際に『レミング』の壁がない世界はディストピア的な混乱として描き出されているのだ。物語の結末では、やはり舞台は無人の廃墟となり、そこで主人公王は独白する。

> 王 〔…〕構うもんか。行くならとっとと行きやがれ。「世界の涯てとは、てめえ自身の夢のことだ」と気づいたら、思い出してくれ。おれは、出口。おれはあんたの事実。そしておれは、あんたの最後のうしろ姿、だってことを。〔…〕だまされるな。おれはあんた自身だ。百万人のあんた全部だった。出口は無数にあったが……入り口がもうなくなってしまったんだ。[43]

出口は無数にあるが、入口はなくなった。ここで自身もまた一匹のねずみたる主人公王は壁のない迷宮、閉じた回路に囚われている。他人たちが遠くでワルツを踊りながら蒸発していくのを眺めながら、王は訪れる暗黒をただ一本の杭のように突っ立って待ち受ける。情動を組織し心地よさを慰撫し続けるこのフィードバックループへの没入を中断されることは、ときに不快を超えて、恐慌を起こさんばかりの不安と恐怖を引き起こす。コロナ禍に束の間地上に現れたドブネズミたちの導きに従って、この閉じた回路から抜け出し垣間見ることができるのは、国家や企業、芸術やその批評が生み出す表象のなかに含まれつつも見過ごされてきたこのヴィジョンである。

註

1│小池百合子 [@ecoyuri] (2019 年 1 月 17 日)〈https://twitter.com/ecoyuri/status/1085767968959561729〉(最終閲覧日:2023年2月15日)。

2│ロバート・ホワイティング『ふたつのオリンピック　東京1964/2020』玉木正之訳、KADOKAWA、2018年、40頁。

3│寺山修司『Q　ある奇妙な診断書』有限会社浪漫堂、2018年、Kindle版。ラジオ東京テレビ(現TBS)で製作されたドラマは現存していない。

4│寺山修司『Q　ある奇妙な診断書』国会図書館所蔵脚本、1960年、1頁。

5│寺山修司「「Q」のためのメモ」、『Q　ある奇妙な診断書』、前掲書、位置No.22/427。

6│瀬崎圭二「一九六〇年代初頭における寺山修司とテレビ──政治・土俗・大衆」、同志社大学人文学会編『人文学』通200、2017年、205-206頁。

7│同書、210頁。

8│寺山修司「乾いた湖」『寺山修司全シナリオ1』フィルムアート社、1993年、43頁。

9│篠田正浩「スクリーンを駆け抜けたあの時代」、風馬の会編『寺山修司の世界』情況出版、1993年、193頁。

10│寺山修司「にんげん動物園14」、『新週刊』2(12)、新週刊社、1962年3月号、31頁。

11│寺山修司「「Q」のためのメモ」『Q　ある奇妙な診断書』、前掲書、位置No.23/427。

12│野島直子「寺山修司と逃走線──『レミング』再考」(2019年07月09日)、宇波彰現代哲学研究所website、〈http://uicp.blog123.fc2.com/blog-entry-320.html〉(最終閲覧日:2023年2月15日)。

13│「タイトルの「Q」はネズミの鳴き声とネズミの後ろ姿が「Q」という字に似ていることから。」という指摘が、テレビドラマデータベースwebsite内の『Q』の項目にあるが、その典拠は不明である。<http://www.tvdrama-db.com/drama_info/p/id-4185>(最終閲覧日:2023年2月15日)。

14│ジル・ドゥルーズ、フェリックス・ガタリ『千のプラトー──資本主義と分裂症(中)』宇野邦一・小沢秋広・田中俊彦・豊崎光一・宮林寛・守中高明訳、河出書房新社、2010年、164-165頁。

15│同書、169頁。

16│小野美里「【研究ノート】東京都における「街をきれいにする運動」(昭和29年)に関する基礎的考察」東京都公文書館調査研究年報web版、1頁。〈https://www.soumu.metro.tokyo.lg.jp/01soumu/archives/0609r_report04_01.pdf〉(最終閲覧日:2023年2月15日)。

17│ロバート・ホワイティング、前掲書、152-153頁。

18│石田戩「はじめに」、石田戩ほか『日本の動物観──人と動物の関係史』東京大学出版会、2013年、i頁。

19│人生の伴侶という意味を込めてコンパニオンアニマル(伴侶動物)という表記を用いる場合もあるが、ここではより一般的な呼称であるペットを使う。

20│宇都宮直子『ペットと日本人』文藝春秋、1999年、138-141頁。

21│石田戩「動物観をめぐる多様性」、奥野卓司・秋篠宮文仁編『ヒトと動物の関係学　第1巻』、岩波書店、2009年、299-300頁。

22│濱野佐代子「家庭動物とのつきあい」、石田戩ほか『日本の動物観──人と動物の関係史』東京大学出版会、2013年、22頁。

23│一方で漫画『BEASTARS』等の、人間と動物の特徴を折衷した「人獣もの」の作品も近年よく目立つ。それらの表現は一括りに擬人化とも擬動物化とも定義しがたく、興味深い作例も多いのだが、本稿で扱う「動物もの」とは区別してここでは取り上げない。

24│「prat4　動物」、『美術手帖』通1082、美術出版社、2020年6月号、72頁。

25│山本浩貴「エコロジーの美術史」、『美術手帖』通1082、美術出版社、2020年6月号、100-103頁。

26│長谷川祐子「新しいエコロジー下のアート、あるいは「まごつき期」の芸術表現」、『美術手帖』通1082、美術出版社、2020年6月号、108-118頁。

27│2020年2月号の『美術手帖』誌のダナ・ハラウェイ特集では港千尋と対談を行っている。「アーティストが語る作品とハラウェイ」、『美術手帖』通1080、美術出版社、2020年2月号、138-143頁。

28 ｜ パオラ・アントネッリ「地球の時代」、AKI INOMATA『生きものと私が出会うとき』美術出版社、2020年、147頁。

29 ｜ 岩崎秀雄「生きとし生けるものたちとの共創への問を巡って」、AKI INOMATA、同書、148頁。

30 ｜ ダナ・ハラウェイ『犬と人が出会うとき――異種協働のポリティクス』高橋さきの訳、青土社、2013年、58頁。INOMATAの以下のテクスト中で参照されている。AKI INOMATA「I Wear the Dog's Hair, and the Dog Wears My Hair　犬の毛を私がまとい、私の髪を犬がまとう」、AKI INOMATA website、〈https:// www.aki-inomata. com/works/dogs/〉（最終閲覧日：2023年2月15日）。

31 ｜ AKI INOMATA「I Wear the Dog's Hair, and the Dog Wears My Hair　犬の毛を私がまとい、私の髪を犬がまとう」、前掲。

32 ｜ INOMATAはこの作業の過程で犬の毛によるアレルギーを発症した。

33 ｜ AKI INOMATA「Why Not Hand Over a "Shelter" to Hermit Crabs? やどかりに「やど」をわたしてみる」、AKI INOMATA website、〈https:// www.aki-inomata.com/works/hermit_2009/〉（最終閲覧日：2023年2月15日）。傍点は著者による。

34 ｜ ダナ・ハラウェイ『伴侶種宣言――犬と人の「重要な他者性」』永野文香訳、以文社、2013年、80頁。

35 ｜ 同書、83頁。

36 ｜ 犬の障害物競走。犬と指導主（ハンドラー）がペアになって、障害をクリアしそのタイムを競う。

37 ｜ ダナ・ハラウェイ『犬と人が出会うとき――異種協働のポリティクス』、前掲書、106-146頁。

38 ｜ 同書、333頁。

39 ｜ イー・フー・トゥアン『愛と支配の博物誌――ペットの王宮・奇型の庭園』片岡しのぶ・金利光訳、工作舎、1995年、15頁。

40 ｜ ダナ・ハラウェイ『伴侶種宣言――犬と人の「重要な他者性」』、前掲書、152-153頁。

41 ｜ 現在のデジタル環境、及びディーンの「コミュニケーション資本主義」概念の分析については以下を参照した。伊藤守「デジタルメディア環境の生態系と言説空間の変容」、伊藤守編『コミュニケーション資本主義と〈コモン〉の探求――ポスト・ヒューマン時代のメディア論』東京大学出版会、2019年、3-34頁。

42 ｜ 寺山修司『寺山修司戯曲集3』構想社、1983年、341-344頁。

43 ｜ 同書、68頁。

参考文献

パオラ・アントネッリ「地球の時代」、AKI INOMATA『生きものと私が出会うとき』美術出版社、2020年

石田戩「動物観をめぐる多様性」、奥野卓司 ・秋篠宮文仁編『ヒトと動物の関係学 第1巻』岩波書店、2009年

―――「はじめに」、石田戩ほか『日本の動物観――人と動物の関係史』東京大学出版会、2013年

伊藤守「デジタルメディア環境の生態系と言説空間の変容」、伊藤守編『コミュニケーション資本主義と〈コモン〉の探求――ポスト・ヒューマン時代のメディア論』東京大学出版会、2019年

岩崎秀雄「生きとし生けるものたちとの共創への問を巡って」、AKI INOMATA『生きものと私が出会うとき』美術出版社、2020年

イー・フー・トゥアン『愛と支配の博物誌――ペットの王宮・奇型の庭園』片岡しのぶ・金利光訳、工作舎、1995年

AKI INOMATA『生きものと私が出会うとき』美術出版社、2020年

―――「I Wear the Dog's Hair, and the Dog Wears My Hair　犬の毛を私がまとい、私の髪を犬がまとう」、AKI INOMATA website、〈https:// www.aki-inomata.com/works/dogs/〉

　「Why Not Hand Over a "Shelter" to Hermit Crabs? やどかりに「やど」をわたしてみる」、AKI INOMATA website、〈https://www. aki-inomata.com/works/hermit_2009/〉

宇都宮直子『ペットと日本人』文藝春秋、1999年

小野美里「【研究ノート】東京都における「街をきれいにする運動」（昭和29年）に関する基礎的考察」、

東京都公文書館調査研究年報web版、〈https://
www.soumu.metro.tokyo.lg.jp/01soumu/archives/
0609r_report04_01.pdf〉

「Q　ある奇妙な診断書」、テレビドラマデータベース
website〈http://www.tvdrama-db.com/drama_
info/p/id-4185〉

小池百合子[@ecoyuri]Twitter（2019年1月17日）、
〈https://twitter.com/ecoyuri/status/1085767
968959561729〉。

篠田正浩「スクリーンを駆け抜けたあの時代」、風
馬の会編『寺山修司の世界』情況出版、1993年

瀬崎圭二「一九六〇年代初頭における寺山修司と
テレビ──政治・土俗・大衆」、同志社大学人文
学会編『人文学』通200、2017年

寺山修司『Q　ある奇妙な診断書』国会図書館所蔵
脚本、1960年

───「にんげん動物園14」『新週刊』2(12)、新
週刊社、1962年3月号

───『寺山修司全シナリオ1』フィルムアート
社、1993年

───『寺山修司戯曲集3』構想社、1983年

───『Q　ある奇妙な診断書』有限会社浪漫堂、
2018年

ジル・ドゥルーズ、フェリックス・ガタリ『千のプラ
トー──資本主義と分裂症（中）』宇野邦一・小

沢秋広・田中俊彦・豊崎光一・宮林寛・守中高明
訳、河出書房新社、2010年

野島直子「寺山修司と逃走線──『レミング』再考」、
宇波彰現代哲学研究所website、〈http://uicp.blog
123.fc2.com/blog-entry-320.html〉

長谷川祐子「新しいエコロジー下のアート、ある
いは「まごつき期」の芸術表現」、『美術手帖』通
1082、美術出版社、2020年6月号

濱田佐代子「家庭動物とのつきあい」、石田戢他『日
本の動物観──人と動物の関係史』東京大学出
版会、2013年

ダナ・ハラウェイ『犬と人が出会うとき──異種協
働のポリティクス』高橋さきの訳、青土社、2013年

───『伴侶種宣言──犬と人の「重要な他者
性」』永野文香訳、以文社、2013年

美術出版社「アーティストが語る作品とハラウェ
イ」、『美術手帖』通1080、美術出版社、2020年2
月号

美術出版社「prat4　動物」、『美術手帖』通1082、美
術出版社、2020年6月号

ロバート・ホワイティング『ふたつのオリンピック
──東京1964/2020』玉木正之訳、KADOKAWA、
2018年

山本浩貴「エコロジーの美術史」『美術手帖』通
1082、美術出版社、2020年6月号

【後記】

　2022年2月末、ロシアによるウクライナ侵攻が開始され世界に衝撃が走った。一部専門家はその予兆を指摘していたが、その時が来るまで、しばしば彼/彼女らは徒に不安を煽る「狼少年」も同然の扱いを受けていた。だが「狼」は本当に現れた。網目を密にし続けるグローバル経済とそこから生み出される経済的利益・依存関係が、大国間を二分する領土的な争いを不可能かつ無意味なものにしたという長年の見立ては裏切られ、今やそれは儚い期待だったとさえ思われてくる。「資本主義の檻・牢獄」という盛んに唱えられてきたメタファーもまた、人を捕え抑圧する制度への批判であるよりも、むしろ（別種の）野蛮な現実から逃げ込むための防護柵の要求へと意味を転じることがあるかもしれない。本稿はドブネズミの再来から始まったが、昨今は新宿の巨大ネズミやタヌキが話題と聞く。束の間に顕在化したと思われたものたちは、その勢力を増し、我々に真剣な対峙を迫っているようだ。

Part II / 時

Waves From A Seaside City in 1964

──サーフィン、GS、City Pop

田口 仁

空っぽな瞳をしてる
俺たちが悲しい
まるで人のいない
風景画みたい

Lay down 今夜は ソファーで寝てあげるよ
Lonely night Lonely night
Lonely night Lonely night
Lonely night[1]

1　人のいない風景画

　大瀧詠一の80年代の楽曲「Velvet Motel」を聞けば、明るく色鮮やかな曲調とは裏腹に、その歌詞は奇妙にもこのコロナ禍での我がことを歌っているようだ。都市をそぞろ歩きすることを禁じられ、疲れ切らぬ肉体と不安で緊張した神経を持て余し、夜毎時間をやり過ごすように、アルコールを片手に動画共有サイトや音楽ストリーミングサービスを猟歩する。これもまたコロナ禍に成立した数ある「新しい生活様式」のひとつだった。「空っぽな瞳」、「人のいない風景画」、「Lonely night」といったフレーズは、このコロナ禍で不意に自らの現実と一致をみせ始める。

　大瀧のこうした楽曲が昨今では "City" Pop というラベリングの下で、再評価

されていることは、どこか皮肉にも感じられる。パソコンのモニターを前にして
こうした楽曲に沈潜すれば、宇宙船の窓から地球を見るように、自身が住む
世界は、そして都市東京は、どんどんよそよそしく遠ざかっていくというのに
……。

*

こうした物理的な集合が困難な状況の中で盛んとなったのは、オンラインで
のライブ配信や、すでに数年前からフィジカルな音楽メディアの収益を超えて
いる、音楽サブスクリプションサービスへの加入であった[2]。更に、人気とな
る音楽コンテンツにおいても、YouTube 等の動画プラットフォームでの発信に
加えて、TikTok や Instagram などの SNS で交流される UGC（User-generated-
content）を介した流行の波及といった、近年の傾向の顕著化とみられる状況
が指摘されている。

個人が制作したものが突如メディアを賑わし、長く顧みられなかった作品が
世界的な流行となる。このコロナ禍において、音楽は純粋な情報として、物質
的な支持体や特定の場所、時間、そしてそれらが属する時代や文脈からも益々
切り離されていくようだ。

日本の70年代から80年代のポップス City Pop もまたこうした近年の傾向の
中で再評価が進んだ音楽ジャンルであり、2012年頃から断続的にネットコミュ
ニティで流行した Vaporwave やその派生と見なされる Future Funk といったジャ
ンルでの参照が、流行の一因として指摘されている[3]。

数珠繋ぎにサジェストされる City Pop やそれを参照した近年の楽曲をたどっ
ていると、次第に時間と場所の感覚が曖昧になり、見知らぬ過去や未来のヴィ
ジョンへと沈潜していくようだ。だが、それは恐らく我々を取り巻く上記のよ
うな視聴環境の為だけでなく、この City Pop というジャンル[4]そのものに内在
する性質の故でもあるのではないか。

例えば、「Velvet Motel」が収録されている、大瀧詠一の『A Long Vacation』
（1981年）は City Pop のベストアルバムとしてよく挙げられるが、その全編は大
瀧が少年時代に愛した1960年代のアメリカン・ポップスからの参照に彩られて
おり、それらの特質を誇張するかのような技巧的マニエリスムは、音楽史に存
在しなかった未来を輝くばかりのユートピアとして描き出している（そしてそれ

[図1] 大瀧詠一『A Long Vacation』Sony Music Labels Inc.、1981年（カバーアート：永井博）©THE NIAGARA ENTERPRISES INC.

[図2] 山下達郎『For You』air RECORDS、1982年（カバーアート：鈴木英人）

はしばしば別れの歌にも聞こえる）。また、大瀧に限らずともこのジャンルのアルバムや楽曲のタイトル、あるいは歌詞の中にはアルファベットやカタカナ英語が頻出し、歴史と、それに貫かれた土地や肉体の臭みを拒絶するようだ。

　すると、この"City"とは一体どこなのか？ City Popが日本の音楽ジャンルである以上、それは恐らく首都東京に違いない。しかし、永井博や鈴木英人らによる代表的なカバーアート［図1・2］に描かれる風景は、ハワイやグアムを思わせるリゾート的な海辺であり、そこは人気がなく、奇妙に静まり返っているにもかかわらず、無邪気な明るさに満ちた匿名的な場所である[5]。この幻のような海辺と都市の起源を求めるために、我々は日本のポップスではなく、1964年以来のロック史をたどり直し、日本のロック史において「真正（ほんもの）」とは見なされてこなかったものとこれらの間に別様の精神史を描き出さなければならない。

2　サーフィン・景観・ノイズ

　日本においてロックが大衆的な人気を獲得する契機は、先の東京オリンピックが開催された1964年における、イギリスのロックバンド、ザ・ビートルズの世界的な成功であった。この1964年は世界のロック史において重要な年となっ

た。ビートルズの「抱きしめたい」が、1月に『キャッシュ・ボックス』誌で、3月には『ビルボード』誌で1位を獲得し、バンドは2月にアメリカに渡ると、エド・サリバンショーに3週に渡って出演して、大反響を巻き起こした。翌65年の『ビルボード』誌年間トップテンの約半数をイギリス勢が占めることとなる、所謂ブリティッシュ・インヴェイジョンの始まりである。

しかし、このビートルズ及びイギリスロックの覇権の影響は、ただちに日本に定着したわけではなく、66年のビートルズの来日とその後に起こったGS（グループ・サウンズ）ブームを待たなければならなかった。64年の時点でも、すでに東京ビートルズ、クレイジー・ビートルズ、クール・キャッツといったビートルズの日本語カバーバンドが登場し人気を博していたが、日本でブリティッシュ・ビートがムーブメントを起こすまでには至らず、橋幸夫、舟木一夫、西郷輝彦の「御三家」が歌う青春歌謡こそが最盛であった。

日本の音楽界の主流は東京オリンピックという第二の開国を迎えて、むしろ反動的でノスタルジックなモードに向かっていたかに見える。だが同時に、まさに「海」の方からエレキサウンドの「波」は確実に押し寄せてきていた。その嚆矢はニューリズム「サーフィン」に目を付けて、64年5月にテイチクから発売されたブルージーンズの藤本好一によるアストロノウツのカバー「太陽の彼方に」である。同曲と続く寺内タケシとブルージーンズのエレキ・インストアルバム『これぞサーフィン』によって、64年の夏には「サーフィン・ブーム」が起こり、まずはインスト中心のエレキサウンドを日本に定着させていくこととなるのである。日本のロックの興隆は海と浜辺のイメージと共に始まったのだ[6]。

こうしたロックにおける海辺のイメージと演歌における海辺のイメージには大きな違いがあった。演歌がしばしば漁場や港町、酒場といった生活空間や地名を伴う具体的な場所を舞台とすることに対して、ロックの海辺はそこに生活者の姿を欠いたレジャーの場所、日常から束の間脱することができる興奮と欲望、気晴らしの場所として現れている（この傾向は続く加山雄三から現在までほとんど変わるところはない）。この対照、そしてロックという音楽ジャンルが、まず海辺を舞台として、その場所を抽象的な欲望の場に変容させたことは恐らく偶然ではないだろう。

同時代の日本の経済と生活の変化に目を転じれば、1960年の国民所得倍増計画等の経済計画によって促された高度経済成長の中で、余暇はレジャーと呼び変えられるようになり、1961年には早くも「レジャーブーム」が生じていた。更に、1964年のオリンピックにあわせた交通網の整備と加速するモータリゼーション、海外旅行の自由化はレジャーに占める旅行の割合を一層高め、レジャー産業の盛んな攻勢によってその規模、そして享楽的、消費的な要素が一層拡大された。

　ジョン・アーリが言うように、こうした観光のまなざしのなかで、実用的な仕事の場たる土地（ランド）は観賞と消費の対象たる景観（ランドスケープ）へと変容する。そして、この消費の場の中でもこの浜辺こそが最もイコン的な景観であり、そこで旅行客は観賞者に留まることはできず、その場所を舞台とした演示者へと変わらずにはおれないのだ[7]。国内における場所消費が活発化し、一方オリンピックに際して海外からのまなざしを内面化しようとするなかで、最新の輸入品として外部の眼を代表させられたロックは、こうした急激に拡大する移動と場所消費のBGMとなり、一方で、60年代後半に新左翼知識人の西洋・帝国主義に毒されぬものとして枠組みを与えられ、「日本の心」を歌うジャンルとして成立することになる演歌[8]は、その裏面を描くことになったのである。

　ロックが移動と場所消費のBGMに相応しかった要因は、加えて、エレキサウンドとその受容の特質が関係していたに違いない。1964年の東京オリンピックを目指してテレビは急激に普及が進み、65年までに世帯当たりのテレビ所有率は90%にまで達していた。このテレビの全国的な普及の中で、1965年6月23日からフジテレビで、アマチュア・エレキバンドのコンテスト番組『勝ち抜きエレキ合戦』が始まり、東京12チャンネルでも8月8日から『エレキ・トーナメントショー』が、10月1日には日本テレビの『世界へ飛び出せ〈ニュー・エレキ・サウンド〉』、10月6日にはNETのエレキ・ダンス番組『エキサイト・ショー』がという具合に、エレキサウンドを売りにした類似番組の放送開始が続いていた［図3］。65年にはベンチャーズとアストロノウツの再来日公演もあったが、なによりもこの電波の「波」こそがエレキサウンドを日本中に波及させ、この年に全国的なエレキブームを巻き起こしたのだった。

　このエレキブームは同時代の若者を熱狂させ、大人たちの眉を顰めさせたが、

いずれにせよ問題となったのは、その音の巨大さのみならず、その音が生み出すダンスを伴う聴取の陶酔的な性質であった。例えば、当時の雑誌の記事や投書欄を見ると、「モンキー・ダンス——いうなれば猿踊り。ノーマルな神経の持ち主なら、とてもじゃないけど踊れない」「ところが、エレキギターが高鳴り、その強烈なビートが血を刺激すると、自然に踊りだしたくなる」「ただ全身をリズムに合わせていればいい」「ビートリズムに没頭しきって、陶酔しているその姿は異様ですが、いかにも健康的に見えるのは若さのせいでしょうか」[9]などと、意に反して体が

[図3]『エキサイト・ショー』の1シーン

動き出すような衝動をその魅力として捉える論調が目立ち、その一方では、足利市でのエレキ・ジャズ・フェスティバルで睡眠薬遊び等によって多数の補導者が出たことを契機として、エレキを非行と結び付けて批判的に論じるものや、中には若者が熱中するその様子を社会の「狂った面」の反映[10]などと、狂気と関連付けて捉える向きさえ見られる。だが、いずれにせよここで双方の立場に共通しているのは、エレキの特質が、意識よりも肉体の優位を伴う、制御や規律からの逸脱と考えられていることである。

　このアンプで拡張されたエレキの轟音と特徴的な歪みやノイズを伴う音像、そして、それらがもたらす官能は、同時代においては電気のイメージとも相まって「シビレ」と呼ばれ、歌謡曲やコミックのなかにも登場するちょっとした流行語[11]となっていた。このシビレとは一種のショックと麻痺の感覚に他ならないが、それは同時に痙攣のような制御不能の身体運動の感覚であり、サーフィンやモンキーといった言葉が連想させる浮遊的な感覚でもある。ジャック・アタリによれば、音楽は社会の鏡であるだけなく、予言的な性質をもつという。ノイズを制御し音楽化する、「それぞれの音楽コードは、一つの時代のイデオ

ロギーとテクノロジーの産物であると同時に、それらを生産するものでもある」が、このコードによって組織化されていない、音楽の外部から来るノイズが、歴史上の偉大な社会変革に先だってまず音楽の中に現れ、新たな秩序の創造を可能にする[12]。エレキ及び続くGSは、一般に極めて非政治的なものとみなされてきた。確かに、それは主として商業的な動機に導かれており、自覚的な反国家権力、反資本主義的な表現ではないという意味においては妥当かもしれない。しかし、同時代においてエレキサウンドもまた——政治よりも資本の動機に導かれていたとしても——68年に向けて先鋭化する世代間の闘争や階級崩壊の先触れとなり、それを導くノイズとして音楽史に現れたのではないか。そして、このシビレのノイズは、東京から全国へと発信される電波によって倍化され、都市東京の魅惑と大衆消費社会の到来を伝える福音として視聴者へと到来し、物理的にも、精神的にも、それぞれの土地（ランド）から人々を引き剝がしていくことになるのである。

3　GS的なもの——ここではないどこかへ

　1966年には激しいバッシングの影響もあり、早くもエレキブームは退潮を見せていた。だがその一方で、ようやく日本にも本格的にイギリスのバンドが紹介されるようになり、遂にその新しいサウンドとスタイルが大ブームを巻き起こすこととなる。その契機はやはり、1966年6月30日から7月2日のザ・ビートルズ来日公演であった。バンドが楽器を演奏しながら歌い、コーラスもこなすビートルズのスタイルは、インスト中心の従来のベンチャーズ形式のエレキバンドや、歌手とバックバンドの編成によるロカビリー的なバンド形式を瞬く間に時代遅れにしてしまった。荒々しくがなり立てるヴォーカル、激しく歪んだギターサウンド、躍動感のあるアフター・ビート、中性的な長髪のスタイル、製品という印象のない自作曲での演奏。2年遅れでようやく日本にもブリティッシュ・インヴェイジョンの波が押し寄せてきた。

　そして、このブームとなったビートルズ、アニマルズ、ローリング・ストーンズらイギリスのバンドに対する、日本側の応答こそがGS（グループ・サウンズ）であった。GSという呼称は「歌を歌うエレキバンド」を指すものとして、

1967年から使用が始まったとされるが、その呼称に先だってすでにGS第一世代となるザ・スパイダースやブルー・コメッツが先駆的な活動を始めていた。

　ザ・スパイダースは「フリフリ」で、早くもマージー・ビートを消化したオリジナル曲を披露し、「思った通りにやるのさ」「あたまに来たからエレキひこうぜ」といった自棄糞なフレーズは時代の利那的な気分をよく表していた。一方、1957年結成のロック・コンボを祖型とするブルー・コメッツは、66年7月に発表した日本語版の「青い瞳」の大ヒットによって日本語詞の日本人によるロックのオリジナル曲が大衆に支持されうることを証明してみせた。だが、ここで更に注目したいのは、ロック史家の黒沢進が指摘するように、橋本淳の作詞によって描き出された「青い瞳」の歌詞が、後続するGSバンドの基本的な世界観を方向づけたことである[13]。「青い瞳」では、そのタイトルからも示唆されるように、外国（北欧）を思わせる場所での一夜の恋が主題となっている。この甘美で夢想的な歌詞世界は、「清く（強く）、正しく、美しく」といった、旧来の秩序の継承と維持を基調とする50年代的な理想を引きずった学園ソング、青春歌謡とは明らかに異質のものだった。

　続く67年には、ザ・タイガース、ザ・テンプターズ、ザ・カーナビーツ、ザ・ジャガーズらGS第二世代が登場し、「青い瞳」の世界に若々しさと演劇的な要素を加え、その訴求力を大幅に強めた楽曲とパフォーマンスで日本中に熱狂させることになる。この世代が遂に日本の歌謡界を征服し、GS一色に染め上げたのである。彼らはロカビリー色を引きずった第一世代とは異なり（彼らは世代的にも1947〜49年生まれが中心のより若い世代に属していた）、長髪にしばしばヨーロッパの貴族や騎士を連想させる揃いの衣装を纏い[図4][14]、甘い幼げな笑顔で特にローティーンの少女達を魅了した。歌詞は、そのほとんどがボーイ・ミーツ・ガールのクリシェとなり、太陽、星、渚といった普遍的な美しい情景のイメージと、カタカナ英語や外国人の名前の多用によっ

［図4］オックス『ガール・フレンド』
ビクターレコード、1968年
写真提供：ビクターエンタテインメント

て非日常感が演出されるようになる。GS最大の人気を誇ったタイガースなどは、バンドメンバーたちにもジュリー（沢田研二）、サリー（岸部修三）といった欧米人風のあだ名が付けられており、非日常の感覚を現実世界に一層深く貫入させようとしていた。こうした視覚的、言語的イメージは、レコードのジャケット、雑誌のグラビア、テレビの歌謡ショーやCM、映画などの同時代に多様化と拡大を盛んにした視覚中心のメディアによって多角的に伝えられ、サウンドとの相互作用によって「GS的なもの」を確立したのである。こうして初めに海辺を非-場所化したエレキサウンドは、GSにおいて、同時代の多様化し拡大した諸メディアとの間メディア的な相互作用によって、「外国＝ここではないどこか」への訴求力を格段に増すことになったのだ。

4　宇宙遊泳

　この67年からのGSブームを生み出す為に、特にテレビが大きな役割を果たしたことは、しばしば指摘されてきた。GSバンドの新しいスタイルの演奏とダンス、煌びやかな衣装といった視覚的要素はテレビによく合っていたし、むしろテレビ時代に合わせて誕生した新様式でもあった。音楽的に言えばGSでは、バンドを代表するヒット曲の多くは未だ職業作詞家・作曲家の手による歌謡曲調の作品であったが、そうした歌謡曲調の楽曲もこの新鮮な視覚的な要素と組み合わさることで、新たな聞かれ方を要求したのである。

　観客が主体的に劇場に足を運ぶ映画とは異なり、テレビとその映像は自宅に向こうから入り込んでくるものとして意識された。更に、テレビの中継においては物理的な距離が無効となり、「こことよそ」とは一瞬で並置され、司会者の合図ひとつで自在に切り替えられる。この場所の感覚の希薄化、あるいは距離と時間を欠いた場所の感覚は、同時代の都市に向けられた想像力とも共通するものだった。

　例えば、磯崎新は1960年代後半から霧のように確たる姿をもたない、相互的な情報環境の場としての未来都市「見えない都市」について繰り返し記述し、1970年代には万能のコンピュータが都市を管理する「コンピューター・エイディド・シティ」のプロジェクトを展開することになる。松井茂によれば、磯崎の

「都市デザイナー」という自称には、梅棹忠夫がマスメディア分析の論文「情報産業論」（1963年）で指摘した、同時代の「放送人」の「虚業」への居直りと共通の姿勢が見いだせ、「見えない都市」のプロジェクトは、60年代前半に急伸したテレビのような「情報産業」が都市のインフラストラクチャーを形成していることを的確に捉えているという[15]。拡大するメディア環境はフィジカルな地理の感覚を崩壊させ、電気のネットワークを介して伝えられるイメージがそれを超越する感覚さえ与えていた。こうした都市への想像力がテレビの中で獰猛に「ここではないどこか」を志向したGSと通底したものをもつことは言を俟たないだろう。

　更にテレビに関連して言うならば、GSのエートスを語る上で重要な事柄としては、このテレビ普及の契機となった1964年の東京オリンピックが、同時にオリンピック初の衛星中継（宇宙中継と呼ばれた）の生放送となったことも挙げられるのではないか。東京オリンピックを翌年に控えた1963年には初めてのテレビの衛星中継実験が日米間で始まり[16]、翌64年の東京オリンピックでは、東京からアメリカ、カナダ、ヨーロッパ21カ国へと映像が中継され、350〜450万人が視聴する成功を収めた。その後も経験の蓄積は続き、1967年の元旦にはTBSが年越し番組として「いま世界は明ける」を放送して、アメリカとヨーロッパ各地の都市の盛況を伝え、同年1967年6月25日から26日には、世界初の多元衛星中継のテレビ番組「われらの世界」がNHKで放送された。この5大陸14カ国の放送局が参加し、31地点を4個の衛星で結び、世界24カ国で中継放送されるエポックな番組を経て、衛星中継は実験段階を終え、いよいよ日常の段階へと達しようとしていた[17]。

　この衛星中継の発達の背景には、無論冷戦を背景とした米ソの宇宙開発競争があり、米ソの軍拡競争の一部を成すものであったが、その反面大衆の心理においては、科学技術の発達がもたらす冒険と自由の感覚、そして、エコロジーへと流れ込む一つの地球という世界共同体の意識を育み[18]、大衆文化の広範な領域において宇宙ブームを巻き起こした。メタリックな流線型のデザインが諸分野で流行し、『宇宙大戦争』（1959年）や『妖星ゴラス』（1962年）といった本多猪四郎監督の宇宙映画や『ウルトラQ』（1966年）に始まるテレビのウルトラシリーズが製作され、1963年には日本SF作家クラブの創設があった。歌謡の世界で

も同年に森山加代子「月へ帰ろう」、中尾ミエ「月夜にボサノバ」と「Fly Me To The Moon」の日本語カバーが2曲も発売され、更に翌年には小林旭の渡り鳥が「宇宙旅行の渡り鳥」でとうとう宇宙へと飛び立った。GSにおいても、1968年に公開されたタイガース主演の映画『世界は僕らを待っている』では、GSのトップに上り詰めたタイガースのリードシンガー沢田研二に恋をするヒロインは宇宙人、アンドロメダ星の王女シルビイである。情報ネットワークの拡大は、横への広がりだけではなく、上方への縦の広がりを含むものであり、GSの「ここではないどこか」への志向にもまた水平方向だけでなく、重力からの解放という高揚感を伴った垂直に上昇する方向があった。

　1967年6月号の『週刊明星』誌冒頭GS特集のスチールを見れば、ブルー・コメッツとザ・スパイダースの面々は両手を挙げて飛び上がり、ザ・サベージもまた海辺で両手を挙げて飛び上がるとともに、浜辺で奇妙にも皆で逆立ちのポーズをとっている、更にB&B7は馬飛びを披露し、別の写真では揃いの帽子を宙に投げ上げている [図5] [19]。スパイダースの映画『にっぽん親不孝時代』のポスターやタイガースの代表曲のひとつ「シーサイド・バウンド」のジャケット [図6] でも、やはりバンドは両手を挙げて飛び上がり宙に浮いたポーズをとっており、こうした跳躍のポーズはGSのクリシェとなっていることが分かる[20]。だが、ここでGSバンドがこの跳躍において大抵両手を広げて振り上げていること、そして、それを反転させた逆立ちの姿勢が特集のスチールに含まれていることに注目するならば、この姿勢が示しているのは跳躍というよりもむしろ、天地のない無重力状態に浮かぶ状態とも考えられるだろう。すると彼らGSバンドの定型として用いられているこれらの身振りは、上空へと浮遊し、重力から自由となり、そして無重力下での宇宙遊泳 [図7] へと向かう、脱出と解放の身振りとも捉えられるのではないか。この解釈の中では、GS最盛期に現れたオックスの失神パフォーマンスもまた、単にセンセーションを狙ったものというだけでなく、肉体や意識の重みからさえも脱しようとする点で、この身振りの究極と位置づけられるかもしれない。

［図5］ ブルー・コメッツ（左上）、ザ・スパイダース（右上）、B&B7（左下）、ザ・サベージ（右下）
『週刊明星』1967年6月号（巻頭グラビア）より

［図6］ ザ・タイガース『シーサイド・バウンド』
ポリドール、1967年

［図7］ ブルース・マッカンドレス宇宙飛行士、
1984年2月11日、初めての宇宙遊泳、アメリカ
航空宇宙局（NASA）

5　GSの終わり、City Popの始まり

　この歌謡界を席巻したGSブームは早くも1969年には陰りを見せ、70年には
ほとんど終焉を迎えることになる。70年安保は体制側の勝利に終わり、連合赤
軍事件以来左派勢力も急激に求心力を失った、その一方で環境問題が表面化し、
闘争の領域は日常の矛盾へと場を移し始めていた、更に、固定為替相場制の崩
壊と二度の石油危機で高度経済成長は終焉を迎え、1970年代はある種の挫折感
と近過去へのノスタルジアが漂う内向の時代へと転じていた。GS凋落の理由
には諸説があるが、いずれにせよGS的な高揚感やある種の軽薄さはもはや場
違いなものとなろうとしていたのだろう。時代は、モーレツからビューティフ
ルへ、我々から私らしい私へ、荒々しさは鍛練と洗練へと道を譲っていたので
ある。

　更にGSはこの時期に日本のロック史からも「偽物」としてその存在を抹消
されようとしていた。1968年に向けて形成された新たな音楽的イデオロギーは
大衆文化への批判的な態度を要求し、それが現在に至るまでGSをロックと同
一視することを拒むようになる。

　マイケル・ボーダッシュは、この1968年に向けて加速度的に美化されたロッ
クの新たな音楽的イデオロギー、新たな評価基準となった「真正さ」の概念を
構成する要素を以下のように整理している。第一に商業主義に対立するもの、
第二に非エリート層の実生活に根ざしていること、第三に政治的であり、それ
が正しくなされたならば破壊的で解放的なものとなること、第四に男性的であ
ること、そして最後に芸術的であり、ミュージシャンの個性を表現する独創的
なものであることである[21]。この基準——無論それは今日においてはあまりに
狭量なものだが——に照らしてみるならば、政治的な主張に欠け、芸能界の慣
習に従ったプロモーションを行い、しばしば外部の職業作家が楽曲を提供し、
ブームの末期に向けてますます歌謡曲調に傾斜していくGSは「真正さ」を欠
いた産業音楽でしかなかった。そしてその一方で、このGS凋落期に新たに登
場した音楽家のうちで、最終的に日本における最初の「真正」なロックと考え
られるようになったのは、はっぴいえんどとその周辺の人々であった。バンド

は3年で解散するも、メンバーたちの80年代のポピュラーミュージックシーンでの存在感の高まりによって、バンドは遡行的に現在City Popと呼ばれている同時代のポップスの「元祖」として神話化されるのである[22]。

　ここで我々はようやくCity Popへと再びたどり着くことができた。モーリッツ・ソメによれば、City Popのジャンル形成には4つの段階があり、まず70年代に「都会的なフィーリングをもったニュー・ミュージック」として曖昧に定義された「シティ・ミュージック」の概念が登場し、その中にははっぴいえんど、松任谷 (荒井) 由実、山下達郎、小坂忠、南佳孝らが含まれていた。次いで、1980年代にはじめて「シティ・ポップ」という言葉が松下誠、稲垣潤一、角松敏生、中原めいこといった洋楽志向の新人アーティスト達のレビューにおいて現れる。だがここには、はっぴいえんど等70年代に「シティ・ミュージック」として言及されたアーティストが含まれることがほとんどなく、人脈的にも特別な関係をもたなかった。このとき現れた「シティ・ポップ」や「シティポップス」という言葉は短命に終わり、1980年代の内に使われなくなったが、その後のDJカルチャーや「渋谷系」シーンでの古い邦楽曲の再評価を契機として、2000年代のディスク・ガイド等に再びその名が現れるようになる。ここで「シティ・ポップ」の概念は「シティ・ミュージック」のアイディアと結びつく形で拡張的に再文脈化され、はっぴいえんどを始祖とする系譜として再編されたのである。この新たな「シティ・ポップ」の枠組みは、音楽的特徴よりも、はっぴいえんどやその近しい友人たち、関係者によって作られたニュー・ミュージックを指すものとして一般的に使われるようになり、それは現在でも有効な定義となっている。そして2010年代に、このように新たに定義された「シティ・ポップ」が80年代へのノスタルジアと結びつくことで過熱的な盛り上がりをみせ、新しいアーティストの紹介にさえもこの呼称が用いられるまでに拡張されたのである[23]。

6　「真正」な音楽の不都合な祖先

　こうしたはっぴいえんどの神話化の一部を成す諸々の再文脈化の中で、はっぴいえんどは日本の (あるいは日本語の) ロックの嚆矢であるとともに、City Pop

の嚆矢でもあるという二重の位置づけを与えられるようになった。それに対して、これらの歴史化の中でGSとそれ以前の和製ロックは、まるで恥ずべき祖先のように、不都合な存在としてこの系譜から排除されている。しかし、先に見たようにポピュラーミュージックのジャンル規範はCity Popやロックといった大きな枠組みにおいても、そのなかでの諸々の下位分類おいても通時的な一貫性をもつわけではなく、テクストベースの「語り」による度々の再文脈化によって、不安定にグルーピングされているに過ぎない。City Popとして聴かれるアーティストも実際には雑多であり、「日本語ロック」に限ってもはっぴいえんどを創始とするのは明らかな事実誤認である。また、対立的に捉えられている音楽ジャンル同士も、アーティストや媒体の自己宣伝を目的とした差異化の言説に起因することが多く、実際には人脈的にも音楽的にも深い結びつきがあることが珍しくない。

　例えば、はっぴいえんどはかなり直接的にGSにルーツを持ち、GSバンドであったザ・フローラルから発展したエイプリル・フールというバンドから派生していたし、このエイプリル・フールはニュー・ロックに分類されるバンドだった[24]。更に、はっぴいえんどと共にCity Popの始祖とされる松任谷由実は、中学時代にはGSバンドの熱心な「追っかけ」をしており、デビュー前にザ・タイガースの加橋かつみに楽曲を提供し、そのデビューはかまやつひろし（ムッシュかまやつ）のプロデュースだった。大貫妙子、竹内まりや、矢野顕子、鈴木さえ子といった、はっぴいえんど関連の音楽家と活動したCity Popの代表的なアーティスト達もまた、後にGSファンであったことを回顧している[25]。彼女たちは1950年代半ばの生まれであり、GSファンの少女たちの中心的な世代層に属していた。ロックであることと政治的であることが共に、その「真正さ」の根拠を男性的であることに求めた時代にあって、GSはこうした少女たちを主な支持層としていたことによっても偽物と見なされていたのだ[26]。だが皮肉なことに、そうした少女たちの中から、次の時代を席巻し後に「真正」な音楽の系譜に属することになる音楽家が現れ、また、これらのアーティストによって担われたCity Popの都市へのまなざしは、恐らくはっぴいえんどよりも、むしろこのGSとそれ以前のロックの系譜により強く結びついていた。

7 変わりゆく都市とまなざしの転回

　見てきたようにCity PopのCityの起源は、しばしば留保を与えられながらもはっぴいえんどに帰されてきた。大瀧を除くメンバーは皆東京の出身であり、71年に設立された彼らの事務所名は「風都市」、1973年に発表されたベストアルバムのタイトルは『CITY』で、解散コンサートのタイトルも同名だった。何より重要なのは、彼らのセカンドアルバム『風街ろまん』（1971年）が東京の都市論を成していたことである。しかし、ソメも指摘するように、松本隆が描き出した『風街ろまん』の歌詞世界は、1964年のオリンピックを契機として失われゆく東京の景観を哀惜するものであり、楽曲的にもフォーク色の強いウエストコースト・ロックを志向しており、City Popの煌びやかで豊かな都市生活のイメージとは大きく隔たっている[27]。またそれは、彼らがキャラメル・ママ（後にティン・パン・アレーと改名）としてバックバンドを務め、70年代以降の「都会的なポップス」を代表する存在となる松任谷由実が自身について言う、「中産階級サウンド」で歌われる「リッチなフィクション」とも印象を大きく異にするものである。

　では、松任谷がその都市性を代表した、1970年代以降の都市東京の状況とはいかなるものだったのか。1960年代末からの都市変容の象徴的な事例としてしばしば言及されるのは、「新宿駅西口地下広場」の「新宿駅西口地下通路」への改称である。これによって西口地下広場に集っていたフォークゲリラが一掃され、この頃を境に西新宿は戦後の焼け跡的な雑多さを失い、高層ビルが立ち並ぶ現在の姿へと転じていったとされる。新宿のシステムへの包摂、管理の強化が進む一方で、1970年代に若者への求心力を増したのは渋谷周辺の地域であった。その契機は、よく知られているように西武系企業の渋谷進出と、その文化戦略である。1973年に旧市役所通り上方に開店した渋谷パルコは、「すれちがう人が美しい──渋谷公園通り」という開店時のキャッチコピーが示すように、その巧みな空間・文化戦略で渋谷の街自体のブランド化を図った。先鋭的な広告を打ち、まだ評価が定まっていないアーティストの育成・支援の場を設け、感性的な選別によって他の地域と差別化することで、差異化を求める強く自立

した消費者を集めようとしたのだ。このパルコが提示した新たな消費文化——消費を通じた自己実現は、同質的なものを一様に求める大衆消費とは異なる、自立した個人であるための差異生成の消費であるという見せかけのために、消費者に対して、その実は消費社会に埋没しつつも、主体的に選択する印象を与えることに成功していた[28]。

　これと類似した精神的傾向は同時代の都市へのまなざしにも現れていた。1970年代には『ぴあ』や『シティロード』といった情報誌の創刊が相次いだが、若林幹夫によれば、これらの情報誌は「都市という空間と出来事の広がりを「情報」として記述し、編集し、商品として販売するメディアであり、読み手がその情報を通じて都市を対象化し、自分の好みに応じて"使う"ことを可能にするメディア」なのであって、それは単なる消費社会のガイドブックであるのではなく、既存の文化産業が与える情報の分類、ヒエラルキー、解釈といったものを解体しようとする、対抗文化的実践であったという[29]。

　宮台真司は上記のような事例に、YMOの音楽を聴きながら東京をTOKIOとして歩くことや、パルコ開店を機に「区役所通り」が「公園通り」に改称されたことを加え、それらの現象を1960年代において現実に「ここではないどこか」へ向かう可能性を喪失した後の、70年代半ばにおける「ここの読み替え」と要約している[30]。宮台はここで1978年デビューのYMOを例に挙げているが、宮台が指摘したこの「読み替え」は、1970年代半ばからの松任谷由実の楽曲の中にこそ顕著に見出せるのではないか。

　松任谷由実は、キャリア初期にこそ楽曲に近過去へのノスタルジアと憂愁がよく現れたが、1970年代半ばあたりを境にして、「中産階級的なぜいたくな価値観を前提にして、生々しい生活感を排除したロマンティックな情景」[31]を描くCity Pop的な作風への傾斜を強め、80年代のトレンドセッターへと駆け上がった。松任谷は、まさにその1970年代半ばに、JR青梅線の西立川駅を「雨のステイション」（1975年）として読み替え、更に、キャラメル・ママから離れて、荒井由実名義での最後のアルバムとなった第四作『14番目の月』（1976年）の収録曲では、中央自動車道を「中央フリーウェイ」と読み替えて、「まるで外国映画のような感覚で日常のドラマ」を描き出している。これは、無論宮台が指摘した「区役所通り」の改称や、パルコに通じる小さな坂が「スペイン坂」と

名付けられた読み替えとも明らかな相似をなすだろう。規制と管理が進み、場所の役割が固定され、隙間を失いつつある都市東京は、かつてのように「ここではないどこか」を投影する為の十全なスクリーンではなくなっていた。また、City Popの聴衆層はGS世代と重複し[32]、大人になった彼女/彼らもまた社会構造の中に多かれ少なかれ埋め込まれ、自身の役割を定められようとしていただろう。その行き詰まりの中でこそ、「ここ」を「よそ」のように読み替える新たな眼差しと美学が要求されたのだ。これは、18世紀のイギリス人達が、クロード・ロランの描いたローマの風景画を見るように自国の景観を美的鑑賞の対象にしようと試み、その中でピクチャレスクの美学が確立されたことにも通じる、「まなざしの転回」だったのである。

8　空想都市のジェントリフィケーション

　松任谷が『14番目の月』をリリースした翌年1977年の流行語は「翔んでる女」、その翌年の1978年には80年代的なレジャーの感覚を先取りした『流線形'80』をリリースし、松任谷は正にGSスターのように宙に舞い上がり、流線型のロケットのように遥か彼方へと飛び立っていった。「外は革新、中は保守」[33]と称された松任谷は確かにGS的エートスの継承者であり、更に、彼らよりも遥かに長く歌謡界の覇者の座に君臨し続けることになった。

　だが、宮台によれば60年代の挫折を経験した世代による、このあえての「読み替え」は、後続する世代においてそのメタ的性質を失い、「現実の虚構化」と「虚構の現実化」という二つの方向に分岐したという[34]。文化史上においてあらゆる様式はある種のマニエリスム化を免れえず、それは恐らくポピュラーミュージックにおいても同様だっただろう[35]。松任谷由実の言う「リッチなフィクション」は、それがフィクションであるという起源を忘却され、その後継たちは決定的に深みと陰りを欠き、それ故に永遠の夏の光に輝く都市のBGMをほとんど無邪気に作り始めた。無邪気な輝きに満ちた都市と、影絵じみた恋人たちの出会いと別れが機械的な光の明滅のように描き出されたこの音楽は、歴史と時間を欠いているにもかかわらず新しく、文脈を欠いているにもかかわらず洗練された、純粋な記号のアマルガムであった。この意味と政治性を欠いた

純粋なシーンメイクの為の音楽は、後に富裕な都市生活者の為のミューザックとさえ呼ばれることになる[36]。あるいは、これを想像された都市のジェントリフィケーションと言ったらいささか皮肉がきつ過ぎるだろうか。

　この内面化されたピクチャレスクは、帰属を欠いた宙吊りの都市を量産し続ける一方で、変化する現実の東京の姿を歌詞世界に反映することを阻害した[37]。こうしてポピュラーミュージックには東京の忘却が幾重にも渡って重ねられ、東京は我々の前にすでに見失われていたのだ。

9　忘却に抗って

　だが、この忘却に対する音楽による批評的な介入が存在してきたことも見逃すべきではないだろう。こうしたポピュラーミュージックに対するカウンターであろうとするヒップホップが、具体的な地域名やその「リアル」な生活を歌おうとすることは決して偶然ではあるまい。共同体意識の強調から、露骨な肉体的金銭的欲望への言及まで含めて、それらは物理的現実との紐帯を回復しようとする試みに他ならない。日本のヒップホップシーンの草分け的存在であるECDは、所謂「和物」の目利きとその盛んな発掘で知られ、City Popの再評価にも少なからぬ影響を与えてきたひとりだが、自身の楽曲「バイブレーション」（1995年）では、笠井紀美子の「バイブレイション」（1977年）をサンプリングし、その中で「交番とタワーの間　または　ファイヤーストリートの右っ側」とラップして、習慣と身体的な感覚が根ざした渋谷の情景をCity Popにぶつけている。更に、アルバム『Season off』（2002年）では、GSバンドザ・タイガースの「Seaside Bound」をカバーしており、不安定な抑揚のヴォーカルと音響によって、無邪気なまでに陽気な原曲を異化し不穏なものへと変容させた。この不穏さとは、高度経済成長下に抑圧されてきたものたちの回帰が生み出す「不気味なもの」に他なるまい。

　すると、City Popに対して批評的な距離を持つVaporwaveやFuture Funkもまた、逃避的に捉えられるばかりではなく、ミューザック化した東京を音楽と映像で再美学化し、それを再び慎重な聴取の対象としようとする積極的な行為とも捉えられるだろう。記号性を際立たせるような投げやりな図像のコラージュ

や極めて短いアニメーションの執拗な反復といった映像的要素は、伸び切った
テープのような厚みを欠いた音像や軽薄さをメタ的に享楽しようとするアレン
ジ等の音楽的要素と相まって、その参照元の音楽の虚構性を際立たせている[38]。
こうした操作によって初めてCity Popはノスタルジアを喚起する時間の蓄積
を取り戻すのだ。

　あるいは、こうしたインターネットミュージックの批評性は幾重にも渡る屈
折——欧米の風景を参照したCity Popとそれを半ばセルフオリエンタリズム
的に美学化したVaporwaveやFuture Funk、更にその日本での受容——のため
に、容易に、華やかなりし消費資本主義という、虚構の過去へのノスタルジア
を貪る「ベタ」な美的受容に回収されかねないものかもしれない。しかし、こ
こまでたどって来たイメージ的な系譜の先にこれらを見るのならば、その誇張
されたシンセポップと画質の粗い映像の組み合わせに、これまで圧倒的に支配
的なメディアであったテレビに流れる、「フィラー」映像への連想を指摘し、
それがある時代の「終焉」の意識と結びついていることを強調することもでき
るのではないか。フィラーとは、その日の最終番組の終了から停波までの間、
ないしは朝一番の番組の開始までの間に流れる、街角の風景等の「埋め草」的
な映像のことだが、Future Funkの動画にしばしば用いられるセーラームーン
のアニメなどから切り出した風景や、その色彩に似せて加工した実景写真は[39]、
アナログ放送時代にブラウン管のテレビを通して見た、その環境映像を想起さ
せる。つまり、映像主体の作品として見るならば、VaporwaveやFuture Funk
は次代のメディアとしてのインターネットから贈られる、テレビとテレビが代
表した時代の終焉（停波）を告げる、美学化されて自律したそのエンドロール
なのである。

　眠れない夜に、我々はいかなる感情をも喚起しないその環境映像を見つめ続
ける。心を無にして朝までの最も暗い時間を生き延びるために。現れるわずか
なノイズに目と耳を凝らし、その中にロックという「失われゆく言語」（ボビー・
ギレスピー）の残響を探しながら。だが、それはかつての「予言」を再び召喚する
ためではない。むしろ、その「予言」の中で存在したことを忘却されてきたが、
かつて確実に存在したものたちの姿を自身の内と外に確認し、この歴史の時間
が停止した宙吊りの時間の終わりに帰還する、他なる場所を探すためである。

註

1｜大瀧詠一「Velvet Motel」作詞松本隆、Sony Music Labels Inc.、1981年。JASRAC 出2301558-301。

2｜「音楽配信は成長、ライブは激減……4～9月の楽曲使用料、コロナの影響くっきり」（2020年12月25日）、It media News website、〈https://www.itmedia.co.jp/news/articles/2012/25/news136.html〉（最終閲覧日：2023年2月15日）。

3｜Vaporwave においては、むしろ日本のコマーシャルや家電、ゲーム等がリソースとなっている。加藤賢「「シティ」たらしめるものは何か？──シティ・ポップ研究の現状と展望」、『阪大音楽学報』通16・17、2020年、56頁。

4｜City Popは1980年代を中心に商業的なラベルとして使われたが、現在は一般に1970年代以降にニュー・ミュージックとしてラベリングされた楽曲の中で、漠然と都会的なイメージを喚起する音楽を指すように使われている。はっぴいえんどと関連するものとする見方もあるが、当該ジャンルの楽曲として挙げられる作品すべてに共通するわけではなく、また消費都市東京をフィクション的に描くことを特質として指摘する意見も例外を多く残す。その変遷については以下の論文を参照し後述する。モーリッツ・ソメ「ポピュラー音楽のジャンル概念における間メディア性と言説的構築──「ジャパニーズ・シティ・ポップ」を事例に」加藤賢訳、『阪大音楽学報』通16・17、2020年、15-43頁。

5｜ソメ（2020）によれば、1970年代のこのジャンルの始祖と見なされるアーティストのカバーアートにはこのような特質はあまり見られず、1980年代に上記のような「疲れ切った都会人が夢見るレジャー空間」の典型的イメージが現れ、1980年代後半にはそれとよく似た構図の写真に置き換えられるという変遷があった。さらにソメはこのカバーアートのみならず、サウンドにも日本的な特性が見られず、英語交じりの歌詞についても「文化的無臭性」を反映していると指摘している。

6｜日本のロック史、歌謡曲史については以下を参照。月刊「オンステージ」編集部編『日本ロック大系 1957-1979（上）』白夜書房、1990年。黒沢進

『日本ロック紀GS編』株式会社シンコー・ミュージック、1995年。北中正和『［増補］にほんのうた』平凡社、2003年。

7｜ジョン・アーリ『モビリティーズ』吉原直樹・伊藤嘉高訳、作品社、2016年、380-382頁。

8｜輪島裕介『創られた日本の心』光文社、2010年。

9｜「エレキ旋風、その魅力はどこに？」、『近代映画』通273、近代映画社、1965年11月号、177-178頁。

10｜「何処かが狂っている」、『日通文学』通210、日通ペンクラブ、1965年12月号、18-19頁。

11｜小松左京は「シビレ」を自動車がもたらすパワーとスピードの感覚、ヒッピーに象徴される新世代の若者が求める人生の意義を示す言葉として言及している。小松左京「未来の思想」、『小松左京コレクション1（文明論集）』ジャストシステム、1995年、73, 79頁。

12｜ジャック・アタリ『ノイズ』金塚貞文訳、みすず書房、2012年、6-36頁。

13｜黒澤進「1966-1969：グループ・サウンズ」、『日本ロック大系 1957-1979（上）』、前掲書、45頁。

14｜ザ・タイガースの衣装の変遷については、磯前順一・黒崎浩行編『ザ・タイガース研究論』近代映画社、2015年、131-146頁。

15｜松井茂『虚像培養芸術論──アートとテレビジョンの想像力』フィルムアート社、2021年、117, 162頁。

16｜11月23日の中継の成功は、伝えられた報がケネディ暗殺であったことから二重の衝撃となった。

17｜『放送文化』22(8)、日本放送出版協会、1967年8月号、6-31頁。

18｜マーシャル・マクルーハンは1962年にグローバル・ヴィレッジ（地球村）として概念化している。

19｜『週刊明星』通466、集英社、1967年6月号、巻頭グラビア頁番号無し。

20｜植木等のジャンプ、赤塚不二夫の漫画のキャラクター、イヤミの「シェー」のポーズを含めると、このジャンプはジャンルを跨いだ現象であったともいえる。『週刊少年ジャンプ』の発刊もまた1968年である。

21｜マイケル・ボーダッシュ『さよならアメリカ、さよならニッポン』奥田祐士訳、白夜書房、2012年、162-163頁。ボーダッシュもまたアタリを参照してギターノイズについて言及しているが、カウンター・カルチャーと関連づけてGSとそれ以降の展開を論じている。

22｜輪島裕介「「はっぴえんど神話」の構築」、『ユリイカ』36(9)、青土社、2004年9月号。

23｜モーリッツ・ソメ、前掲論文、23-31頁。『東京人』2021年4月号の「特集 シティ・ポップが生まれたまち」1970-80年代TOKYO」では、松本隆ら音楽関係者が現在流通するシティ・ポップの概念にしばしば違和感を表明しつつ、それぞれのシティ・ポップ観に言及している。同書収録の図解においてはやはり、はっぴいえんどをその始祖として位置付けている。『東京人』36(6)、都市出版、2021年4月号。

24｜はっぴえんどについては以下を参照。『日本ロック大系 1957-1979』、前掲書、116-129頁。

25｜黒沢進『日本ロック紀GS編』、前掲書、177頁。

26｜例えば以下。成毛茂「日本のグループはみんな解散しよう！」、『ミュージック・ライフ』通254、シンコー・ミュージック、1970年1月号、152頁。

27｜モーリッツ・ソメ、前掲論文、25頁。

28｜吉見俊哉、北田暁大らは、このパルコ及びセゾングループの戦略と変容する渋谷を80年代の消費・広告文化の象徴としてとらえるが、一方で三浦展は当事者の立場からその事実性に異を唱え、パルコにカウンター・カルチャーのルーツを指摘している。南後良和が両者をジョセフ・ヒースとアンドルー・ポターを参照して言うように、カウンター・カルチャーと資本主義は対立するものではなく、結果としてカウンター・カルチャーに由来する所産はポスト・フォーディズム以降の新たな消費主義に貢献することになったのだろう。主に以下を参照。吉見俊哉『都市のドラマトゥルギー──東京・盛り場の社会史』河出書房新社、2008年。北田暁大『増補 広告都市・東京──その誕生と死』筑摩書房、2011年。三浦展・藤村龍至・南後良和『商業空間は何の夢を見たか──1960-2010年代の都市と建築』平凡社、2016年。

29｜若林幹夫「『シティロード』と70年代的なもの

の敗北」、吉見俊哉・若林幹夫編『東京スタディーズ』紀伊國屋書店、2016年、221-236頁。

30｜宮台真司『まちづくりの哲学』ミネルヴァ書房、2016年、301-306頁。

31｜前田祥丈・平原康司編著『ニューミュージックの時代』株式会社シンコー・ミュージック、1993年、168頁。

32｜モーリッツ・ソメ、前掲論文、23頁。

33｜酒井順子『ユーミンの罪』講談社、2013年、kindle版、位置 No.805/2632。

34｜宮台真司『まちづくりの哲学』、前掲書、303-304頁。

35｜宮台は別の著作で、ウォークマンやカーステレオの登場によって、都市や風景が音楽によって読み替え可能になり、はっぴいえんど派のポップスの「シャレ」(諧謔性)に「オシャレ」が結び付いたが、80年代を通じてその「シャレ」から「オシャレ」が分出されたと分析している。またこのポップスの場所の読み替え機能は、「オシャレ」な場の物理的な形成を促し、またそれがポップスによる読み替えを促すという循環構造を作り出しており、その過程の果てにポップスは「リゾートで流れる日本語と英語の混じったオシャレな音楽」として完成したとしている。宮台真司・石原英樹・大塚明子『増補 サブカルチャー神話解体』筑摩書房、2007年、162-163, 199-201頁。

36｜「The Guide to Getting Into City Pop, Tokyo's Lush 80s Nightlife Soundtrack」(January 25, 2019)、vice website、〈https://www.vice.com/en/article/mbzabv/city-pop-guide-history-interview〉(最終閲覧日：2023年2月15日)。

37｜ポピュラーミュージックにおける東京や具体的な地域を歌詞に盛り込んだ歌の減少の指摘は以下。山田晴通「脱・地名の歌詞世界の中で」、吉見俊哉・若林幹夫編『東京スタディーズ』紀伊國屋書店、2016年、175-187頁。宮台真司『増補 サブカルチャー神話解体』、前掲書、201頁。

38｜Future Funkとアニメーションについては以下の論考がある。難波優輝「Future Funkとアニメーション──2つの夢の分析」、『ユリイカ』通752、青土社、2019年12月号、201-2013頁。Future FunkはVaporwaveに比してポップカルチャー(資本主

義)に対する批評的な距離を欠くとして特徴を区別されるが、難波はむしろFuture Funkにいっそう「アイロニカルで寒々しい感覚」を指摘している。本稿でも、60年代ロックを含むより長いスパンでの系譜的なイメージ分析を目的とするため、その相違よりも共通点を問題にしてる。一方、Vaporwaveの喚起する消費のイメージややノスタルジアの「ベ

タ」な受容が、オルト・ライトや白人至上主義者たちに好まれる排外主義的な派生ジャンルを生み出したことも注記しておきたい。

39｜VaporwaveやFuture Funkのヴィジュアルはaestheticと呼ばれる。著作権上の問題はクリアできていないものが多いと思われるが、download可能なサイトが多数存在している。

参考文献

ジョン・アーリ『モビリティーズ』吉原直樹・伊藤嘉高訳、作品社、2016年

ジャック・アタリ『ノイズ』金塚貞文訳、みすず書房、2012年

磯前順一・黒崎浩行編『ザ・タイガース研究論』近代映画社、2015年

加藤賢「シティ」たらしめるものは何か？──シティ・ポップ研究の現状と展望」、『阪大音楽学報』通16・17、2020年

北田暁大『増補　広告都市・東京──その誕生と死』筑摩書房、2011年

北中正和『［増補］にほんのうた』平凡社、2003年

君塚太『TOKYO ROCK BEGINNINGS』河出書房新社、2016年

近代映画社「エレキ旋風、その魅力はどこに？」、『近代映画』通273、近代映画社、1965年11月号

黒澤進「1966-1969：グループ・サウンズ」、『日本ロック大系　1957-1979(上)』白夜書房、1990年

黒沢進『日本ロック紀GS編』株式会社シンコー・ミュージック、1995年

月刊「オンステージ」編集部編『日本ロック大系1957-1979(上)』白夜書房、1990年

小松左京「未来の思想」『小松左京コレクション1（文明論集)』ジャストシステム、1995年

酒井順子『ユーミンの罪』講談社、2013年

集英社『週刊明星』通466、集英社、1967年6月号

モーリッツ・ソメ「ポピュラー音楽のジャンル概念における間メディア性と言説的構築──「ジャパニーズ・シティ・ポップ」を事例に」加藤賢訳、『阪大音楽学報』通16・17、2020年

都市出版『東京人』36(6)、都市出版、2021年4月号

成毛茂「日本のグループはみんな解散しよう！」、『ミュージック・ライフ』通254、シンコー・ミュージック、1970年1月号。

難波優輝「Future Funkとアニメーション──2つの夢の分析」、『ユリイカ』通752、青土社、2019年12月号

日本放送出版協会『放送文化』22(8)、日本放送出版協会、1967年8月号

マイケル・ボーダッシュ『さよならアメリカ、さよならニッポン』奥田祐士訳、白夜書房、2012年

三浦展・藤村龍至・南後良和『商業空間は何の夢を見たか──1960-2010年代の都市と建築』平凡社、2016年

前田祥丈・平原康司編著『ニューミュージックの時代』株式会社シンコー・ミュージック、1993年

松井茂『虚像培養芸術論──アートとテレビジョンの想像力』フィルムアート社、2021年

宮台真司・石原英樹・大塚明子『増補　サブカルチャー神話解体』筑摩書房、2007年

───『まちづくりの哲学』ミネルヴァ書房、2016年

山田晴通「脱・地名の歌詞世界の中で」、吉見俊哉・若林幹夫編『東京スタディーズ』紀伊國屋書店、2016年

吉見俊哉『都市のドラマトゥルギー──東京・盛り場の社会史』河出書房新社、2008年

若林幹夫「『シティロード』と70年代的なものの敗北」、吉見俊哉・若林幹夫編『東京スタディーズ』紀伊國屋書店、2016年

輪島裕介「「はっぴいえんど神話」の構築」、『ユリイカ』36(9)、青土社、2004年9月号

─────『創られた日本の心』光文社、2010年

「音楽配信は成長、ライブは激減……4〜9月の楽曲使用料、コロナの影響くっきり」、It media News website、〈https://www.itmedia.co.jp/news/articles/2012/25/news136.html〉

「The Guide to Getting Into City Pop, Tokyo's Lush 80s Nightlife Soundtrack」、vice website、〈https://www.vice.com/en/article/mbzabv/city-pop-guide-history-interview〉

「何処かが狂っている」、『日通文学』通210、日通ペンクラブ、1965年12月号

【後　記】

　2021年に開幕した東京オリンピックの開会式ではゲーム音楽が使用されたことが話題となった。これらの音楽もまた無国籍的であるにもかかわらず日本を想起させ、ループを前提としている点で、本稿で扱ったシティポップやそのサンプリングミュージックと通じるものがあるかもしれない。この選曲は概ね好評だったようだが、会場の風景までもが「ゲームスケープ」のように閑散としたものになってしまったのは、いささか皮肉な偶然と言えるだろう。また、脱稿から1年と数カ月が過ぎ、その間に柴崎祐二氏による編著『シティポップとは何か』が出版され（2022年2月）、シティポップ研究の多様な論点が一望できるようになった。柴崎氏らの広範かつ高密度な音楽的知識や音楽への強い信に基づく洞察に引き比べると汗顔の至りではあるが、本稿も牽強付会を恐れず雑多な領域間を飛躍することで、この時にしか捉ええなかった音楽の精神史を描出することに寄与できていれば幸いである。

都市のレイヤーを描く

――マンガの中の東京、その地下

陰山　涼

1　はじめに

　2020年春、新型コロナウイルス感染症 (COVID-19) の拡大と、その対策として政府が発出した緊急事態宣言によって、東京の街からは多くのものが消滅した。一口に「消滅」と言っても、都市を構成してきたそれらの事物のなかには、時とともに戻ってきたものもあれば、感染状況に応じて復活と撤退を繰り返しているもの、あるいは今なお消えたままになっているものもあり、様々な異なるレベルの要素が含まれている。

　ドラッグストアやスーパーの店頭から消えたマスクやトイレットペーパーに始まり、「不要不急の外出」「観光客」「夜間の飲食店営業」「大人数の会食」など、時に人々の自発的な行動によって、時に専門家や行政による要請や命令の結果として繰り返されてきた特定の物事の消滅／復活は、都市を構成する複数の異なる「レイヤー」の存在を可視化してきたように思われる。見慣れた商品棚の一角にぽっかりとできた空間、「観光客」のいない浅草、「不要不急の外出」が控えられた渋谷、といった緊急事態を示す映像の多くが、かつての東京の光景から画像編集ソフトを使って特定のレイヤーだけを消去したかのような奇妙なイメージとなって現れた［図1］。

　消えたものと消えなかったものとの差異が視覚化された緊急事態宣言下の都市の風景は、感染症をめぐって新たに生じる社会的な分断の可能性をも示唆している。営業を続けることができた店と休業を余儀なくされた店、外出を控えることができる人とそれが難しい人、重症化リスクが高い人とそうでない人な

[図1]「不要不急の外出」が控えられた渋谷、2020年

ど、新たな感染症という脅威を前にして、人々の反応はそれぞれの置かれた状況によって大きく異なるものとなった。このような差異は、政治や行政がとるべき措置や、一般市民が行うべき感染対策をめぐる意見の相違となって表れている。

　これら新型コロナをめぐる分断の特徴は、それが集団（クラスター）間の対立というよりはむしろ、複数の層（レイヤー）の間のずれのように感じられることではないだろうか。物理的に集まることも難しい状況のなかで、人々はそれぞれが置かれた状況に従って、半ば自動的に新たな感染症に対する立場を選ばざるを得ない。それぞれの立場の積み重ねは複数の異なる層となって、同じ空間（状況）を共有しているようでありながら、互いにどこかずれた体験をしているような、「段差」的な分断の感覚を生んでいるように思われる。

　2021年に入り、第三波とされる感染拡大によって医療体制のひっ迫が現実化すると、医療従事者をはじめとする特定のレイヤーに属する人々への負担の偏りが一層の問題となった。コロナ以前にはとりたてて意識することのなかった「医療従事者」なるレイヤーが突如として浮上し、その他の人々との差異が強

調されるとき、見慣れた風景に隠されていた多数の「段差」の存在が明らかになるだろう。

　コロナ禍という緊急事態における東京の風景は、そもそも都市というものが、複数の異なるレイヤーが重なり合うことで構成される空間であったことを思い出させた。不可視のレイヤーとして全世界を覆ったウイルスが可視化したのは、それまでのっぺりとして見えていた東京という都市の複層性だった。

　新型コロナをめぐる社会的混乱によって露わになった都市のレイヤーと、そこに起こった亀裂／断層を目の当たりにすると、2020年7月、その渋谷にオープンした商業施設「RAYARD MIYASHITA PARK」が掲げる「RAYARD」なるブランド名は、どこか作り物めいて響かざるを得ない。「"層・重なり"という意味の「LAYER」に、「RAY（光）＋ YARD（庭）」＝光の当たる庭という意味を重ね」たというコンセプト[1]の下に集められたコンテンツは、「ハイブランドの横に、飲み屋横丁」[2]というそのあからさまな「多様性」ゆえに、かえって均質な印象すら与える。

　1953年に開設された宮下公園は、60年代に東京オリンピックへ向けた環境整備計画の一環として急速に進められた渋谷川の暗渠化に合わせて整備され、一階を駐車場、その上を公園とした「東京初の屋上公園」[3]として1966年に再オープンした。2009年に計画が公表され、2010年から2011年にかけて行われた再整備の際には、費用調達のための民間企業（ナイキ・ジャパン）へのネーミングライツの売却や、宮下公園に居住していたホームレスへの立ち退きの要求といったプロセスを問題視する声が上がり、反対運動が展開されている。樹木の老朽化、バリアフリー動線の不備、耐震性能といった課題を理由に[4]、2014年から再び整備計画が進められ、2020年7月に「MIYASHITA PARK」としてオープンした。2004年の都市公園法改正に伴って新設された「立体都市公園制度」を活用し、三階建ての商業施設「RAYARD MIYASHITA PARK」の屋上部分を公園としている。

　この施設が掲げる「光の当たる庭」というコンセプトは、宮下公園が辿ってきた以上のような紆余曲折の歴史を覆い隠すものとして機能しかねないように思われる。「LAYER ＝層・重なり」を考えるためには、むしろ光の当たるレイヤーが生み出す影に覆われた、光の当たらないレイヤー（＝地下）に目を向ける

ことが必要なのではないか。新型コロナをめぐる社会的混乱が明らかにした都市のレイヤー性に注目することは、そのきっかけともなるはずだ。

　以上のような問題意識のもと、本稿では、東京を中心とした都市のレイヤーをめぐる想像力の展開を明らかにする。オリンピックに向け、高層化と地下開発の両面で急速に拡張されていった1964年の東京から、空間的な拡張の余地が減少する中で再開発が進められている現在の東京において、都市を構成する「レイヤー」のイメージはどのように変化してきたのか。とりわけ、「地下」を中心とする不可視の層に注目しながら検討していきたい。

2　1964──レイヤー化する東京、「未来」としての地下

　1960年代は、東京が垂直方向に拡張していった時代だった。1964年にホテルニューオータニ（地上17階）、1968年に霞が関ビルディング（地上36階）、1970年には世界貿易センタービル（地上40階）と、東京の街にはその高さを競うように次々と高層ビルが誕生する。その一方で、1959年の丸ノ内線（池袋～新宿間）、1962年の荻窪線（現在の丸ノ内線）に続き、1964年に日比谷線、1968年には都営1号線（現在の都営浅草線）が全面開業するなど、地下鉄網も急速に整備されていった。

　都市の立体的な開発が進む中で、東京は、古くからの街並みと、真新しい巨大な建造物が共存する街へと変わっていく。1967年から1970年にかけて発表された永島慎二によるマンガ作品シリーズ『フーテン』[5]には、複層化していく東京のイメージが印象的に残されている。1961年ごろから数年間にわたってフーテン生活をしていたという作家自身の体験をもとに、新宿を生きるフーテンたちの姿を描いた本作が示しているのは、60年代当時における極めて東京的な風景のはずだ。

　本作最初のエピソードである「第一部　春の章No. 1」[6]は、永島自身をモデルとした主人公・長暇貧治が、出版社で金の無心をする場面から始まる。表札に記された「東京トップ社」という社名は、50年代末から60年代前半の永島が実際に作品を発表していた貸本向け単行本マンガの版元を示している。3万円を借りることに成功した長暇は、「みょうが谷」駅から地下鉄に乗り、新宿へと向かう。途中「あかさかみつけ」駅への到着を知らせるアナウンスが流れると

ころを見ると、2駅先の池袋から山手線に乗り換えるのではなく、反対の新宿方面の電車に乗って一本で行くようだ。距離にして1.5倍以上かかる遠回りのルートだが、作中の長暇が暮らす1961年3月の時点では銀座線と丸ノ内線の区間は距離にかかわらず均一25円の運賃だったという[7]から、乗り換えるよりもだいぶ安く済んだのだろう。

　フーテン仲間と新宿の街を飲み歩き、夜を明かした長暇は、「山手ホテルで一眠り」すると言って、仲間の一人「カッコ」と山手線に乗り込む。車内でひたすら眠り続ける二人を乗せて、列車は東京の街を周回する。このシーンで登場する、山手線が走る東京の風景を描いた1ページは印象的だ。コマの中心やや下を水平に走り抜ける山手線。川を渡る高架の線路の向こう側には、白く真新しい高層ビル群が見える。一方、線路の手前の川岸には、補修の跡が残る古びた低層の住宅が立ち並んでいる［図2］。

　山手線の線路を境にして、奥には新しく建設された高層ビル、手前には古くからの住宅街と、大きく異なる街並みが対比的に描かれている。よく見ると線路の向こう側でも川沿いの低地には低層の住宅が並んでいるから、線路の上と下が対比されていると言ったほうが正確かもしれない。いずれにせよ、低層と高層、古い層と新しい層、そして両者をつなぐ移動手段としての鉄道という複数のレイヤーが重なり合って一つの画面を構成している。このような光景こそ、『フーテン』が描き出す1960年代のレイヤー化する東京の姿である。

　このような複層性は、都市の風景だけでなく、そこに生きる人々のものでもあった。1960年代当時、東京には地方から多くの人口が流入していた。とりわけ新宿は、様々な出自を持った人々が絶えずやってきて、ともに暮らす街だったはずだ。規範的な社会生活から外れて、都市の隙間を生きるフーテンたちは、そのような多層性を体現する存在でもある。

　「山手ホテル」で眠る二人のフーテンの周囲には、朝の通勤者、通学者たちが入れ代わり立ち代わり乗車してくる。時に二人に奇異の視線を向け、時に無関心を貫く彼らと、眠り続ける二人は、同じ列車に乗っていながらも、どこか異なるレイヤーに属しているように感じられる。そのような印象は、山手線を周回して眠り続ける二人が常に同じ位置に描かれ、周囲の人々だけが入れ替わるという3コマの展開によってもたらされている。眠ったまま移動しないフー

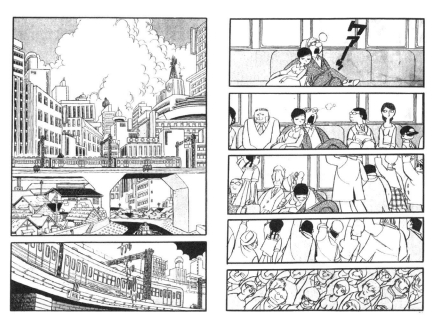

[図2・3] 永島慎二『フーテン 上』グループ・ゼロ、63・64頁　©永島慎二／グループ・ゼロ

テンたちは背景のように列車と一体化し、次々と乗り込んでは降りていく一般
の人々とは異なる時間を生きる者として、山手線の車内を活用しているようだ
[図3]。

　一方で、このような「段差」はフーテンたちと一般人の間にだけ存在する
わけではない。そもそもフーテンという存在自体が、それぞれに異なる出自を
抱えた人々のゆるやかな集まりであり、そのような仲間同士の間に存在する差
異こそが、本作にとってより重要な問題となる。

　「第一部　春の章No.1」で物語の中心の一つとなるのは、フーテン仲間だっ
た伍一の死だ。伍一の家は「たいへんな財閥で会社をいくつも持っている」の
だが、「生まれたときから自分が金持だったということが許せなかった」ため、
実家を出てフーテン生活を始めたという[8]。ある日、ロールスロイスに乗ってやっ
てきた父親によって実家に連れ戻されそうになった伍一は、無理やり乗せられ
た車から飛び降り、対向車線を走っていた車にひかれて死んでしまう。

　「友達まで金でかえる」「そうした世界に帰るのが死んでもいやだったんじゃ
ないだろうか」とその心中を推測するフーテン仲間の「コート氏」に対し、長

暇は伍一の気持ちがわからないという。「おれにゃわからねえよ　なんで金持ちがいけねえんだ　一生遊んで暮らせるってのによ　なあ　みんなそうだろ？」[9]。新宿の街をともに生きる仲間でありながら、長暇と伍一の間には、どこか決定的な「段差」が現れる。

　このエピソードの最後でフーテンたちの前に現れる、どこぞの会社社長だという立派なスーツ姿の人物は、伍一的なレイヤーからやってきたといえるだろう。主人公の案内で数日間フーテンたちに交じってその生活を体験した社長は、自らもフーテンになることを決心する。「わしはな……きょうかぎり家にも帰らんし会社にもいかんことにした」「つまりフーテンになるわけさ」[10]。

　長暇を囲む仲間たちのなかには、身寄りのない者もいれば、裕福な実家から家出してきた者、昼はサラリーマンとして働いている者、あるいは社長としての人生を捨ててやってきた者まで、様々なレイヤーの人々が混在している。あらゆる人間を受け入れうるフーテンという生き方が、それ故にその内部に抱え込むことになる多層性。高層化と地下開発によって立体的に発展する新宿を舞台に本作が描き出すのは、はっきりとした集団にはならないような集まり、それ自体複数のレイヤーが積み重なってできたあいまいな層としてのフーテンたちだった。

　本作で描かれるフーテンたちの活動は、夜の街と地下を中心に繰り広げられていく。深夜喫茶からジャズバーへとはしごし、地下のたまり場に集う彼らの姿は、多くの人々にとっての日常である「日の当たる地上」とは異なる都市のイメージとともにあった［図4］。このような都市の非日常的なレイヤーへの注目は、当時の東京で盛んに進められていた地下の開発と、それに伴って生じた地下をめぐる想像力のあり方とも無関係ではないだろう。

　前述のとおり、60年代を通して東京では地下鉄網が急速に整備されていった。なかでも、東京オリンピックに間に合わせようと急ピッチで進められた日比谷線の工事は、その勢いを象徴するものだった。1964年に公開され、第1回国土開発映画コンクール（現：土木学会映画コンクール）で最優秀賞を受賞した記録映画『銀座の地下を掘る』[11]には、日比谷線の日比谷駅〜東銀座駅区間の工事の様子が記録されている。

　この区間は、銀座を代表する大通りの一つである晴海通りの真下に当たり、

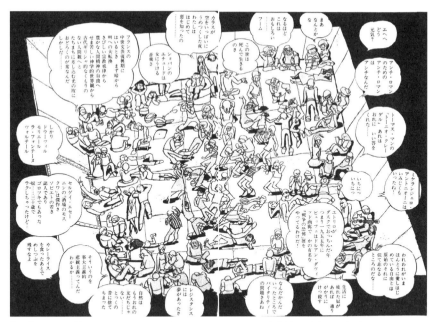

［図4］永島慎二『フーテン 上』グループ・ゼロ、104-105頁　　©永島慎二／グループ・ゼロ

当時すでに銀座線と丸ノ内線が横切る、交通の要所だった。銀座線銀座駅と丸の内線西銀座駅、そして新たにできる日比谷線の駅をすべて地下でつなぎ、新たに銀座（総合）駅とするこの工事は、「当時、世界に類を見ない大きな規模」[12]のものだったといわれている。

　およそ2年にわたる工事の末、1964年8月29日に開業した銀座（総合）駅は、3路線の駅を統合した地下3階建ての巨大建造物で、大量の乗客が移動できる広い地下通路と多数のエスカレーターを備えていた。狭い闇の中で照明を頼りに掘り進める工事の現場と、完成した駅の広く明るい空間の対比は印象的だ。

　都市計画家の伊藤滋は、この日比谷線銀座駅が人々の生活にもたらしたのは、「地下鉄の各路線の改札口をつなぐ連絡通路が、快適な地下の専用歩道になったこと」だと指摘している。「雨にも濡れず、交差点でも立ち止まることなく短時間で」乗り換えることができる連絡通路は、「他に代えがたい贈物」だった。この銀座駅の工事にならい、「オリンピック以降に開設された地下鉄路線の連絡通路は、幅が広く明るい歩きやすい歩行者専用道となり、ビルや百貨店の地下街と連結するように」なっていったという[13]。

『銀座の地下を掘る』が映し出す地下開発工事の様子は、地下という闇に包まれた未知の空間を、科学技術と人間の力によって、明るく便利な空間に変えて利用してゆくことへの期待感を示している。しかし、地下開発というプロジェクトは、常に明るいイメージだけをもたらしたわけではなかった。

　ロザリンド・ウィリアムズは、地下開発の歴史と地下をめぐる想像力との関係を論じた『地下世界──イメージの変容・表象・寓意』のなかで、19世紀ヨーロッパにおける都市のインフラ整備のための地下開発プロジェクトが人々にもたらしたイメージの両義性を指摘している。

　　掘削プロジェクトは一方では、時代が進歩だと理解しているものの最高の象徴だった。科学的発掘の場合と同じように、掘削の事業そのものは、大地の深みへ大胆に侵入することだと、勇ましい言葉使いで表現されたが、その目的はというと、こんどは自然を知的に支配することではなくて、物理的に支配することだった。とはいえ掘削もまた恐怖と不安をよびおこした。土台を掘りくずされつつあるのは、自然だけでなく社会もだということがはっきりしてきたからである。[14]

　19世紀ヨーロッパの人々が感じたような地下への恐怖と不安のイメージは、例えば、60年代日本のSF的想像力の中にも見ることができる。1966年に放送された特撮TVシリーズ『ウルトラQ』の第1話では、地下開発が社会の破壊をもたらすのではないかという恐怖が、巨大怪獣の出現という形で示されている。

　円谷プロによる特撮TV番組「ウルトラ」シリーズの原点として知られる『ウルトラQ』は、巨大怪獣や宇宙人を中心に様々な怪奇現象を描いたSFドラマで、子供たちの間で人気を博した。1月2日に放送された第1話「ゴメスを倒せ！」は、「東京と大阪を結ぶ弾丸道路のトンネル工事現場」で起こった事件を描いている。

　物語は、掘削中のトンネル内で作業員が巨大な怪物に遭遇するところから始まる。それは、古代以来地下に眠っていた怪獣「ゴメス」であり、工事の影響で冬眠から目覚めてしまったのだという。暴れだすゴメスに、なすすべもなく破壊される工事現場。最終的には、同じく目覚めた古代怪獣「リトラ」によってゴメスは倒される。弾丸道路は無事に完成し、トンネルにはゴメスと相討ち

で息絶えたリトラの墓が残されている、という筋書きだ。

道路交通網を整備するための地下の開発が怪獣を目覚めさせてしまう、とい
うこのエピソードには、開発されゆく地下世界に眠る未知の恐怖のイメージが
表れている。本作が放送された1966年は、1968年の開通に向けて行われていた
東名高速道路工事の真っ最中である。便利な生活をもたらすはずの地下開発が、
破壊的な災厄を招くのではないかという恐怖。南極の観測隊が怪獣に襲われる
「ペギラが来た！」や、特殊な栄養剤を飲んで巨大化したモグラが暴れる「甘
い蜜の恐怖」など、『ウルトラＱ』ではしばしば、科学技術による人類の未知
への挑戦が、災厄となって跳ね返ってくる様が描かれている。「地下」もまた、
そのような脅威が潜む未知の空間の一つだった。

1966年から67年にかけて『週刊少年マガジン』で連載された石ノ森章太郎に
よるマンガ作品『サイボーグ009』（地下帝国ヨミ編）では、地上とは異なる未知
の世界であると同時に、人類が進出しつつある場として、地下世界が描かれて
いる。

『サイボーグ009』シリーズは、国際情勢を陰から操り紛争を引き起こすこと
で利益を得ている武器商人組織「黒い幽霊（ブラックゴースト）団」と、彼らによっ
てサイボーグ化された9人の戦士たちとの戦いを描いた、石ノ森章太郎の代表
作である。1964年開始の『週刊少年キング』での連載が終了した後、掲載誌を
変えて1966年から連載された「地下帝国ヨミ編」では、黒い幽霊団が支配する
地下の世界が舞台となった。

このエピソードでサイボーグ戦士たちが潜入することになる地下世界では、
長らく地上とは大きく異なる秩序が維持されてきた。そこでは地底人たちが、
ザッタンと呼ばれるドラゴンのような種族に支配されていたという。地上から
やってきた黒い幽霊団は、科学兵器によってザッタンを追い払うことで地下世
界での実権を握り、地底人たちを扇動して地上の人類との争いを生み出そうと
画策する。

地底人たちが黒い幽霊団に協力するのは、長きにわたって抑圧されてきた地
下での暮らしから脱却するためだ。地上から来たサイボーグ戦士たちに「おな
じ人間なのになぜこんなみじめな世界でくらさなければいけないの」か、「あ
たしたちだってあかるい太陽の光が…みどりのそよ風が…ほしい」と訴えるそ

の姿は、地上からは見えなかった別の世界の存在に気付かせる。人類は「戦争をしておたがいに殺しあい地上のせっかくの大気をよごして」いる[15]という地底人の指摘は、地上に生きる私たちへ向けられた、不可視のレイヤーからの警鐘として響くだろう。

一方で、彼らに地上への進出を持ち掛けた黒い幽霊団こそが「地上に戦争をもたらしている張本人」[16]であり、自らの目的のために地底人たちを利用する侵略者である、という事実は、人類と地下世界の関係性のもう一つの側面を示している。異世界だったはずの地下空間は、すでに地上の人間によって征服され、利用可能な「資源」と化しつつある。「地下帝国ヨミ編」が描いたのは、人類と未知の世界との出会いが持つ両義的な可能性だった。

1967年から68年にかけて雑誌『COM』で発表された手塚治虫『火の鳥』（未来編）では、地下世界は人類に残された最後の場所となっている。古代日本を舞台とする「黎明編」に続いて連載されたこのエピソードは、西暦3404年という未来において、荒廃した地上を捨て、地下に築いた巨大都市に暮らす人々の姿を描いた。

作中に登場する5つの地下都市のうち、未来の東京の姿を示していると思われるメガロポリス「ヤマト」は、高度な高層化と地下化が結合した都市のイメージを提供している。

パイプ状の出入り口だけで地上とつながった地下の広大な空間に、頂上が見えないほどの高層ビルが林立する巨大都市には、500万の住人が暮らしているという。荒廃した地上から逃れるという消極的な理由ではあるものの、本作でも、地下は人類が進出することになる世界として現れている。そして、そこに築かれたのは、無数の高層ビルとそれらをつなぐ空中道路が複雑に交差する、立体的な未来都市だった［図5］。

60年代のSFマンガ作品において、地下は人間が開発していくことになる未来の空間として描かれた。もはや地上には開拓の余地がなくなったかに思われた時代に、東京が高層化や地下開発によって垂直方向に拡張されるなか、地下は宇宙と並ぶような最後のフロンティアとして想像された。地上とは異なるレイヤーへの進出は、人間の領域の拡大を意味すると同時に、未知の世界との衝突がもたらす脅威の可能性でもあった。

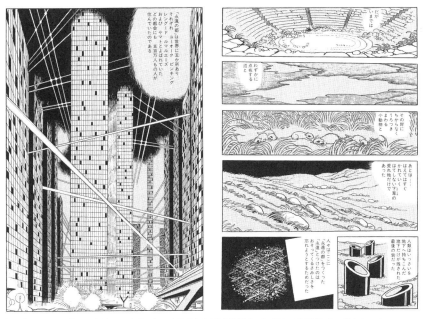

[図5] 手塚治虫『手塚治虫漫画全集 火の鳥③(未来編)』講談社、7-8頁　©手塚プロダクション

3　202x ——フラット化する東京、忘れられた地下

　では、現代の東京における地下空間は、そのような未知のレイヤーとして想像されうるだろうか。60年代以降現在まで続いてきた都市開発は、むしろ地下と地上との一体化を推し進めてきたように思われる。地下階にも高層階にも同じようにテナントが並んだ商業施設や、地上のホームから雨にぬれずに地下鉄へ乗り換えることのできるターミナル駅を利用する私たちにとって、もはや地上と地下の区別は意味をなしていない。現在の東京は、レイヤーの間に存在する「段差」を解消し、どこへでもフラットに往来することのできる、ひとつながりの空間を志向している。

　もちろん、誰もが自由に行き来できる都市空間を目指すという理念はいたって望ましいものだ。しかし一方で、そのような理念に基づく都市開発の進展が、実際にはむしろそこに存在する様々な差異を半ば強引に均質化してしまう、と

いうことはなかっただろうか。便利でフラットな都市空間が、なお存在するはずの「段差」を覆い隠すことによって成立しているのだとしたら。コロナ禍で一変した東京の風景が提起したのは、そのような問いだった。

　2015年から2018年にかけて『ヤングマガジンサード』で連載されたマキヒロチによるマンガ作品『吉祥寺だけが住みたい街ですか？』には、利便性と引き換えに均質化していく東京の姿が現れている。本作は、不動産会社の調査による「住みたい街ランキング」の上位として知られる吉祥寺に店を構える「重田不動産」を舞台に、訪れた人々の東京での家探しの様子を描くものだ。

　連載第１回[17]は、長年にわたって吉祥寺で営業を続けてきたバウスシアターというミニシアターが閉館する場面で始まる。営業していない映画館を見て、「吉祥寺も終わったな」とつぶやく重田不動産の店主、重田姉妹。長年吉祥寺に住み続けてきた彼女たちにとって、「駅前にはドカーンとキラリナが建って無印がドンキになって南口にはヤマダ電機」ができた吉祥寺[17]は、「どんどんどこにでもある街になって」いるという。重田姉妹は、「住みたい街」にあこがれてやってきた人々に、吉祥寺以外の街を紹介していく。それは一見すると、「どこにでもある街」になってしまった吉祥寺を離れ、より個性のある街を探していく物語のようだ。

　しかし、エピソードを重ね、様々な街が紹介されていくにつれて、事態がそう単純ではないことがわかってくるはずだ。もちろん、各回で紹介される街はどこも魅力的な要素を持っている。それらは、交通の便が良く、おしゃれな施設やおいしい飲食店がある一方で、自然やレトロなものも残されている。すべてが揃うのは難しいにせよ、本作で街の魅力として提示されるポイントはおおむねこれらの要素に集約される。

　問題は、これらの要素こそがまさに、吉祥寺の魅力としてしばしば挙げられてきたものだということだ。『吉祥寺だけが住みたい街ですか？』は、吉祥寺以外の様々な街を紹介し続けることによってかえって、人々が街に求める要素が画一化していること、吉祥寺がそのモデルとして機能してきたことを明らかにしてしまう。

　それなりに便利でそれなりに文化的な無数の街のなかから、自分だけの街を選ぶことは難しい。本作において、最終的な選択の根拠は、決め手となる風景

［図6］マキヒロチ『吉祥寺だけが住みたい街ですか？（1）』講談社、70-71頁

との出会いという個人的な体験のなかに求められることになる。時に何の変哲もない風景を決め手に変えるのは、それを見つめるキャラクターの側に用意された物語だ［図6］。

「どこにでもある街」ばかりになっていく東京で何かを選ぶことは、どこまでも個人的な体験にならざるを得ない。例えば、錦糸町を紹介する連載第3回、錦糸公園で「走り回る子供に交じって昼寝してるオッサン」が「風情がある」と形容されるとき[19]、公共空間としての都市がその内部に抱えている起伏は、個人的な印象の問題でしかなくなっている。今や、都市の風景を見つめることは、自分自身を見つめ直す体験でしかありえないのかもしれない。

地下空間と高層ビルがシームレスにつながり、物理的にも文化的にもフラット化していくように見える現代の都市空間において、日常的な現実とは異なるレイヤーへの想像力の可能性は、どこにあるのだろうか。あるいは、一体化していく世界から取り残されたものは、どこへいくのだろうか。「地下」をめぐる、60年代とは異なる想像力のあり方が、この問題を考える糸口になるように思われる。

大友克洋による短編「SOS大東京探検隊」では、1980年の時点ですでに、60年代的な「異世界」「未来」とは異なる意味を持った空間として、地下の世界が登場している。雑誌『マンガ少年』に発表された本作は、東京の地下へ降りた少年たちの冒険を描く。彼らの目的は、幻の「地下鉄丸ノ内駅」を発見すること。戦時下に建設途中で放棄された地下鉄線があった、という都市伝説的

な設定に基づき、東京の歴史が眠る場所として地下空間が描かれていく。

　マンホールから地下へ降り、走行中の丸の内線を横目にトンネルを進んでいく少年たちは、途中ではぐれ、二手に分かれてしまう。一方のグループが出会うのは、地下で暮らす一人の「おじさん」だ。旧日本軍の「隠し倉庫」として使われていたらしい地下の部屋を住処とする彼は、「東京オリンピックのとき日比谷線の東銀座から霞が関までの工事をやって」いたときにその場所を見つけ、「工事は終わったけど俺だけ残った」のだという[20]。「この地下の暗い穴蔵」は、地上での生活がうまくいかない「万年天中殺男の俺が初めて見つけた天国」だと語るその姿は、発展を続けてきた東京の歴史の裏面を示している[21]。

　もう一方のグループが発見するのは、江戸城の抜け穴だ。かつて緊急避難用に掘られたのであろう抜け穴は、すっかり忘れ去られ、複雑に入り組んだ地下

［図7］大友克洋『SOS大東京探検隊』講談社、32頁

空間の中に眠っている。迷子になった少年たちがたどり着いたその通路は、彼らを皇居の内部へと導いてしまう。江戸から東京へ変わり、戦争からオリンピックへと転換してきた東京の歴史が、少年たちが通り抜ける地下の世界を形作っている。

　旅の最後で、幻の地下鉄丸ノ内駅にたどり着いた彼らを待ち受けていたのは、ねずみの群れだった。ねずみとおじさんが暮らす地下世界は、地上の人々が忘れてしまった東京の歴史を記憶している。少年たちは、地下でのことは秘密にするとおじさんに約束し、地上の街へと戻っていく。華やかな街には似つかわしくない泥だらけのその姿は、私たちが忘れてしまった過去が堆積するレイヤーの目撃者として、地上の世界にささやかな違和感をもたらすだろう。

　本作において、地下は人間が開発すべき未来の空間ではなく、人間による開発の痕跡が残る過去の空間として現れていた。もはや使われなくなった抜け穴、ついに使われることのなかったトンネル、地上での暮らしを捨てた人物に導かれて、少年たちは土地の歴史を垣間見ることになる［図7］。均質化する地上の世界から零れ落ちたものが眠っている場所としての地下。これが、未来の空間という60年代的なイメージとは異なる、より現代的な地下のイメージではないだろうか。

　2019年に発表されたpanpanyaによるマンガ作品「新しい土地」では、フラット化する地上と、雑多な過去が堆積する地下という対照的なイメージが鮮やかに示されている。物語は、郵便配達のアルバイトをする主人公の困惑の場面から始まる。配達を受け持つことになった「新町」の区画が、一面更地になっていたのだ。存在するはずの宛先を探して町を探索する主人公は、地下への階段を発見する。

　階段を降りた主人公を待ち受けていたのは、区画いっぱいに広がる広大な地下街だった。出会った住民によると、そこはもともと地上の町だったという。どういうことか。住民の説明はこうだ。

　　この辺りは元々低層住宅の密集地でしたが
　　人口の増加に伴い住宅不足、土地不足が深刻になりました。
　　老朽化の問題もありマンション造成を中心に再開発が計画されましたがそれに

は広い土地が必要になります。

そもそもが住宅不足であるため移住先を確保することが出来ず立ち退きも出来ないわけです。

そこで、既存の町を地中化する形で上に新しく地盤を作ることにしたのです。いわば大がかりな高架ですね。[22]

　既存の町がそのまま残された地下空間の上に、再開発のための更地が築かれているという。説明だけを聞くとなんだか本当にありそうな気もしてくる、奇妙な味の設定だ。地下の町は、いかにも歴史ある住宅街といった趣でありながら、どこか過剰に入り組んだ複雑な空間をなしている［図8］。物語の最後で新しい地盤の上に完成する分譲マンションは、そのような地下のイメージとは対照的だ。白い直方体に規則正しく部屋が並んだその建物は、清潔感と利便性を印象付けている［図9］。

　1966年に宮下公園が人工地盤上の屋上公園として整備されたとき、そこでは、地盤上の公園とその下の駐車場を同じ敷地に重ねるという効率的な空間利用が

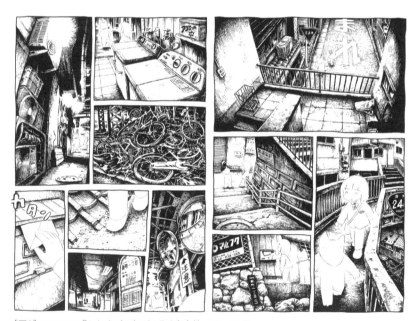

［図8］panpanya『おむすびの転がる町』白泉社、154-155頁

[図9] panpanya『おむすびの転がる町』白泉社、158頁

意図されていた。対して「新しい土地」では、新たな地盤の下の空間はもはや忘れられていくしかない。地下化されたかつての街へと降りる階段は埋められ、「日当たりも空気も悪い」[23]地下には誰一人残っていないという。

　地盤上の新しいマンションの施設は、郵便配達員である主人公にとっても便利なものだ。住民に案内されながら地下をぐるぐると配達してまわった郵便物は今や、一か所にまとめられて部屋番号順に並べられた郵便受けに入れるだけでいい。主人公は、楽になった仕事に「再開発さまさまだな」と言いつつ、地下の町へと伸びる電線を見てふと思う。

> さしあたって配達に困ることはないわけだが
> 気掛かりがあるとすれば「かつてこの町だった場所」が足元に眠っているという事実が
> あの電柱の横を通るたびに脳裏にちらつくことぐらいである[24]

　便利でフラットになっていく地上の世界と、打ち捨てられ忘れられていく過去が眠る地下の世界。今更不便で危険な地下に戻ることはできない。それでも、その記憶が「脳裏にちらつく」とき、覆い隠されつつある過去は「気掛かり」として蘇ってくるだろう。

4　おわりに──レイヤーを再発見する

　2020年4月、首都高の日本橋区間を地下化する事業計画が認可された。2040年の工事完了を目指し、すでに同年秋ごろから関連工事が始まっているという。東京オリンピックに向けた都市開発の一環として1963年に開通した首都高日本橋区間は、その景観の問題が、長らく議論の対象となってきた。日本橋上空を通る巨大な首都高が川と橋に影を落とし、水辺の豊かな空間から空を奪っているという批判は根強く、その地下化はこれまでも様々な形で提言されている。開通から半世紀以上が経過して老朽化が進んだ構造物を更新するにあたって、ついに地下化へ向けた具体的な計画が実行に移されたという形だ。

　現代美術家としても知られる山口晃は、2018年から『月刊モーニングtwo』で連載を続けている『趣都』というマンガ作品のなかで、首都高地下化の根拠となってきたような見方とは異なる「日本橋景観論」を展開している。東京をモデルにした都市を舞台に画家・しわぶき先生が語る都市論を中心に据えたこのマンガは、虚実入り混じった独創的なアイデアと、東京の歴史の理解を通して、都市空間を見るための新たな視点を提供してきた。

　『趣都』のしわぶき先生はまず、首都高による「景観破壊」論が前提とする「日本橋の景観」なるものの不確かさを指摘する。首都高開通時の東京では川が悪臭や不衛生の原因として厄介者扱いされており、川の景観が破壊されたという主張は後の時代に遡及的に登場したものであること、名橋とされる現在の日本橋が建設当時は識者から酷評を受けていたことなど、「守るべき日本橋の景観」の根拠に疑問を投げかけつつ、先生は、首都高が生み出す景観そのものを見つめ直すことを促す。

　ビルの間を縫うように走る首都高の姿は、似たような直方体の建築物が並ぶ東京の街に変化をもたらしつつ、そこを走る自動車のスピード感や巨大な重量感など、様々なイメージを喚起する。首都高に注目すれば、景観破壊といわれてきた上空占有もまた違った見え方をするだろう。水面と路面に挟まれた空間は、他にはない独自の景観を生み出している。先生は言う。「絵を描く時の様に見てみれば解るよ　この空間の複雑で豊かな表情が」[図10]。

[図10] 山口晃「趣都　第八回 日本橋ラプソディ ―後編その肆―」
『月刊モーニングtwo』2019年10月号、講談社、521頁

　半世紀以上にわたって日本橋の景観を構成してきた首都高を、その歴史の一部として肯定的に捉え直すこと。異なる時代、異なる意匠の構造物が重なり合う空間の、その重なり方そのものを読み解くこと。しわぶき先生のまなざしは、都市景観のレイヤー性へと向けられている。

　「ここは、時空の立体交差（ジャンクション）。」というアオリが添えられたエピソード冒頭の扉絵は、そのような日本橋の景観が持つレイヤー性を見事に表している。運河に橋がかかり、その上に高速道路が通る日本橋の複層的な風景は、そのまま、この地をめぐる歴史的なレイヤーの積み重なりをも示しているはずだ。『趣都』は、目の前にありながら見えてこなかった風景のレイヤーを再発見し、歴史のレイヤーへと接続する技法を提示している。それは、日本の伝統的絵画の様式を借用しながら、異なる時代の要素が重ねあわされた東京のイメージを描き続けてきた、画家・山口晃の技法でもあるだろう。

　近年の東京の再開発において、既存の交通インフラの地下化は、首都高以外でも行われてきた。例えば、副都心線との相互直通運転のため2013年に地下化された東急東横線の渋谷〜代官山区間や、同じく2013年に地下化され、複々線化を含めた工事が2018年に完了した小田急線代々木上原〜梅ヶ丘区間、現在も工事が続く西武新宿線中井〜野方区間などが挙げられるだろう。複雑化した地

上の空間を整理し、交通網を拡充するために、私たちは長年地上に存在してき
たインフラ施設を地下空間へと移し始めている。

　そこでの地下は、60年代のSFが想像したような未知の脅威が待ち受ける未
来の空間ではありえないし、「SOS大東京探検隊」の少年たちが訪れたような、
忘れられた過去が眠る場所でもない。既存の施設がリニューアルして建設され
る地下空間の姿は、いわば「見慣れた未来」とでもいうべきものだ。それは、
新しいはずものがあまりにも急速に消費され、瞬く間に見慣れたものになって
しまうようなフラットな都市空間の拡張でもある。

　ならば、ここへきて目を向けるべきはむしろ地上なのかもしれない。長年存
在してきたものが地下へと消えてしまったあとの地上には、新たな痕跡が残さ
れることになる。緊急事態宣言によって人間がいなくなった渋谷のように、見
慣れた駅や線路、あるいは首都高の消滅は、未知の脅威とは別のしかたで、都
市に見慣れない風景をもたらすはずだ。知っていたはずのものが突然姿を変え
るとき、そこに現れた「見知らぬ過去」が、別のレイヤーへと接続するための
「気掛かり」となるだろう。

　首都高日本橋区間の地下化が完了する2040年には、1963年の開通から77年が
経過することになる。もはや首都高以前の日本橋の風景を記憶している人はそ
う多くはないし、周囲の環境もかつてとは全く異なるものになっているはずだ。
おそらく、日本橋の空は「取り戻される」のではない。そこに出現する「かつ
ての日本橋」は、実際には誰も見たことのないものになるだろう。

　もちろん、首都高の地下化とあわせて計画されている日本橋エリアの再開発
は、どこかで見たような商業施設が立ち並ぶ、フラットな都市空間を生み出す
ものになってしまうかもしれない。それでも「絵を描く時の様に見てみれば」、
青空が広がる日本橋の風景のなかに残された痕跡から、かつて80年近くにわたっ
て上空を「占有」していた首都高の姿を思い描くことも、「首都高の撤去」と
いう新たなレイヤーがもたらした変化を見つけることもできるはずだ。

　地上と地下の区別がもはや意味をなしていないのならば、むしろ私たちはど
こででも、ある種の地下へと伸びる「電線」を探すことが出来るのではないか。
いつも見てきたはずの風景のなかに異質なレイヤーへのつながりを発見するた
めの、見ることの技法をこそ、身につけなければならない[25]。

1│三井不動産ニュースリリース（2020年7月2日）、〈https://www.mitsuifudosan.co.jp/corporate/news/2020/0702/〉（最終閲覧日：2023年1月21日）。

2│「MIYASHITA PARK CONCEPT」、〈https://www.miyashita-park.tokyo/concept/〉（最終閲覧日：2023年1月21日）。

3│「渋谷区立宮下公園　概要」、〈https://www.seibu-la.co.jp/park/miyashita-park/about/〉（最終閲覧日：2023年1月21日）。

4│「新宮下公園及び新渋谷駐車場の施設計画説明会」（2017年10月13日）、〈https://www.city.shibuya.tokyo.jp/assets/com/20171013b.pdf〉、（最終閲覧日：2023年1月21日）。

5│1972年に刊行された単行本『フーテン』（青林堂）に収められた作品は、『COM』（1967年4月号〜1968年3月号、虫プロ商事）、『ガロ』（1969年11月号、青林堂）、『プレイコミック』（1968年8月25日号〜1970年7月11日号、秋田書店）の3誌にわたって発表された。

6│永島慎二『フーテン 上』（kindle版）グループ・ゼロ、2017年、3-69頁。

7│帝都高速度交通営団『営団地下鉄五十年史』197-199、672-674頁。

8│永島慎二、前掲書、24-25頁。

9│同書、24-25頁。

10│同書、114頁。

11│『銀座の地下を掘る』（1964年、日本映画新社、演出：苗田康夫・撮影：杉崎理・西村健治）は、丹羽美之・吉見俊哉編『記録映画アーカイブ2　戦後復興から高度成長へ　民主教育・東京オリンピック・原子力発電』（東京大学出版会、2014年）所収のDVDで見ることができる。

12│西村健治「高度経済成長と記録映画──撮影の現場から」、同書、162頁。

13│伊藤滋「オリンピック前夜の東京改造」、同書、185頁。

14│ロザリンド・ウィリアムズ『地下世界──イメージの変容・表象・寓意』市場泰男訳、平凡社、1992年、80-82頁。

15│石ノ森章太郎『サイボーグ009』9巻、メディアファクトリー、2001年、125頁。

16│同書、127頁。

17│マキヒロチ『吉祥寺だけが住みたい街ですか？(1)』(kindle版)講談社、2016年、1-38頁。

18│バウスシアターは2014年6月に閉館。キラリナ京王吉祥寺は2014年4月、ドン・キホーテ吉祥寺駅前店は2013年11月、ヤマダ電機 LABI 吉祥寺は2014年10月にオープンしている。

19│マキヒロチ、前掲書、95頁。

20│大友克洋『SOS大東京探検隊』講談社、1996年、30頁。

21│同書、28頁。

22│panpanya『おむすびの転がる町』白泉社、2020年、151頁。

23│同書、159頁。

24│同書、160頁。

25│「電線」それ自体もまた、「景観」の観点から地下へと埋められようとしているインフラ設備の一つである。2021年に練馬区立美術館で開催された「電線絵画展──小林清親から山口晃まで」は、明治初期から現代にいたる日本美術史のなかに、様々な電線や電柱の姿を発見している。掉尾を飾る現代美術作家の作品の1つとして、山口晃『趣都』のエピソード「電柱でござる！」の巻」の原画も展示された。本展は、見慣れた風景のなかから、新たな歴史の層へと私たちを導く、電線の系譜学の試みだったといえるだろう。

参考文献

石ノ森章太郎『サイボーグ009』1-36巻、メディアファクトリー、2001-2003年

伊藤滋「オリンピック前夜の東京改造」、丹羽美之・吉見俊哉編『記録映画アーカイブ2　戦後復興か

ら高度成長へ 民主教育・東京オリンピック・原子力発電』東京大学出版会、2014年

ロザリンド・ウィリアムズ『地下世界――イメージの変容・表象・寓意』市場泰男訳、平凡社、1992年

大友克洋『SOS大東京探検隊』講談社、1996年

手塚治虫『手塚治虫漫画全集 火の鳥③（未来編）』講談社、2011年

―――――『火の鳥』1-16巻（kindle版）手塚プロダクション、2014年

永島慎二『フーテン』上・下（kindle版）グループ・ゼロ、2017年

西村健治「高度経済成長と記録映画――撮影の現場から」、丹羽美之・吉見俊哉編『記録映画アーカイブ2 戦後復興から高度成長へ 民主教育・東京オリンピック・原子力発電』東京大学出版会、2014年

panpanya『おむすびの転がる町』白泉社、2020年

マキヒロチ『吉祥寺だけが住みたい街ですか？』1-6巻（kindle版）講談社、2016-2018年

山口晃「趣都 第八回 日本橋ラプソディ ―後編その肆―」、『月刊モーニングtwo』2019年10月号、講談社

「渋谷区立宮下公園 概要」、〈https://www.seibu-la.co.jp/park/miyashita-park/about/〉

「新宮下公園及び新渋谷駐車場の施設計画説明会」（2017年10月13日）、〈https://www.city.shibuya.tokyo.jp/assets/com/20171013b.pdf〉

『電線絵画 小林清親から山口晃まで』（展覧会図録）求龍堂、2021年

三井不動産ニュースリリース（2020年7月2日）、〈https://www.mitsuifudosan.co.jp/corporate/news/2020/0702/〉

「MIYASHITA PARK CONCEPT」、〈https://www.miyashita-park.tokyo/concept/〉

【後　記】

　いくつかのマンガ作品を通して試みたのは、都市のイメージのなかに歴史の層を発見することだった。現実の都市空間から切り離され、一度立ち止まることを余儀なくされたコロナ禍という時間がそうさせたのだろう。そしてこの一連の出来事もまた、ある種の層となってその痕跡を残してゆくのだと思う。

　先日、ドラマ版『孤独のグルメ』に登場した飲食店を訪れた。吉祥寺で45年以上営業を続ける老舗で、雑誌などでもよく紹介されている。永島慎二作品に出てくる喫茶さながらのレトロな店内には松任谷由実が流れ、壁にはメニューに混じって2000年の日付が記されたサイン色紙が貼られていた。昔ながらのナポリタンに、どこか不似合いな味噌汁のサービスがうれしい。時間が止まっているみたい、というのはこういうことだろうか。

　『孤独のグルメ』でこの店が紹介されたのは10年以上も前、最初のシーズンでのことだ。2022年秋からは新たにシーズン10が放送された。この店がドラマに出ていたことも、コロナ禍を乗り越えていったことも、いつしか忘れられていくのだろう。アイスコーヒーを飲みながらふと見上げると、天井にはつい1週間前に公開された映画のポスターが貼られていた。時間は止まってなどいないようだ。昔ながらの味に思えたナポリタンも、本当は少しずつ変わっているのかもしれない。

半醒半睡のシネマトグラフ
—— 映画における東京と眠りの共同体について

高部　遼

1　他者と一緒に見る夢

　中国の映画監督賈樟柯は、2020年3月にベルリンから北京へ戻った際に経験した14日間の隔離生活を振り返った「手紙」の中で、ガルシア＝マルケスの『百年の孤独』の冒頭部に擬えて次のように書いている——

> 長い歳月が過ぎてコロナウイルス・パンデミックの前に立つはめになった時、私は、父親に連れられて初めて映画というものを見に行った、遠い日の午後のことを思い出した。[1]

　彼は「手紙」のなかで、もはや人々が「肩と肩を並べて一緒に座り」、客で溢れかえった映画館で共に映画を見るという行為——彼はそれを「人類の最も美しい身振り」と呼ぶ——が失われてしまっている今の世界の状況を深く嘆いている。世界各地の都市が「ロックダウン」され、多くの映画館が門を閉ざし、いまや人々は「ステイホーム」しながら自分のパソコンやiPadにイヤホンを繋げて映画を見ている。彼にとってこれ以上孤独なことはないという。19世紀末に誕生した映画というメディアは、人々を一箇所に集めることに貢献したが、20世紀末に誕生した新しいメディアは、それと正反対に人々を分離してしまうのだ。
　彼の文章を受けてタイの映画監督であるアピチャッポン・ウィーラセタクンもまた「手紙」を書いているが、彼はむしろこれからの映画のあり方について

ポジティブな夢を見ている。それは、コロナによって自宅に閉じこもり、部屋の窓から一日中いつもと変わらぬ風景を見つめ続けることによって変化した「わたしたち」の心と体によってこそ見ることのできる映画についてである。通常、映画はあるドラマティックな目的地へと向かって観客を運んでゆくが、彼の夢想する映画には目的地などなにもなく、ただ近所を、屋根を、木の枝を、海を、風を、何時間もかけて映すだけだという[2]。そして、この「手紙」の最後に、彼は短い映画のシナリオを書いてテクストを締めくくっている。それは、ある男の眠っている映像が5時間流れた後、3人の男がテーブルを囲んでカード遊びに興じるという内容である。その後、列車が駅に到着する映像が50秒間続き、最後には、ある晴れた日にドアが開かれ、工場から労働者たちが出てくる映像が46秒間続くとある。

　彼が最後に記している数十秒間の映像は、あきらかにリュミエール兄弟による世界初の映画『工場の出口』と『ラ・シオタ駅への列車の到着』を参照していよう。1895年に誕生して以来、大勢の人間が同じ場所で共に同じ幻想・夢を見るためのメディアであったシネマトグラフは、いまやかつての輝きを失いつつある。しかし、それでもなお、この眠っている男はシネマトグラフの再生の夢を見ている。アピチャッポンは、初期映画がかつて持っていた、映画を共に見るという「美しい身振り」、その歓ばしさを復活させる欲望を諦めていないのだ。

＊

　長い時間にわたって眠り続ける男の映像。それを見ることは、一体いかなる効果を生むのか。アピチャッポンの作品には、長い間横になって寝ている人物のショットが長回しでよく登場する。2015年の映画『光りの墓』では「眠り病」に陥った兵士たちの眠る姿が映されていたし、2018年の短編映画『Blue』では、ベッドで横になる老婆（アピチャッポン作品の常連俳優・ジェンおばさん）が映し出されていた。また、2021年の映画『MEMORIA』には、川辺で死んだように眠る男が登場した。

　森美術館では、2018年の4月から9月にかけて、アピチャッポンと久門剛史のコラボレーションによって、『Blue』の映像を使ったインスタレーション《シンクロニシティ》が展示されていた［図1］[3]。そこでは、斜めに置かれた、大き

く穴の空いたスクリーンに『Blue』が投射されており、その裏には柔らかい光を放つ白熱灯が一定の間隔で穏やかに明滅していて、全体的に仄暗い空間が作られている。そして映像を放つプロジェクターには、一定の間隔で回転する遮蔽板がつけられており、時折スクリーンには何も映らない空白の時間が生じる。映像の消える空白の時間と、その裏で明滅する白熱灯の灯りが消えるタイミングにはズレがあり、両者は異なる周期で明滅を繰り返しているのだが、たまに両者が一致すると、場内はほとんど真っ暗となる。その2つのリズムは、まるで大きさの異なる2つの生き物が一緒に眠っているときの呼吸の波長のように——スクリーンに映る老婆の呼吸のリズムをも巻き込みながら——ズレつつ、重なり合い、そしてまたズレてゆく。

　それを視聴している観客の心のリズムもまた、それら明滅する複数の光のタイミングに巻き込まれ、シンクロしそうでシンクロしない、映像が見えそうで見えない、呼吸が合いそうで合わない、不安定な宙吊り状態のまま、その空間を静かに過ごすこととなる。そこで観客は自由に立ったり移動したり、床に座ったりすることはできるのだが、映画館のようにぐっすりと眠りに落ちることはおそらくできないだろう。

　ぐっすり眠ることなく作品を鑑賞する観客と同様、画面に映る老婆もまた、目を閉じたり開けたりして、完全に眠りに落ちているわけではないのが確認できる。時折寝返りを打っては、ベッドの中で静かに呼吸をしている。すると突然、老婆の胸元に小さな灯火が着く。次第にそ

[図1]『MAM PROJECT 025　アピチャッポン・ウィーラセタクン＋久門剛史』森美術館、2020年（《シンクロニシティ》展、2018年）

の炎は大きくなり、最終的に老婆の身体全体を包み込み、まるで火葬のような不吉な様相を呈する。

その傍らで観客たちは、静かではあるものの、何か奇妙な居心地を覚える。映写機自体が、老婆と同様に、その眼を開けたり閉じたりしているので、映像を見たくても、途中で遮られてしまう。夢を見ている途中で、起きたり、眠ったりしている状態に近いと言えるかもしれない。それを心地良いか心地悪いか判断するのは観客次第である。いずれにせよ、この展示で人は半醒半睡の境を享受することになるのである。

＊

コロナウイルスの世界的なパンデミックにより、人々は自らの「ホーム」の中で孤独に眠るようになった。今や、誰か寝ている人のそばにいることも、安らかに眠る死者を傍らで見送ることも、以前に比べて難しくなった。果たして、今の東京の都市生活者たちは、一体どんな夢を見ているのだろうか。そもそも、彼／彼女たちは、ちゃんと眠れているのだろうか。

寝ること・眠ることは、極めて個人的な経験ではあるが、同時に他者と何かを共有することのできる可能性を秘めているとも言える。2020年から2021年にかけて東京国立近代美術館で展示されていた「眠り展：アートと生きることゴヤ、ルーベンスから塩田千春まで」のキュレーターである古舘遼は、美術史を通して描かれてきた眠りの表象から、眠ることの多彩な意味を抽出し、そこに「他者と共有できるものとしての可能性」を見出している[4]。この展覧会の出口付近、「もう一度目を閉じて」と題された終章のスペースには、金明淑の《ミョボン》(1994年) が展示されており、画面いっぱいに描かれた目を閉じる僧侶の顔の前で、観客たちもまた、「もう一度目を閉じ」るよう促される。視覚芸術を展示する美術館では通常、作品を鑑賞するために目を開けていなくてはならない。しかしこの展示では、むしろ目を閉じることによってこそ、作品のテーマやメッセージ、いわばそこに託された夢を共に見ることができるのだと言えるだろう。

とはいえ、「もう一度目を閉じて」と題された言葉を鑑賞者たちへの呼びかけとして捉えるならば、上記のような解釈は当てはまるだろうが、ラストに展示されてあった《ミョボン》が、会場の外にある窓の形を模したフレームによっ

て囲まれていることで、「インスタ映え」スポットとして観客に写真を撮るよう暗に促していたこともまた指摘しておかなくてはならない。その絵の前でじっと佇むことは、端的に言って「インスタグラマー」たちの邪魔になる。「もう一度目を閉じて」と呼びかけておきながら、美術館側は、この絵の前で静かに目を瞑り、瞑想し、あるいは横になって眠ることなど想定していないのである。絵画の鑑賞体験は、スマホで撮影されてSNSへと流れることで、浅薄な「インスタ映え」の体験へと還元されてしまう。Instagramの正方形の枠の中に小さく収められた絵画は、決して人に目を瞑ることを促したり、穏やかに眠らせたりすることなどできないだろう。ネット空間と都市空間があまりにも密着した現代の東京において、静かに眠れる場所など存在しなくなってしまったかのようだ。

　都市の中でまどろみ、眠り、そこで見られた夢を他者と共に共有することなど、もはやありえないのだろうか。他者と一緒に夢を見ること——この眠りの共同体の可能性こそ、現代の東京の都市において決定的に失われつつある経験の一つに違いない。

　ガルシア゠マルケスの『百年の孤独』で描かれた架空の村では、「伝染性の不眠症」[5]が流行していた。今こそ、この孤独な病から身を守るために、睡眠の表象分析を開始しなければならない。

2　60年代の眠らない共同体

　都市の中で眠ること。それが可能な場所は、現代においても、半世紀前においても限られている。家の中や宿泊施設等を除いて、東京の街の中で他人に邪魔されず穏やかに眠るためには、ある特定の場所へ行かなくてはならない。

　例えば、映画館。この薄暗い空間こそは、公的とも私的とも言えない曖昧な、しかし開かれた場所であり、他者と一緒に眠ることが許される数少ない都市空間の一つであろう。賈樟柯(ジャ・ジャンクー)の言うように、人で溢れた映画館において「肩と肩を並べて一緒に座る」ことが「人類の最も美しい身振り」なのだとするならば、この場所で眠ることは、人類の最も美しい眠りと言えるかもしれない。

　実際、映画館の暗闇は人を心地よい眠りへと誘う。1936年に公開された小津

[図2] 小津安二郎監督『一人息子』
1936年　写真提供：松竹
〈DVD発売中 価格3,080円（税込）
発販元：松竹 ©1936 松竹株式会社
※2023年3月時点の情報〉

安二郎の映画『一人息子』では、東京で暮らす息子（日守新一）に会いに、母（飯田蝶子）が信州から上京し、息子と2人で映画を見にゆくのだが、そこで母は心地よさそうに眠ってしまう［図2］。2人が見ていたのはウィリー・フォルスト監督の『未完成交響曲』（1933年）というトーキー映画で、当時はまだトーキー映画が物珍しかったこともあり、息子が「ねえ、これがトーキーって言うんですよ」と自慢気に語りかけるが、母はウトウトと眠りに落ち、時折目を覚まして息子に微笑みかけては、再びうたた寝する。その穏やかに眠る母の顔は、東京で暮らす我が子の貧しい生活にやや幻滅を覚えていたであろうものの、何とも言えぬ美しい表情をしていたと言ってもよい。

　時代は飛んで60年代、テレビの台頭によって映画産業の斜陽化が始まったとはいえ、映画館には今では信じられない数の人々が未だ蝟集していた。武智鉄二の映画『紅閨夢』（1964年）を見ると、そこには満員になった客席から溢れて立見をしている観客たちの姿が見て取れる。コロナ以前の現代においても、有名なゲストのトークショーなどがある際はたまに立見の客が見られたが、おそらくこの映画のシーンでは、通常の上映であったにも拘わらず立見客で映画館が溢れかえっていたのだろう。そこへ主人公の民野（茂山千之丞）が、映画上映の最中に館内に入ってくる。すでに大量にいる立見客の間を縫って、彼はスクリーンの見えるポジションを確保する。彼／彼女らは決して上映中に眠らない。人々は眠気など忘れて、身を乗り出すようにスクリーンを眺め、視線を釘付けにされている［図3］。

[図3] 武智鉄二監督『紅閨夢』1964年 〈発売元:彩プロ(デジタル配信中) ⓐ川口秀子／彩プロ〉

　その後、なぜか民野は上映の途中で再び立見客の間を縫って外へ出る。彼は最後まで映画を見ない。そして映画の終盤になると、夕食を多く食べすぎて消化不良を起こし、布団の上で苦しそうに何度も寝返りを打つ民野の映像が映し出される。

　この映画は、谷崎潤一郎の『過酸化マンガン水の夢』(1955年)を原作にしており、この作品の持つ幻想的なイメージを、説明的なセリフをほとんど排しつつほぼ忠実に再現しているのだが、谷崎の文章では、主人公はこのとき睡眠薬を服用することで「半醒半睡」の境に入り、朦朧とした「半意識状態」のままで夢を見ることを楽しんでいたとされる[6]。しかし、武智の映画において主人公にこのような余裕は全く見られない。彼は呻き声を出しながらトイレへ駆け込み、「過酸化マンガン水」のように真っ赤な排泄物を出す。この映画で彼はいつまでも眠れないことに苦しんでいるのである。民野がなぜ上映の途中で退出したのか、映画内では全く説明されていなかったが、もしかしたら彼は、映画館の中で落ち着いて席に座って「半醒半睡」の境に入ることができなかったために外へ出たのだと解釈することもできるだろう。

*

　この時代の中年男が〈眠れない〉ことに苦しんでいたのに対し、当時の若者たちはむしろ、〈眠らない〉ことを求めていたと言える。山際永三の映画『狂熱の果て』(1961年)では、1961年ごろから現れ出した六本木族と呼ばれる若者たちの生活が描かれているが、そこでもまた、映画館で映画を見る主人公が描

かれている。この作品では、映画館内の映像は映されることなく、直接スクリーンに映画内映画の映像が流れ、登場人物の声が背後から聞こえる編集が施されてある。スクリーンには、林の中で男女が抱き合っているメロドラマが映し出されるが、音声からは「はあ、この映画つまんないな。ちっとも刺激しないんだもん」、「出てどっか行こう」という2人の若い女性の声が聞こえる。『紅閨夢』の民野と同様、ここでも登場人物は上映の途中で映画館から出るわけであるが、その理由は「ちっとも刺激しない」からであり、「はあ」というあくびの後のため息のような声からわかるように、おそらく眠たくなるほど退屈な映画であったのだろう。

　映画の後半では、葉山の別荘で主人公のグループが怪しい音楽を流しながら無気味に踊る映像が流れる。長々と踊る映像が2分ほど流れた後、グループの内の1人が踊りに退屈して床に座り出し、それを契機に15人ほどいる他の仲間たちも一斉に床の上に寝転がり、眠り始める。それを面白く思わないグループのリーダーは、寝ている仲間たちを次々と一カ所に集めて積み重ねる遊びを思いつく。眠ってしまった仲間たちはすでに生きた人間ではなく、死体であり、みんなまとめて重ねて焼いてやるのだと、リーダーの手下は異様に目をギラギラと見開きながら言っている。グループの仲間たちは抵抗したくても眠気で力が出ず、次々と積み重ねられてしまう。この映画では、眠ってしまうと誰かに殺される危険が迫ってくるのである。

　この映画で描かれる60年代の東京を生きる若者たちは、こうして〈眠らない〉日々を過ごす。なぜなら、彼／彼女らは、何もしていないと勝手に眠ってしまうからであり、眠ることは死ぬことと隣り合わせだったからである。言うまでもなく、その時代にはパソコンやスマホなど存在せず、現代のように眠らないで時間を潰せる手段など限られていた。だから「刺激」を求めて街を彷徨い、眠らない共同体を探す。そんな人々にとって映画館とは眠りに行くような場所ではなかったのだ。

　寺山修司の映画『書を捨てよ町へ出よう』（1971年）もまた、人を眠らせるための映画であった。この映画のラストでは、主人公が「明かりぃ、つけてください」と言い、当時の上映ではその掛け声で実際に映画館のライトが点灯する演出が施されていたのは広く知られている。「真っ昼間の街に、ビルの壁に、

映画なんかが映せるかよ！」と叫ぶ主人公は、寺山の映画への嫌悪（と愛）の現れであると考えてもいいだろう。それは、周囲を暗くすることで人々を朦朧とした「半意識状態」へと誘う映画に対する嫌悪であり、何もしないと勝手に眠ってしまう社会に対する警告のようにも聞こえる。そもそも彼は、見ながら眠る映画ではなく、「走りながら観る映画」[7]を求めていたのであった。

　眠ることなく、夜を、または暗闇を生きることで、当時の若者たちは仲間と連帯していた。藤圭子の「圭子の夢は夜ひらく」（1970年）でも歌われていたように、人々は夜目覚めたままでいることで、束の間ではあれ他者と同じ夢を見ることができたのだろう。勝手に眠ってしまっては、眠らない共同体、その集団の夢から疎外され、仲間外れにされてしまう――。

3　純粋な表面の世界と不眠症

　半世紀前の若者たちは、眠らない共同体に属することで、集団の夢を見ていた。吉田喜重の映画『日本脱出』（1964年）では、アメリカへ行ってプロのジャズシンガーになることを夢見る青年・竜夫（鈴木やすし）が登場するが、彼もまた眠ることなく、息を切らしながら東京の街を疾走し続ける様子が全編にわたって映し出される。この映画の登場人物たちは、つねに息苦しそうに誰かから追われている。汗を垂らしてハアハアと呼吸し、うめき声や悲鳴をあげ、時に狂ったように哄笑する。ベッドに横たわっていても、薬物の禁断症状でうずくまって震えていたり、警官に追われる恐怖でうなされていたりと、決して穏やかに眠ることができない。彼／彼女らは、〈眠らない〉ことで大きな夢を見ていたのにも拘わらず、いつしか本当に〈眠れない〉事態に陥ってしまうのだ。

　主人公の仲間たちは、新宿のトルコ風呂の金庫から現金を強奪するために、そこで働く娼婦・ヤスエ（桑野みゆき）と手を組み、閉店後の深夜に計画を実行する。主人公たちは現金を強奪したものの、すぐに警官に見つかってしまい、逃げる途中でその警官を拳銃で撃ち殺して、ある自転車競技場の地下室へと身を潜める。そこでは、竜夫のアニキ（待田京介）が薬物の禁断症状で発狂したり、もう1人のアニキ（内田良平）がヤスエを殺そうとしたりと、ここでも息の詰まるアクションが展開される。竜夫はアニキに指示されてヤスエを眠らせるため

の睡眠薬を買ってくるが、結局誰も睡眠薬を飲むことなく、竜夫は彼女を殺そうとするアニキを銃殺してしまう。

　この映画では、穏やかに眠ったり、ボーっと目を瞑ってリラックスしたりすることが許されない。トルコ風呂での強盗決行のシーンでは、竜夫はヤスエに風呂に入るかどうか聞かれるが、「そんなことしてられるか」とそっけなく答える。が、見回りのボーイに怪しまれないために竜夫は一応風呂に入る。遅れてその部屋へ入ってきたアニキは、呑気に風呂に浸かっている竜夫を見て、「ばかやろう、何してんだ」と叱責し、竜夫はすぐに風呂から出る。また、映画の中盤でヤスエがヤクザの男に捕まり、その男がホテルの部屋の風呂に浸かっているシーンがあるが、そこへ竜夫が拳銃を持って侵入し、その男を撃ち殺してしまう。当初、竜夫はヤクザに睡眠薬を服用させて眠らせたあとにその部屋からヤスエを連れ出すつもりでいたが、その男が眠る前に竜夫は拳銃で彼を撃ってしまうのである。そしてその男の死体は元の浴槽に入れられる。皮肉なことに、彼は死ぬことでやっと湯船にゆったりと浸かることができるのである。

　この映画に登場する浴槽やプールは、決して人をリラックスさせない。映画の序盤、緑色の水をした市民プールで竜夫は、アニキたちによって水の中に強引に沈められ、溺れさせられるシークエンスがある。バックでは悠長なハワイアン・ミュージックが流れているものの、それとは対照的に、映像では過酷で息苦しい光景が映し出されている。竜夫は水面に顔を上げようとするものの、アニキたちによって再び水中に沈められる。彼は苦しみながら、緑色に濁ったプールの水面と水底を行ったり来たりするのである。

　映画研究者のマチュー・カペルによると、この映画において世界は、ちょうどこのプールのように表面の世界と深層の世界に二分されているのだと言う。映画の前半において、竜夫たちは周囲の目から逃れて身を隠すために、自転車競技場の地下室へ、すなわち、より深みのある世界へと潜っていく。だが、その世界はまるで水中のように息苦しく、彼／彼女らはそこに長くとどまることができない。プールの水底にいつまでも潜っていられないのと同様に、この映画で登場人物たちは、いつのまにか表面の世界へと浮かび上がってしまうのである。

　映画の後半で竜夫はゴルフコースの中を1人で疾走し、最終的に大勢の警官

[図4] 吉田喜重監督『日本脱出』1964年　写真提供：松竹
〈DVD発売中 価格3,080円（税込）発売元：松竹 ©1964 松竹株式会社 ※2023年3月時点の情報〉

から追われてしまう。カペルはここで映し出されるゴルフコースのことを、単色で滑らかな「純粋な表面」と呼び、主人公は出口のない、深みのない世界に囚われてしまうのだと述べる[8]。身を隠すべき深みのない、表面だけとなったその世界において、竜夫はあまりにもよく見えすぎてしまっているのがわかる[図4]。

　そして映画のクライマックスでは、東京オリンピックの聖火ランナーを実況しているラジオ放送局の車内に竜夫が忍び込み、カージャックするシークエンスが描かれる。カペルによると、彼の逃げ込んだラジオ放送局の車内、すなわち「メディア空間」もまた、「純粋な表面」の世界にほかならないという[9]。こうして日本全国に彼の存在が晒されてしまうのである。

＊

　世界が「純粋な表面」と化し、そこから逃れることも、深層へ身を潜めることも、背後に隠れることもできず、よく見えすぎる表面へと浮き上がってしまうこと。吉田が描いたこの世界は、すでに半世紀以上前の作品ではあるものの、2020年代の現在まで続いている一種のパラダイムを予見しているという意味で、すぐれて慧眼であったと評価するべきだろう。吉田と同時代に、こうした表面の世界について思考したのが、美術評論家の宮川淳である。1967年に刊行された『鏡・空間・イマージュ』の中で、彼は鏡の持つ魅力について、それを「見ることをやめることができない」と表現している。通常、何かモノを見るため

には、ある一定の距離が必要となる。宮川はこの距離のことを〈見ることの可能性〉とよび、この条件のもとで、人は何かモノを見ることが可能となる。この距離を物理的に消滅させること、つまり何かモノに触れることができれば、人は簡単に見ることをやめることができるのだという。

　しかし、「鏡」の中にある物は決して触れることができない。つまり、距離を消滅することができない。宮川はこのことを、「見ることをやめることができない」と表現し、モーリス・ブランショの言葉を用いて〈見ないことの不可能性〉と呼ぶ。それが、平面的な鏡・絵画・映像の持つ「魅惑」なのだという。〈見ないことの不可能性〉とはつまり、眼を閉じることができないでいること、あるいは眼を閉じることを忘れてしまっていることにほかならない。人は「鏡」の前で、眠ることができないのである。

　宮川が魅惑される「イマージュの空間、それ自体イマージュと化した空間。われわれがそこから排除され、近づくことのできないこの純粋な外面の輝き、鏡」[10]はしかし、現代社会において溢れかえっていると言うべきであろう。人々はスマホを通して、画面に光る映像、「近づくことのできないこの純粋な外面の輝き」と戯れている。そのブルーライトの「輝き」は、人間の網膜の中心部にある黄斑にダメージを与え、ピント調節筋である毛様体筋を疲弊させ、メラトニンの分泌が抑えられることで体内リズムが狂い、人は夜眠れなくなる。60年代の若者が「何もしていないと勝手に眠ってしまう」身体に抵抗していたとすれば、現代の人々は、老いも若きも、「気がついたらいつまでも起き続けてしまう」身体に苛立っていると言ってもよいだろう。現代における眠れないという病理は、決して世代間や年齢の問題だけに関わるのではなく、社会的な要因にも少なからず依拠するところがあると言わねばならないのはこのためである。

　そして誰もがスマホで写真を撮れる時代にあって、現代の東京の都市はすべてが「純粋な表面」に覆われ、あまりにもよく見えすぎているかのように錯覚することもまた事実だろう。かつて都市の奥に秘められてあったものは、いまや容易にネット上に晒されることが可能となる。都市空間が表面的なネット空間へと干上がってしまうことで、人はもはや都市の中で密やかに眠ることなど不可能になってしまったかのようだ。たとえば、「#SHIBUYAMELTDOWN」

というハッシュタグとともにツイートされる、都市の中で泥酔して横たわっている人物たちの写真がある。50年前、東京の街で暮らすフーテンたちは、山手線の車両に寝泊まりし、そこを「山手ホテル」と呼んだ。また、新宿駅東口前にかつてあった芝生広場を「グリーンハウス」と呼び、そこで野宿していたとされる[11]。だが、現代の山手線の車両で堂々と寝ていたら、スマホで盗撮されて「#SHIBUYAMELTDOWN」行きになることは間違いないだろう。かつてフーテンたちが安心して眠っていた場所は、今やすべて表面の世界へと剥き出しになっているのである。

　見えすぎてしまっては、すぐ誰かに見つかってしまう。そこにおいて人は、密かに夢を見ることはおろか、穏やかに眠ることすらままならない。全てがよく見えすぎてしまう現代の東京に、〈見えがくれ〉する都市の襞、そこにくるまって眠ることのできる〈見えないことの可能性〉の領域はあるのだろうか。

＊

　吉田喜重は、小津の『東京物語』（1953年）における紀子（原節子）のセリフの分析を通して、東京の都市論を展開している。東京へ観光しにきた義理の両親（笠智衆・東山千栄子）と一緒に街を見物する紀子は、デパートの屋上に登って眼下に広がる東京の景観を眺めながら、次のように語っている。「お兄さまのお宅はこっちの方ですわ」。「お姉さまのお家は、さァ、この辺でしょうか」。「わたくしのところは――こちらですわ、この見当になりますかしら」。紀子の語る「こっちの方」や「この辺」、「この見当」といった漠然とした言い回しから、吉田は、東京とは「あまりにも巨大であるがために、それは言葉では容易に語りえない都市であり、そこにありながら見ることのできない不在の空間である」[12]と述べている。この映画において東京の風景は決してはっきりと画面に映ることはなく、あくまで「匿名」のまま、曖昧なセリフによって「非人称化」されているのだという。

　『日本脱出』において、全てがよく見えすぎてしまう「純粋な表面」と化した東京を描いた監督が、上記のような「見ることのできない不在の空間」について言及していることは示唆的である。彼もまた、全てが表面化されて眠ることを忘れてしまった都市空間において、それでもなお、〈見えないことの可能性〉の領域を拾い上げようとしているのである。

吉田は1979年から1982年までの間、映画撮影のためにメキシコに滞在し、その後書かれた滞在記『メヒコ　歓ばしき隠喩』（1984年）の中の「見えがくれする湖テスココ」という章において〈見えがくれする〉という言葉を使っている。メキシコで共に滞在しているチームの1人である女性モーロが、メキシコ市の地中に埋もれた主神殿の発掘作業のドキュメンタリー映像を制作し、それを見た吉田は、いささか幻滅してしまったことを正直に語っている。彼女はなんのためらいもなく、人びとが見たいと望むアステカ族の姿や、彼らがピラミッド上で生贄の供儀をするイラストや模型を直接撮影したのだという[13]。

　この作品について吉田は、「作品のなかであまりにもアステカ時代がよく見えすぎている」と評価し、消えうせた過去への想像力を刺戟するためには、「見えがくれする湖としてのテスココの映像」があれば素晴らしかったと述べている[14]。

　ここで吉田が語る〈見えがくれする〉という表現は、槇文彦たちの研究グループによる日本の都市構造の特異性を研究した書籍『見えがくれする都市』（1980年）から取られているとされる。槇は、日本の都市と西洋の都市を比較し、西洋の都市空間が「中心と周縁」や「図と地」に明確に分けられるのに対し、日本の都市空間は「すき間」や「奥行き」に溢れ、空間の「ひだ」が何層にもわたって〈見えがくれ〉しており、それが「日本人特有」の文化的意図にも反映されていると語る[15]。吉田は彼の〈見えがくれする〉媒体空間という概念から、メキシコ市に今も〈見えがくれする〉アステカ時代への想像力を掻き立てて次のように語る──

　　わたしがモーロに語りたかったのは、人類学博物館があらかじめ用意した〈見えすぎる〉空間よりも、〈見えがくれする〉闇の彼方にアステカ時代をかいま見る方が、はるかに記録映画の創造性に深くかかわるということであった。なにもそれは消滅しつつある湖テスココの風景でなくてもよかった。メキシコ市の地層を走る地下鉄の映像でもよかっただろう。[16]

吉田は、〈見えがくれする〉闇の彼方に、ある種の「創造性」の可能性を信じているのだ[17]。では、現代の東京の都市において、〈見えがくれする〉創造性

はいかに描かれているのか。その闇の彼方で、人は目を瞑り、眠ることができるのか。

4　見えないことの可能性

　台湾を中心に活動している映画監督 蔡 明 亮（ツァイ・ミンリャン）は、美術館という「メディア空間」の中で、自身の作品を深夜に上映しながら観客に眠ってもらうことをコンセプトにした企画展示を行なっている[18]。2016年の3月下旬から4月下旬まで、台北市の北師美術館で週に5〜6日の間、翌朝の7時まで美術館を開き、蔡の『無無眠』（2015年）を上映していた。観客は、床に100個以上置かれた白い枕を使って横になり、スクリーンに映し出される作品を見ながら眠るのだという［図5］。

　『無無眠』は、蔡の『行者（Walker）』シリーズの1つであり、常連俳優である李康生（リー・カンション）が赤い袈裟を着て、渋谷の街の中を超スローペースで歩く短編作品である。シリーズの他の作品では台北やヨーロッパの街を舞台にしており、行き交う通行人たちの歩くスピードと李のそれとの極端な違いや、彼の奇抜な格好

［図5］蔡明亮『無無眠』北師美術館、2016年　撮影：MoNTUE北師美術館／黃宏錡

から、多くの人々が足を止めて彼の姿を眺めているのがわかる。しかし、『無無眠』において李の姿を見る東京の人々は、決して足を止めることはなく、足早に過ぎ去ってゆく。あるいは、そもそも彼の存在に気がついていない。ほとんど人影が映っていないその都市で、李は冷たい風に当たりながら、夜の渋谷の歩道橋を極度にゆっくりと孤独に歩くのである。

彼の歩いている歩道橋は、やがて取り壊されて新たに建設されることになる渋谷駅東口歩道橋であると思われる。2018年に渋谷ストリームが開業すると、その施設と直結する動線として、その橋は2019年に全く新しく取り付けられることになる。彼が歩いているのは、以前の橋が取り壊される直前のものである。橋に残るグラフィティやステッカーからは、そこに堆積された過去の厚みが見て取れよう。それらが消え去ってしまう前に、李は裸足でゆっくりと歩くことで、過去の層が幾重にも堆積したその橋と自分の身体をシンクロさせようとしているかのように見える[19]。それは物体としての身体と物質としての地面が直接密着することにより、冷ややかな都市に微温的な、人肌レベルの熱さを回復しようとしているかのようでもある。そこに映し出されているのは、「都市」という言葉さえ抽象的に響いてしまうほど即物的な、物体と物体の交流にほかならない。

李がここでシンクロを試みるのは、あくまで物体としての都市であり、彼の脇で足早に流れ去ってゆく人々ではない。彼らの歩くスピードに、李は少しも同調しようとしない。彼が同調しようとするのは、遠くから聞こえてくる工事の音、その振動が微かに響く橋の、あるかなきかの震えと言ってもいいだろう。李はほとんど前に進んではいないものの、彼の身体は小刻みに震えており、長い時間片足で全身を支えて歩くことで身体全体がプルプルと振動し、それによって彼の着ている赤い袈裟はわずかに揺れている。さらに、李は持病の痙攣によって首が無意識的に動いてしまっている。彼は一見全く動いていないように見えて、彼の身体は常に微細な運動を続けているのだ。

この橋を足早で歩く人々の流れ＝ストリームからは決して見ることができないのが、李のこの微細な運動にほかならない。その微細運動を捉えるために、この映画は固定撮影による極度の長回しを必要とするのである。蔡が「スローシネマ」のスタイルで映画を撮り続ける必然性はここにあるのだろう。カメラ

は、李の身体を通じて、常に変化し続ける渋谷の街の即物的な振動をも捉えようとしている。その震えは、多くの都市生活者の歩くスピードからは決して見ることができない。明滅する都市の振動は、まさに〈見えがくれ〉しているのだと言えるだろう。

　なるほど、現代の東京の都市は、もはや全てが表面と化して、奥行きや深さといった「秘められた」ものは消失してしまったのかもしれない。しかし、表面だけになった都市において、今もなお〈見えがくれ〉しているのは、ある流れのスピードからズレることで垣間見ることのできる、この微細運動と言えるのではないだろうか。純粋な表面の世界にも、複数のスピード、リズム、波長が存在する。複数のズレた波長のあいだで、別のリズムを生きること。そこにこそ、現代の〈見えないことの可能性〉があるのではないか。

　李の歩行シーンが終わると、突然映画は終電の山手線の車窓を捉えた映像に変わる。窓の向こうには、カメラが乗っている電車と並走しているもう一つの電車が見える。2つの電車はほぼ同じスピードで走っているので、一瞬、駅のホーム自体が動いたかのような錯覚を覚える。ここで映画は後半部へと切り替わるのだが、映画の前半部が徹底的に「独り」の世界であったとすれば、後半部は「対」の世界へと突入することになる。対となった2つの電車が、ほぼ同じ速度で並走していたように、李にも、彼とほぼ同じリズム、波長でともに呼吸をしてくれる男が現れるのである。

　それが、次の銭湯のシーンで登場する安藤政信である。彼は、銭湯の浴槽に目を閉じて浸かっている李のすぐ隣へ、他にも空いているスペースがあるのになぜかそこへ、肩までお湯に浸かりにくる。李は少し驚いたのか、目を開け、安藤と目を合わせぬようタイミングを計ってちらっと見るが、何事もなかったかのようにふたたび目を閉じる。2人は、湯船の中で気持ちよさそうに漂い、深く呼吸をしている。空気を吸えばわずかに水面から身体が浮かび、吐けばまたもとの位置に沈む。その呼吸のリズムは、水面に広がる波紋からも見てとることができる。ここで2人は、『日本脱出』の竜夫とは異なり、浴槽にボーっと浸かることができている。水底に沈められることも、表面に浮かび上がって見えすぎてしまうこともなく、波間に身を任せて漂い、水面を浮きつ沈みつ、目を瞑っているのである［図6］。

［図6］蔡明亮監督『無無眠』2015年

その後、映像ではカプセルホテルのベッドで横になる安藤を映し、次に同じくカプセルホテルのベッドで眠る李を長回しで映し出す。2人とも深く呼吸をしており、腹部がリズム良く穏やかに膨らんだりへこんだりしている。2人は一緒のベッドで寝ているわけではないので、それぞれ狭い個室で孤独に眠っている。だが、その直前の湯船のシーンで2人の呼吸のリズムを見ていた観客にとって、そのリズムが個室の中でも未だ残響し、お互いの波動が干渉しているように感じ取れなくもないだろう。そして、それを見ている観客たちもまた、2人の呼吸のリズムを探り合わせ、重なってはズレ、ズレてはまた重なっていく自身の呼吸の運動を感じずにはいられない。その波動が干渉するところで、人は共に同じ夢を見ているのだと考えるのは誇大妄想だろうか。しかし、この映画には、そんな可能性をも予感せざるを得ない何かがあるのは事実だろう。足早に歩いていたら見逃してしまうごく小さな運動には、そんな眠りの共同体をつくることのできる密かな可能性が宿っているのかもしれない。

　もっとも、安藤はここで深く眠っているわけではない。目を開けたり閉じたりして、なかなか眠ることのない彼は、ちょうど湯船に浸かって波間を漂い、浮かんでは沈む運動を繰り返していたのと同様に、眠りと覚醒の狭間で、ぷかぷかと浮いているような状態であった。この半醒半睡の感覚こそ、この映画を見ている時に感じる経験の一つであろう。この映画では、眠りに落ちなくてもいい。無理に眠りに落ちなくとも、単にボーっとしているだけでよい。宙吊りとなったその時間もまた、一つの生きられた時間として、この映画は肯定しているかのようである[20]。

　蔡は、この作品を見ながら眠ること、あるいは目を閉じることを前提に、北

師美術館で展示を行った。そこには〈見ないことの不可能性〉など、あらかじ
め想定されていない。映画を共に見ながら、共に目を瞑り、そして共に夢を見
ること——。その夢は、あくまで「対」の関係性の中から生まれるものであり、
決して普遍的で大きな夢などではない。

　50〜60年代、高度経済成長期の東京に暮らす人々が共有して持っていたよう
な大きな集団の夢など、現代の東京にはすでにあるはずもなく、もはや東京オ
リンピックの後に明るい未来を期待することなどできるはずもない。しかしこ
の映画には、集団で夢を見ることのできない時代において、それでもなお、誰
かと密かに同じ夢を見ること、一緒に小さな夢を共有することの可能性を、半
醒半睡のまどろみの中で提示しているように見える。その小さな夢は、あるか
なきかの微かな揺れを通じて、誰かの夢と共振しているのではないだろうか。

＊

　最後に、この眠りの共同体を、遠くメキシコの地において経験した吉田の言
葉を引用して本稿を閉じよう。殺人の前歴を持ち、酒乱で人々から敬遠されて
いる老監督（エミリオ・フェルナンデス）と吉田が、ある撮影所の中庭でふたり取
り残され、午睡をしていた空白の時間のことである。結局吉田はメキシコで映
画を完成することができなかった。彼はもう帰国しなければならない。だがそ
の時、その老監督に「思わぬ親近感」、抜きさしならぬ「歓ばしさ」を感じた
という。吉田はおそらく、半醒半睡の午睡のなかで、完成することのなかった
映画の夢を見ていたのだろう。そして、長い眠りについている老監督もまた、
来たるべきシネマトグラフの夢を見ていたのかもしれない。その姿は、アピチャッ
ポンが思い描いた眠る男の姿にも通じていよう。本稿が辿ってきた眠りの共同
体もまた、次のような「歓ばしさ」を求めていたに違いない——

　　幻想の午睡は終わった。陽はいっそう傾き、あたりの熱帯植物群は黒ぐろと
　した影と化して深いしじまの密林を思わせた。彼方の老監督はその長い眠りか
　ら目覚める気配はなかった。もはやわたしは立ち去らねばならない。しかしそ
　の前に老監督の方に歩み寄り、何故か別離の抱擁を送りたい気持にかられた。
　わずかに残っていた苦い珈琲を飲み干すと、わたしはゆっくりと近づいていった。
　老監督の顔は薄汚れたテンガロン・ハットの蔭に隠れたままであった。[21]

註

1｜Jia Zhang-ke, Signs of Life: A letter from Jia Zhang-ke Still Walking, Filmkrant, 2020,〈https://filmkrant.nl/opinie/a-letter-from-jia-zhang-ke/〉（最終閲覧日：2023年2月15日）。翻訳は拙訳。

2｜Apichatpong Weerasethakul, Signs of Life: A letter from Apichatpong Weerasethakul The Cinema of Now, Filmkrant, 2020,〈https://filmkrant.nl/opinie/signs-life-a-letter-from-apichatpong-weerasethakul/〉（最終閲覧日：2023年2月15日）。

3｜「MAMプロジェクト025：アピチャッポン・ウィーラセタクン＋久門剛史」Mori Art Museum、2018年、〈https://www.mori.art.museum/jp/exhibitions/mamproject025/〉（最終閲覧日：2023年2月15日）。

4｜古舘遼「イントロダクション──なぜ美術に「眠り」が重要なのか」『眠り展──アートと生きること　ゴヤ、ルーベンスから塩田千春まで』独立行政法人国立美術館、2020年、11頁。

5｜G・ガルシア＝マルケス『百年の孤独』鼓直訳、新潮社、2006年、60頁。本書を元に寺山修司が映画『さらば箱舟』（1984年）を監督したのはよく知られているが、ガルシア＝マルケスの小説とは異なり、この映画の登場人物たちはよく眠っている。彼／彼女らは、不眠症に陥るのではなく、「隣の町」から伝来してきた近代文明によってむしろ「催眠術」にかけられているのが描かれている。

6｜谷崎潤一郎『過酸化マンガン水の夢』中央公論社、1956年、33-34頁。

7｜寺山修司「『書を捨てよ町へ出よう』ノート」『映写技師を射て』新書館、1973年、217頁。寺山は同書で「走りながら撮る映画はいささか氾濫したといえないこともない。すなわちそれは新しい映画の作り方の問題としてである。だが走りながら観る映画はまだ現われたとはいえない。しからば、いかにして観客を走らせるか？」と述べるが、今や多くのスポーツジムのランニング・マシーンには液晶ディスプレイが設置されてあり、「走りながら観る映画」もいささか氾濫しているといえよう。

8｜Mathieu Capel, *Évasion du Japon : Cinéma japonais des années 1960*, Les prairies ordinaires, 2015,

p.340.

9｜*Ibid.*, p.342.

10｜宮川淳『鏡・空間・イマージュ』水声社、1987年、12頁。

11｜牛田あや美『ATG映画＋新宿』D文学研究会、2007年、35頁。

12｜吉田喜重『小津安二郎の反映画』岩波現代文庫、2011年、21頁。強調は引用者。

13｜吉田喜重『メヒコ　歓ばしき隠喩』岩波書店、1984年、110-111頁。

14｜同書、111-112頁。強調は引用者。

15｜槙文彦・若月幸敏・大野秀敏・高谷時彦『見えがくれする都市──江戸から東京へ』鹿島出版会、1980年、18-52頁。

16｜吉田『メヒコ　歓ばしき隠喩』、前掲書、113-114頁。強調は引用者による。

17｜吉田はアラン・レネの映画を論じた文章の中で、レネの映画には「眠りへの執拗なまでの誘惑」があると語り、彼の映画を見ていると生理的な反応としてどうしても眠りに落ちてしまうと述べている。だが、その眠りは決して不快ではなく、心地の良いものであり、吉田自身どこまで徹底してレネの催眠術にかけられるかが、その映画の「純度」のたかまりをしめす測定値であったと語っている。彼もまた、映画を見ながら眠ることに肯定的な価値を置いているのである（吉田喜重「催眠術としてのアラン・レネ──夢に至る病」『自己否定の論理・想像力による変身』三一書房、1970年、107-118頁）。

18｜「無म眠－蔡明亮大展」MoNTUE 北師美術館、2016年、〈https://montue.ntue.edu.tw/nonosleep/〉（最終閲覧日：2023年2月15日）。

19｜蔡は『天橋不見了』（英語タイトル：The skywalk is gone）という短編作品を2002年に公開しており、その名の通り、「歩道橋が消えてしまった」という内容の映画を撮っている。これは、『ふたつの時、ふたりの時間』（2001年）の後に撮られた作品であり、2001年の映画で主演の男女が出会う場面で登場した台北の歩道橋が2002年の作品では消えてしまい、もはや2人は出会うことができず、すれ違

うことしかできなくなってしまっている。

20｜ある中国語のレビューサイトによると、この作品のタイトル『無無眠』（英語タイトル：No No Sleep）は、般若波羅蜜多心経の「無無明、亦無無明盡」の「無無明」から来ていると推測される。（「《無無眠》──如生活一樣毫無邏輯」（2015年4月15日）、毎日頭條、〈https://kknews.cc/other/6pkmvqv.html〉（最終閲覧日：2023年2月15日））。無知や煩悩を意味する「無明」に「無」がつくことで「無明

でない」ことを示しているように、「無無眠」もまた、「無眠でない」という二重否定の表現がされてある。このことからわかるように、この映画はあくまで「No Sleep」という主張に「No」を突きつけているわけであり、決して眠ることを絶対視しているわけではない。

21｜吉田『メヒコ　歓ばしき隠喩』、前掲書、294-295頁。

参考文献

牛田あや美『ATG映画＋新宿』D文学研究会、2007年

G・ガルシア＝マルケス『百年の孤独』鼓直訳、新潮社、2006年

谷崎潤一郎『過酸化マンガン水の夢』中央公論社、1956年

寺山修司『映写技師を射て』新書館、1973年

槇文彦・若月幸敏・大野秀敏・高谷時彦『見えがくれする都市──江戸から東京へ』鹿島出版会、1980年

宮川淳『鏡・空間・イマージュ』水声社、1987年

吉田喜重『自己否定の論理・想像力による変身』三一書房、1970年

　　　　『メヒコ　歓ばしき隠喩』岩波書店、1984年

　　　　『小津安二郎の反映画』岩波現代文庫、2011年

「MAMプロジェクト025：アピチャッポン・ウィーラセタクン＋久門剛史」Mori Art Museum、2018年、〈https://www.mori.art.museum/jp/exhibitions/mamproject025/〉

『眠り展──アートと生きること　ゴヤ、ルーベンスから塩田千春まで』独立行政法人国立美術館、2020年

「無無眠－蔡明亮大展」MoNTUE 北師美術館、2016年、〈https://montue.ntue.edu.tw/nonosleep/〉

「《無無眠》──如生活一樣毫無邏輯」（2015年4月15日）、毎日頭條、〈https://kknews.cc/other/6pkmvqv.html〉

Mathieu Capel, *Évasion du Japon : Cinéma japonais des années 1960*, Les prairies ordinaires, 2015

Jia Zhang-ke, *Signs of Life: A letter from Jia Zhang-ke Still Walking*, Filmkrant, 2020,〈https://filmkrant.nl/opinie/a-letter-from-jia-zhang-ke/〉

Apichatpong Weerasethakul, *Signs of Life: A letter from Apichatpong Weerasethakul The Cinema of Now*, Filmkrant, 2020,〈https://filmkrant.nl/opinie/signs-life-a-letter-from-apichatpong-weerasethakul/〉

【後　記】
　夜寝る前にスマホを見すぎると眠れなくなってしまうので、入眠前はいつも目を閉じて音楽を聴くようにしている。Spotifyからは宇多田ヒカルの「BADモード」が流れている。「エンドロールの最後の最後まで観たがる君の横顔」を見ることの歓びについて歌っている。抗不安薬ジアゼパムを服用して「ネトフリでも観て」いる「君」はたぶん、眠れない夜を過ごしているのではないだろうか。それは、小津安二郎の『一人息子』で映し出されていた、映画を見ながら眠る母の姿とは異なっている。しかし、映画館か家の中かという違いはあるにせよ、そこには隣で映画を見ている人を見るという、同じ身振りが描かれている。親密な人と肩と肩を並べて一緒に映画を見るという経験は、コロナ禍の今こそ貴重な経験に違いない。「BADモード」な気分の人にとっては、なおさらのことだろう。
　眠れない夜は苦しい。コロナ禍で負った精神的ストレスは、時間差で身体に症状が現れるようだ。きっと、同じような夜を過ごしている人は多いことだろう。それでも、夜は流れてゆく。However the night flows...

Part X / 夢

捏造のランデブー

——樺美智子と土方巽

平居香子

Now It's time to leave the capsule if you dare
"This is Major Tom to Ground Control
I'm stepping through the door
And I'm floating in a most peculiar way
And the stars look very different today…
—— David Bowie, *Space Oddity*, 1969

東京は、さまざまな芸術作品の背景または主題となってきた。それらを浴びるほど見知っているので、私たちは、この場所が過去から確実に連綿と存在しつづけているように感じさえする。しかし、ある時代に描かれた「東京」を、地図上の平面に展開してみると、その輪郭は曖昧にふやけていく。夏目漱石の「東京」は、上野の不忍池の周りと、その西北のあたりだけ[1]。永井荷風の「東京」は、中央に隅田川が流れ、右下に吉原があって、上に宮城がある小さな街[2]。国木田独歩は、そんな「東京」から遠くはみ出た、渋谷の「小さな茅屋」[3]から見える「風景」の「武蔵野」を描いた。彼にとってそこは「何処となく都の空の彼方で汽笛の響がする」[4]、どこからか都市が押し寄す音が聞こえるただの野原で、つまり「東京」の「波打ち際」[5]だ。

　しかも「東京」は変幻する。高浜虚子は、関東大震災後のバラック建の「東京」に、まるで「棒杭のように突っ立っている」丸ビルの食堂で、「六十銭のうなどん」を待ちながら、かつて同じ場所に居並んでいた大名屋敷を幻視している。「東京」は、たった五十年という瞬きするほどの時間のうちに、丸の内のビルディングの「あらゆる部屋にある文明」と、「松平豊前の奥殿に籠っていた文明」を隔絶させた[6]。変身する「東京」——武蔵野の雑木林から、「銀座から浅草の松屋が見える」[7]戦後の焼け跡に、そして郊外すら地下鉄網に飲み込む大都市へ——は、澁澤龍彦をも茫然とさせる[8]。田村隆一が生まれた「東京」は、東京大空襲ののち、地上から消えた。この消滅は田村にとってどこか微温的な出来事で[9]、彼は焼け野原の「東京」を、「黄昏から夜に入ってゆく古代都市」と「深夜から未明に導かれてゆく近代の懸崖」[10]のどちらにも見える場所として描き、戦後の詩を出発させた。そんな「東京」も、武田泰淳の生活に溶け込んでいく。戦後の「異常な心がわりもいつか、日常の用意にとってかわられ」、恐ろしいことに、彼自身すら「東京」に起こった「滅亡」の緊張を忘れて、「原稿料のこと、牛肉のねだんのこと、私小説のこと、エゴイズムのことなどを、何の深さもなく、何の未来性もなく、ジャーナリズムの歩調だけの速さで、まちがいのない、手頃のなめらかさで、物憂くとりさばくようになってしまった」[11]。そして「東京」は、1950年代から80年代にかけての大ベストセラー作家、源氏鶏太にとって、あっという間に明るく快活な姿。銀座は昼も夜も輝いて、明朗な男女は中央線に乗って、丸ノ内のオフィス街へと肩で風を切って進む。三島由紀夫が「豊饒の海」シリーズの中で繰り返し登場させたような、「東京」のもう一度の破滅を切望する人々の顔はもう見えない。

　「東京」は確かにあるようで、しかしその境界は波打ち際のように曖昧に伸び縮みする。しかも「東京」は変身しつづけ、同じ時代、同じ場所で生きていても、見せる姿は同じではない。

　さらに放言してしまおう。巷では悪名高き「あの頃はよかった」言説の横綱と言っ

ていいけれど、実際のところ1960年代という巨軀は、それを現在として生きた人々にとって、自明なものではないはずだ（わたしが、何が起きるかも知らない2020年代の黎明を意識的に生きているのではなく、2021年をただ受け身で生きたのと同様に）。それにそもそも、わたしたちが過去のある10年間を事後的に特権化することは、非常に作為めいたことだ。しかし、やはりわたしも、この区切り方でなければ掬いとれない、あの特異な時間のことを思わずにいられない。どう考えても、この話に、昭和30年代——戦後10年というメルクマールに始まり、オリンピックという国家的祭典によって有終の美を飾る——というような数え方は相応しくないような気がする。やはり、樺美智子の圧死（あるいは扼殺）で始まり、三島由紀夫の切腹（あるいは斬首）に終わる、安保闘争の挫折に始まり、反芸術は万博に蕩尽されて終わる、そんな10年を突き抜けて、ブルドーザーのようなオリンピックが高度経済成長の名の下に横断する、1960年代、でなくては、彼ら、彼女たちのことを（わたしなりに！）語ってみることができないように思う。

　1960年代には、とにかく様々な人々がいて、それぞれに違う人生を営んでいた。「空気缶」なるお土産が売り出されるほど、急激な開発と発展に伴う排気ガスとスモッグで汚れた空気を共有していても[12]、人々は唯一の東京を生きたわけではない。複数の「東京」があり、異なる「東京」を生きている人々同士が出会うことはない。だけれど、とわたしはいつも夢を見る。

　「ジェイン・オースティンやブロンテ姉妹に育てられたフツウの文学少女」が、アルコール漬けの死体の移動作業を目に入れないようにして、フランス語の本を抱えて足早に本郷キャンパスを通り過ぎる湿っぽい黄昏時[13]、潜伏基地に行くところのサヨクが渋谷駅で、かつての同志の女の子と束の間の出会い[14]。その女の子は学生運動なんか忘れなさい、「こんにちは赤ちゃん」[15]することだけ考えなさいという、冷めた将来と結局は家父長制的な恋人に絶望しているのだが、その彼女が乗り込んだ国電の別の駅では、なんか変なオブジェを舐め回している男がいる東京[16]、特に新宿には最近そういう奴らがウヨウヨしているらしいが、わたしが乗っている中央線は、丸ノ内が世界の中心だと思っているサラリーマンとビジネスガールで満杯だ[17]。明治維新についての博士論文の執筆は上々なので、今日くらいは遊んでもいいだろうと、図書館からの帰り道、新宿で途中下車して、あてもなく歩いているとジャズ喫茶から、マイ・ネーム・イズ・アルバート・アイラー……という子供っぽい声が聞こえて足を止めれば[18]、ドアがバンと開いて、田舎くさい学生服の少年と入れ違いに[19]、ヘルメットがはみ出た紙袋を抱えた集団が入っていき（紅一点は美人、しかしすごいベリーショート！[20]）、その奥にはどう見てもラリっているフーテンたち、唾液と胃液の匂いでムッとした空気が溢れ出し、新宿ってこういうところか、と不安になりつつ、コンクリートの庇と

タイルの壁が真新しい本屋の前を歩いていると[21]、バンザイしながらスキップしている男とぶつかってしまって謝ったが、おうっごくろうさんっとニカッと笑うので[22]、随分おかしな人もいるものだと震え上がり、もう参拝でもして早く帰ろうと神社に向かえば、なぜか赤いテントがでんと立っていて[23]、客席らしき場所にいた、蓬髪でガリガリの、ドレスみたいに着物を体に引っ掛けている異様な風体の男と[24]、サングラスをかけた色白美男に年齢不詳の少女を中心に[25]、何やら大声でしゃべり散らかしている集団がいて居心地の悪さを感じるが、とりあえずお参りだと歩き始めたわたしの肩が、ほとんど骨のような手で叩かれて振り向いた、あの男だ。君踊ってみませんか。意外とカン高い声、垂れ下がった前髪の下の彼の目が、爛々と光る。息が止まる。

　文学少女と政治少年、源氏鶏太とハイレッド・センター、そして、土方巽と樺美智子。同じ都市にいて同じ空気を吸って、しかし、彼女ら、彼たちが出会うことはなかった。でももしかしたら、雑踏の中でほんの少し、ふたりの肩がぶつかったことはなかっただろうか。オリンピックに向かって変化し続ける「東京」の渦の中で、すれ違いざまに振り向いたふたりの視線がかちあったことはなかっただろうか。その一瞬が絶対になかったと、誰も言うことはできない。

＊　＊　＊

　澁澤龍彥が、「おそらく私の六〇年代は、土方巽を抜きにしては語れないであろう」[26]と言ったように、舞踏を創始し、死して「舞踏神」となった土方巽は、紛れもなく1960年代を象徴するアイコンの一人である。

　土方巽は、1928年、秋田県で生まれた。「私が生れた年に、張作霖は爆死し、人見絹枝が走っていた」[27]。1947年、19歳の彼は、東京に、とにもかくにも、とるものもとりあえず、何者かになってやろうと、あるかなきかの縁をたどってやってくる。当時の東京では、「都会地転入抑制緊急措置令」[28]が施行されている。「国民生活を再興するため」でもなく「官公署に勤務する」わけでもなく「学生」でもない[29]土方のような無産市民が、家も食料も仕事もない焼け野原に流れ込むのを抑制するための政策だった。この措置令を作ったお役人たちからすれば、東京は、何者かになろうとする何者でもない、彼のような若者がいてよい場所ではなかった。

　しかし不法滞在者の彼は高揚している。「僕は、戦後、東京に出てきた時、「しめたっ」と思ったよ。廃墟に。物がある。ブツが。廃墟があるもの。東北にはないよ。一つも」。そんな東京で、彼は「生きられる」[30]と思った。土方は、高輪の一向宗の寺に転がり込む。同じ下宿に住む画家が、東京に復興しつつあった芸術の世界を彼に見せる。生ま

れ故郷にはなかった世界。引き比べてみれば、ただの貧乏な田舎者の自分。洗濯屋に奉公して進駐軍の上着を洗ったり、沖仲仕をしたり廃品回収をしたりあらゆる仕事をして、生計を立てることに追われていた彼は焦れていただろう、しかし、「それでも、わたくし、幸福でしたね。なんていったって苛性ソーダのにおい、かがれるし、一歩出れば外国でしょう。これは、もうけものだと。なんか、もうけものだという感じがするのですよ、どんなにいじめられても、廃墟の東京では」[31]。

1952年、24歳になった土方は再び上京し、日雇い労働に従事しながら、古川に架かる麻布三之橋（港区）にあった簡易宿泊所——土方はここを「盗人の館」[32]と呼んだ——に住む。慶應義塾大学からもほど近い古川端周辺は、かつて蝙蝠傘に日和下駄の老人、永井荷風が「てくてくぶらぶらのそのそといろいろに」[33]歩き廻っていた頃からあばら屋が立ち並ぶ貧民窟だった。「老人も若い者も、又老人か若いものか判別のつかない男達が、何故か一様に紙を用いて身辺を整理する習慣を持っていた、身のこなしも梱包されたようになっていた」。「異様な臭気が劇薬で消毒されたこの木賃宿で人は去勢されたようなあっさりしたあいさつを交して次第に盗人になってゆくのであった」[34]。まだ廃墟が残っていた東京で、盗人になった彼が集めたものは、肉体である。「東京の到るところに野外劇場はある」。「手が目をつくった世代が必ずしも死に絶えていない東京を入念に歩き廻りやがて私は素材に行き着く、メッキ工場で拭く少年やガレージの中にうずくまる少年の中から私の素材は拾えばよい」。「広い東京に肉体は腐る程ある」[35]。

同じ「盗人の館」に住む少年が、彼を上野・万年町に案内する。1948年、上野公園を視察中の警視総監・田中栄一を、男娼三十人が取り囲み殴打した事件が起こったが[36]、その「オカマ」たちと、幼き頃の唐十郎が住んでいたのが、万年町だ。「上野町と鶯谷の真ん中、山の手の谷中から言えば、上野陸橋大橋の下ったところ、そこに下車坂という都電の駅があり、そこから浅草六区に向って一歩踏みだした辺りに、下谷万年町という変てこな名前の、江戸の頃から屑屋の寝ぐらで有名な長屋があって」「毛ずねにおしろい塗った手勢が、この周囲二百メートルにも満たない町内の、長屋の二階ばかりにごったがえしていた」[37]。1940年生まれの唐は後年、警視総監殴打事件と、万年町・浅草六区界隈での幼少期の記憶を複雑に絡めて、自伝的な小説『下谷万年町物語』を書いた。このオカマ長屋の町に蠢いていた、土方と同じように「移動証明」をもたない男娼たちの肉体が、土方の舞踏を形作っていく。1960年の、彼の初リサイタルのパンフレットで、土方はこのように述べている。「私がイミテイション芸術を激しく志向したのは上野車坂の男娼たちの交友の中からであった。生え揃わぬ頭、十一文の足、ルージュ、共同便所の中の凍死、これだけの道具が揃っていればどんな怠惰

な作舞家でも舞踊を作らねばなるまい」[38]。

　しかし、万年町の爛熟は長く続かない。「革バンド、時計バンドの工場になって」、「地下鉄が入っちゃって」[39]、「昭和三十五年〔筆者註：1960年〕頃には万年町に巣喰っていた娼夫もバラバラになり」、二度の火災で焼けてしまった町は駐車場に変わって、万年町は北上野と改名された。土方青年と唐少年の、消え失せた万年町の記憶をつなぐのは、「今はコンクリートで固められ、その前には大きなゲームセンターのビルが立っている」瓢箪池に降り注ぐ、「サフランの造花」の「移動証明」だ[40]。

　「下谷万年町物語」の中で、「崩れかかった上野駅の壁」にあった「〈サフラン摘み〉と呼ばれる華やかな壁画」について、「僕」＝唐少年は、こう描写する。

　　　「そこでは、少年が四つんばいになって／サフランを摘んでいる／岩の間には碧い波がうずまき／夕陽にクレタの王宮がそびえたつ／割れた少年の尻が／青森行きの列車の汽笛に震える時／僕はまた見た／ネッカチーフを被った／口紅も買えない老いた娼夫が／そっと、その少年の背後から／今、摘もうとする手先を見つめているのを／汽笛がもう一度鳴り、煙が構内へ吹き流れる／それが散った時、僕は見た／老いた娼夫の姿はなく／少年と壁画が、がらがらと崩れているのを——〔…〕」[41]

　この唐少年のセリフは、吉岡実の「サフラン摘み」という詩へのオマージュだ。吉岡は戦後日本の傑出した詩人のひとりで、唐と同様に、土方巽に心奪われた男達の仲間でもあった。

　　　クレタの或る王宮の壁に／「サフラン摘み」と／呼ばれる華麗な壁画があるそうだ／そこでは　少年が四つんばいになって／サフランを摘んでいる／岩の間には碧い波がうずまき模様をくりかえす日々／だがわれわれにはうしろ姿しか見えない〔…〕割れた少年の尻が夕暮れの岬で／突き出されるとき／われわれは　一茎のサフランの花の香液のしたたりを認める[42]

　吉岡の詩から唐の小説の中へと移動した「サフランの花」の下には、「ネッカチーフを被った／口紅も買えない老いた娼夫」が佇んでいる。ああその人は、『花のノートルダム』の主人公「男娼ディヴィーヌ」を踊る大野一雄ではないのか。土方にとっておよそ20歳年長の大野は、「体験舞踊の先駆者にして劇薬のダンサー、畏敬すべき師にして友」であり、土方は「マルドロールの手をもつ」大野と共に、自らの舞踏を劇場へと運んで行ったのだった[43]。

＊　＊　＊

　樺美智子もまた、土方と同じく、1960年代のアイコンの一人である。1957年に東京
大学に入学後、学生運動を組織した教養学部自治会委員、共産党党員、共産主義者同
盟（ブント）の文学部細胞キャップ、学友会の副委員長として、女性ながら実力ある
指導者となって学生運動に身を捧げ[44]、1960年6月15日、安保改定を阻止するため、2万
人の学生デモ隊の1人として機動隊が待ち構える国会内になだれ込み、そこで死んだ。
扼殺とも圧死とも言われるが、失敗に終わった60年安保闘争の唯一の死者であった樺
は、「もうひとりの美智子」、あるいは学生運動を導く「聖少女」という、樺自身とは
かけ離れた形で培養されたイメージとなって、1960年代を生かされ、奥浩平、高野悦
子といった他の死者たちと合流しながら、純粋な理想を現実にできると信じた若者た
ちの肩の上に祭り上げられた。
　樺は、1937年、東京で生まれた。大学教授の父と、女子大出身の母というインテリ
家庭に生まれた彼女は、当時多くの知識人が集住し、文化村と呼ばれた淀橋区（現在
の新宿）上落合にある、村山知義が設計したモダンな文化住宅で4歳まで育った。太
平洋戦争が開戦した翌日に沼津へ疎開、それから芦屋へと移って神戸高校を卒業し、
18歳の樺は、東京大学受験のため東京に戻ってきた。裕福だった一家は、戦争によっ
て多くの財産を失って、以前とは違った東京生活を始めなければならなかった[45]。彼
女は、新しい東京の小さな部屋から、神戸時代の友人に手紙を書いた。1956年から
1960年までの4年間、忙しい時にはひと月に1度、話したいことがある時には2日とあ
けず送られた手紙は、自分でも日記代わりと言うほどに、彼女の日々の煌めきと陰影
に満ちている。
　「樺さんはかちかちの女史や、とっつきにくい秀才や勇ましい活動家などではなかっ
たから、その頃の私としては何の不思議もなく、当り前の普通の友人として、本当に
親身のおつきあいをしてきました。そして今も世界観が異っても、お互いを理解しな
がら、時々は文通を、そしてたまには会っておしゃべりを楽しんでいる筈だったので
す」と、樺からおそらく最も多くの手紙を受け取った松田恵子は書いている。松田は、
樺とは神戸高校時代の同級生で、「高校卒業後、二年経ったら結婚する」「しかも将来
の家庭生活の幸せに自信をもっている」[46]という、樺とはほとんど正反対と言っても
いい女性だった。「東大入学後、女でありながら学生運動をするというのは、数からい
えば少ないかも知れないし、一般的に見ればちょっと変った存在に見えるかも知れま
せんが、樺さんが東大を受ける、落ちたら来年受ける、入学したら学生運動もすると

いうのは当然のことで、はじめから予想されたことでした。たった一つ予想されなかったのは九年前のあの「死」でした」[47]。

　私も樺の手紙を、「50年代の東京を暮らした同年代の女性」の書いたものとして読んだ。その彼女が、「60年安保で死んだ聖少女」だとは、長らく思いもしなかった。私にとって樺が書いた東京は、他のどんなテクストより、地に足のついた等身大の姿でいるように見えた。

1956年4月13日
　　お手紙ありがとう。実のところまだ落着きません。というのは三月末に出るという話だった人が二十二日迄居る積りなのだそうで今のところ八畳一間に押込められています。どうも家主の方が良くない了見で話をすすめてしまったようです。おまけに水道は家主の台所にしかありません。私達が移って来るのと同時にこちらの台所にも水道をひくのが条件だったのですが、まだ前からの人がいますので水道をひかずに井戸を使用しています。まったく馬鹿げた話です。上の兄が十日に仙台へ発ちましたので少しはましになりましたが三人で一間暮らしですから自由に机に向うわけにもいきません。〔…〕場所は静かなところですから勉強や散歩にはもってこいです、があまり便利なわけではありません。バスの停留所までは六分、省線の荻窪駅までは十七、八分かかります。[48]

1956年5月11日
　　兎に角今日こそはと思って書き始めましたが初めの三字を書いた途端に停電です。仕方がないので今懐中電燈の光で書いています。〔…〕
　　朝八時頃家を飛び出して満員のバスと電車でもみくちゃにされて、ようやく九時十分前頃に着きますが時すでに遅し前の方の席は空いていませんから、真中くらいの席につきます。これより五分程早く行っても大体同じことです。早い連中は兎に角早いんです。そして八時前後の電車が一番混みます。いつもより十分遅らせば電車は随分すくのですがその代り教室の後の方しか席がありません。あんまり早いと家族から文句が出ますので、満員電車の中で単語とニラメッコしています。ときには十センチ程しか離せないでおまけに片足の置き場がなくなったりもします。[49]

1956年10月1日
　　今日は太田道灌が江戸を開いてから五百年めにあたる日だそうで、「開都五百年祭」とか何とか銘うってお祭騒ぎをやっています。何千万円かの金をかけた花電車、花自

動車その他をくり出してうれしそうにやっています。行事が十五日まで続くそうですからちょっとあきれます。でも今日は朝からいやになる程雨が降り続きましたからあまり気勢はあがらなかったようです。尤も私の家などは東京のはずれに近いですから一日中家の中にいた私に何もわかりはしないのですが。50

1956年12月2日

　お元気ですか。寒いですね。朝早くて帰りも遅い通勤はいよいよ大変なことでしょう。こちらは二、三日程毎朝霜が降り、氷が張って、外にある水道は水が凍って出なくなります。お昼近くになると相当暖いですが暖かくなればなったで霜溶け道に悩まされます。兎に角東京の気候はおもしろくありません。夕方からの霧のひどいことは前の手紙に書いたかもしれませんが、特にひどい時は外灯に照されているところでも五メートル先は殆んどみえません。まるでお風呂の湯気の中にいるようです。その霧がちりで汚れているのですからたまりません。学校から帰ると喉が痛くて声も出せません。51

＊　＊　＊

　1955年、27歳の土方は、師匠の安藤三子の舞踊団の一員として、テレビの細々とした出演料などで生計を立てている。安藤の舞台美術を手伝っていた、東京藝術大学の小原庄助を介して、篠原有司男、黒木不具人、金森馨らと出会う52。金森は土方との出会いをこのように回想する。

　数人の男たちがハモニカ横丁のルバン（LE VIN）でさわいでいた。誰も酒は飲んでは居なかったのだが、今は死んだハック〔筆者註：黒木不具人〕が急に「酒のデパートに飲みに行こう」と言った。その時みんなが持ち合わせた金は百円足らずだった。「じゃあ、飲めないじゃないか」と庄が言うと、奥にいた黒シャツを後まえに着た男が、「半分ずつ飲めばいい、なんとかなる。俺たちは許されている」と言った。「土方、踊れよ」と庄がいうと、「センチメンタル・チャチャ（SENTIMENTAL CHA CHA）」に合わせて黒シャツの男は狭いカウンター椅子の間で踊った。私はこの夜、始めて土方に遇った。53

土方は思い出す。

　ランボウはかつて私達の最高塔〔原文ママ〕の歌であった。池の端黒門町に黒木不具

人のアトリエがあって厳密な検査の上、ランボウが好きだと、一言云うだけでクラブ会員になれた。狂気の洗礼法は、今思い出しても相当なものであった。私たちはそれぞれ、トラクールだのスーチンを名のった。〔…〕アンデパンダンの夏にアルチュールランボウがやって来た。牛〔筆者註：篠原有司男〕と自ら名のった。天使の性をそなえた此の男の登場はクラブをボクシング道場にかえた。[54]

　土方はその後、金森が住む赤坂のアパートに転がり込む。「赤坂梁山泊」と呼ばれ、かつて進駐軍専用の連れ込み宿だったこの建物は、「山王ホテルのすぐ裏側にあり、ピンクや青のペンキが塗ってあった」[55]。「私は大変疲れていた様子で赤坂アパートの金森氏の部屋を専有した。〔…〕隣りの部屋に住む男はたしか河原温と聞いていたが、彼との出合は背広を借りることから始まった。彼の部屋に解体作業の道具一式が揃っていた。私は黒いベッドで休ましてもらい彼のつくった熱いスープをご馳走になった。空腹の傷はじっと忍耐のいる療法で直すものであると思った。顔にドーランを塗り私は通勤した。その顔のまま私はベッドにもぐった。そうしなければいけない理由がある様に思っていた」[56]。若き芸術家たちが集ったこのコミューンには、奈良原一高、池田龍雄、田名網敬一、ヨシダ・ヨシエらが出入りし、時には寺山修司の姿も見えたという[57]。

＊　＊　＊

1956年11月6日
　その次の事件——私だけの部屋が出来ました。斜め裏隣りの大きな家の、元女中部屋を借りました。三帖で、押入れ付、隣の部屋には洋裁店に通っている女の人がいます。この二部屋が別棟になっているんです。静かです。うまくいきそうです。朝飯は、この部屋でパン食です。昼と晩は食べに行きますが、寝るのはこの部屋。朝日がよく当って住心地はいいです。
　今、「この部屋」で書いています。これで大学をスベったら首をくくらなきゃならないくらいです。
　そうそう、引越したのは五日の午前中です。机と、小さい本棚と、スタンド、それからふとん、あとは箸と洗面用具、今のところ食事用の品が不足なので、朝も食べに行きます。が兎に角、一人でいることは素晴らしいです。家にいるとついおしゃべりをしてしまうし、ラジオも、うるさいですから。[58]

＊＊＊

　1959年、31歳の土方は芸術舞踊協会の新人公演に、《禁色》を引っ提げて登場する。当時のダンスのタブーをことごとく侵犯したこの作品が、土方の「暗黒舞踏」の始まりだった。《禁色》というタイトルは、三島由紀夫の短編小説から無断借用したものだったが、「どうせ文學青年くさい觀念過剰の踊りだらうとタカをくくってゐた」三島は、虎の威を借りられて怒るどころか、「今のところ廣い東京に、私はこれ以上面白い舞台藝術はないやうな氣がしてゐる」[59]と絶賛、土方の舞踏に前衛芸術としてのお墨付きを与えた[60]。土方はようやく東京の芸術家の、押しも押されもせぬ一人になった。

　安保とアンデパンダンの嵐吹き荒れる1960年の春、新宿百人町に吉村益信のアトリエが完成する。若き磯崎新の処女作の、ミニマルで、真っ白な建物だ[61]。「ネオ・ダダイズム・オルガナイザーズ」と名乗った芸術家たち——篠原有司男と吉村益信を中心に、赤瀬川原平、風倉匠、荒川修作ら10名の若者——は、ここを「革命芸術家の新宿ホワイトハウス」と呼んだ。芸術も日常も支離滅裂に逸脱してしまおうという男たちの熱気がこもったこの「ホワイト・ハウス」は、工藤哲巳、三木富雄、刀根康尚、小杉武久、城之内元晴、東野芳明、中原佑介、ヨシダ・ヨシエら、ジャンルを問わず「前衛」に向かう人々を引き寄せた（ハウスの中でのフリーセックス礼賛やら乱交状態やらといったスキャンダルを聞きつけて、エロ狙いのマスコミも興奮して群がった）。そして土方巽も、この部屋に出入りしていた一人だった[62]。

　土方は、ここで何を感じ取ったのだろう。もちろん新進気鋭の面々との熱い交流と刺激だけではなく、そこに集った人々への僅かな違和感も。「仲間、これはにおいの次元である。駄犬の様な青春を生きてきたぼくにとって、世界という言葉は譫言に過ぎなかった。血を流している自然は、いつも社会学や歴史学の割付けからはみ出しており、ぼくの視線はそこ以外に注がれたことがなかった。東京でぼくが知り合った友人たちは、いわば、その様な血を流す自然とは縁のない、においすらない、透明なメカニックな「世界」の住人だった。なぜか彼らはぼくにとって、屍体に見えて仕方がなかったのである」[63]。だからこそ、土方はおそらく、自分自身の仲間と自分自身の芸術を創りたいと、そう願ったのではなかったか。

　1959年の《禁色》をきっかけに三島由紀夫を引き寄せた。次の年、《土方巽 DANCE EXPERIENCEの会》の時には、三島を介して澁澤龍彦と知己を得た。澁澤、三島、ロートレアモン、ジュネ、かつて彼らの本が、自分の狭い部屋を埋め尽くしていたというのに、今や三島と澁澤はもちろん、瀧口修造にまで認められている。そう

いえば今度、ジュネの知り合いだという、ウィリアム・クラインという写真家が来日して、東京を撮るらしい。クラインに協力したならば、今度はあのジュネとも会えるかもしれない。——すでに、自分の魅力は、着々と仲間を集め始めている。

＊ ＊ ＊

1956年12月26日

　ブラボー!!　是非いらっしゃい。私の方はいつでも構いません。十二月の三十一日だろうと元旦だろうと、この二、三年はうちにいつも受験生がいたせいもあって、お正月と言っても殆んど何も変ったことをしません。おもちの好きな人がお餅を食べ、おとそを飲むくらいのものです。今年は一年生が二人出来ましたから遊んだりすることでしょうが。

　私は幸い部屋も離れていますから元日から勉強をします。勿論松田さんが来れば何時間でもおしゃべりしますけれど。とにかく何のおもてなしもしませんけれど、そのかわり気軽にやって来て下さい。私の家は家庭的雰囲気といったものが稀薄なので、もしかすると居心地の悪いこともあるでしょうが、私の部屋に逃げて来てしまえば大丈夫です。尤も私の部屋は寒くて殺風景な小部屋ですが、家族から離れられますから我慢してください。〔…〕母はそんな待遇ではお気の毒だといってますが、私としてはそう大してお気の毒とは思いません。本当に落ちつけるのはこの小部屋なのですから。[64]

＊ ＊ ＊

　1962年、34歳の土方は、恋人・元藤燁子の元夫の稽古場を、なかば乗っ取るようにして、「アスベスト館」を手に入れた。目黒駅の両側の、春になれば桜並木のトンネルとなる商店街を抜け、権之助坂を行き、競馬場の賑わいしのばれる不動尊前を横目に目黒通りをぶらぶらして、元藤は「慰廃園」というハンセン病患者を収容していた病院の跡地を見つける[65]。ここに元藤の結婚祝いとして建てられた稽古場が、のちにアスベスト館となった。赤瀬川原平が、初めてアスベスト館を訪れたときの記憶を書き記している。「山手線の目黒駅から友人といっしょにえんえんと歩いて行った。はじめて降りた駅のはじめて歩く道なので、恐ろしく長く感じられた。ゆっくりと下り坂になった道が、またいつの間にかゆっくりと上り坂になって、なおもしばらく行った。もうこの辺だと思うが、と友人が言う辺りを曲ったり戻ったりして、たしかにこ

こだという道を行くと、住宅地の中に教会があらわれたので驚いた。〔…〕日の暮れた教会の隣に、アスベスト館の建物があった。アスベスト館という名前がすでについていたかどうかははっきりはしないが、とにかく住宅地の中の、教会の隣の、ふつうの住宅とはちょっと違う建物があり、暗い入口に夜店の露店のような小規模照明が小部分を照らしていたと思う。入口は履物類でぎっしり埋り、その物量が中でおこなわれているものごとの引力の強さを感じさせるに充分だった」。公演の入場料を払いたくなかった赤瀬川とその友人は、どこかから忍び込めぬかと建物の周りをうろついたが、「しかしどこにも隙間がないので恐れ入った。建物は入口が小さく開いているほかはピタリと閉じて、その内側で何か妙な、えたいの知れぬ、無視できぬ、もっと知りたい、不思議なものごとがおこなわれている」[66]。

　土方は後年、アスベスト館をこのように描写する。「芦川羊子の部屋は建物の東側に当る階右端の畳間、小林嵯峨は同階左端の畳間、仁村桃子は嵯峨の部屋とベニヤ壁一枚で仕切られた手前突出しの畳間、二階真中の三畳間が今泉良子の部屋である。嵯峨の部屋の真下にある四畳間に土方が寝起きしている。建物の西側に当る二階の個室三畳には弾充が寝ており、その窓の下に吠えない犬シバの小屋がある」。「五十畳のフロアは酢酸でふく、便所の床は硫酸で焼きブラシをかける。踊り手の皮膚の手入れには、ライポンと石鹸を半々に使う。この建物から去っていった男達の遺留品、枕や下着は石油をかけて焼却する。〔…〕時折、あどけない純フーテン達が感性の開放区を求めてこのアスベスト館に立寄る」。「東二階の大押入れの中の空箱類、玄関脇の天龍製機の脱穀機、その脇の黒板に判読不可能な決意の記号、その下に法華の太鼓とバチ、調律の狂ったピアノがある。さしみにされたギターの一片、踊り子の頭の木型や唇の木型等の勉強道具が釣り下り、おそるおそる目を壁ぞいに移して見上げると、いまわしい照明器具が釣り下っている天井である」[67]。

　土方が手に入れたアスベスト館にやって来たのは、芦川羊子や玉野黄市といった後の舞踏家たちだけではない。怪しい怪しい稽古場の一角に、瀧口修造、三島由紀夫、田中一光、中原佑介、東野芳明、細江英公らが会員となった「バー・ギボン」が開店して、日夜、人々が集った。バー・ギボン自体は土方たちの飲み過ぎですぐに潰れたが、アスベスト館はまるで永遠の祭りの中にあるように、夜が果てても遊び続ける芸術家たちの部屋となった。瀧口は言う。

　　アスベスト館の宵のはじまりは、村の祭りめいていて、時に綿菓子屋などが仕掛けてあったこともある。興行が終ると、その稽古場は無類の板子一枚のサロンであった。夜の明け果てることもしばしば。私は人見知りするほうだから、おそらく生涯会わず

仕舞いで終ったかも知れぬ詩人たちと出会うことができた。それと対照的に、熟知の、しかも私には図星のような画家たちとめぐり会うのもアスベスト広場であった。**68**

* * *

1959年1月5日

　私の方は相変らず、忙しくて、フウフウ云っています。とくに十月の半ばから、文学部の副委員長になったものですから（家族には内緒です）。十二月の二十日頃まで、まるで一日の休みもなく、次々とますますむずかしい問題にぶつかって……。四月末までの任期いっぱいはつとまりそうもないな、なんて内心で悲鳴をあげながら、それでも、現在の日本の状態（人民の側のいろんな状態を含めて）を考えると、やはり、やれるだけのことを果さなくてはと思いなおしています。

　私は、こういう活動は、どうもすきになれません。かなり義務感に支えられてやっています。もちろん　単なる義務ではなく、一学生として、一社会人として、自分の立場でできることを、やりぬく当然さ、ですけれども。が、感覚的には　どうしても私の身には余るものがあります。全く正しい、当然な、やるべきこと、であっても〔原文ママ〕。**69**

* * *

吉岡実は、土方と出会った頃、こんな詩を書いた。

「青い柱はどこにあるか？　土方巽の秘儀によせて」**70**

闇夜が好き
母が好き
つとに死んだカンガルーの
吊り袋のなかをのぞけ
テル・テルの子供
ニッポンの死装束が白ならばなおさら
青い柱を負って歩き給え
円の四分の一の
スイカのある世界まで
〔…〕
犬の四つ足で踊ること

かがまること
凍ること
天井の便器のはるか下で
ハンス・ベルメールの人形を抱き
骨になること
それが闇夜が好きなぼくたちの
暁の半分死
ある海を行き
ある陸を行き
ラッパのなかの井桁を吹き
むらさき野を行き
ふたたび闇夜を行く
〔…〕
ガニ股の父が好き
心中した姉が好き
古典的な死の隈取
闇夜が好き
かがり火が見えるから
大群衆が踊り狂っているんだ
亜硫酸ガス
濃霧
予定のない予定？
黄いろの矢印に沿って
柱に沿って
形而上的な肛門を見せ
ひとりの男が跳ねあがる

　「いかにも桃の詩を書いたならうまいだろうな、と思わせる、小作りな白髪の」[71]詩人の吉岡は、土方と共にあった日々を、克明に日記に残した。吉岡の目を借りて、「闇夜が好きなぼくたち」が駆け抜けた60年代の夜をみだりに歩いてみよう[72]。
　ある夜は、赤坂の「スペースカプセル」で土方と弟子たちの舞踏を見る。土方、澁澤の席に、三島が着いて、場内がわずかにどよめく。銀座にある「八千代」という店で祝宴。細江英公、瀧口修造、澁澤夫妻、三好豊一郎、高橋睦郎、松山俊太郎諸氏が

集い、稲垣足穂の「弥勒」の話[73]。そして二次会は例のごとく数寄屋橋の「大雅」で、ふぐちり、ひれ酒でしばし歓談。種村季弘来る。十時閉店で千円の割かん。矢川澄子ら女性たちは帰った。三次会は新宿の「むらさき寿司」へ。いつもの三階の座敷でやっとくつろぐ。中西夏之や池田龍雄と土方巽は絵画論をはじめる。その痛烈な批判に対し、池田龍雄は沈黙したが中西夏之は反発し、だいぶ怒った。「ああ、闇ですか。ぼくはいま嫌味と聞こえたんですけどね（笑）」[74]。

　またある時は、青山の草月会館で土方の弟子、芦川羊子の舞踏を見る。渋谷の酒処「加茂川」で慰労の会。澁澤龍彦、中西夏之、東野芳明、大野一雄、池田満寿夫がいる。池田は汗だくになってごちそうにかぶりついている。宴たけなわ。更けてゆく、蒸し暑い夜。その後、目黒の土方巽の家へ来てしまった。また酒宴がはじまる。戸口には洗面器が置いてある。いつ誰が来てもいいよう、その下に部屋の鍵を隠しているのだ。お酒が足りなくなり、澁澤と土方夫人が目黒の「栄坊」まで走り、一升瓶を抱えて帰ってくる。客と口論になった土方が、砂糖壺をひっくり返して投げつけ、部屋中がベトベトになる。酔っ払った加藤郁乎が、いつものようにトイレの帰り道で、何度も隣の部屋を開けて怒鳴られている。急に疲れを覚え、主人の書斎へ入って寝てしまった。暁の五時ごろ、若い連中の囁き交わす声が聞こえたかと思うとサッと消える。同時に独りとり残されたことに気づいて狼狽する。書斎の次の部屋を覗くと、ピカピカの禿頭的な大男が眠っていた。三好豊一郎だ。やっと救われた思いになる[75]。

　こんな唐突な夜もある。夜十二時ごろ、経堂の自宅でくつろいでいると、酔った土方巽と笠井叡が突然現れる。土方はトンビを羽織った異様な姿。炬燵に入ってジョニ赤を抜いて乾杯。舞踏のこと、詩のこと、生活のことなどを語り合った数刻。ウイスキーを半分以上あけ、暁の四時にふたりは帰る[76]。

　さらにこんな破滅的な夜も——新宿「ピットイン」で舞踏を見る。田村隆一の姿を見かける。終わって夜七時近く、常連の面々とタクシー三台に分乗して、阿佐ヶ谷の唐十郎の家をたずねる。弟子たちが玄関で銅鑼を叩いて「ヨシオカミノルサマオナリー」と怒鳴る。客がつめかけた部屋で、唐十郎夫妻に迎えられる。珍客大勢の姿を見て、李麗仙はうれし涙をながす。すでに、山賊的な酒宴たけなわ。タコ、イカの串刺し、煮えたぎる鍋料理の湯気とにおいが立ちこめる。瀧口修造、土方巽、川仁宏、横尾忠則、四谷シモンの面々といったところ。やがて電灯を消し、ローソクの灯で照らされ、酒盛りは佳境となる。唐十郎の命令で、酒や料理を運ぶ者、唄う者そして遂に、池に身を浸しつつ捧げ銃をさせられた者まで出る。冷酒をあおり、修羅場と化しそうな殺気と空気。見れば独り、土方巽は甲羅で酒を飲んでいた。少々生意気な客に、唐の表情が変化。立ち上がり、拳を振りあげ、強烈なストレート。土方の和服に返り血がベッ

トリ。「無道徳家集団」の客の筆頭である土方が酒をぶちまけ、ヤジ、罵倒が飛ぶ。夜も更けたようだ[77]。

　60年代、そんな夜から夜を渡り歩いて、土方巽は、噴き上がる奔流のごとく、アスベスト館の仲間たちと共に作品を世に送り出した[78]。

　1960年、《土方巽DANCE EXPERIENCEの会》。開演時間を過ぎても全く幕が開かないのを訝しがる矢川澄子に、「軽快なポロシャツ・スタイルの三島由紀夫が、ゴテゴテに盛られたフルーツパフェをこねまわしながら、「いや、この連中の催しは、いったい何時に始まって何時に終るのか、知れたもんじゃありませんや」と、のんびり構えながら言った」[79]。

　1961年、《土方巽DANCE EXPERIENCEの会》。三島、澁澤、瀧口がチラシに文章を寄せる。同じ年、アスベスト館で、細江英公による三島由紀夫の写真集『薔薇刑』の撮影の一部が行われる。

　1962年、《レダの会発足第一回公演》。矢川澄子が台本、元藤燁子が主演したこの公演の宣伝係をサド裁判の渦中の澁澤が買って出て、目黒駅からアスベスト館まで、電柱によじ登ってポスターを貼る。開演時にはアスベスト館に長蛇の列、その中には埴谷雄高、三島由紀夫、黛敏郎、細江英公の姿[80]。

　1963年、《土方巽DANCE EXPERIENCEの会》〈あんま——愛慾を支える劇場の話〉。スタッフの熱気で燃えるようなアスベスト館と、老人たちがひねもす集まるヘルスセンター「目黒鉱泉」を行き来して、土方は「聖あんま」になっていく[81]。数ヶ月前に小野洋子がニューヨークの風を吹かせた草月会館の客席の梁の上に、ただ座っている人形役を風倉匠。会場の中央に畳を敷き詰め、男の舞踏手たちの股ぐらに、青い液体を入れた氷嚢をぶら下げる舞台美術を中西夏之。舞台を見下ろし取り囲む客席には梱包された椅子があるが、これは赤瀬川原平のアイデアを土方が勝手に借用したものらしい。池田満寿夫による、プログラム代わりの豆本詩画集『あんま』に、土方は書く。「この無残なとりとめのない動きのあんまを坂の上の魔神三島由紀夫氏に、小町の氷人渋沢竜彦氏〔原文ママ〕に私は捧げるものです」[82]。

　1964年は少し呑気に、夏、アスベスト館からもほど近い目黒不動尊前にかき氷屋「仁王」を開店、初日の夕方には三島や澁澤がやってきて、「氷白玉！」「氷水！」と声が飛ぶ[83]。「氷をかく機械は、古い手回し式のやつがいいな」[84]と土方に要求する澁澤と共に、オリンピックに反対して「ノンオリンピックの会」を作り、アスベスト館に布団をいっぱい敷き詰め、2階から飛び降りてさんざん暴れ回ったというが、定かではない[85]。

　1965年、細江英公と共に、後に『鎌鼬』となる写真を故郷・秋田で撮影。《暗黒舞踏派提携記念公演》〈バラ色ダンス—— A LA MAISON DE M. CIVEÇAWA（澁澤さ

んの家の方へ）〉。ポスターを横尾忠則、音楽は刀根康尚と小杉武久。首にスカーフを巻いた横尾は夜ごとアスベスト館を訪れる。「土方さんによってぼくの内在していた想像力が掘り起こされた」[86]。この年、唐十郎らがアスベスト館にやって来る。

1966年、《暗黒舞踏派解散公演》〈性愛恩懲学指南図絵──トマト〉。あまり記録が残っていないこの公演では、同時に「解散資金・財団法人暗黒舞踏派コレクション展示即売」が行われ、中西夏之、赤瀬川原平、宇佐美圭司、三木富雄らが作品を出品。

1968年、《土方巽舞踏公演》〈土方巽と日本人──肉体の叛乱〉。美術・中西夏之、ポスター・横尾忠則。白馬が繋がれた日本青年館に、馬鹿王・土方巽の行列が闖入する。中西夏之の真鍮板の美術に挑みかかる土方は、黄金色の摸造男根を劇場に突き立てるように踊る、踊る、踊る、そしてフィナーレ、東京で、はや40歳になった彼は、キリストのごとく客席の上で宙吊りになる。

* * *

自分ひとりだけの部屋で、彼女は手紙を書いている。彼女は東京について書き、充実した学生生活の喜びを伝え、社会主義への信頼を語る。しかし手紙には「書けなかった」ことがある。形ばかり苛烈になっていく学生運動への違和感と、運動の指導者としての彼女への批判が、女性だから、プチブル出身のお嬢さんだからという非難にすり替えられる苦しみを、彼女は部屋の隅にそっと隠した。「「そんなときにはそっとひとりにしておいてもらいたい」という性格の私には、書けなかったのです」[87]。

　　K・Mへ　──或る女性（彼女）についてすこし話しましょう──

　　或る人が自嘲して言った。
　　　「熱情を放棄した人間」と、
　　この時の彼女の恐怖
　　　なぜなら
　　　彼女も亦「熱情を放棄した人間」だから
　　　しかも、
　　　その時までは少くとも
　　　「熱情を放棄しきれないでいる人間」である
　　　と思い込んでいた形式主義者に過ぎないことを悟ったから。
　　〔…〕

形式主義者　形式主義者──

　こんなものではないぞ

　そんなものになるものか

　と力んでいた頃が今はなつかしい。

熱情を放棄した彼女は

　その瞬間に

　全くの形式主義者になり果てていた。

〔…〕

K・Mよ、

私は彼女にこう言いました。

　──そんなけちな人間なのか、おまえは

　しっかり目を覚まして考えてごらん、

　もう一度黙って、そう黙って考えてごらん

　今必要なのは沈黙だ

　疲れ果てた後の沈黙は

　やがて

　　活動する意力を養うだろう──と。

　　　　1955年　　　　M・K

P.S. 形式主義者という言葉を哲学辞典式に解釈しないでください。[88]

＊＊＊

　1968年の11月、土方は、飯島耕一、池田満寿夫、加藤郁乎、加納光於、中西夏之、中村宏、瀧口修造、澁澤龍彦、田中一光、野中ユリ、三木富雄、三好豊一郎、吉岡実とともに、詩画集『土方巽舞踏展　あんま』（通称「大あんま」）を制作。「大あんま」は約40cm×60cmの箱に入っており、中に入っている一枚一枚に、参加者たちが署名を入れたり、絵を描きたしたりした。一冊だけでも大変豪華な作品だが、売却して公演資金を稼ぐため、数十冊製作された。吉岡実が、日記に制作の様子を記録している。

1968年11月23日・24日

　午後遅く、目黒駅で待てど、ついに飯島耕一は来ない。地図を頼りに油面のアスベスト館をたずねる。すでに、瀧口修造、澁澤龍彥、加藤郁乎、三好豊一郎のめんめんは、署名に没頭しているようだ。また画家たちのうち、中西夏之、加納光於、池田満寿夫、野中ユリ、田中一光、三木富雄、中村宏などは、制作に余念がないように見うけられた。頃合いで休憩し、酒となる。弟子たちばかりか、土方巽や夫人も手伝って、料理をはこんだりしている。そこには唐十郎のほか、李礼仙〔原文ママ〕、リラン、矢川澄子と女性群が花をそえるのだった。卓子の上には、まぐろの刺身、さざえ、かに、寿司から寄せ鍋といった馳走の山だ。ビール、ウイスキー、酒と各自好きなものを飲むので、その賑やかなこと。夜になっての、作業再開がまた大変だった。分散してある作品を、元の位置に戻したり。詩人と画家の間を弟子たちがゆきかい、次々と仕上る絵と署名を汚さぬように、整理して行く。深夜になっても終らず、みんな疲労し、不機嫌になったり。いつの間にか、飯島耕一、種村季弘、松山俊太郎、矢牧一宏の顔が見える。二時も過ぎさすがに疲れたので板の間に寝た。だれかが布団をかけてくれたようだ。近所の人たちが怒鳴り込んで来たので、眼をさます、暁の四時だった。どうやら『あんま』はすべて完成した。半数ぐらいの人は帰って行った。そして残った者はくつろぎ、十八番の小学唱歌、軍歌、放言、飲食が続いた。正午近く、大きく重い『あんま』一冊を抱えて帰る。[89]

　アスベスト館の稽古場に並んだ背の低い机の上に、作品の紙が何枚も無造作にばらまかれている。真面目に黙々と署名を書き入れているものもいれば、中西と野中のように冗談を言い合い、笑いながら作業しているものも。大きな花束がドサッと投げ入れられた花瓶の前に、小さく座った瀧口修造が穏やかに喧騒を眺めている。所々に「大あんま」の箱の山、山、山。少し奥まったところでは、室内なのにサングラスをかけたままの澁澤と、長髪をお団子にまとめた土方が、『大あんま』の作品を手にしながら、何事かを熱心に語り合っている。池田満寿夫は、署名を書き入れども書き入れども終わらない作品の山を前にして、「もちろん」「なんとかして」「よろこんで」「なんとか実現させたい」[90]と連発している。「きき分けのいい顔ときかん気の顔とが二つながらに同居している」[91]唐十郎は、この日は大人しくしていたようだ。

＊　＊　＊

1960年2月12日
全てうまくいっています。[92]

1月16日、22歳の樺は、ブントが指導する全学連の一員として、新安保条約の調印のため渡米する岸全権団を阻止しようと、羽田空港ビルに立てこもっている。この闘争で検挙された樺は、警察署に2週間ほど収監される。この向こうみずな闘争の失敗後、ブントが指導する全学連は混乱、分裂。仲間たちは、幹部の一人として組織の立て直しに必死になる樺を、「神がかってきた」などと揶揄する。父は、「全学連に娘を奪われて」「娘よ家に帰れ」という二つの手記を立て続けに雑誌に投稿し[93]、「形式主義者」といって娘の過激さを叱責する[94]。マスコミは、中央大学教授の父の娘という「よき家庭のお嬢さん」でもあり、「全学連の女闘士」でもある樺に、スキャンダルを期待する眼差しを注いでいる。樺はひどく消耗している。

　5月19日、政府は新安保条約を強行採決。条約の批准はすぐそこだ。この事態に国民の反感が爆発、抗議行動は過激化していく。「論文を書いてもいいかしら」「本当に勉強していいのかな？」[95]　研究とガリ切りの徹夜を繰り返しながら、全学連最後の統一行動になるはずの国会突入が終わったら、卒業論文の執筆だけに集中しよう、樺はそう考えている。

　6月15日の朝8時、樺が出ていった部屋の机には、『明治維新史研究講座』が開かれている。卒業論文のテーマは明治維新と日本の農民層の分解についてだった。彼女は、白い開襟のブラウスとクリーム色のカーディガンに、チェック柄のスカートをはいて家を出る。本郷キャンパスに向かい、ゼミでの発表を終え、ビラを配り、昼食を食べた後、彼女はスカートを脱いで、黒いスラックスに履き替える。本郷三丁目駅から地下鉄丸ノ内線に乗って、国会議事堂前駅で降りる。国会を、二万人の学生と、二十万人の市民が取り巻いている。午後2時半ごろ、樺は、正門前で開かれた全学連の「岸内閣打倒」「安保改定阻止」の抗議集会の中にいる。座り込んだ学生たちの上に、暗い空から、にわかに雨が降り注ぐ。午後3時過ぎ、雨が止む。学生たちは一斉に立ち上がって、激しいジグザグ行進を始める。デモ隊のシュプレヒコールのなか、質問を投げかける記者に、張り詰めた表情の彼女は立ち止まることなく、小さな声で答える。

　「アンポ　ハンターイ！」「わたくし、こまるんです。写真をとっていただいてはこまるんです」「アンポ　ハンターイ！」「そんなこと、ぜんぜん知りません。わたくしたち、ただ夢中なんです。お話しは、あしたにしてください」「アンポ　ハンターイ！」「……いいえ、やっぱり、こまります。いま、だまっていたいんです」「アンポ　ハンターイ！」「ハイ、信じています。わたくしはわたくしの信念にしたがって行動しているんです」「アンポ　ハンターイ！」

　5時頃、「女子は危ないから抜けろ」と東大文学部委員長が命令する。樺は「せめて

スラックスをはいた人間だけは例外にして」と頼む。6時半ごろ、デモ隊が議事堂南門を破り、100人ほどの学生が突入する。スクラムも組まずになだれ込んだ樺たちに、構内で待ち受けていた機動隊が警棒を振りかぶった。

その日の夜、ラジオは国会周辺の混乱を実況し続ける。「今、女子学生が死にました！」「女子学生が死にました！」「歳は二十歳くらい、名前はまだわかりません」「黒いズボンを履いた女子学生が死にました」「女子学生が死にました、名前はまだわかりません」[96]。

＊ ＊ ＊

1970年、刊行されたばかりの細江英公の写真集『鎌鼬』が、文化庁芸術選奨の美術部門で文部大臣賞を受賞した。細江は、その賞金をはたいて記念パーティーを開く[97]。土方に澁澤、瀧口といったいつもの仲間たちは記念に写真を撮った。そのとき彼らは、授賞式だからといって真面目になるのは格好悪い、ふてくされた顔でふざけてやろうと話したのかもしれない。しかしその写真は、演出と言って片付けてしまうことのできない、どこか不穏な空気を胚胎している。

椅子に腰掛けた「水虫の国この日本で、いつも背中を病んでいる下落合の老詩人」[98]瀧口修造、その隣で腕を組んだ「昔から色白でいく分斜視、コワレタ笛から洩れたような声に、やや女らしく話す」[99]細江も、「寂しげな痛風虫が身体一杯に巣くっている」[100]三好豊一郎も笑っていない。横尾忠則、種村季弘は、口をへの字に曲げてあらぬ方向を見ていて、「納豆を、早く喰えという命令法のたべ物だと指摘し」「そのくせあのだみ声で、いつも危機を私に要請してきた男」[101]加藤郁乎は体をくねらせて突っ立っている。強く吹いている風が、彼らの髪を逆撫で、乱れさせる。ポケットに手を突っ込んだままの「端正な凶暴さをもつ少年職人」[102]澁澤は、その風に舞い上がった埃に顔をしかめる。髪を真ん中でぴっちり分け、髭を剃り落として珍しくタキシードを着込み、いつになく澄ました格好の土方は後ろ手を組んで、げっそりとこけた顔を少し突き出してうつむく。

この年の11月25日、「私たち世代の魔弾の射手」[103]三島由紀夫は、楯の会の軍服姿で市ヶ谷駐屯地に立てこもり、割腹自決を遂げた。

かつてアスベスト館に満ちた祭りの広場の空気は決定的に失われた。世を忍ぶ「半神」や「英雄」たちが、安保闘争などといった「埃っぽい現実の断片」の入り込む隙間のないひとつの部屋に集って、ひとつの文化を創造した1960年代の「神話的な時間」が終わる[104]。人々はそれぞれの道を歩み始める。かつての仲間はアスベスト館の外で、

土方はアスベスト館の中にこもって、次の10年を過ごすだろう。

* * *

> 対向の群衆が接近し入り交じった時、彼女は私に気づいたようだ。私に向けた瞳が見
> 開き、そしてゆるんだ。〔…〕すれちがいざま、彼女はまともに私に顔を向けた。掌をさ
> し延ばせば届く距離だ。近々と真正面に見る彼女。口元に笑みがほころんだ。右の掌
> を腰に当てていっぱいに開き、さよならというふうに小さく振った。口元から頬へ、
> 微笑がゆっくりとふくらんだ。[105]

* * *

　1960年の6月15日、死んだのは樺美智子ではなかった。あの夜、国会の周辺は本当
に大混乱だったので、マスコミも噂を真実に取り違えて報道してしまったのだ。24歳
の蓮實重彦も話を聞いて「樺美智子であると直観」したらしいが[106]、彼の勘も時には
外れる。新安保条約は自然成立し、闘争は失敗に終わった。学生たちの間には、とて
つもない無力感が広がったが、樺は、世界をより良くしたいという情熱と、ひとりの
人間として生きること、学ぶことのあいだに自分自身の居場所を見つけて、卒業論文
を書き上げる。自分についての週刊誌の報道を見て、「東大に入るということは、デ
モに行ったり、運動をすることなんだ」[107]と思って入学してきた女子学生たちに、勉
強も健康も大切です、と声をかけたかもしれない。学生運動とは少しだけ距離を置い
て研究に没頭しながらも、卒業後どうするか頭を悩ませていただろう。「自分の生活
をしたい、誰だってそうではありませんか。生活の方便としての結婚はしたくない
……アッタリマエではありませんか。社会事業関係か教育関係の仕事をしたい、サラ
リーマン教師になるのはゴメン……アッタリマエではありませんか」[108]。
　もしかしたらその後のある日、社会主義思想の本、中国革命の資料、ドイツ語のテ
キスト、宮本百合子の小説と『チボー家の人々』[109]を積んだ自分ひとりだけの部屋か
ら外へと踏み出した彼女は、デモとは違う形でエネルギーを発散させる人々が集まる
街を歩いたかもしれない。そして夕暮れの新宿で、今日もまた果てない夜へと飛び出
そうとする、澁澤や三島、ロートレアモンにジュネ、それから稲垣足穂でいっぱいの
彼と出会ったかもしれない。小さくて丸っこい人だ、でもやけに鋭くて意志が強い目
をしている——伸びた前髪で隠れそうだけど、目の奥には優しそうな熱がうずいてい
る——視線が一瞬かちあって、速度がゆっくりと同期して、ふたりの軌道が交差する。

＊＊＊

　すべて捏造である。樺美智子と土方巽は出会っていない。樺は1960年の6月15日に死んだ。人々は、黒いリボンをかけた樺の写真に、「永遠の処女」「正義のばら」「日本のキリスト」と呼びかけて抗議運動を続けた[110]。そんな樺美智子の姿がまるで見えない東京で、土方巽は60年代という神話的な時間を創造した。

　2021年、何度目かの緊急事態宣言下の「東京」の夜、わたしの部屋には、土方と樺の資料が折り重なるように積まれている。わたしは、彼と彼女が、同じ都市の中で同じ時間を、まるで違う風に生きたことに、ただただ驚いている。そして捏造されたふたりの出会いが、わたしの部屋から観測された。わたしは、その一瞬をほんの少しだけ、2度目のオリンピックに向けて刻一刻と姿を変えるこの街の上に留めておきたいと願っている。なぜならそれは、あまりにもロマンチックな、ありそうもない瞬間だから。「かうして時は移つて行く。あらゆる人物も、あらゆる事業も、あらゆる悲劇も、すべてその中へと一つ一つ永久に消えて行つて了ふのである。そして新しい時代と新しい人間とが、同じ地上を自分一人の生活のやうな顔をして歩いて行くのである。五十年後は？　百年後は？」[111]

［冒頭の写真］樺美智子、東京大学文学部2年生時の写真（樺美智子著・樺光子編『人れず微笑まん――樺美智子遺稿集』三一書房、1960年〈単行本初版〉、付録写真）
土方巽、28歳ごろの写真（慶應義塾大学アート・センター／NPO法人舞踏創造資源）

註

1｜大野淳一編『漱石文学地図』（『漱石文学作品集』［全16巻］附録）、岩波書店、1990年。
2｜松田良一監修『荷風文学地図』（『荷風全集』［全30巻］付録）、岩波書店、1993年。
3｜国木田独歩「武蔵野」『武蔵野』新潮社、1949年、9頁。
4｜同書、36頁。
5｜同書、33頁。
6｜高浜虚子「丸の内」『大東京繁盛記 山手編』講談社、2013年、82-83頁。
7｜澁澤龍彦「変幻する東京」『都心ノ病院ニテ幻

覚ヲ見タルコト』小学館、Kindle版、2016年、位置No.2923/3671。
8｜澁澤龍彦「ポンカリ」、同書、位置No.371/3671。
9｜田村隆一「自伝」『現代詩文庫1 田村隆一詩集』思潮社、1968年、90-91頁。
10｜田村隆一「腐刻画」、同書、11頁。
11｜武田泰淳「滅亡について」、川西政明編『評論集 滅亡について 他三十三編』岩波書店、1992年、28頁。
12｜当時、「汚れた空気の缶詰　田舎では得られない珍品！」と横腹に印刷された赤色の怪しい《大

東京名物・空気の缶詰》が、東京土産として一缶120円で売られていた。当時の東京は、凄まじいスクラップ＆ビルドによるスモッグと排気ガスで、非常に汚れた空気が蔓延していた。「空気缶」はこの東京の汚れた空気を詰めたもの。空気の綺麗な田舎に帰っても、空気缶を開けて汚れた空気を吸い込めば、大都会の思い出がありありと蘇ってくるでしょう、というコンセプトの代物だった（江戸東京博物館「「大東京名物・空気の缶詰」とはどんなもので、いつ頃発売されたのか？（2012年）」、リファレンス事例集、〈https://crd.ndl.go.jp/reference/modules/d3ndlcrdentry/index.php?page=ref_view&id=1000130958/〉（最終閲覧日：2023年2月15日）。

13｜工藤庸子『女たちの声』羽鳥書店、2019年、80-81頁。工藤は、1960年代半ば、東京大学仏文研究室に所属していた頃、大江健三郎を、「contemporaine」である「身近」な存在と感じることができなかった、と回想している。

14｜1964年の芥川賞受賞作、柴田翔『されど　我らが日々　　』（文藝春秋、Kindle版、2012年）の登場人物、節子と佐野。

15｜1963年リリース、永六輔作詞の楽曲。売り上げ100万枚を超え、レコード大賞を受賞した大ヒット曲だった。

16｜1962年、ハイレッド・センターによる、《山手線事件》での中西夏之。中西は東京駅で顔を白塗りにして卵を割り、車内で卵型オブジェを懐中電灯で照らして眺めたり、駅のホームで舐めたりした（黒ダライ児『肉体のアナーキズム――1960年代・日本美術におけるパフォーマンスの地下水脈』grambooks、2010年、161頁）。

17｜源氏鶏太の小説に登場する人々。

18｜アルバート・アイラーの1963年のアルバム、『マイ・ネーム・イズ・アルバート・アイラー』冒頭の「イントロダクション」。

19｜中上健次。彼にとって1960年代は、紀州から上京し、薬物とフリー・ジャズ中毒のフーテン生活を送った青春時代だった。1970年11月25日、奇しくも同年同日に、三島由紀夫とアルバート・アイラーの二人が、自死によってこの世を去る。この偶然の一致が、中上の青春の象徴的な終わりだった（中上健次『路上のジャズ』中央公論新社、2016年、175頁）。

20｜村上春樹『ノルウェイの森』（講談社、2004年）の登場人物、緑。

21｜紀伊國屋書店。前川國男設計、1964年竣工。

22｜1962年の映画「ニッポン無責任野郎」の主人公、源等。

23｜1967年8月5日〜9月30日《月笛お仙　義理人情いろはにほへと編》。唐十郎の劇団・状況劇場による最初のテント公演。

24｜土方巽。

25｜澁澤龍彦と矢川澄子。

26｜澁澤龍彦「土方巽について」『病める舞姫』白水社、1991年、223頁。

27｜土方巽「アジアの空と舞踏体験」、種村季弘・鶴岡善久ほか編『土方巽全集I』河出書房新社、1998年、212頁。

28｜1946年施行、1947年に「都会地転入抑制法」に改正、1948年廃止。森下隆「「大あねごと画家のたまご」共に暮らし芸術の世界に触れる」、『秋田魁新報』2011年8月6日、9頁を参照。

29｜衆議院「都会地転入抑制法」、衆議院ホームページの制定法律情報、〈https://www.shugiin.go.jp/internet/itdb_housei.nsf/html/houritsu/00119471222221.htm〉（最終閲覧日：2023年2月15日）。

30｜土方巽・山口猛「東北から裸体まで――土方巽の遺言」、種村季弘・鶴岡善久ほか編『土方巽全集II』河出書房新社、1998年、130頁。

31｜土方巽・唐十郎「光と闇を駆け抜ける」、同書、58頁。

32｜土方巽「古川橋の宿泊所」、同書、351頁。

33｜永井荷風「日和下駄」、野口富士男編『荷風随筆集（上）』1986年、16頁。

34｜土方巽「古川橋の宿泊所」『土方巽全集II』、前掲書、351-352頁。

35｜土方巽「中の素材／素材」『土方巽全集I』、前掲書、1998年、190-192頁。

36｜「“夜の男”の集団暴行　警視総監殴らる　上野で記者ら袋叩き」『毎日新聞』東京朝刊、1948年11月23日、2頁。

37｜唐十郎『下谷万年町物語』中央公論社、1983

年、7-8頁。

38｜土方巽「中の素材／素材」『土方巽全集I』、前掲書、190頁。

39｜土方巽・唐十郎「光と闇を駆け抜ける」『土方巽全集II』、前掲書、58頁。

40｜唐十郎、前掲書、213頁。「移動証明」は、食糧管理制度の下で、米や外食券の配給に必要な「米穀通帳」に付随するもので、住居が異動した際に発行された。むろん土方は「移動証明」をもたずに東京に現れた。

41｜同書、182-183頁。

42｜吉岡実『吉岡実詩集　サフラン摘み』青土社、1976年、8-9頁。

43｜土方巽「中の素材／素材」『土方巽全集I』、前掲書、188・190頁。

44｜当時の学生運動において、女性幹部というのは名ばかりの存在で、「指示を出すのは男、それを忠実に、とどこおりなく実行するのは女、という棲み分けができていた」が、樺は雑務もこなす指導者として組織を背負っていた（江刺昭子『樺美智子　聖少女伝説』文藝春秋、2010年、177頁）。

45｜以上の樺美智子の略歴は、同書、25-39頁を参照した。

46｜樺光子編『友へ──樺美智子の手紙』三一書房、1969年、107-108頁。

47｜同書、10-11頁。

48｜同書、17頁。松田恵子への手紙。

49｜同書、22-24頁。松田恵子への手紙。

50｜同書、46頁。松田恵子への手紙。

51｜同書、54頁。松田恵子への手紙。

52｜稲田奈緒美『土方巽　絶後の身体』日本放送出版協会、2008年、47頁。

53｜《土方巽 DANCE EXPERIENCE の会》（1960年）のパンフレットに寄せた文章（元藤燁子『土方巽とともに』筑摩書房、1990年、33-34頁）。

54｜土方巽「中の素材／素材」『土方巽全集I』、前掲書、188-189頁。

55｜元藤燁子、前掲書、1990年、55頁。

56｜土方巽「中の素材／素材」『土方巽全集I』、前掲書、189頁。

57｜稲田奈緒美、前掲書、49頁。

58｜樺美智子『復刻 人しれず微笑まん──樺美智子遺稿集』田浪政博編、新泉社、2011年、94頁。松田恵子への手紙。

59｜三島由紀夫「現代の夢魔──『禁色』を踊る前衛舞踊団」、『芸術新潮』1959年9月、10巻9号、128-130頁。

60｜三島由紀夫「危機の舞踊」、川崎市岡本太郎美術館・慶應義塾大学アート・センター編『土方巽の舞踏──肉体のシュルレアリスム 身体のオントロジー』慶應義塾大学出版会、2004年、16頁。

61｜五十嵐太郎監修『戦後日本住宅伝説──挑発する家・内省する家』新建築社、2014年、38頁。

62｜黒ダライ児、前掲書、139頁。

63｜土方巽「刑務所へ」『土方巽全集I』、前掲書、197頁。

64｜樺光子編、前掲書、56頁。松田恵子への手紙。

65｜元藤燁子、前掲書、40頁。

66｜赤瀬川原平「髪の毛一本」、元藤燁子編『アスベスト館通信6』アスベスト館、1988年、10-11頁。

67｜土方巽「暗黒舞踏の登場感覚」『土方巽全集I』、前掲書、344-345頁。

68｜吉岡実『土方巽頌──〈日記〉と〈引用〉に依る』筑摩書房、1987年、27-28頁。

69｜樺美智子、前掲書、132頁。富士令子への手紙。

70｜吉岡実『土方巽抄──〈日記〉と〈引用〉に依る』、前掲書、3-6頁。後述する詩画集『土方巽舞踏展　あんま』にも掲載された。

71｜土方巽「或る場所にある卵ほどさびしいものはない」『土方巽全集II』、前掲書、377頁。原文は、「築地の或る料亭の大広間で、車座に坐っている人達のまんなかにひとまわり小作りな白髪の人が坐っていた。いかにも桃の詩を書いたならうまいだろうな、と思わせる後姿であった」。

72｜以下の記述は、主に、吉岡実の日記（吉岡実『土方巽抄──〈日記〉と〈引用〉に依る』、前掲書）を、元藤燁子の文章（元藤燁子、前掲書）や土方の対談（『土方巽全集II』、前掲書）等と合成し、再構成している。

73｜宇野亜喜良・土方巽「暗闇の奥へ遠のく聖地を見つめよ」『土方巽全集II』、前掲書、46頁。

74｜吉岡実『土方巽抄──〈日記〉と〈引用〉に依る』、前掲書、14・21・26・35頁。宇野亜喜良・土方巽「暗闇の奥へ遠のく聖地を見つめよ」『土方巽全集

II』、前掲書、46頁。中西の発言は、中西夏之・土方
巽「白いテーブルクロスがふれて」『土方巽全集
II』、前掲書、108頁。

75｜吉岡実、同書、19・20・34頁。「戸口には」以降
は、元藤燁子、前掲書、130頁。元藤の記述は目黒
3丁目にあった「好日荘」でのこと、吉岡の記述は
目黒八雲町の家でのこと。

76｜吉岡実、同書、29・37・39頁。

77｜同書、16・38頁。山口猛・土方巽「東北から裸
体まで――土方巽の遺言」『土方巽全集II』、前掲書、
123・124頁。

78｜「土方巽年譜」、川崎市岡本太郎美術館・慶應
義塾大学アート・センター編、前掲書、177-178頁。

79｜稲田奈緒美、前掲書、93・94頁。

80｜元藤燁子、前掲書、115・116頁。

81｜同書、126頁。

82｜川崎市岡本太郎美術館・慶應義塾大学アート・
センター編、前掲書、71頁。

83｜元藤燁子、前掲書、136頁。

84｜澁澤龍彦「現代の不安を踊る」、元藤燁子編
『アスベスト館通信5』アスベスト館、1987年、20頁。

85｜元藤燁子、前掲書、144頁。

86｜横尾忠則「魂の合体」、川崎市岡本太郎美術
館・慶應義塾大学アート・センター編、前掲書、43頁。

87｜樺美智子、前掲書、127頁。1958年12月8日、
長野久への手紙。

88｜同書、62-65頁。

89｜吉岡実『土方巽抄――〈日記〉と〈引用〉に依
る』、前掲書、28-29頁。

90｜土方巽「祝杯　池田満寿夫」『土方巽全集I』、前
掲書、301頁。

91｜土方巽「いろいろな顔がくるぶしの住処にか
くれている　唐十郎」『土方巽全集I』、前掲書、308
頁。

92｜樺光子編、前掲書、160頁。松田恵子への手紙。

93｜樺俊雄「全学連に娘を奪われて――羽田空港
事件で東大生の娘を検挙された父親の手記」、『文
藝春秋』1960年3月、38巻3号、204-209頁。「娘よ
家に帰れ」『若い女性』1960年4月、6巻4号、113-
116頁。

94｜樺俊雄「まえがき」、樺美智子、前掲書、13頁。

95｜江崎昭子、前掲書、201-202頁。

96｜樺の1月からの記述は以下を参照。江刺昭子、
前掲書、192-221頁。「本誌緊急特報　死の寸前の
樺美智子さんを追って」、『マドモワゼル』1960年8
月、1巻8号、67-71頁。「嵐にそよぐ青春の記録
――理想に死をかけた若き魂　樺美智子」、同誌、
104-117頁。

97｜稲田奈緒美、前掲書、327頁。

98｜土方巽「線が線に似てくるとき　瀧口修造」『土
方巽全集I』、前掲書、265頁。

99｜土方巽「未発表原稿」『土方巽全集II』、前掲書、
374頁。原文は「昔から色白でいく分斜視、コワレ
タ笛から洩れたような声に(やや女)近く話す」。

100｜土方巽「内臓の人　三好豊一郎」『土方巽全集
I』、前掲書、271頁。

101｜土方巽「突っ立ってる人　加藤郁乎」『土方巽
全集I』、前掲書、292頁。

102｜土方巽「闇の中の電流　澁澤龍彦」『土方巽全
集I』、前掲書、286頁。原文は「澁澤龍彦という少
年職人の端正な凶暴さ」。

103｜土方巽「中の素材／素材」『土方巽全集I』、前
掲書、194頁。

104｜矢川澄子「《神話》の日々」、早川茉莉編『矢
川澄子ベスト・エッセイ　妹たちへ』筑摩書房、
2021年、62-63頁。

105｜手塚英男『酔十夢〈第一巻〉』同時代社、2009
年、220-221頁。江刺昭子の手塚へのインタビュー
によれば、この場面は事実だという。樺と共に共
産党に入党した手塚は、樺の共産党脱退後、疎遠
になっていたが、1960年5月のある夕方、母親と腕
を組んで歩く彼女と、渋谷の雑踏の中で出会った
(江刺昭子、前掲書、190-191頁)。

106｜蓮實重彦「自筆年譜」『表層批評宣言』筑摩書
房、1985年、250頁。

107｜井上輝子「女性学を育てて」、松井久子編『何
を怖れる――フェミニズムを生きた女たち』岩波
書店、2014年、69頁。

108｜樺美智子、前掲書、60頁。

109｜江刺昭子、前掲書、85頁。樺光子編、前掲書、
44頁。

110｜江刺昭子、前掲書、253-258頁。

111｜田山花袋「東京の發展」『東京の三十年』博文
館、1917年、436頁。

参考文献

〈書籍〉

赤瀬川原平「髪の毛一本」、『アスベスト館通信6』アスベスト館、1988年

五十嵐太郎監修『戦後日本住宅伝説——挑発する家・内省する家』新建築社、2014年

稲田奈緒美『土方巽　絶後の身体』日本放送出版協会、2008年

江刺昭子『樺美智子　聖少女伝説』文藝春秋、2010年

大野淳一編『漱石文学地図』(『漱石文学作品集』[全16巻]附録)、岩波書店、1990年

唐十郎『下谷万年町物語』中央公論社、1983年。

川崎市岡本太郎美術館・慶應義塾大学アート・センター編『土方巽の舞踏——肉体のシュルレアリスム　身体のオントロジー』慶應義塾大学出版会、2004年

樺美智子『復刻　人しれず微笑まん——樺美智子遺稿集』田浪政博編、新泉社、2011年

樺光子編『友へ——樺美智子の手紙』三一書房、1969年

工藤庸子『女たちの声』羽鳥書店、2019年

国木田独歩『武蔵野』新潮社、1949年

黒ダライ児『肉体のアナーキズム——1960年代・日本美術におけるパフォーマンスの地下水脈』grambooks、2010年

柴田翔『されど　われらが日々——』文藝春秋、Kindle版、2002年

澁澤龍彦『都心ノ病院ニテ幻覚ヲ見タルコト』小学館、Kindle版、2016年

————「現代の不安を踊る」、『アスベスト館通信5』アスベスト館、1987年

高浜虚子「丸の内」、川西政明編『大東京繁盛記　山手編』講談社、2013年

武田泰淳「滅亡について」『評論集　滅亡について他三十篇』岩波書店、1992年

田村隆一『現代詩文庫1　田村隆一詩集』1968年、思潮社

田山花袋「東京の發展」『東京の三十年』博文館、

1917年

手塚英雄『酔十夢〈第一巻〉』同時代社、2009年

永井荷風『荷風随筆集(上)』野口富士男編、1986年

中上健次『路上のジャズ』中央公論新社、2016年

蓮實重彦『表層批評宣言』筑摩書房、1985年

土方巽『土方巽全集 I』種村季弘・鶴岡善久・元藤燁子編、河出書房新社、1998年

————『土方巽全集 II』種村季弘・鶴岡善久・元藤燁子編、河出書房新社、1998年

————『病める舞姫』白水社、1991年

松井久子編『何を怖れる——フェミニズムを生きた女たち』岩波書店、2014年

松田良一監修『荷風文学地図』(『荷風全集』[全30巻]附録)、岩波書店、1993年

村上春樹『ノルウェイの森』講談社、2004年

元藤燁子『土方巽とともに』筑摩書房、1990年

森下隆編『写真集　土方巽——肉体の舞踏誌』勉誠出版、2014年

矢川澄子「《神話》の日々」、早川茉莉編『矢川澄子ベスト・エッセイ　妹たちへ』筑摩書房、2021年

吉岡実『土方巽頌——〈日記〉と〈引用〉に依る』筑摩書房、1987年

————『吉岡実詩集　サフラン摘み』青土社、1976年

〈新聞・雑誌・インターネット記事〉

樺俊雄「全学連に娘を奪われて——羽田空港事件で東大生の娘を検挙された父親の手記」、『文藝春秋』1960年3月、38巻3号

————「娘よ家に帰れ」『若い女性』1960年4月、6巻4号

三島由紀夫「現代の夢魔——『禁色』を踊る前衛舞踊団」、『芸術新潮』1959年9月、10巻9号

森下隆「「大あねごと画家のたまご」共に暮らし芸術の世界に触れる」、『秋田魁新報』2011年8月6日

「"夜の男"の集団暴行　警視総監殴らる　上野で記者ら袋叩き」『毎日新聞』東京朝刊、1948年11

月23日

「嵐にそよぐ青春の記録――理想に死をかけた若き魂　樺美智子」『マドモアゼル』1960年8月、1巻8号

「本誌緊急特報　死の寸前の樺美智子さんを追って」『マドモワゼル』1960年8月、1巻8号、67-71頁

江戸東京博物館「「大東京名物・空気の缶詰」とはどんなもので、いつ頃発売されたのか？（2012年）」、リファレンス事例集、〈https://crd.ndl.go.jp/reference/modules/d3ndlcrdentry/index.php?page=ref_view&id=1000130958〉（最終閲覧日：2023年2月15日）

衆議院「都会地転入抑制法」、衆議院ホームページの制定法律情報、〈https://www.shugiin.go.jp/internet/itdb_housei.nsf/html/houritsu/00119471222221.htm〉（最終閲覧日：2023年2月15日）

【後　記】

　私の東京の日々の通奏低音は、小箱のような部屋に乗り、都市上空を浮遊しているような気分だった。見晴らしのない通路をよたよたと運ばれて、壁が迫ってくるような部屋に帰る。窓で切り取られた空は、夜が更けても街を反射してひかり続け、ひとりきりの部屋で目を閉じれば、いつもどこにいるのか分からなくなった。この街から切り離された私の部屋が、明るい空を流されていく。

　樺の「東京」は、断片的だ。ぬかるんだ地面の感触、目にしみる湿った空気、部屋でパンを食べること、停電の夜。東京でなくてもよいような近視的な経験が、彼女の「東京」だった。土方の「東京」に強く憧れながら、私自身の「東京」も、決して自分のためだけのものではない、そんな破片の集積だったように思う。

　2022年4月、京都に居を移した。住む場所を「選んだ」という感覚は初めてだったし、東京がいかに膨大な上下動を要求する無際限な都市かということに、改めて気付かされた。坂を登った先で振り返ると、悪くない景色もあったことを思い出す。彼女が書いたこと、書かなかったこと。もう少し歩いた先の見晴らしを、いつか彼女は書いただろう。

「壁」景から「窓」景へ
── 写真表現における東京を見る人の表象をめぐって

西川ゆきえ

1 《TOKYO NOBODY》 ──誰もいない東京を見る人々

　2019年末からの世界的な新型コロナウイルス（covid-19）の流行下、感染防止
対策の一環として外出自粛を余儀無くされる日々が続いた。日本においても、
一都三県を中心に全国規模でも発令された緊急事態宣言、とりわけ2020年4月7
日の第一回発令時には、厳格に外出を控える人々が多く、東京の街は人影のな
い閑散とした風景が際立っていた。そのような環境下、注目を集めた写真作品
のシリーズがある。中野正貴の《TOKYO NOBODY》だ［図1］。誰もいない
東京を写した本シリーズは、実際には、今から20年以上も前の2000年に発表さ
れたものだったが、外出自粛下の閑散とした街の風景を撮影したかのようにも
思えた。それゆえ、多くの人が、この作品を緊急事態宣言下の東京を"予言"

［図1］中野正貴「Ginza Chuo-ku Jan. 1996」1996年、《TOKYO NOBODY》

したものと捉えたのだ。この現象について中野は「写真には不思議な力がある、何故か予言の書のようになってしまった」[1]と述べている。だが、この"予言"、むしろ視覚性に忠実に言い換えるなら"予見"は、「不思議な力」と添えられているように、過去の痕跡として存在する写真にとって奇妙なものである。

　"予言"そのものは、過去に撮影された作品と目下の事態とのシンクロナイズに読み込まれた一つの作り話だ。作品は外出自粛下の状況に重なるものとして鑑賞されているのだが、そのような見方においては、無人の東京という都市を収めた写真である点に基づいた"予言"なるフィクションに満足するにとどまってしまう。そこでは、中野の写真が誰もいない都市のみならず、逆説的にも、いるべきはずの場所にいない不在の人をこそ示しているという点が見落とされてはいないだろうか。この点にこそ、中野の作品がもつ都市風景の単なる"予言"以上のポテンシャルがあるように思われる。

　《TOKYO NOBODY》を起点として取り上げた本稿では、次いで1960年代の東京を主題とした高梨豊、東松照明の作品分析を行い、現在に先立って彼らが試みた東京を見つめる人々やその眼差しの表象を確認する。その上で、《TOKYO NOBODY》から《東京窓景》に至る中野の作品に立ち返ることを通して、先行する作品に指摘される東京を見る人々の疎外感とも交錯するような2020年の東京における現在の視点から、中野の作品のポテンシャルへ接近してみたい。

2　「壁」としての写真1960's　——外側からの眺め

東京を見る人々＝「東京人」の誕生

　「東京人の場所」[2]と題されたテクストからはじめてみよう。飯沢耕太郎は、そこで東京都写真美術館の収蔵作品を中心に、林忠彦、木村伊兵衛、土門拳、長野重一、東松照明、高梨豊、土田ヒロミ、内藤正敏らによって手がけられた戦後の東京を主題とした作品を取り上げ、年代順に紹介している。林や木村、土門らの写真は終戦から50年代にかけて撮影されたものであり、終戦直後の上野駅で眠る親子や、未舗装の道路で遊ぶ子供たちなど、東京に暮らす人々の生活の様子が撮られている。そこからは、撮影された具体的な場所としての東京

とそこで暮らす人々との結びつきが、タイトルの示す「東京人の場所」として確認できる。

ところが、紹介されている写真作品と飯沢のテクストのタイトルとの関連性は、60年代以降に撮影された作品に及ぶと不安定なものとなっていく。たとえば、土門の《江東のこども》(1953-54年) [図2] と高梨の《東京人》(1964-66年)[3] [図3] を比較してみれば、それは明らかになるだろう。土門の写した子供はまぎれもなく江東に暮らす東京人であり、「東京人の場所」が生活の場であるところの江東

[図2] 土門拳「とかげ」1954年、《江東のこども》土門拳記念館
[図3] 高梨豊「新宿区伊勢丹 23 October」1966年、《東京人》
東京国立近代美術館蔵
Photo: MOMAT／DNPartcom

という土地を示すのが明らかである。対して、高梨が写したおもちゃ売り場でドールハウスを覗く子供の姿や、西武デパートのエスカレーターに乗り、ガラス窓越しに景色を眺める若者たちには土地に根ざした生活があらわれていない。それらの写真は彼らの生活の場であるところの「東京人の場所」を写したものとはいえない。むしろ高梨の写真は、みずからの生活に没入できない、街に対するよそよそしさを抱えた「東京人」のメタファーとして読むことができるだろう。このことは、高梨の写真が「覗く」という行為を写していることからも感じられる。また同様のことは違った視点から東松についてもいえる。写真集『I am a king』収録の「団地」(1963年) は、ずらりと並んだ数棟の共同住宅を暗闇に浮かび上がるような形でやや左上からの俯瞰で捉えている [図4]。そこ

[図4] 東松照明「団地」
1963年

には東京で暮らす人々の姿さえ、確認できない。宇宙を思わせるその独特な暗闇にはアングルの効果もあって一種の虚無感すら与えられている。団地を捉えるその絶妙なアングルは、そこで暮らす人々の生活から一線を画する立ち位置をとりながらも、はるか遠方からの機械的な衛星写真ほどには遠すぎない独特な距離感で外側からの眺めを保っている。

　飯沢は、高梨と東松の写真について「どちらも無機の材質に覆われ、生の場所にふさわしい暖かみやなまなましさが失われている」[4]とその共通点を指摘する。確かに、彼らの作品には、東京で暮らす人々とその生活は明確に写されておらず、50年代の写真との断絶を強く感じさせる。さらに踏み込んでいえば、二人の作品の特徴は、眺めるという行為を捉えることや、絶妙な高さと角度からのアングルといった要素によって、「東京を見つめること」というメタレベルの次元が導入されている点にあるだろう。50年代においては、東京で暮らす人々の場所が、生活の場としての東京の中に捉えられていたのに対し、高梨と東松ら60年代の写真では、東京という場所の中にありながらも、東京を外側から眺める視線というものが加わっているのだ。そこには東京を外側から眺める人としての「東京人」が、高梨や東松ら次世代による東京の写真表象において、新たに誕生したことが指摘できる。まず高梨の写真について少し掘り下げてみよう。

　『カメラ毎日』1966年1月号に巻頭36頁の口絵特集として掲載された「東京人」（以降、〈東京人〉と記す）は、その後の『都市へ』（1974年）、『町』（1977年）、『東京人

1978-1983』（1983年）へと続く、都市を主題とした制作における初期の代表作として知られている。〈東京人〉では、先述の子供や若者の写真の他に、新宿西口広場の雑踏を行く人々、ぬいぐるみと譜面を抱えて銀座のGOGO大会を訪れる女性、丸の内のビートルズ映画大会でスクリーンの前に集まる人々の影、赤坂のべ平連市民集会を訪れ、ずらりとならんだ外車の前で佇む男性など、1964年12月から翌年11月にかけての東京の人々の姿が43枚の写真に収められているのだが、冒頭には次のテクストが付されている。

> ルネッサンスの都市は人間の《広場》という実態を一つの視線とするパースペクティブの空間であった。現代の都市は物質との《インター・チェンジ》という無数の実態と無数の視点をもつ空間だといえよう。ヒューマニスティックな透視画法（モンタージュ）は中心を砕かれ神通力を失い人間の足下からさぐる反・遠近法のみが失われた視点（インシグニフィカンス）を回復する。これは1964・12⇔1965・11《東京人》の記録であり《時代》のコラージュである。[5]

　ここで示されているように、高梨によるさまざま場所と日付をもつ「東京人」の記録には、それらをまとめあげる「一つの視線＝透視図法（モンタージュ）」は存在しない。高梨が示す東京という都市空間は、一枚一枚の写真を誌面に反・遠近法的＝コラージュ的に配置することでしか捉えられないものである。のちに刊行された写真集『都市へ』の別冊である『東京人ノート』（1974年）には、〈東京人〉の創作メモ［図5］と、口絵特集の誌面構成[6]［図6］、街頭で都市の写真をみる親子を写した一枚［図7］や足立区の竹ノ塚団地のひと気のない風景を収めた一枚［図8］といった本編未掲載の作品を含む54枚の写真が収録されている。それらを参照してもわかることだが、〈東京人〉には、当時の東京の人々の視線を一つの物語として語るシークエンスは編まれていない。むしろ、その写真の集積は断片的なものであり、当時の都市空間を縦横に行き来する「無数の視点」を提示することで、反・遠近法的な視線でしか捉えることのできない東京の表象が意図されている。
　「現代の都市は物質との《インター・チェンジ》という無数の実態」とあるように、そこでの視線はオリンピックに向けて新興した都市に溢れる無数のモ

ノへと向けられている。デパートのエスカレーターに乗り景色を眺める人々を収めた一枚［図9］をはじめとして、競馬場、GOGO大会、映画大会など都市空間の中で人々の目を奪う娯楽的な場面が撮影ポイントとして選ばれている点もそのことを物語る。実際、〈東京人〉に収められている人々の姿には、何かを見つめている様子を撮ったものが多い。そして、その眼差しは、先に指摘したおもちゃ売り場の子供の例に代表されるように、無数のモノに囲まれた新しい都市空間に没入し享楽する視線のみならず、その空間とは次元を異にしているかのような外側からの視線をも示していよう。角筈（現在の歌舞伎町、西新宿に相当する区域）の地下道で電話する父を眺める少年や銀座で買い物をする二人の女性など、〈東京人〉では、新しい都市空間への人々の好奇心とともにそこからはどこか冷めた様に人々が収められている。各々の欲望の赴くまま、てんでんばらばらに「東京」を眺める「無数の視線」のうちには、時として享楽的でさえある都市空間に身をおきながらも、同時に「東京」を外側から眺めるような存在として「東京人」が表象されている。

このような外側からの視線の表象は、高梨において、SF的な世界観と強く

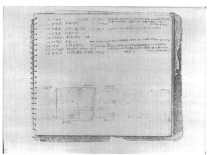

［図5-8］高梨豊『都市へ』、別冊『東京人ノート』イザラ書房、1974年

結びついていた。制作当時を振り返る
高梨は、タイトルの「東京人」につい
て「少し外から醒めて見ている言葉で、
宇宙人という言葉と同じ使い方」[7]だと
述べている。「東京人」というネーミ
ングに宇宙人が重ねられていることは、
〈東京人〉以前に制作された『カメラ
毎日』1963年5月号掲載の「Tomorrow」
［図10］に指摘される世界観とも地続き
であると思われる。「Tomorrow」に寄
せられたテクストでは「惑星の偶発的
な崩壊現象」=「ノヴァ」が取り上げら
れている。差し迫る危機を前に「人間
は虚無感におそわれ、ただひたすら地
球からの逃避を願い、消え去っていく」

［図9］高梨豊「豊島区西武デパート 25 April」
1966年、《東京人》 東京国立近代美術館蔵
Photo: MOMAT/DNPartcom

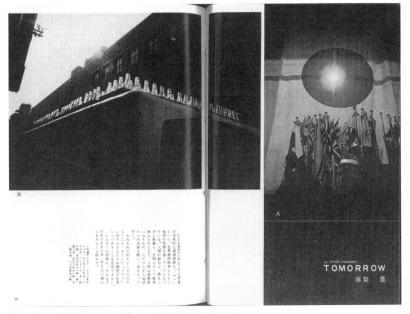

［図10］高梨豊「Tomorrow」、『カメラ毎日』1963年5月号

とした上で、高梨は「われわれの砂のような心の片スミにも、そうした「ノヴァ」に対する少なからぬ郷愁が育成しつつあることを否定できない」と記している[8]。「Tomorrow」とはそのような「ノヴァ」を控える人々の明日＝Tomorrowを、街角の風景の中にとらえる試みであった。

「壁」としての写真──都市への視線を遮るもの

　先に「団地」（1963年）にそのSF的な世界観を指摘したが、これまでの考察と通ずる問題意識は同時代の東松にも共有されている。その東松が都市への関心のなかで最初に撮ったのは路面を覆うアスファルトだった。1960年に撮影された「アスファルト」は、鉄屑の散らばる路上を正面から撮影し、路面の摩耗によって作り出された小宇宙を感じさせる独特の構成を、平面的な構図の中におさめている［図11］。本作の基調となるSF的な世界観もまた、高梨の〈東京人〉に指摘された世界観と呼応するものだろう。だが、東松による「東京人」の表象は高梨とは異なった視点から試みられていたといえる。

　「アスファルト」は、着色や他のイメージとのモンタージュを加えられ、「文明批判」とひとまず包括できるような問題意識を伴う形で後の作品に変奏されていった。「オリンピック・カプリチオ・1」（1962年）では、骨組みを露わにした施工中の建築物から吹き曝された風塵のように「アスファルト」のイメージが参照されている［図12］。また、そのような施工中の建築物のイメージは「オリンピック・カプリチオ・2」（1963年）において、レントゲン写真を思わせる人体のイメージと重ね合わされてもいる。このように「アスファルト」から続く作品においては、先に示した「文明批判」という問題意識の下、スクラップアンドビルドを急速に進める都市から取り残される人間と彼らが感じている疎外感とが表現されている。これらを鑑みれば東松の写真は、高梨が言うところの「人間の《広場》という実態を一つの視線とするパースペクティブの空間」が都市の変貌の中で崩れ去っていく風景を、その風景と同期する「反・遠近法」とともに捉えたものであったといえるだろう。「東京人」の姿を捉えた高梨とは異なり、東松の写真は、東松自身もその一人である「東京人」としての眼差しそのものをも表象するものだったのだ。そして、そこには「現実の東京を撮影する＝見る眼差し」が阻まれているという感覚があらわれているように思われる。

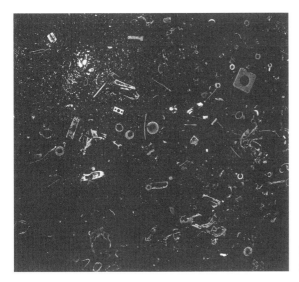

[図11] 東松照明「アスファルト」
1960年

[図12] 東松照明「オリンピック・カプリチオ・1」1962年

「アスファルト」は、当時大塚に借りていた住みなれたアパートを友人に譲った東松が、VIVOの事務所と近所の旅館とを往復転々とし、都市を彷徨うように生活するなかで撮影されたものであった。その動機を当時の東松は「アスファルトが私の心に引っかかって、イカすじゃないかと感激するものがあるから」[9]と述べている。「イカす」という言葉は、同作が都市表象というよりも主観性の表現であるかのような印象を与える。上野昂志もこの主観性について、「都市というものの本来的なありようとはずれている」と指摘していた[10]。確かに、建築物や街路をゆく人々が写っていない「アスファルト」は、一目で東京とい

う都市を撮影したものとは認識できない。しかし、それは主観性の表現というよりも、東松が東京に感じた「都市というものの本来的なありよう」を示していると捉えるべきだろう。つまり、眼前の都市空間に目を向けることができず、足下の“アスファルト”を撮ることでしか東京を「撮影する＝見る」ことはできないのだという状況をこの写真は示しているのではないだろうか。そしてその時、東松の写真は、こう言ってよければ、現実の都市と見る人との間に立ちはだかり、都市への視線を遮る「壁」として存在しているのではないか。写真という「壁」が、それが本来示すはずの現実の都市を見せることなく、見る者に対して一種の疎外感を与えているのだ。東松は、「東京人」の眼差しそのものを表現するなかで、「壁」としての写真による疎外という問題を深化させていった。

東松が他の作家との共同制作を試みた連載「I am a king」の第3回「写真」(以降、〈写真〉と記す)は1964年9月、『現代の眼』のグラビアページに掲載された。連載「I am a king」は、骨組みをむき出しにした建設中のビルや無数の開口部が画一的に並んだビルのファサードを無機質で陰惨なイメージとして並べた第1回「王様のすまい」(1964年7月号)に始まり、タバコの捨てられた路面が雨に濡れ黒々と光る様子や水平線をなして並んだ団地、無秩序な区画整理の街を無数の血管のような道路が走る都市の風景を捉えた「最終回/パレード」(1964年12月号)に至る計6回にわたり、一貫して都市を主題としている。この連載は桑原甲子雄によって1960年代の写真による都市論の一つとして数え上げられ[11]、また、多木浩二によって共同制作というスタイルの新奇性が指摘される[12]など、同時代の批評家から高い評価を受けた。

タイトルが示すとおり第3回は「写真」をサブテーマとし、高梨、東松の共同制作によって発表された。剝ぎ取られ損耗した写真が壁一面を覆う様子を収めた一枚に始まり、広告看板に写しとられた女性と街頭に佇む男性の姿が対比的に写された路上のスナップ、街路の風景を反射する街頭テレビの画面、ヌードのピンナップで壁を埋め尽くされたトイレの暗がりに生々しい女性の足先が捉えられた一枚……と続いていき、性別不詳の人物の頭部と外国人女性モデルの顔面、ハイヒールをはいた脚とがコラージュ的に連なり不均衡な肖像をなすラストの一枚へと至る [図13]。そこには8枚の断片的といえる写真が、屋内を

[図13] 東松照明・高梨豊「I am a king　第3回／写真」、『現代の眼』1964年9月号

収めたものに始まり、屋外、屋内、屋外、屋内と交互に連なっていることで、ひと続きの緩やかなシークエンスを感じさせるよう並べられている。

　冒頭頁には「in door 東松照明　out door 高梨豊」と表記がある。シークエンスに加え、この点からも本作においてin door／out doorの区別が重要な要素をなすことが確認できよう。だが、それはin door＝屋内／out door＝屋外を素朴に示すものなのだろうか。〈写真〉というタイトルが端点に示すように、その主題は「写真」である。そこで注目したいのが、印刷された写真をもう一度撮影した「写真の写真」つまり、写真の存在について反省的なイメージが本作に確認できる点である。例えば冒頭の一枚を見てみよう。確かに屋内＝indoorを写した一枚ではあるが、それは壁一面をびっしりと写真が覆い尽くした様子を写した写真だ。これはまさしく「写真の写真」であり、イメージのイメージを示すものである。それは本作におけるin doorが、単なる屋内ではなく、イメージによって疎外されることのない現実世界を示すout door とは対照的に、「壁」を写真で埋め尽くされたイメージ世界を示すものであることを思わせる。

現実世界＝out doorからは隔たれたイメージ世界としてのin door。二つの世界を隔てる「壁」としての写真の存在を示す本作は、この点において、それを撮ることでしか東京を撮影できないところの"アスファルト"という「壁」を写した作品「アスファルト」を変奏したものといえるだろう。

　先に確認した東松の撮影と見られる冒頭の一枚に呼応するテクストのなかで、東松は「壁面いっぱい」を覆う海の写真を見るという体験が、現実の海の風景を見る経験に取って代わり、自身が「自分の足を食うタコに変身」していくように感じたというエピソードを述べている。このエピソードは、写真という「壁」ごしに世界を見るという行為が疎外的な状況を生み出すことを示している。「自分の足を食うタコ」とあるように、そこでは「壁」の向こう側に広がる現実の都市へと出かける「足」が失われてしまうのであり、これはイメージ世界の中から出られない一種の自己完結的な状態、もっと言えば、閉塞状況を示しているといえるだろう。

　この挿話について、同時代の多木は「虚像の体験はあっても、実体の体験はないという現代のパロディとしてはいささかうまくできすぎているぐらいだ」[13]と指摘した上で、「映像はそれ自身が世界を新しくみる視覚でありながら、映像によってものを見ることはいつでも他人の眼で見ること」[14]であるという写真＝映像におけるパラドクスへと論を展開する。確かに共同制作による〈写真〉では、「in door 東松照明　out door 高梨豊」という漠然とした表記のみが残され、各写真が高梨の眼によるものか東松の眼によるものかを特定できるように示すことは避けられていた[15]。だが、このような議論によって導かれる所謂作家性の放棄をめぐるその評価は批評が作品の先をやや読みすぎているように感じられる。

　東松の挿話が示しているのは、他人の目を借り受けることではなく、「壁」のごとく立ちはだかる写真を前に、現実の都市空間へと赴きそれを実直に記録しようとする「足」が失われるという「写真家」における疎外的な状況であろう。テクストが添えられている〈写真〉の冒頭の一枚で壁を覆っているのは皺だれて紙屑（スクラップ）と化した無数の写真である。そして、それらを前にするからこそ東松は現実の都市へと赴く自らの「足」を失った疎外人（東京人）＝宇宙人（東京人）の眼差しを獲得するのである。先に示したように〈写真〉が「アスファルト」の変奏として捉

えられる点を鑑みれば、東松のテクストは“アスファルト”の路面に広がる無数の鉄屑を前にした時の自身の眼差しを「壁」としての写真の存在から反省的に振り返るものであったようにさえ思われる。

このような反省的な視座は、都市を主題とし、都市にカメラを向けるという行為を繰り返しながら制作を進める中で獲得されたものと考えられるだろう。〈写真〉は、in door＝イメージ世界と out door＝現実世界との間を揺蕩う様をシークエンスの中で描出している。そして、そのシークエンスは写真が文字どおり「立ちはだかる」様子を捉えたラストの一枚に至っていた。この点に象徴されるように、本作は「壁」としての写真を前に現実の都市へと赴く「足」を失った「写真家」の肖像を反省的に描いたものとも解釈できるだろう。

現実の都市へと赴く「足」を失う様は、高梨が〈東京人〉でその無数の肖像を撮影したところの、各々が欲望の赴くままてんでんばらばらに「東京」を眺める「東京人」の姿とも呼応するものではないか。彼らもまた各々の「東京」というビジョンの中で、現実の都市へと赴く「足」を失った東松のような、あるいは高梨が巧みに切り出してみせたような閉塞状況にあったといえよう。街をゆく人々は、各々カメラを構えるかのようにして東京を見ていたのかもしれない。この意味で東京という都市には無数の「写真家」が行き交っていたのではなかったか。

3 「窓」としての写真2020's ──内側からの眺めへ

「誰もいない」と言う人がいる ──《TOKYO NOBODY》

2020年4月からの外出自粛下、人々は東京の街から姿を消してしまった。窓の外に広がるひと気のない住宅街を眺めながら感じたのはどんなことだっただろう。出かけられないことへの不満を募らせるのみならず、経済への深刻な打撃の中での減収により、誰もいない東京を窓越しに眺めるこの部屋という最後の居場所もろとも、自分がこの世界から失われてしまうのではないかという不安にさえ苛まれたかもしれない。外出自粛下の人々もまた、都市へと出かける「足」を失っていたのだが、そこで感じていたのは、現実の生活空間である都市を遮る「壁」＝写真ごしに欲望の赴くまま東京を眺める「写真家」としての

それとは異なる感覚であっただろう。部屋に閉じこもることからのストレスや切迫する生活から生じる焦燥感に疲れ、「写真家」のように外側から東京を眺めることなどできないまま、現実の東京の中へと否応無く送り込まれそうになる日々が続いたのではないか。

　そんな時節に中野の《TOKYO NOBODY》は再び注目を浴びた。それが単なる無人の都市としての東京を描くに留まらず、都市における人々を表象するものであったという、冒頭で触れた点に再び立ち返りたい。《TOKYO NOBODY》は1980年代から30年以上にわたるキャリアの中で東京を撮り続けてきた中野が脚光を浴びるきっかけとなった代表作である。90年1月から撮影してきたこのシリーズが中野のデビュー作として写真集『TOKYO NOBODY』にまとめられたのは2000年のことだった。11年にわたる期間について中野は、バブル崩壊前夜に感じた「何か得体の知れない邪悪なものが蠢き繁殖し始めたような不快感と、陰鬱で巨大な暗雲が垂れ込めて来そうな気味の悪さ、妙な胸騒ぎとでも言うべき不安な感覚」につき動かされ、その後崩れてゆく日本経済の経緯とシンクロする形で制作が進められたと語る[16]。背景となる経緯は違えど、「得体の知れないもの」への「不快感」や「妙な胸騒ぎ」として感じられる「不安」は、外出自粛下の東京人のそれと同期しているようにも思われる。冒頭で指摘したような作品と目下の事態とのシンクロナイズは、人々に指摘されるこのようなメンタリティの共通性にこそあったのかもしれない。

　「誰もいない東京」を撮るという作品のコンセプトを解説する中で、中野は次のようにも語っている。それは過密化の一途をたどる都市に対するある種の「風刺」である一方で、残された建物を手掛かりに、いるべきはずのところにいない人々へと関心が向けられるよう想像力を刺激するための手法であった[17]と。いるべきはずのところにいない人々とは、本稿の議論に即せば、てんでんばらばらに「東京」をみつめながら、街を闊歩する無数の「写真家」＝「東京人」と言い換えられる。この意味で、写真に写し出されていない彼らへの関心を示す中野の《TOKYO NOBODY》もまた、逆説的な形ではあるが、街を行き交う「写真家」たちの肖像を写し取っていたといえるだろう。この点において本作は高梨による〈東京人〉とも呼応する作品である。加えてそれは、誰もいない東京という都市の眺望を示している点で、東松と同様に東京への眼差しその

ものを表象するものでもあっただろう。

　一方で、その眼差しは東松の作品に指摘されたような現実の都市への視線を遮る「壁」として存在する写真への反省的な態度とは異なる形で捉えられている。改めて《TOKYO NOBODY》を見てみよう。本稿の冒頭で紹介した一枚では正面からのパノラマ的な眺望をもって銀座大通りを［図1］、別の一枚では新宿駅前の広場をその周囲を囲むビルとともに安定的な遠近感を感じさせる構図で切り取り、また別の一枚では東京タワーと一ノ橋ジャンクションとをやや俯瞰の位置から両者が対照するようなグラフィカルな構図で捉えている。《TOKYO NOBODY》で捉えられている東京への眼差しには、都市空間にカメラを向けることで強いられる疎外感とは一線を画するような、遊び心さえ感じられる。そして、そのような視覚的表象は、2020年の東京を生きる人々が目下の状況と写真に写された東京の風景を重ねたことに確認できるように、現実の都市へのアクセシビリティを保っている。本作は現実の都市へと向けられる視線を遮る「壁」を感じさせるものではないのだ。

　そのアクセシビリティは、現実の都市といっても、とりわけ、いるはずの場所にいない人々、つまり、現実の都市を闊歩する無数の「東京人」への関心によって保たれているものではないだろうか。先に参照した中野の言葉からも明らかだが、本作を制作した中野の関心は東京という都市そのものというよりも、そこにいる人あるいはそれを見る人にこそ向けられている。確かに中野も言うように、本作ではそのような人への関心は写真を見るものたちの想像力に委ねられており、写真表現そのもののうちには視覚化されてはいない。だが、誰もいない東京という都市の眺望の中に、写真ごしに東京をみる「私」という存在、その居場所が暗に示されてもいる。中野がつけた《TOKYO NOBODY》というタイトルからもその点は確認できるだろう。NOBODY＝誰もいない、と言いながらもそこには東京を見る人の存在が示されているのだ。「誰もいない」と呟く「私」とは誰だったのか、そしてどこにいるのだろうか。

　中野は、とあるインタビューの中で、過去の写真家たちによって撮影された東京の写真を見返すうちに、「無人の東京」を撮った作品が見つからなかったという気づきを語っている[18]。それは、「無人の東京」を撮っている「写真家」を確認することができなかった、という事実として言い換えられる重要な気づ

きである。三浦雅士は「幻のもうひとり」という文章の中で、「自分たちの数をかぞえるものは、〈幻のもうひとり〉[19]を必要とする」とした上で、写真についても同様に「幻のもうひとり」が必要とされることを指摘している。例えば6人組が記念写真を撮るときには写真に写らない一人の人物としてシャッターを押す撮影者が必要である[20]。そこで撮影者は原理的には常に状況から離れた存在＝「幻のもうひとり」として存在しているのだ。

　写真ごしに東京という都市を眺め、そこに「誰もいない」と呟く「私」とは、この「幻のもうひとり」に他ならない。《TOKYO NOBODY》で、中野はその状況から離れた存在である「幻のもうひとり」としての「写真家」の存在、それまで確認されることのなかったその存在こそを示していたのではないか。それは、「写真の写真」を撮り、写真そのものへの関心から、現実の都市へと赴く「足」を失わせるような「壁」としての写真の存在を示すに至った東松とは対照的に、東京を見る人の居場所という観点から「東京人」の眼差しの表象を深化させようとする中野のアプローチが至った必然的な帰結であるように思われる。

　これまでの分析を踏まえれば、もはや中野の作品が、写真の存在そのものを問うところの「壁」としての写真というキーワードでは捉えきれないものであることは明らかであろう。《TOKYO NOBODY》に次いで中野が取り組んだのは、東京を見つめるその人の居場所と分かちがたく結びついた部屋の「窓」からの眺め、《東京窓景》だった。

「窓」としての写真──「彼方」と「私」を繋ぐもの

　《東京窓景》は、窓越しに捉えられる東京の風景を収めた作品群である。このシリーズは2004年に写真集『東京窓景 TOKYOWINDOWS』としてまとめられた。シリーズを代表する作品の一つ、東京タワーを収めた一枚 ［図14］を見てみたい。《TOKYO NOBODY》を彷彿とさせるひと気のない住宅街と思しき街並みに、忽然と姿を表す東京タワーを窓越しに捉えているのは、本作が《TOKYO NOBODY》の制作の延長線上にあることを思わせる。

　先に確認したように前作《TOKYO NOBODY》で中野は、「幻のもうひとり」としての「写真家」の存在を示していた。《TOKYO NOBODY》に写し出さ

［図14］中野正貴「27, May '04 Higashi-Azabu Minato-ku」2004年、《東京窓景》

れる景色を見ていたのは「写真家」として存在している「私」だけである。そして、これまで「無人の東京」を撮っている「写真家」がいなかったという点から推測されるように、「写真家」である「私」の空間は、東京への眼差しの表象において省略され続けてきたのだ。

　次作《東京窓景》で窓越しに風景を写したことに関して、中野は興味深いコメントを残している。通常部屋の中から外を見れば部屋もその眺められる風景の一部に入っている。だがそのような風景を写真に撮るとき、人は窓枠を除外した外の風景だけを切り取ろうとしてしまう。窓をも含めた風景を写すことは、そのように省略されてしまった自分の空間を戻す行為であったのだと語っているのだ[21]。

　窓枠を外して撮ろうとする振る舞いには、「写真家」としての「私」の居場所＝「フレーム」の存在を無意識のうちに抑圧していることが指摘できよう。対して、「東京窓景」の一枚一枚に写し込まれた窓枠は、「フレーム」＝東京をみる「私」の居場所を示すものではないだろうか。つまり、前作《TOKYO NOBODY》において、暗示的に示されていた写真ごしに東京をみる「私」の

居場所が、本作においては窓枠の写し込みによって視覚化されているのである。そして、その居場所とは、《東京窓景》の写真が示すように、そこから窓越しに外の東京を眺めるところの部屋の中、「内側」に位置している。そこには、これまで確認してきた60年代の作品が「外側から」東京を眺める「東京人」の眼差しを率直に反映していたのに対し、《東京窓景》では東京への眼差しが、「外側から」のものではなく「内側から」のものとして捉え直されているという点が指摘できる。この転換はいかなる経緯によって可能となったのだろうか。写真集『東京窓景』に寄せられた作者執筆のテクストには、創作メモと思しき断章が三つ収録されている。そのうちの一つ、「窓からの東京考察（その1）2003年10月」には以下のようにある。

> 三ツ又に分岐する首都高速のジャンクションの際に建つペンシルビルの7階の窓から、茫洋とした面持ちで此方を見つめる初老の紳士が見える。魂を飛ばして彼の視覚を覗き込む。1分に20mの葡匐前進を繰り返す数珠繋がりの渋滞の列の中に、僕の黒いワゴンを発見する。内と外を180°反転して見る眺めは、なるほど無秩序な東京の典型的混沌風景だ。[22]

　引用した断章で語られるエピソードは、「内と外を180°反転して見る」こと、すなわち、窓越しに東京を眺める彼方の紳士における眼差しを、高速道路で渋滞を待つ中野＝此方の人物が借り受けることができるという点を示している。言い換えれば、その眼差しとは、彼方であるような「私」のものなのだ。そして、このような借り受けにおいて、一人の「東京人」たる紳士の眼差しは、「外側から」のものではなく「内側から」のものとして捉え直されているのである。一番初めに撮影された《東京窓景》は、信濃町のペンシルビルから高速道路沿いの街並みを臨む一枚であった[23]。本シリーズの中には、高速道路を臨む窓から撮影されたものが幾つかある。それらの窓景を見るとき、その景色もまた創作メモが示す情景と呼応するものに思われてならない。《東京窓景》に写し込まれる窓枠＝「フレーム」が示す「私」とは、彼方であるような「私」である。そこで写真は、彼方と「私」をつなぐ「窓」として存在しているのだ。
　急いで付け加えておきたいのは、ここでいう彼方とは一人の人物、すなわち

名前で特定されるような個人に限定されるものではないという点である。本シリーズを構成する一枚一枚に写し込まれる室内の様子は、その持ち主の個性が絶妙なバランスで抑制されている。このような抑制を効かせることで中野が示しているのは、東京という都市で暮らす無数の人々を指し示すところの彼方（あなた）なのだ。

そして、この意味において《東京窓景》の写真は、見る人をイメージ世界における閉鎖的な自己充足からひと時解き放ち、現実の都市へのアクセシビリティ、とりわけ現実の都市を行き交う無数の彼方（あなた）へのアクセシビリティを保つものとなっているのだろう。それは次のように言い換えられるかもしれない。1960年代の写真による都市表象が独りぼっちであるところの「写真家」たる「東京人」の存在を示していたのに対し、現在における《東京窓景》は、そのような独りの「東京人」が手に入れるかもしれない、彼方（あなた）であるような「私」という新たな居場所を示しているのであると。

《東京窓景》を構成する一枚一枚は、紗幕のような「壁」を超える。それは、写真ごしに東京をみる「私」が都市を行き交う「東京人」であるところの彼方（あなた）

[図15] 中野正貴「5, Jun '04 Shibuya Shibuya-ku」2004年、《東京窓景》

へと開かれているからであった。そう考える時、スクランブル交差点を臨む一枚の窓景［図15］からふと連想してしまうものは"予言"の一種なのだろうか。無人だったその写真（都市）に、無数の彼方（あなた）たちが帰ってくるその様子だ。

註

1｜毎日新聞HP「写真家/中野正貴　誰も見ぬ東京を撮影してきた写真家が撮る新たな東京の景色」、〈https://mainichi.jp/articles/20200925/org/00m/200/004000c〉（最終閲覧日：2023年1月20日）。
2｜飯沢耕太郎「東京都写真美術館収蔵作品による東京人の場所」、『東京人』1990年7月号、都市出版、15-20頁。
3｜土門の作品に対する飯沢の表記に倣い、ここでは制作年を示した。
4｜飯沢耕太郎、前掲書、15頁。
5｜高梨豊「東京人」、『カメラ毎日』1966年1月号、毎日新聞社、14頁。
6｜ノートに記された誌面構成では、44枚の写真をレイアウトする企画であった。
7｜高梨豊『ライカな眼』毎日コミュニケーションズ、2002年、66頁。
8｜高梨豊「Tomorrow」、『カメラ毎日』1963年5月号、毎日新聞社、49頁。
9｜東松照明「アスファルト」、『カメラ毎日』1961年9月号、毎日新聞社、26頁。
10｜上野昂志『写真家東松照明』青土社、1999年、141頁。
11｜桑原甲子雄「現代写真の原点として」、東松照明『I am a king』写真評論社、1972年、266頁。
12｜多木浩二「東松照明論」、『カメラ時代』1966年7月号、写真同人社、45-46頁。
13｜多木浩二「映像の原点──東松照明〈われらをめぐる海〉の美学」、『季刊デザイン批評』1967年3月号、風土社、106頁。

14｜同書、同頁。
15｜後年、伊藤俊治との対談の中で、本連載の共同制作者の一人であった森山大道は、この共同制作がアノニマスな方向性へと向かうものであったことを指摘している。伊藤俊治・森山大道「写真が語り続ける東松照明と「新しく」出会うために」、『現代思想』2013年5月臨時増刊号、現代思想社、28頁。
16｜中野正貴「東京アジアン・アイデンティティー「TOKYO NOBODY」から「東京窓景」へ」、高橋世織編『映画と写真は都市をどう描いたか』ウェッジ、2007年、129-130頁。
17｜同書、130頁。
18｜「中野正貴　写真展「東京」」〈https://www.youtube.com/watch?v=EhlfNu8uUwA〉（最終閲覧日：2023年1月20日）。
19｜この「幻の過剰」を感覚的に納得させるものとして、三浦は鏡の比喩を挙げている。鏡を用いることによって、そこに一人の人物がいることを数え上げるように認識できる。
20｜三浦雅士『幻のもうひとり』冬樹社、1991年、19-20頁。
21｜「中野正貴　写真展「東京」」、前掲ウェブサイト。
22｜「東京窓景」、中野正貴『東京窓景 TOKYO WINDOWS』河出書房新社、2004年。
23｜中野正貴・大竹昭子「木村伊兵衛写真賞2004最新受賞者対談　50歳で新人賞というのもありだな」、『アサヒカメラ』2005年4月号、朝日新聞社、6頁。

参考文献

飯沢耕太郎「東京都写真美術館収蔵作品による東京人の場所」、『東京人』1990年7月号、都市出版

伊藤俊治・森山大道「写真が語り続ける東松照明と「新しく」出会うために」、『現代思想』2013年5月臨時増刊号、現代思想社

上野昂志『写真家東松照明』青土社、1999年

高梨豊「Tomorrow」、『カメラ毎日』1963年5月号、毎日新聞社

―――「東京人」、『カメラ毎日』1966年1月号、毎日新聞社

―――『都市へ』、別冊『東京人ノート』イザラ書房、1974年

―――『ライカな眼』毎日コミュニケーションズ、2002年

多木浩二「東松照明論」、『カメラ時代』1966年7月号、写真同人社

―――「映像の原点――東松照明〈われらをめぐる海〉の美学」、『季刊デザイン批評』1967年3月号、風土社

東松照明「アスファルト」、『カメラ毎日』1961年9月号、毎日新聞社

―――『I am a king』写真評論社、1972年

―――『日本列島クロニクル――東松照明の50年』東京都写真美術館、2000年

―――、高梨豊「写真」、『現代の眼』1964年9月号、現代評論社

中野正貴『TOKYO NOBODY』リトル・モア、2000年

―――『東京窓景 TOKYO WINDOWS』河出書房新社、2004年

―――・大竹昭子「木村伊兵衛写真賞2004最新受賞者対談 50歳で新人賞というのもありだな」、『アサヒカメラ』2005年4月号、朝日新聞社、6-7頁

―――「東京アジアン・アイデンティティー「TOKYO NOBODY」から「東京窓景」へ」、高橋世織編『映画と写真は都市をどう描いたか』ウェッジ、2007年

「中野正貴 写真展「東京」」、〈https://www.youtube.com/watch?v=EhlfNu8uUwA〉

毎日新聞HP「写真家／中野正貴　誰も見ぬ東京を撮影してきた写真家が撮る新たな東京の景色」、〈https://mainichi.jp/articles/20200925/org/00m/200/004000c〉

三浦雅士『幻のもうひとり』冬樹社、1991年

【後　記】

　書いてから一年以上が経った。奇妙な論だと思う。「地面から数センチ浮いて暮らしています」という人の口述筆記を見ているような感じだ。この論がいうところの「東京」は「じゃあ、何時に集合で！」と言って友人と集えるような具体的な場所としてのそれとはどこかで断絶している。写真の中にある「東京」のアクチュアリティにこだわったのがその所以ではあろう。だが、事態はその点に留まるものでもなさそうだ。無観客のオリンピックが終わり、外出自粛も緩和されて、人々はゆるゆると再会を果たし、元の職場や学校へ足を運ぶようになった。それでもなお、見慣れているはずの街はそれを「覗いている」かのようによそよそしく感じる。また、リモートワークの浸透によって、PCの小さな「窓」ごしに繋がることも覚えた。いずれも論考で描出した諸感覚と呼応する。私たちは感覚もろとも以前とは別の「東京」へ送り込まれてしまったのではないか。そんな気がしてくる。

無柱のメカニクス／
かたちのポピュリズム
──フラー・山田守・坪井善勝・丹下健三

吉野良祐

〈建築〉が暗殺された。

ザハ・ハディドの悲報を聞いて、私は憤っている。

──磯崎新[1]

1　都市の混乱と建築の瀕死

　建築家ザハ・ハディドの訃報を受けた磯崎新は、彼女を葬った日本の政府や社会への怒りをこのように綴った。もちろん、東京オリンピック・パラリンピックの新国立競技場設計案の白紙撤回が念頭にある。急ごしらえのコンペティションに彼女が提出した圧倒的な造形と近未来的なイメージは、2013年の五輪招致成功に大いに貢献した。しかし、デザインや工費への批判が世論に火をつけ、中には排外主義的な論調まで登場するなか、政府は日和見的にプランの白紙化を発表する。ザハ・ハディドの死は、その宣告のわずか数か月後、2016年3月31日であった。

　磯崎は、香港の「ザ・ピーク」のコンペ (1983年) で、一度は落選案に分類された応募案の中からザハ・ハディドのプランを発掘した張本人である。このコンペでの彼女の「華々しい登場」[2]は、審査員の磯崎によって演出されたものであったし、奇しくも、この時のコンペ案も、施主側の問題で着工できず実現しなかった。「〈建築〉が暗殺された」で始まるこの追悼文は、そんな磯崎の個人的な思

い入れが滲み出るものではある。しかし、ここで「暗殺された」とされるのが、ザハ・ハディド自身ではなく、あくまで「建築」であることに注目しよう。磯崎はさらに、彼女こそ「瀕死状態にある建築を蘇生させる救い主」であったと振り返る。すなわち、すでに「瀕死状態」であった建築が、ザハ・ハディドの死によって「暗殺」されたのである。

*

そもそも磯崎は、建築の「瀕死状態」を世に問い続けていた建築家だった。そのもっとも初期の例のひとつが、1958年の『建築文化』に掲載された「小住宅設計ばんざい」という小稿で、磯崎が、建築史家の伊藤ていじ、都市計画家の川上秀光と共同で発表したテクストであった。

> さよう、賢明な建築家諸君がすでに実行しているように、もうからない小住宅設計をやりながら、割のいい建築設計をくれるオーナーを見つけだすことである。小住宅のプランニングはもう大衆化したし、今後もっと大衆化するであろうし、足がかりにすぎない小住宅をどう設計しようと、今となってはもうかれ.これ.い.うすじあいは何もない。[3]

磯崎、伊藤、川上の3人はこの記事にこそ実名で署名したものの、その後、「はったりや」とも読める八田利也のペンネームによって、現代都市と建築をめぐる論考（というより檄文に近い）を次々と発表してゆく。この「小住宅設計ばんざい」というタイトルもある種のハッタリで、建築界の行き詰まりや建築家の置かれた絶望的な状況を描き出しながら、妥協的な活路としての小住宅設計にアイロニカルな「万歳」の辞を送る。思い返せば昭和戦前期、住宅の設計は建築家にとっての前衛であり、1935年に竣工する土浦亀喜や谷口吉郎の自邸をはじめ、日本におけるモダニズム住宅の代表作が次々と生み出されていた[4]。対してこのテクストが発表された1960年前後といえば、戦災復興と人口増加への対応に追われ、「量」の問題[5]をいかに解決するかが重要な課題となっていた。51C型[6]の標準設計で知られる公営住宅が次々と建設され、規格化・効率化・合理化がキーワードとなり、有閑階級のための前衛的な小住宅の設計など浮世離れも甚だしい、そんな時代であった。

「ばんざい」の翌1959年に八田利也名義で発表された「〈凶〉都市の混乱を助長し破局の到るを待て」[7]は、そのタイトルだけで、「瀕死状態」の都市や建築に唯物史観的な革命論の構図を持ちこもうとする、そんな磯崎らのシニカルなやり口、あるいはハッタリが透けて見えるだろう。革命に加担するかはさておいたとしても、戦後の混乱を生きる建築家は、都市の危機を横目に、破局の先にあるユートピアまで生き延びねばならない。この檄文は、次のような一節で結ばれる。

> 生意気な小保守主義者、目先のきかぬ独占資本家、頑迷なビューロクラシーを相手にして、建築家はふんぞりかえって彼らのウラをかくような悪知恵を身につけた方がよい。[8]

　新国立競技場のザハ案が「炎上」したとき、彼女とそのチームが対峙しなければならなかったのは、まさに、生意気な小保守主義者、目先のきかぬ独占資本家、頑迷なビューロクラシー、だったのかもしれない。それは、「ハッタリ屋」の頃から磯崎らが向き合ってきた、日本の都市と建築のオブセッションであった。

2　フラー・ブームと正力松太郎の戦略

　磯崎がまなざした「瀕死状態」の輪郭をさらに彫り出すべく、1960年代の東京の都市と建築をめぐるいくつかのエピソードを辿ってみよう。
　オリンピックを3年後に控えた1961年、バックミンスター・フラー[9]が来日して話題となった。フラーといえば、今では「宇宙船地球号」のコンセプトが良く知られ、環境問題に意識的に取り組んだ先駆的な科学者として語られることが多いが、フラー・ドームと呼ばれる構造システム［図1］やダイマキシオン・ハウス[10]などの発明によってその頃の建築や都市計画の分野にも一定の影響力があった。ただ、夢想的な案も多いためか、フラーの建築史上の位置づけはやや異端的なものである[11]し、彼が日本で実現したいくつかのプロジェクトはほとんど誰からも記憶されていないだろう。しかし、当時の報道を繙くと、どう

[図1] フラーによるモントリオール万博覧会アメリカ館、1967年
（開幕前の様子）　写真提供：朝日新聞社

やらフラーの来日は、日本社会にムーヴメントをもたらしていたようなのである。

　フラーの来日を企画した人物こそ、読売新聞社主で政財界に大きな影響力のあった正力松太郎その人であった。『読売新聞』正月号の社告に、「新年に贈る２大企画」のひとつとしてフラーの来日情報が公開され、２月に来日し１か月ほど日本各地を巡ることが予告された[12]。来日間近の１月下旬には、1週間にわたってフラーの業績を伝える記事が連載され[13]、来日の機運が醸成されていった。これらの論調から、正力と読売新聞社がフラーを招いた意図が見えてくる。「消費ブームをうたわれながら、いまだに二百七十万戸におよぶ住宅不足に悩む日本にとって、博士の訪日はその解決に一つのヒントを与えてくれるに違いない」[14]、「住宅の不合理性になやむ日本の大衆に益するところ多大である」[15]と、フラーの組み立て住宅が日本社会に与える公益性をタテマエとしながらも、「日本テレビが計画中の「屋根つき野球場」の実現にも巨歩を加える」[16]という記述もみられ、巨人軍を擁し、ゴルフ場建設やオーケストラの立ち上げを計画するなど経営の多角化を目指す読売新聞社が、球場などの施設建設のために、話題性に富んだ設計上のパートナーを探していたということもうかがえる。

　1961年2月2日、いよいよフラーが来日する。フラーの乗る鉄道の時刻まで報じられるなど、首相動静を思わせるような報道ぶりで、6日に開催されたレセ

プションパーティーでは、外相、建設相、科学技術庁長官など政府の要人を始め、鈴木俊一東京都知事や住宅公団総裁、五大ゼネコン幹部、前川國男や武藤清ら第一線の建築家や建築学者が一堂に会した[17]。フラーというより、これだけの面々を集める正力松太郎おそるべし、というべきかもしれないが、いずれにせよ、一介の科学者・建築家に過ぎないフラーが国賓級の待遇を受けていた。

　大衆からの注目も大きく、翌日の講演会には2000人以上が押しかけ、ホールに入りきれない数百人は「帰ってテレビを」[18]の事態であった。この講演会はカラー放送を開始して間もない日本テレビが即日放映し、数日後の読売新聞の紙面にはテレビで講演を見て感激したという埼玉県の主婦からの投書も紹介される[19]。札幌、仙台、日光、高岡、大阪、京都など各地の講演会は連日大盛況、渋谷の東急百貨店ではフラーが持参した建築資料を用いて「未来の建築展」が開催され、「二万円住宅」はデパートの屋上に実物が展示されて話題を呼んだ。新聞、雑誌[20]、テレビ、展覧会、百貨店などさまざまなメディアが、ドーム建築への賛辞と共にフラーの動向を報じたことで、このムーヴメントが演出されていった[21]。

　そして、このドームという形態への人々の熱狂はおそらく、1960年前後から大阪万博にかけて日本のメディアを席巻した宇宙ブームを背景としたものだった。1957年、ライカ犬を乗せたソ連の人工衛星「スプートニク2号」の打ち上げ成功が大きな話題となったことを皮切りに、家庭用の望遠鏡が飛ぶように売れ、宇宙をテーマにした子供向けの雑誌や玩具が続々登場し、晴海の貿易センターでは宇宙大博覧会（1960年）が開催されるなど、空前の宇宙ブームが訪れていた。五藤光学のプラネタリウムが1959年に国産化を成し遂げ、ドーム型のプラネタリウム劇場が都心に建ち始めるなど、宇宙とドーム型建築のイメージ的な結びつきも強化されてゆく。SF映画や小説にもこのイメージは借用され、例えば、円谷英二が特撮を務めたSF映画《地球防衛軍》（1957年）では、地球侵略を目論む怪遊星人ミステリアンが富士山麓にドームを建設。「宇宙通信」（初出：『文藝春秋』1960年）や「宇宙からの客」（初出：『婦人画報』1961年）など、宇宙と近未来をモチーフにしたショートショートを発表していた星新一は、「儀式」（初出：『週刊F6セブン』1966年）において、やはり地球を侵略しようとする宇宙人が、自身の存在を地球人に知らしめて陽動するためにまず儀式的にドームを建てる、

[図2] フラーによる Project for Floating Cloud Structures（Cloud Nine）

という逆説にまで到達する[22]。このように、当時の宇宙ブームでは、ドームというフォルムが象徴的なアイコンとなっていた。

　フラーが日本社会から受けた熱烈な歓迎は、まさにこうした時代状況との呼応を示すだろう。「なにもかも、うまくいっているのが宇宙の構造であり、またすべての形をうまく組み立てていくと、その形は"球"にしかならない」[23]というフラーの言葉にあるように、ドームや球体は宇宙のイメージと直結し［図2］、近未来や新技術を連想させるものでもあったし、「なにもかも、うまくいっている」状態を表象するのだった。読売新聞の投書欄には、次のようなジョークまで現れる——「ドーム式住宅　家庭円満は保証します ——フーラー博士」[24]。

3　プレファブ住宅とコマーシャリズム

　ここでさらに注目すべきは、フラーの来日というムーヴメントを通じて、住宅という大衆にとって身近なスケールの問題と、球場やテーマパーク、さらには都市計画といった巨大なスケールの問題とが接続されたという点であろう。「マッチ箱のような小住宅」から「町ぐるみドームの下につつんでしまう巨大なマス・シェルター」[25]まで、フラーの構想のレンジは広い。球形を多面体に分割することで単純な線や面によって曲面を構成するフラー・ドームは、住宅から都市計画まで、様々なスケールの都市と建築の未来像を描き出す強力なイメー

ジを獲得した。庶民にとって身近な住宅という問題が、未来都市や宇宙開発の
ロマンに接続される感覚は、高度経済成長の真っ只中にいる大衆の心を掴んだ
ことだろう。

　しかも、フラーのドームを紹介するときに強調される「安く簡単にすぐ建て
られる」という利点は、1960年代以降の日本社会に急速に普及してゆく組み立
て住宅（工業化住宅／プレファブ住宅）のコマーシャル戦略とも合致するものであった。

　組み立て住宅の嚆矢となるのは、1959年に大和ハウス工業が発売したミゼッ
トハウスである。ミゼットハウスは、広さわずか6畳のいわゆるプレハブ方式
の建物で、注目すべきは、その商業的な戦略と成功である。「3時間で建てられ
る」といった印象的なコピーを纏い［図3］、百貨店には実物が展示される［図4］
など、ミゼットハウスは「建物」である以上に、「商品」であった[26]。同時期
に流行して「魔法のラーメン」と呼ばれたインスタントラーメンや、「これか
らのコーヒー」というコピーがつけられたインスタントコーヒーなど、安価で
簡単に手に入る商品こそが最先端であり、人々の「夢」[27]だった。

　このミゼットハウスの以降、いわゆる工業化住宅のプロトタイプが出現し、
やはり同様に、「これからの"住宅"」といった進歩的なイメージと共にマーケティ
ングが行われた。ミゼットハウスを百貨店に展示するかのような手つきで、住

［図3］ミゼットハウスのパンフレット
［図4］ミゼットハウス販売の様子
（上：大阪 扇町公園、下：百貨店）
写真提供：大和ハウス工業株式会社

宅展示場にはモデルハウスが建てられたし、そうしたイベントは、典型的なファミリー層むけの休日レジャーとしてパッケージングされるようになった[28]。住宅そのもののみならず、その売り方・選び方までもが商品化されたのだった。

　こうした事態を、当時の建築家たちはどのように眺めていただろうか。もちろん、住宅不足の日本社会に多くの住まいを供給することは正義に他ならないし、前川國男のプレモス[29]のように工業化住宅の前史となるプロジェクトを第一線の建築家が手掛けることもあった。メタボリズムの旗手である黒川紀章や川添登も、さっそく『プレハブ住宅』[30]を著して、登呂遺跡から現代までのスケールでプレハブ住宅の歴史的位置づけと将来性を探っている。そうした建築家からの関心はあくまで技術論や設計論の範疇であって、建築が商品のように振る舞わざるを得ない社会の到来は、建築家にとって晴天の霹靂に他ならない。八田利也に扮した磯崎新は言う、「建物はモニュメントではなくして、むしろ自動車、テレビにも似た消耗品となりつつある」[31]と。それが机上の空論ではなく現実となってしまったところに、日本のハウスメーカーの凄まじさがある。そして、東京というスプロールする都市こそ、そうした建築の商品化の最前線だった。

　フラー来日の熱狂は、先述したドームと宇宙の先進的イメージに加え、こうしたプレハブ住宅の鮮烈な登場やコマーシャリズムの台頭とも相性が良かった。それは、ドームというわかりやすいフォルムも相まって、庶民にとって想像しやすく手の届きやすい「夢」であったけれども、その一方で、大衆の表層的な熱狂とプレハブ住宅のメディア戦略に同質のポピュリズムを看破した者もいただろう。建築専門メディアが大きく報じていないところを見ると、建築界はこのムーヴメントに一定の距離を置いていた、ないしは冷ややかにまなざしていたようにも思える[32]。「巨人・大鵬・卵焼き」時代[33]をけん引し、世論をオリンピック待望論へと誘導したとも評される[34]正力松太郎は、たしかに高度経済成長期の都市文化の発展に大きな貢献を残したが、「生意気な小保守主義者・目先きのきかぬ独占資本家・頑迷なビューロクラシー」の姿を正力に見た者もいたかもしれない、というのは邪推だろうか[35]。

4　日本武道館のポピュリズム

　フラーのセンセーショナルな来日とおなじ1961年、正力松太郎はもうひとつ
の建築プロジェクトに着手することになる。国会議員柔道連盟の初代会長に就
任した正力は、6月16日の連盟結成の祝賀会の席で「"大殿堂"を丸の内、神田
といった都心に建設すれば、おのずと普及する。将来の外国人は国会よりも"大
殿堂"をみにくるようになろう」[36]と述べ、翌7月には議員連盟も発足[37]し、当時
としては破格の3万人規模の屋内競技場建設を目指すこととなった。正力は旗
振り役として、この日本武道館建設の先頭に立っていた。

　東京オリンピックではじめて競技種目として採用された柔道は、本来は代々
木体育館のプールに仮設した足場の上に畳を敷いて実施される計画であった。
その決定に「田舎の芝居小屋みたい」との批判を加え、岸田日出刀や高山英華
らによる手堅い施設計画をひっくり返してでも武道館の建設と競技実施にこだ
わったのは、正力松太郎をはじめとする政財界の重鎮たちである[38]。北の丸公
園の敷地決定が1963年7月、そこから急ごしらえの指名コンペが行われ、着工
が1963年10月［図5・6］。十分な準備期間があるとは言い難いプロジェクトであっ
たが、天皇からの異例の下賜金をはじめ各界からの後押しもあり、オリンピッ

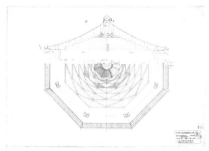

［図5］建設中の日本武道館、1964年6月（同年10月
完成）写真提供：共同通信社
［図6］日本武道館の屋根天井伏図

クの開会を目前に9月末の竣工を見る[39]。

　完成した日本武道館は山田守の設計だが、富士山をイメージした八角形の和風の銅板葺き屋根に擬宝珠を頂くというわかりやすい日本趣味を採ったもので、かつて分離派の旗手のひとりとして過去の様式建築と決別したはずの山田の作風とは対極的な意匠と思われた。加えて、コンペのプロセスが不透明で、建築家の審査員チームが大江宏の案を推す中、途中から国会議員の審査員が加わって山田の案が勝利する「不可思議なコンペ」[40]だと報じられた。戦前より、表層的な日本趣味建築と不公正な建築コンペは表裏一体の関係にあったとされ[41]、戦後の建築界は設計競技の民主化・公正化とデザインの革新を目指していたから、この武道館の設計はスキャンダラスに語られ、ときに山田守の建築家人生の「蹉跌」[42]とまで言われる。

　しかしそれはあくまで建築界内部の話であって、建築界の外を見ると、この新しい武道館を歓迎する雰囲気が支配的だったようだ。コンペに勝利した山田守は時の人として報じられ[43]、竣工時も「東京オリンピック大会の施設のうちでは、組織委ご自慢のもの」「法隆寺夢殿の優雅さと近代美をミックスしたもの」[44]「八角堂という純日本的な建築美、金と朱のあざやかな配色」[45]などと宣伝された。一方で、建築評論家の川添登は、八角堂や夢殿といったイメージのポピュリズムを喝破しつつ、次のような批判を加える。

　　　たとえば、金閣寺をそのまま拡大して料理店などを開業するものがもし現れたら、おそらく人びとは、その愚かさを笑うであろう。夢殿であれば、また武道館であれば、逆に大変に結構だ、という理屈はなりたたない。にもかかわらず、一般の人びとにはかなり評判が良いようである。その理由は、夢殿を模しているだけに、だれにでも理解しやすいこと、その伝統的な容姿が武道館にふさわしいと考えられること、皇居の石垣などの環境にマッチしていること、などにあると思われる。このことは建築家にとって、いかほど愚かに見えようとも、一考する価値がある。[46]

　わかりやすいイメージの流布に対して建築家への注意と自省を促していることにも注目したい。川添の語り口には、工業製品と同じように大衆に消費され

てゆく建築の形へのある種の諦観も混じる。

　シンボリックで分かりやすいデザインによって大衆社会にその地位を得た日本武道館は、晩年の山田の現実主義、あるいは「政治家のような清濁併せ飲む能力」[47]の産物と評することができるかもしれないし、そもそも山田が大衆や社会の嗜好をどこまで意識したかは当人以外知る由もない[48]。しかし1966年、反対意見も上がるなか、武道館でビートルズの公演が行われるなど、"武道の殿堂"のイメージすら大衆社会を前に無力であることが明らかになってゆく。「あのペートルなんとかちゅうのは、ありゃなんだね」(原文ママ)、「そんなもんを武道館に入れるわけにはいかんよ」[49]と表明した正力は、招聘公演を主催する読売新聞社主の立場と武道館の会長としての立場[50]とのジレンマに苛まれていたものの、結局、ビートルズの熱狂を容れられるだけのキャパシティのある会場が武道館くらいしかなく、説得され押し切られた[51]。その後の武道館は、武道の殿堂というより「音楽堂」として世間にイメージされるようになってゆき、擬宝珠は「大きな玉ねぎ」(爆風スランプ)とまで歌われる[52]。ビートルズ来日の2週間前に天寿を全うした山田守がこの皮肉な事態を見たら何と言うだろう。

5　娯楽の殿堂と商品化される性

　正力松太郎によって仕組まれたフラー・ブームと日本武道館は、わかりやすい形態イメージも手伝って大衆の支持を獲得することに成功した。しかしそれは、フラー・ドームが示す技術的な革新性や、武道館コンペの瑕疵に関する議論を覆い隠すことにもつながった。商品化した建築がメディアを通じて消費される社会は、そうした意味において建築を「瀕死状態」に追いやる。ここではさらに、象徴的な事例として浅草の新世界ビルをみてみたい。

　1959年11月にオープンしたこの「娯楽のデパート」は、鉄筋コンクリート地上7階、地下2階の遊興施設で、最上階にはプラネタリウムがあり、ドーム屋根が建物の外観にも表れる。隣には、鉄筋コンクリート造のビルに似つかわしくない五重塔があしらわれ、夜にはネオンが明滅してその姿が闇に浮かび上がった。奇しくも、ドームと日本趣味という、フラー・ブームと日本武道館を予言したかのような2つの形態が、脈絡もなくビルの屋上に並べられ、娯楽と消費

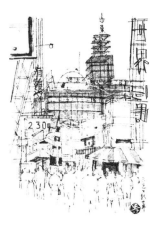

[図7] パンフレット『浅草 新世界』（新世界、1952年11月）に
描かれた新世界ビル　台東区立中央図書館蔵
[図8] 斉藤辰寿による新世界ビルのイラスト（『俳句研究』角
川マガジンズ、1961年8月）

のシンボルとなっていた［図7・8］。

　三島由紀夫「百万円煎餅」（初出：『新潮』1960年9月）は、この浅草新世界を舞台
にした短編小説である。健造と清子の若い夫婦が「おばさん」との待ち合わせ
のために新世界を訪れ、例の五重塔を見上げるところから小説は始まる。

> その明滅してゐる彩光の、淡い色ばかりで組み立てられた繊細な五重塔は、実
> に美しかった。〔…〕誰の手も届かない飛切りの生活の夢が、そこに純潔に蔵はれ
> てゐるやうな感じがして、二人は駐車場の柵によりかかつて、しばらくぼんや
> り空を仰いでゐた。[53]

　約束の時間までのあいだ、ふたりは新世界のビルの中を巡り、玩具売り場や
アトラクション、見世物に興じつつ、将来の家庭生活を思い描く他愛のない会
話を展開させてゆく。生真面目で堅実なこの夫婦は、家具家電やマイホームを
購入するための計画的な貯金を行っており、縁起がいいと言って健造がお菓子
売り場に並んだ50円の百万円煎餅を買おうとすると、清子は高いからと制す。
描き出されるのは、盛り場浅草の"娯楽の殿堂"で和やかな時を過ごす、堅気
な小市民の夫婦の姿である。五重塔のネオンも、そんなふたりにすれば「繊細」
で「純潔」なものなのだ。

　しかし物語の最終盤で、この夫婦の稼業が明かされる。待ち合わせていた「お

ばさん」は、その実、夫婦が出演するセックス・ショーの斡旋屋だ。夫婦は「お
ばさん」の案内に従って、ふたりを指名した「山の手の奥さん連中」の「クラ
ス会」を訪問し、一仕事を終えると再び浅草六区に戻ってくる。明かりが消え
た五重塔の前で、健造が毒づきながら湿気ている百万円煎餅を割ろうとしたと
ころで、物語が閉じられる。

　暗喩が巧妙に張り巡らされたこの小品において、新世界の建築的特徴もまた
小道具的な効果を担う。物語の冒頭、ライトアップされた新世界の五重塔をふ
たりが眺めるとき、この堅気な夫婦は娯楽の殿堂を前に心を躍らすごく普通の
消費者に他ならない。しかし、仕事から戻って閉店後の新世界の前に立ったと
き、暗がりに浮かび上がるふたりの姿はもとの消費者ではなく、消費された見
世物になり果てている。ネオンに照らされた消費の殿堂のフォルムが闇に消え
ることで、そこに取り残された商品としてのふたりが前景化する。

　この浅草新世界は、オープンから13年後の1972年には閉業し、短命のうちに
ビルも取り壊されてしまう。もちろん、浅草がかつての盛り場としての地位を
失っていったことなど、閉業の要因は複合的ではあるが、娯楽と消費という大
衆社会のシステムの上でしか成り立ち得ないこの「俗悪なキッチュさ」[54]を帯び
た建物は、はじめから「瀕死状態」だったのかもしれない。ドームと五重塔を
頂く新世界ビルは、流行という消費社会の自然淘汰を前に、大衆の欲望のまな
ざしを集めることで自らに延命治療を施すしかなかった。欲望の目に晒される
ことでなんとか生活の糧を得ていた健気な夫婦と同じように。

6　丹下と坪井の大空間

　正力松太郎は屋根つき野球場を完成させることなく、1969年にこの世を去る。
正力が生前にフラーと実現したプロジェクトは、オリンピックと同じ1964年に
オープンしたよみうりカントリークラブのスター・ドームくらいであった［図9・
10］。フラーの初期案に見られる先進的なアスペンション構造が予算の都合で
削られたというから[55]、フラーの構想が実現した建築とは言い難い。1961年の
来日時には、オリンピック競技場の設計について組織委員会がフラーに諮問す
る[56]ほどであったが、先述した日本武道館はもちろん、オリンピック競技場が

フラー・ドームを頂くことは無かった。

　ここで我々は、戦後日本における大空間建築のもうひとつの系譜を思い出さねばならない。すなわち丹下健三と坪井善勝の協働による構造デザインの系譜である。

　日本の建築設計を振り返るとき、1960年代は意匠設計と構造設計の協働が一定の成果を上げ、新しい構造システムがデザインと結びついて発展する事例が数多く存在する時代であった[57]。その中でも坪井善勝は、「デザインチームと構造チームのきわめて緊密な協力体制」[58]のもと、国立代々木屋内総合競技場という歴史的な傑作を生みだしたと構造家として、丹下健三と共に世界に名が知られることとなる。

　坪井は、1953年に竣工する愛媛県民館や広島子供の家から丹下と協働をはじめている。シェル構造[59]の探究と実践はこれらのプロジェクトで早くも成果を

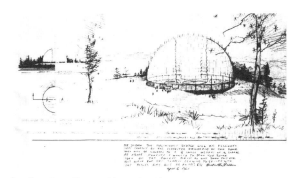

[図9] スター・ドームのドローイング

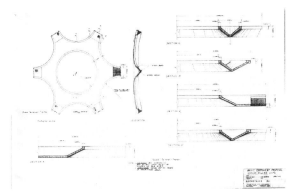

[図10] スター・ドームの屋根のユニット

上げていたが、村田政真と共に取り組んだ晴海のドーム（東京国際貿易センターの2号館）において、坪井は今までにないスケールの大空間に挑むこととなる。このとき坪井は、指導学生だった斎藤公男に「私のドームとは違ったコンセプトが米国にありそうなので、君が調べなさい」[60]と指示した。ほかならぬ、バックミンスター・フラーのドームである。この指示に従って卒論をまとめた斎藤に対し、坪井は「やっぱり、俺の晴海ドームのほうがきれいだな」と一言だけ返したという[61]。

　晴海での坪井の設計は、線材を組み合わせて曲面を構成する[62]という点では、フラーのアイディアと重なる部分もあったが、坪井は、フラーの構造システムに一定の評価を与えつつも、「力の流れを多少変えないと成り立たない」、「平面および立面が限定される」などとその弱点も見抜いていた[63]。この晴海のドームは、半球状のフラー・ドームとは異なる、抑制的なプロポーションの無柱空間となった［図11］。坪井は、この経験がデザイナー的な感性に目覚める機会のひとつだったと振り返り、構造的に安定しやすい「丸っこい形」を批判しながら、「構造というものは、あまり安心感があっちゃいけないんだ（笑い）。危険に見えても、本当はちっとも危険じゃないようなものが、スリルがあって面白いんだよ」[64]と言ってのける。ここで坪井が茶化しながら「丸っこい形」と呼んだ形態は、まぎれもなく、フラーのドームを念頭においたものだろう。

　その坪井が丹下とともに産み落とした代々木のオリンピック競技場[65]は、巨大な柱から伸びるワイヤーによって屋根が吊られるという「前代未聞」[66]の構法

［図11］坪井が構造設計を担当した晴海のドーム
撮影：平井勝夫（1959年）
写真提供：中央区立京橋図書館

が採用された。それは、球体ドームのように目指すべき形態が設計に先行するのではなく、設計プロセスにおける技術的な問題解決が新たな〈かたち〉[67]を生み出すという意味において画期的であった。表層的なフォルムの参照や引用はせず、内発的な力学（メカニクス）によって成立したこの〈かたち〉は、イメージの複製によって大衆に消費されるフラー・ドームや武道館のポピュリズムとは一線を画すものであったといえるだろう［図12・13］。

　この代々木体育館を「現代文明そのものに挑戦しようとした唯一の建築」[68]、「特殊な一品製品」[69]と呼んで称賛した川添登は、1950年代にいわゆる伝統論争・民

［図12］建設中の代々木競技場
（1964年7月31日撮影）
写真提供：朝日新聞社

［図13］代々木第一体育館の骨組み（1964年3月30日撮影）
写真提供：朝日新聞社

衆論争を仕組んで丹下健三の本格的な論壇デビューをバックアップした編集者として知られる。丹下は、その論争の延長上に、建築家と民衆の関係を次のように見定めていた。

> 民衆と密着し、建築家も民衆の一人であると自覚したとしても、そこからは建築家としてなんらの理解もうまれてはこない。建築家はむしろ外に立って民衆と建築のかかわりあいの現実、その問題点、その矛盾を認識しなければならない。さらにそれを克服してゆく方向に、空間的、形象的方法概念を提示しながら、建築と民衆の新しい関係をうち立ててゆかなければならない、ということのほうが大切なことである。[70]

　参照先を持たない代々木体育館の〈かたち〉は、民衆の「外」に立つ丹下によって示された「空間的、形象的方法概念」から自律的に発生したものであり、丹下はそれによって、消費社会へと突き進む大衆と建築家のあるべき関係性までも示そうとしていたのではないか。「東京計画1960」など、想像力と演出性に富んだプランでメディア戦略的な手腕を示した丹下は、オリンピックに際してもぬかりなく、自身の思考と実践を造形として世に問うたのだ。

7　宙吊りとなった東京2020の都市戦略

　ここで重要なことは、フラーや山田守の造形を断罪することでもなければ、丹下健三と坪井善勝にモダニズム建築の嘗ての輝きを見ることでもない。ましてや、消費社会における建築や都市の行く末に絶望することが本稿の意図ではない。ただ、大衆社会を前にした建築家が、民衆や消費社会との様々な距離のもとで設計という営みを展開する様を、1960年代という時代の断面から素描することを試みたに過ぎない。

　八田利也がいくらユートピアを夢見ても、結局のところ、その後の東京は"破局"など迎えることなく、いまだに我々は終わりなき開発のただ中にいる。戦後復興と高度経済成長の1964年と違い、オリンピックが都市にフィジカルな大変革をもたらすほど、2020年の東京には開発の余地が残っていないのかもしれ

ない。しかし、それでもなんとか新しい"余白"を見出しては、別の戦略を埋め込もうとしている。

高輪ゲートウェイ駅[71]は、JR品川駅と田町駅の間の車両基地跡地に"余白"を見出すプロジェクトであった。その命名を巡って巻き起った議論ばかりが記憶されるが、この駅もまた、オリンピックという祝祭のために設えられた舞台のひとつで、時間差で開発を行うことによって、オリンピックのパブリックビューイング等を行うイベント会場「東京2020ライブサイト」を仮設する計画が付随していた[72]。この計画のために駅舎と広場のみ2020年の暫定開業が目指され、3月14日に利用がスタートした。

Ginza Sony Park（以下、ソニーパーク）の例も新たな戦略として興味深い[73]。銀座の数寄屋橋交差点を半世紀にわたって見下ろしてきたソニービルを減築（ほとんど解体）し、新しいビルが建設されるまでの"時間的な余白"を利用して、実験的な公園を整備するというプロジェクトだ。1966年に竣工したソニービルの設計者芦原義信は、「銀座の庭」として公共性を発揮するソニースクエアを実現したが、このソニーパークはその再解釈である。「解体をデザインする」[74]ことで東京のスクラップ＆ビルドにオルタナティヴを示すと同時に、オリンピック・パラリンピックが閉幕する2020年9月まで公園として開放し、あえて「すぐに建てない」という選択をすることで、容積率いっぱいの床面積によって不動産収入を最大化するという都心のビル開発に対するアンチテーゼを示した。

高輪ゲートウェイ駅もソニーパークも、オリンピックに間に合わせてプロジェクトを完了させることはせず、むしろ再開発の中で生じる時間的空白をオリンピック期間に合わせ、仮設的な姿でその祝祭を迎え入れる戦略であった。それは、東京という「瀕死状態」の都市に新たな方法論で挑むプロジェクトとも言えるが、だからこそ、オリンピックの延期という予想だにしなかった事態は、プロジェクトそのものの宙吊りを余儀なくした。高輪ゲートウェイ駅の広場では、オリンピックのパブリックビューイングの代わりにTakanawa Gateway Festによって新駅開業を祝福せざるをえなかった。ソニーパークでも、2020年秋に予定されていた閉園が、「周辺環境や安全性への配慮」「行政的手続きの所要時間」を理由に1年延期され、（本当の理由は関係者のみ知るところであるが）あたかもオリンピックの延期に合わせるかのような格好になった。

[図14] 有楽町マリオンの壁面に
現れた2019年の広告キャンペー
ンと、「#2020あと1年」でTwitter
に投稿された写真の例

　感染者数やワクチンの接種状況が連日報道され、状況が刻一刻と変化する中、本当にやってくるかどうかわからない祝祭のことを語ることはできなくなる。数寄屋橋交差点を挟んでソニーパークの反対側、有楽町マリオンの壁面に2019年夏に現れた大広告を思い起こそう［図14］。「あと＿＿＿年」の空欄に指を1本重ねて写真を撮る2019年のキャンペーンは、予期せぬアイロニーとして現在にこだまする。

　祝祭を語れなくなった一方で、宙吊りだからこそ語られたこともあった。ゲンロンカフェで2021年5月14日に開催された「五十嵐太郎×山梨知彦×東浩紀 いまこそ語ろう、ザハ・ハディド」では、ザハ案の実施設計を担っていた日建設計の目線から、撤回騒動の舞台裏が語られた。当時の肥大化した世論に覆い隠された技術的チャレンジや建設的提案が披瀝され、一方では建築界にも反省を促しながら、「巨大建築が嫌われる」時代のある種の道標としてこの事件が記録された。この対談に登壇した五十嵐太郎は、著書『建築の東京』でも「ワイドショーに消費される」[75]ザハ案の悲劇を克明に記している。

　オリンピックの延期は大衆社会と都市・建築の距離を改めて浮き彫りにし、我々にその再考を促しているように思える。その予兆は、かつてのオリンピックの時代から「消費と観光と虚栄の都」[76]の混乱をまなざしてきた磯崎新のハッタリが、既に示していたのかもしれない。フラーや日本武道館を歓迎した消費とポピュリズムの構造は、半世紀以上の時を経て、ザハの炎上というひとつの致命的な帰結をもたらした。今こそ、その切実な記憶をこの東京に刻み込む方

法を、真剣に考えなければならない。そして、どうせ宙吊りになるならば、いっそ立ち止まって、「建築だけが消費の外にあり得るという想い」を「徹底的に捨て切」[77]ることを本気で試みるべきなのかもしれない。それは、消費社会に迎合するでも逆行するでもない、新たな道を探ることである。

註

1｜追悼文は建築関係者宛てに送られ、オンラインメディア等でも順次公開された。刊行物としては、五十嵐太郎『建築の東京』みすず書房、2020年、211頁などで確認できる。

2｜五十嵐太郎「【追悼】ザハ・ハディド──透視図法の解体からコンピュータの時代へ」(2016年4月)、10＋1 website、〈https://www.10plus1.jp/monthly/2016/04/issue-04.php〉(最終閲覧日：2023年2月21日)。

3｜伊藤ていじ・磯崎新・川上秀光「小住宅設計ばんざい」、『建築文化』Vol.13 No.14、彰国社、1958年4月、9頁。なおこのテクストは八田利也『現代建築愚作論──現代における都市と建築に関する考察』彰国社、1961年に「小住宅ばんざい」の題で採録されている(タイトル以外にも軽微な修正がみとめられる)。

4｜例えば、藤岡洋保「独立住宅に見る日本の近代」、『新建築住宅特集別冊／日本の家1945年以降の建築と暮らし』新建築社、2017年8月、224-231頁などで日本近代の住宅建築に関する時代背景や歴史的枠組みを確認できる。なお、同書は《日本の家 1945年以降の建築と暮らし》展の展覧会カタログとなっている。

5｜『現代建築愚作論』復刻版には藤村龍至「「量」から「アーキテクチャ」へ」という解題が付されており、当時の時代状況が現在と比較される(八田利也『復刻版 現代建築愚作論』彰国社、2011年、225-236頁)。

6｜東京大学工学部建築学科吉武研究室によって設計された、公営住宅標準設計 51C 型を指す。集合住宅内の12坪の住戸を想定したもので、食寝分離や就寝分解など新しい生活スタイルへと導く機能面での意図がみられる。褚秋霞『公営住宅標準設計 51C 型の成立と同時代の住戸型への影響に関する研究』筑波大学学位論文、2020年などに詳しい。

7｜八田利也「〈凶〉都市の混乱を助長し破局の到るを待て」、『建築文化』Vol.14 No.5、彰国社、1959年5月号、19-22頁。この論考は、八田利也『現代建築愚作論』前掲書には「都市の混乱を助長し破局に到るを待て─大凶篇─」のタイトルで採録される。

8｜八田利也、前掲論文、22頁。

9｜フラーに関する近年の重要な研究成果に、フラーらを中心とする建築家集団SSAの言論活動を跡付けた印牧岳彦『SSA ──緊急事態下の建築ユートピア』鹿島出版会、2023年がある。なお、Buckminster Fullerの名前は「フラー」と表記するのが現在一般的だが、1961年当時の記事には「フーラー」とされることが多い。論考中では原則として「フラー」を使用するが、引用中の表記は原文ママとした。

10｜ダイマキシオンはフラーによる造語で、より少ない材料やコストで最大の効果を発揮する(ダイナミックであり、maximum efficiency ──最大限の能率をもつ)というフラーのコンセプトを象徴する語として使用された。球という形状もこのアイディアを裏付けるものとして語られる(『日本大百科全書』に収録された「フラー」の項(近江栄執筆)による)。

11｜なお、磯崎新は『へるめす』の連載〈中断されたユートピア〉においてバックミンスター・フラーを「徹頭徹尾ユートピアンだった」と評し、「フラーは発明家であって建築家ではないから、《建築》という文脈を考慮することもない」と位置付ける(磯崎新「バックミンスター・フラーの「ダイマキシオン」」、『へるめす』No.24、岩波書店、1990年3月、97-106頁)。

12｜「新年に贈る2大企画　フーラー博士を招く王座復活「囲碁名人戦」／読売新聞社(社告)」『読売新聞』1961年1月1日。

13｜1月23日から28日まで、「未来の男　フーラー博士」のシリーズ名で連載された。

14｜「[未来の男　フーラー博士]＝1　ドーム建築の鬼才(連載)」『読売新聞』、1961年1月23日。

15｜「新年に贈る2大企画　フーラー博士を招く王座復活「囲碁名人戦」／読売新聞社(社告)」、前掲記事。

16｜同記事。

17｜「各界の権威がズラリ　フーラー博士歓迎レセプション」、『読売新聞』1961年2月7日。

18｜「超満員のフーラー博士講演会　建築の未来図描く　聴衆　ドームの魅力に酔う」『読売新聞』1961年2月9日。

19｜『読売新聞』1961年2月12日の「放送塔」欄。

20｜やはり読売新聞社の『週刊読売』にフラー関連の記事が登場している(1961年2月の第7号、第9号など)。

21｜フラーを取り上げたのは主に、読売新聞社の傘下または正力と近い関係にあるメディアや企業であった。なお、読売新聞に掲載された記事や図版などをまとめてR・B・フーラー『宇宙時代の新住宅──フーラー原理の秘密』読売新聞社、1961年が刊行されている。

22｜本稿の執筆にあたっては星新一『マイ国家 改版』新潮社、2014年、29-35頁に採録されたテクストを参照した。

23｜「[未来の男　フーラー博士]＝6完　町を包むドーム(連載)」『読売新聞』1961年1月28日。

24｜「[USO放送]ドーム式住宅」『読売新聞』1961年2月13日。なお、USO放送は、1950年の開始以来、2023年現在も継続している、風刺やジョーク

の投書欄である。

25｜「[未来の男　フーラー博士]＝6完　町を包むドーム(連載)」、前掲記事。

26｜カーペットや勉強机、本棚などと抱き合わせで販売する強味を強調したことで百貨店での取り扱いが叶ったという。また、東芝のブランド力を借りて、「東芝ミゼット」の名で売り出したこともヒットに一躍買った。こうした商品としての販売戦略やブランディングの先進性は、当時の担当者によって回想されている(松村秀一ほか『箱の産業──プレハブ住宅技術者たちの証言』彰国社、2013年、23-24頁)。

27｜松村秀一は、工業化住宅をフラーらの仕事と並べつつ、「巨匠たちの住宅と同じ夢、クオリティの夢を乗せていた」と述べる(松村秀一『住に纏わる建築の夢──ダイマキシオン居住機械からガンツ構法まで』東洋書店、2006年、40頁)。

28｜例えば「[広告]プレハブ住宅展／小田急・向ヶ丘遊園」『読売新聞』1963年10月25日など。

29｜戦後間もない時期に前川國男が手掛けた木造の量産住宅。1000棟ほどを生産したが十分な成果をあげられず、「失敗」と評されることが多い(藤森照信『昭和住宅物語──初期モダニズムからポストモダンまで23の住まいと建築家』新建築社、1990年など)。

30｜川添登・黒川紀章『プレハブ住宅』東京中日新聞出版局、1964年。

31｜八田利也、前掲論文、101頁。

32｜建築専門誌の『新建築』では、小さな時報欄で扱われるのみで、「建築家諸氏には、フーラー博士の来日より、コルビジェ展の方が魅力があったのではないだろうか」と書かれる(「しんけんちく・にゅうす」、『新建築』Vol.36 No.3、新建築社、1961年3月号、121頁)。

33｜日本の高度成長期の流行語。プロ野球の巨人、力士の大鵬、食べ物の卵焼きと、当時の子供に人気があるものを挙げた言葉(『デジタル大辞泉』による)。

34｜例えば佐藤剛『ウェルカム！ビートルズ──1966年の武道館公演を実現させたビジネスマンたち』リットーミュージック、2018年、278頁。

35｜なお正力松太郎が科学技術庁長官を務めて

いた1958年、科学技術会議設置法案が国会に提出され、研究への国家統制ともとれる動きがあった。これに対して日本学術会議第26回総会は全会一致で反対決議を出したものの、その後妥協的な経緯を経て法案は成立した。廣重徹らは当時からこの問題に警鐘を鳴らしている（廣重徹『戦後日本の科学運動』中央公論社、1960年）。

36｜「柔剣道の大殿堂を　議員連盟　正力会長が呼びかけ」、『読売新聞』1961年6月17日。

37｜「3万人収容の大殿堂「武道会館」建設議員連盟が発足」『読売新聞』1961年7月6日。

38｜武道館の建設経緯について、吉田研介「山田守と二つの「違反」」、『日本建築学会大会学術講演梗概集』日本建築学会、2015年などに詳しい。

39｜武道館の建設過程の詳細は『日本武道館五十年史』日本武道館、2015年などを参照。

40｜『新建築』1963年10月号による表現。吉田研介、前掲論文にも経過がまとめられている。さらに、山田が教鞭をとった東海大学の松前重義が日本武道館の建設委員長を務めていたことも疑念の一因となった。

41｜戦前のコンペでは、いわゆる帝冠様式（鉄筋コンクリート造の建物に和風の瓦屋根を載せた設計）が勝利のための条件のようになっていた。近江栄『建築設計競技──コンペティションの系譜と展望』鹿島出版会、1986年などに詳しい。

42｜建築史家の藤岡洋保による表現。藤岡洋保「山田守再考──合目的性に対応する新しい建築美をめざして」、建築家山田守展実行委員会『建築家山田守作品集』東海大学出版会、2006年、14頁。なお、山田の晩年のもうひとつの代表作である京都タワーも、景観論争によって多くの批判を浴びた。

43｜例えば「［時の人］日本武道館を設計した山田守」『読売新聞』1963年10月8日や「人　山田守」『朝日新聞』1963年8月31日など。

44｜「東京五輪大会　柔道：3日日本武道館の落成式」『毎日新聞』1964年10月2日。

45｜「［施設めぐり］日本武道館　北の丸公園の心臓部に完成」『読売新聞』1964年9月27日。

46｜川添登『現代都市と建築』三一書房、1965年、147-148頁。

47｜吉田研介、前掲書。

48｜藤岡は「形の社会性」を重視していなかった、と論じている（藤岡洋保、前掲論文、16頁）。

49｜「ペートルズというのは何者だ！」、前掲記事や「もみにもんだビートルズ会場──日本武道館使用の理屈と対面」『週刊新潮』1966年6月25日、126-129頁などで経過をうかがい知ることができる。

50｜正力の武道館への思い入れと影響力は大きく、正力自身も「ぼくが造ったようなもの」と発言するほどであった（「ペートルズというのは何者だ！」、『サンデー毎日』1966年6月12日号）。

51｜赤尾敏ら保守的な立場からの反対意見が上がるなか（たとえば恩蔵茂「赤尾敏が「中止」を絶叫したビートルズ来日」、『歴史通』No.43、2016年7月、202-211頁で経過を確認できる）、最後はビートルズがイギリス女王からの勲章を得ているというオーソリティを盾に、正力や読売新聞が右派言論を説得する側に回るという逆説的な構図になった。

52｜例えば大宮司勝弘「メディアと山田建築」、建築家山田守展実行委員会、前掲書、106 107頁。

53｜引用は初出に拠った（三島由紀夫「百万円煎餅」、『新潮』Vol.57 No.9、新潮社、1960年9月、102-103頁）が、必要に応じて新字に改めた。

54｜中元さおりは、新世界を「コピー的な空間」とし、そこでの消費行動を「コピーとの戯れ」と解釈する（中元さおり「三島由紀夫「百万円煎餅」論──コピー化していく世界」、『近代文学試論』No.49、広島大学近代文学研究会、2011年12月、35-46頁）

55｜James Ward, *The Artifacts of R. Buckminster Fuller Volume Four*, New York and London: Garland Publishing, 1985, p.3.

56｜1961年の来日時、オリンピック組織委員会がフラーに助言を乞う場面があった（例えば1961年2月16日付の『読売新聞』には「屋内総合体育館の建設にフーラー博士の力を　五輪組織委が申し入れ」の記事がある）が、その後フラーがオリンピック施設に関与したという記録や証言は見当たらない。

57｜斎藤公男「ホリスティックなデザインへ」、『建築雑誌』No.1712、日本建築学会、2018年6月、10-13頁や川口衛「構造デザインの基礎をつくっ

た1960年代」、『建築雑誌』No.1355、日本建築学会、1994年4月、40-41頁など。

58｜川口衛、同論文。

59｜シェル構造とは、一体化した薄い曲面板によって大きな空間を覆う構造形式。日本では、1960年代以降に技術的な進展がみられ、坪井善勝はその基礎を築いた構造家であり、坪井と協働した丹下健三は、オリンピックスタジアム以外にも例えば東京カテドラル聖マリア大聖堂（1964年）などで大規模なシェル構造を採用している。

60｜斎藤公男「建築学とデザイン（力）の融合をめざして」、『建築雑誌』No.1566、日本建築学会、2007年9月、4-7頁。

61｜斎藤公男「オリンピックレガシー1964 代々木編［上］」、『建築ジャーナル』No.1239、建築ジャーナル、2015年6月など、斎藤はこのエピソードをいくつかのインタビューや記事で披露している。

62｜「建築家の肖像 斎藤公男」、Architect's magazine、https://www.arc-agency.jp/magazine/4358〉（最終閲覧日：2023年2月21日）。

63｜坪井善勝「2号館の構造設計について」、『建築文化』Vol.14 No.6、彰国社、1959年6月、45-50頁。

64｜坪井善勝「直観の復活」、『建築雑誌』No.1246、日本建築学会、1986年5月、3-8頁。

65｜この建築に言及する論文、記事、書籍は無数にあるが、近年は豊川斎赫による丹下健三の再検討などが重要で、代々木競技場についても『国立代々木競技場と丹下健三──成長の時代の象徴から、成熟の時代の象徴へ』TOTO出版、2021年がまとめられている。なお、本稿の執筆中の2021年5月中旬、代々木体育館が国の重要文化財に指定されることが決まった。2023年3月現在、重要文化財の建築の中で最も竣工年の遅い建物、すなわち

最も若い重要文化財である。

66｜豊川斎赫『丹下健三──戦後日本の構想者』岩波書店、2016年では、コンクリートシェルの欠点を挙げつつ吊り屋根の構想を説明するほか、80頁において、丹下の同時代のテクストを引きながら、「成績至上主義や貨幣万能主義的な世界観を乗り越え、本来的な人間を生み出す場」を構想したと論じている。

67｜1960年代、菊竹清則の「か・かた・かたち」をはじめ、形態の創造原理の理論化に関心が払われた（『建築代謝論──か・かた・かたち』彰国社、1969年）。原理や構想である〈か〉が法則や技術を伴う〈かた〉となり、現象としての〈かたち〉に結びつくという菊竹のアイディアは、代々木体育館の形態創造原理にアナロジーすることができよう。

68｜川添登、前掲書、156頁。

69｜同書、157頁。

70｜丹下健三『復刻版 人間と建築』彰国社、2001年、36頁。

71｜『新建築』Vol.95 No.7、新建築社、2020年5月でその概要を知ることができる。

72｜『新建築』Vol.95 No.11、新建築社、2020年9月でその概要を知ることができる。

73｜『新建築』Vol.93 No.10、新建築社、2018年9月などでその概要を知ることができる。

74｜荒木信雄「場、建築のリレー 社会、都市と並走するシステム」、『新建築』Vol.93 No.10、新建築社、2018年9月。

75｜五十嵐太郎、前掲書、189頁。

76｜川添登、前掲書、165頁。

77｜伊東豊雄「消費の海に浸らずして新しい建築はない」、『新建築』Vol.64 No.11、新建築社、1989年11月、201頁。

参考文献

荒木信雄「場、建築のリレー 社会、都市と並走するシステム」、『新建築』Vol.93 No.10、新建築社、2018年9月

五十嵐太郎「【追悼】ザハ・ハディド──透視図法の解体からコンピュータの時代へ」（2016年4月）、

10＋1 website、https://www.10plus1.jp/monthly/2016/04/issue-04.php

─────『建築の東京』みすず書房、2020年

磯崎新「バックミンスター・フラーの「ダイマキシオン」」、『へるめす』No.24、岩波書店、1990年3

月

伊藤ていじ・磯崎新・川上秀光「小住宅設計ばんざい」、『建築文化』Vol.13 No.14、彰国社、1958年4月

伊東豊雄「消費の海に浸らずして新しい建築はない」、『新建築』Vol.64 No.11、新建築社、1989年11月

近江栄『建築設計競技──コンペティションの系譜と展望』鹿島出版会、1986年

川口衛「構造デザインの基礎をつくった1960年代」、『建築雑誌』No.1355、日本建築学会、1994年4月

川添登・黒川紀章『プレハブ住宅』東京中日新聞出版局、1964年

川添登『現代都市と建築』三一書房、1965年

菊竹清則『建築代謝論──か・かた・かたち』彰国社、1969年

建築家山田守展実行委員会『建築家山田守作品集』東海大学出版会、2006年

斎藤公男「建築学とデザイン(力)の融合をめざして」、『建築雑誌』No.1566、日本建築学会、2007年9月

──────「オリンピックレガシー1964 代々木編[上]」、『建築ジャーナル』No.1239、建築ジャーナル、2015年6月

──────「ホリスティックなデザインへ」、『建築雑誌』No.1712、日本建築学会、2018年6月

佐藤剛『ウェルカム!ビートルズ──1966年の武道館公演を実現させたビジネスマンたち』リットーミュージック、2018年

丹下健三『復刻版 人間と建築』彰国社、2001年

褚秋霞『公営住宅標準設計 51C 型の成立と同時代の住戸型への影響に関する研究』筑波大学学位論文、2020年

坪井善勝「2号館の構造設計について」、『建築文化』Vol.14 No.6、彰国社、1959年6月

──────「直観の復活」、『建築雑誌』No.1246、日本建築学会、1986年5月

豊川斎赫『丹下健三──戦後日本の構想者』岩波書店、2016年

──────『国立代々木競技場と丹下健三──成長の時代の象徴から、成熟の時代の象徴へ』TOTO

出版、2021年

中元さおり「三島由紀夫「百万円煎餅」論──コピー化していく世界」、『近代文学試論』No.49、広島大学近代文学研究会、2011年12月

廣重徹『戦後日本の科学運動』中央公論社、1960年

R・B・フーラー『宇宙時代の新住宅──フーラー原理の秘密』読売新聞社、1961年

藤岡洋保「独立住宅に見る日本の近代」、『新建築住宅特集別冊／日本の家1945年以降の建築と暮らし』新建築社、2017年8月

藤森照信『昭和住宅物語──初期モダニズムからポストモダンまで23の住まいと建築家』新建築社、1990年

星新一『マイ国家 改版』新潮社、2014年

松村秀一『住に纏わる建築の夢──ダイマキシオン居住機械からガンツ構法まで』東洋書店、2006年

松村秀一ほか『箱の産業──プレハブ住宅技術者たちの証言』彰国社、2013年

三島由紀夫「百万円煎餅」、『新潮』Vol.57 No.9、新潮社、1960年9月

八田利也「〈凶〉都市の混乱を助長し破局の到るを待て」、『建築文化』Vol.14 No.5、彰国社、1959年5月号

──────『現代建築愚作論──現代における都市と建築に関する考察』彰国社、1961年

──────『復刻版 現代建築愚作論』彰国社、2011年

吉田研介「山田守と二つの「違反」」、『日本建築学会大会学術講演梗概集』日本建築学会、2015年

『日本武道館五十年史』日本武道館、2015年

James Ward, *The Artifacts of R. Buckminster Fuller Volume Four*, New York and London: Garland Publishing, 1985

「建築家の肖像 斎藤公男」、Architect's magazine、〈https://www.arc-agency.jp/magazine/4358〉

「ショージ・サダオオーラル・ヒストリー」、日本美術オーラル・ヒストリー・アーカイヴ、〈http://www.oralarthistory.org/archives/shoji_sadao/interview_01.php〉

【後　記】

　ザハのことも、エンブレムのことも、そしてコロナ禍の混乱も、１年遅れのオリンピックの祝祭が全てを覆い隠し、偽りの熱狂と充足感が東京に蔓延する……という居心地の悪い結末を予想していたのだが、幸か不幸か、そのようにはならなかったようだ。思いのほか、日本の社会はこの国家的イベントに対して冷淡だった。

　きっと、「百万円煎餅」で、新世界ビルのネオンをポジティヴにまなざす健造と清子のような、都市生活者としてのある種の素朴さは、2020年代の東京を生きる人からは失われてしまったのだろう。コロナ禍は、その原因というよりも契機だったし、本テクストが試みたのは、建築的な「かたち」という表象にその心性の構造を仮託してみることだった。そうは言ってもやはり、メディアでさんざん喧伝された「レガシー」という言葉を聞いて、今回のオリンピックの建築のかたちがなに一つ思い浮かばないのは、寂しいものだ、と思う。

東京肉体拾遺
── ボクシング、ミステリー、水

伊澤拓人

　人々がさまざまな視点から都市について、都市を通して語った言葉が東京に
も堆積している。本稿では、1960年前後から現代に至るまでのさまざまな声に
耳を傾けてみたい。ただしその声は、地図を上から眺める都市論だけでなく、
東京タワーを下から眺めるような小さなつぶやきが含まれていることが望まし
い。なぜなら、東京ではいまだかつて包括的な都市計画が実行されたことはな
く、その全身を実像として捉えるのは難しい。むしろ無数の私的な介入こそが
この街をかたどってきたと言えるからだ[1]。ここでは主に文学作品を渉猟し、
私的で小さな声を拾い集め、浮かび上がる像を捉えてみたい。なお本稿におい
て東京とは、文学の舞台として描かれる「東京」を指す。地図上の東京都と等
しいこともあれば、それとは無関係なイメージを指すこともある。東京都が舞
台だとは必ずしも明示されていない作品を扱うこともあるということをあらか
じめ断っておこう。各節では、はじめに上空から眺めた東京の物理的状況が確
認される。その状況を背景に、文学のもつ想像力がどのように展開したのかを
追体験してみることが本稿の目指すところである。

1　ボクシングと特権的肉体の病

　60年代の東京都心、その開発から話をはじめよう。オリンピックを前にした
大普請は、永井荷風が『濹東綺譚』で懐かしむ東の水辺ではなく、西の台地 (山
の手) を相手に進んでいった。「水の都」だった江戸の面影は、関東大震災と第
二次世界大戦という二度の荒廃を経て、徐々に形を失っていた。それとともに

衆目を集める盛り場は浅草から銀座へ、さらに新宿、渋谷へと移っていった。結果的に、丸の内から副都心までの大きな「都心」が誕生する。さらに郊外の団地と合わせ、「東京」と呼ばれる都市圏は飛躍的に拡大した。このようにして、経済成長に沸く東京は西へ西へと膨張して行ったのである。それと同時にインフラ整備も進む。新幹線や高速道路といった交通網から上下水道のライフラインまで、今では当たり前に利用されている社会や生活の基盤が作られたのはまさにこの頃だ[2]。

　膨らんでいく東京を目にしながら、建築家・黒川紀章は新たな都市像を提示しようとしていた。都市や建築を理解するための枠組みとして、近代建築にとっての「機械」に代わって彼が提示するのは、「身体」である[3]。建築における「メタボリズム」という潮流[4]のなかで生まれたこのアイデアは、都市の「新陳代謝」というダイナミックな変化を前提としている。黒川の主張は、近代化によって社会から失われてしまった「生命のリズム」を取り戻し、「新陳代謝」のシステムに物質文明を包摂させることである[5]。ここでは「機械」の対概念というよりも「機械」をも含みこむような都市の有機的連関として「身体」が説かれている。黒川は「身体」のメタファーを梃子にして、人口の増大と技術の発展に対応して有機的に規模を変えることのできる建築や都市システムを提案した。それは同時に、東京を超えて日本列島を埋め尽くす「メガロポリス」（大都市の連なり）の、巨大な身体への夢想でもあったに違いない[6]。

　当時の文学で耳目を集めたテーマのひとつが「肉体」であったことも、東京の大開発を考えれば自然なことのように思えてくる。黒川のように近代建築を仮想敵とせずとも、「肉体」は芸術文化（あるいは政治）において大前提のようなワードだった[7]。オリンピックという「汗と腋臭のむんむんたちこめる肉の祭典」[8]で選手が競いあう様を思い描いてもよいし、あるいは新宿騒乱や学生運動で若者と機動隊が揉み合う様を思い描いてもよい。このとき、「肉体」に関する思考を最も濃密な形で織り上げた一人に、唐十郎がいる。唐は劇作のマニフェストである『特権的肉体論』（1968年）で、自身の「肉体」観をこう練り上げる。

　　昔、中原中也という詩人がいた。この人の詩と行状と死にざまを調べながら、私は、こりゃ詩人じゃない、もう一つ格が上の、病者だ、と思ったことがある。〔…〕

この病者を思う度に、私はこう考える——痛みとは肉体のことだと。だから、私は彼の詩より、詩を歌う物腰を凝視しているのかもしれぬ。そして、もし、特権的肉体などというものが存在するならば、その範疇における一単位の特権的病者に、中原中也は位を置く。[9]

　中原中也の「病者」たる肉体とは、「色白」で、本人が「恥ずかしがっていた」ものである。つまり「肉体」とは何も、「カシアス・クレイの強い筋ばかりではない」。

　　　カシアス・クレイもまた、子供の頃自転車を盗まれ、盗んだやつをなぐるためにボクシングを始めたという。ここにも、独自な形で肉体を見つめた器がある。だから、肉体とは、強い筋でも絶倫の性器でもない。最も現在形である語り口の器のことだ。[10]

　カシアス・クレイとはかの有名なボクサー、モハメド・アリの本名である。ボクサーの身体はその筋骨隆々であることではなく、「最も現在形である語り口の器」であることにおいて特権的だと唐はいう。中原中也と合わせて考えれば、「特権的肉体」は「最も現在形である」と同時に、内奥になにか原体験的な「痛み」、傷を抱えてもいる［図1］。これが演劇論として書かれたことを思い起こせば、観客の前に立つべきはそのような「肉体」だということになる。痛みを抱えた身体がいま目の前の舞台に存在するという強度こそが、唐十郎が役者の身体に求めたものなのである。「痛み」を抱え、「現在」の瞬間性に生きる「肉体」。これらのキーワードを60年代という時間、東京という空間に投射したとき、いったい何が見えてくるだろうか。

＊

　この時代ボクシングに夢中だったのは唐十郎だけではなく[11]、さまざまな文学作品が主題に採用している。例えば石原慎太郎は『太陽の季節』(1955年)の主人公にボクサーを選んでいる。そして、主人公と女学生の恋愛をボクシングの試合になぞらえる。

　人間にとって愛は、所詮持続して燃焼する感動で有り得ない。それは肉と肉
とが結ばれる瞬間に、激しく輝くものではないだろうか。人間は結局、この瞬間
に肉体でしか結ばれることが無いのだ。後はその激しい輝きを網膜の残像に捕
えたと信じ続けるに過ぎぬのではないか。[12]

　剎那の動きが勝敗を決するボクシングと同じように、愛は「肉と肉とが結ば
れる瞬間に」こそある。「肉体」同士がぶつかり合うそのときにのみ精神の交
感も成就するという、石原にとっての理想的な身体観が謳われている。この愛
は、ぶつかり合う二つの肉体だけに閉じられたものかのように描かれている。
　しかしボクシングのリングは、大勢の観客に囲まれているはずだ。石原の描
いたような肉体の衝突を、寺山修司『あゝ荒野』(1966年) に登場する宮木とい
う人物が見れば、十中八九妬ましく思うことになるだろう。

　彼は、リング上の二人に言いようのない嫉妬を感じはじめた。それは、衆目の
面前で行なわれる情事を思わせた。どうして、ボクシングってのは第三者を必
要としないのだろう。と宮木は思った。野球ならばキャッチ・ボールのボールを
媒介とした伝達、その愛の対話としてのボールの往復といった約束に、必ずバッ
ターという悪役が登場する。〔…〕二人だけの大切な約束、球形をした共通の理

想をはるか遠くまではじき出してしまうバッターの役割は私にはよく理解できる。だがボクシングってやつは……これはだめだ。まるで他人がいない。二人にとっての共通の他人ってものが、まるでいないのだ。[13]

このように文句を言う反面、宮木がこの「情事」を覗くことに魅力を感じていることも確かである。ボクシングする二人だけの完結したコミュニケーション、二つの肉体の衝突の傍らには、それを愛憎こもった眼差しで外から眺めるものがいる。

リング上には、試合をしている以上必ず勝敗がある。強いものが勝ち、弱いものは負ける。そのとき「肉体」はどのような運命を辿るのか。『あゝ荒野』で宮木が見ているのは新次とバリカンと呼ばれる二人のボクサーの試合である。

　　もしかしたら、あの大きい方の男〔筆者註:バリカン〕は自殺するつもりだな。と宮木は思った。新次の手で「自殺する」ことで、一生新次に貸しをつくろうとする魂胆と見える。たぶんこれから何年ものあいだ、新次の意識の中に間借りしようという企みなんだ。だが、そんなことも知らずに新次はどんどん誘いこまれてゆく。[14]

新次が強靭な身体を持つのに比して、バリカンは背こそ大きいが、吃音もちで自信もない、いわば弱い身体である。当然のごとく打ち負かされてしまう彼の奥の手はといえば、宮木の予感どおり、死ぬことによって「貸し」をつくることにある。「意識の中に間借り」して、記憶となってしまうことである。『あゝ荒野』の終わりには、新次に敗れて死を遂げたバリカンの診断書が貼り付けられている。一枚の書類に抽象化された死の表象は、逆説的な勝利宣言のようにも、生き残ったものへの呪縛のようにも感じられる。

奇妙なことに、『太陽の季節』の主人公も同じような出来事を経験する。彼は「試合になぞらえられた恋愛」の相手である恋人・英子を妊娠させ、中絶を強要する。しかし結果として英子は命を落としてしまう。

　　彼は厭な気がした。かえって、これで一生英子と離れられないような気持に

襲われた。それは矛盾してはいたが、妙にしつこく頭に絡んだ。今切った電話が又鳴った。交換手が何か饒舌った。彼は叩きつけるようにそれを置いた。[15]

恋愛というボクシングで敗れた英子（とその子供）の「肉体」が、死によって主人公の記憶の深いところに刻み込まれる。このように、敗者の身体が存在をなくしたのちに勝者のなかに記憶として巣食う、という共通の構図が『太陽の季節』と『あゝ荒野』には潜んでいる[16]。

　勝者の身体はしかしながら、この傷を負ってなお前に進まねばならない。『太陽の季節』においては、ボクシングに加えてもうひとつ若者たちを魅惑する存在が描かれる。それは「都会の夕方」である。それは若者たちが時間の流れから身を引き剥がすために必要なドラッグのような存在だった。

　　久し振りの東京の雑沓が懐かしくさえあった。〔筆者註：ボクシングの〕合宿中彼等が一番恋しがったものは、女でもなければ食物でもない。それは、自分を忘れる内に、彼等を奇態な冒険と狼藉に誘い込む都会の夕方であった。[17]

彼らは東京に埋もれることで「自分を忘れ」、同時に過去を忘れることによって前に進んでいく。こうして60年代の東京を生きるボクサーは、傷を抱え現在時に依存する身体、つまりは「特権的肉体」となりうるのだ。

　しかし過去（そして自分）を完全に忘れることなどできず、回帰する記憶にとらわれ続けるものもいるだろう。後藤明生『私的生活』（1968年）では、三十代の男が団地生活にたどり着くまでの顛末が語られる。不倫を繰り返す男は、不倫相手のひとりに深く入れ込み、ついには妻との離婚まで考えるようになった。しかしちょうどそのタイミングで、二十度以上落選し続けていた団地入居の抽選に当選したことがわかる。郊外の団地への入居が決まり、それがきっかけとなって男と妻との関係は回復された。

　　真新しい鉄筋コンクリートの四階建て。階段を昇っていって金属製のドアをあけ中へ入ると、ダイニングキッチンの備えつけのステンレス流し台、ぴかぴか光っているガスレンジ、磁石つきの開閉戸棚。それからまっ白い馬蹄形の西

洋式水洗便所。金属サッシのガラス戸をあけて、手摺りのついたベランダに出ると、まだ踏みにじられていない芝生脇の通路には、二、三メートルの間隔で行儀よくマイカーが並んでいる。すでにきちんと、防水カバーをかけられているのもある。[18]

　真新しい団地内部は白くて「ぴかぴか光」るさまざまな製品に彩られている。上の引用から、敷地の整然とした様が伝わってくるだろう。そこでは妻との口喧嘩も少なくなり、「お互いにエゴをむき出しにしない生活」が営まれている。石原慎太郎がボクシングになぞらえたようなぶつかり合いは存在せず、主人公はコンクリートに囲まれた「私的生活」に沈み込んでいく。物語はすべて団地の内部空間のみで展開し、外部の都市について語られるのは回想に限られる。回想の中では、惚れ込んでいた不倫相手を妊娠させ中絶させていたという男の過去が明らかになる。男はその女よりも「団地を選んだ」のだと語られる。彼にとって団地とは「わたしの過去が塗り込められ葬られた」「墓場」なのである[19]。

　この小説が独特なのは、（また別の）不倫相手の夫が突然主人公の家を訪ねてくるという一夜のできごとをきっかけにして、これまでの成り行きが語られることである。そのため全編にわたって、不倫について誰がどこまで何を知っているのかという猜疑心、あるいはうしろめたい感覚に貫かれている。それは忘れようとした過去が、ふたたび頭をもたげてくるのではないかという恐怖でもある。私たちの言葉に置き換えれば、「特権的肉体」は常に、過去に受けた傷が回帰することを疑い、怯えている。

＊

　60年代の「肉体」の活動はボクシングの試合に喩えられてきた。そこで敗れたものは、勝者の記憶のなかに死者として残り続ける。勝者はといえば、この記憶を傷として抱えながらも、肉体を鍛え続け、前に進んでいかなければならない。過去を葬って現在に沈みこみ、回帰する過去への恐怖に怯え続けながら。このような現在時への依存と過去の忘却が、「特権的肉体」のもつある種の病のようである。

　そしてこの病は、東京のインフラ工事とともに進行していったことを忘れて

はならない。開高健は『ずばり東京』のなかで、オリンピック関係の工事で亡くなった人や負傷し障害を得た人の数をリストに並べ詳細に記す。加えて、負傷や障害に対して支払われた労災の金額が、負傷箇所や症状ごとに書き連ねられる[20]。「顎ガクガクと舌レロレロ　九十二万エン」「片腕ぶらぶら　七十九万エン」「キンタマ二コ　五十六万エン」。淡々と続くこの箇条書きは、国の裁量で決められた身体のパーツごとの値段であり、命の値段である。オリンピック工事に敗れた「肉体」の値段だと言うこともできる。

　1964年のこの連載で開高は、オリンピックという「エゴのぶつかり合い」を、ボクシングの試合をみるように外側から冷静に観察している。彼の筆が冴えているのは、同時に東京のグロテスクさを暗示しているからでもある。労災被害者の「肉体」がバラバラに切り分けられ値札をつけられている、その彼らのパーツが無数に積み重なることで東京という都市の身体が生み出されているかのような感覚を受ける。

　　　東京には中心がない。この都は多頭多足である。いたるところに関節があり、どの関節にも心臓がある。人びとは熱と埃と響きと人塵芥のなかに浮いたり沈んだりして毎日を送り迎えしている〔…〕。[21]

　中心を持たずひたすらに拡大してゆく都市は、その過程でたくさんの犠牲を生む。犠牲のことを忘れるためにまた拡大する、その繰り返しのように思える。開高の労災リストととてもよく似た箇条書きで、次のようなものがある。

　　　最初の老人から十万円。
　　　次の自殺した女の件で五十万円。
　　　吸血鬼の息子から二十三万円。
　　　今度の事件で二百二十万円。[22]

　これは三島由紀夫『命売ります』（1968年）の一節だ。広告業界に勤めるある男が、ある日唐突に世界の無意味さを直観し、自らの命を売ったその値段である。彼は命を売って金を受け取り死のうとするのだが、その願いがなかなか叶

わない。奇妙な出来事に巻き込まれながら、死に場所を求めて荻窪、世田谷、飯能、青梅と大東京の西側をさまよう。そして、脈絡のない偶然なのか精緻に張り巡らされた陰謀なのか、何か不思議な力によって他人の（しばしば女の）命と引き換えに、命びろいをし続ける。（労災が現実に失われた四肢の対価となるのとは異なり）彼の命に対して支払われる金額は、結果的になんの対価にもならず、もはや現世に用のないはずの主人公の懐を潤すばかりである。死を望む気持ちとは裏腹に、主人公は生気と精力をスマートに発揮する健康さを見せる。しかしその健康、その欲望、そして彼の生きる東京の喧騒がいかに無意味か、いかにうわべの装飾に過ぎないかを彼は知っている。彼の命さえ、死ねない理由が偶然にせよ陰謀にせよ、何かフィクショナルでとるに足らないものであることには変わりない。それはちょうど三島由紀夫本人の、機能性を超えて過剰に鍛え上げられた「肉体」を連想させるような装飾性である。『命売ります』の主人公は、東京という都市の持つ身体の空虚さを象徴する存在である。

　東京の身体は、たくさんの弱き「肉体」の犠牲を飲み込みつつ膨らんでいった。高度経済成長のうわべの健康は、コンクリートの下に埋もれた敗者たちを忘れ去り刹那的な現在へと依存することによって、一抹のうしろめたさとともにやり過ごされたのではなかったか。そして過去の記憶を痛みとして抱え、同時に現在時へ依存するという病を抱えている点において、東京という都市の持つグロテスクな身体こそが「特権的肉体」であったとも思われるのである。

2　ミステリーは灰色の裏側に

　経済成長に伴う「資本、労働、技術等の集積」は、「過大都市」を生み出した。「いわゆる「集積の利益」以上に「密集の弊害」をもたらし」、「過大都市問題をひきおこすに至っている〔…〕」。「近代的機能の急激な集積」、「交通手段の変化」、「市街地の急速な膨張」によって都市整備は「跛行状態が顕著となってきた」。そのために必要なのは、「過大都市の体質改善」[23]。このように『全国総合開発計画』は1962年の段階で、無秩序な密集への警戒と反省のトーンが明確である。慢性的な問題を抱えた巨体の「体質改善」のため、提案される解決策は「集団住宅の大量建設」、「建築物の高層化」、つまり縦横への更なる膨張だった[24]。

[図2] 草加松原団地、1964年　写真提供：毎日新聞社

行政文書において、都市問題が「体質」に関わるもの、つまり何らかの病のようなものとして表現されているのは興味深い。体質改善法として容赦なく塗り広げられるコンクリートは、団地の「大量建設」を通して住居にまで延伸する。しかし、グロテスクな身体をもつ東京、その過去の記憶が埋もれる灰色の壁は、全てを塗りこめることに成功したわけではない。そこには「穴」があり、「傷」があり、文学作品はそれを見逃さないからである。

　後藤明生『書かれない報告』(1971年) は、前節で言及した『私的生活』と同様に、団地に住む匿名の男が主人公である[25] [図2]。彼は県庁社会教育課を名乗る人物から団地生活に関するレポートを依頼されている (タイトルの通りこのレポートが書き上げられることはない)。男は家のなかにひき籠る生活を続けていて、住居と一体であるような不思議な身体感覚を持っている。男がこの家に越してきてからすでに七年が経過し、鉄筋コンクリートの住居にもいくつかの傷がつき始めている。まずは天井からの水漏れ、そして台所のシンクのひび割れからの黒い虫の侵入。男はこれらの原因をなんとか突き止めようとするが、誰に助けを求めても要領を得ず、混乱が増すばかりである。有効な手を打てずにいると書斎にも黒い虫が這ってくるようになる。それはどこかに三番目の傷が開いていることを意味していた。男はその場所を突き止めることができずに、住居の傷や侵入者の存在によって不安を感じ疲弊していく。彼の意識および身体と住居とは、もはや切り離せない関係にある。

　　　住居はすでに男の一部だ。同時にもちろん、男は住居の一部でもある以上、
　　　一日たりとも男が住居を離れて自分を考えることなどできないはずだ。〔…〕そ
　　　してその住居が傷つきはじめているいま、どうして男だけが傷つかないまま生

きていられようか。何しろ男は、そのような形において住居と結びついていたからだ。[26]

　住居の傷は、男自身に開いた傷でもある。男は要塞のような団地の部屋で、傷を通して侵入してくる水や虫といった不気味な他者に対して籠城戦を挑むようでもある。この奇妙な登場人物を、前田愛は、「外部の世界からの攻撃と脅迫に絶えずさらされている逃亡者」と名付けた[27]。前田によれば、後藤明生の一連の団地小説は「アイデンティティそのものを都市の表層の背後にかくされた記憶のなかに確認して行く行為」を、「推理小説の構成」を利用して描いている[28]。つまりは都市の表層（＝コンクリートの壁）を舞台に記憶と自己を探求するミステリーなのである。前田は同じ性格を持つ都市小説として安部公房『燃えつきた地図』（1967年）も挙げる[29]。主人公の探偵はある失踪者を探すが、与えられる数々の手がかりは不十分かつ信頼性が薄くどれも彼を惑わすばかりである。都市に読み取られる情報は文脈を失って切れ切れであり、それらが意味を持った線を結ぶことがない。『書かれない報告』と『燃えつきた地図』はどちらも、傷の在処が明らかになったり、失踪者が発見されたりというミステリーの解決には辿りつかない。代わりに行き着くところは、探求する側の自己と記憶までもが喪失してしまう地点である。両者は、都市の表層から手がかりを拾い集めるミステリーという形式をとりつつも、謎解きを頓挫させることによって自己と記憶の喪失を描いている。

＊

　ミステリーと呼ばれるジャンルは、都市の複雑さに絡めとられ埋もれていくさまざまな喪失を、都市の表層を読み込む精密な手つきで暴いていくことを本分とする。その構造が機能すれば、事件は解決され、忘れ去られたはずの記憶がふとした拍子に救い出されることになる。60年代以降に人気を博した「社会派」と呼ばれるミステリー作家たちは、社会生活のなかで死のほうへと追いやられた（それは命を落とすことも、命を奪うことも意味する）人々を描いてきた[30]。

　例えば藤村正太『孤独なアスファルト』（1963年）は、東北から出稼ぎで東京郊外の工場へとやって来た主人公の悲劇を描く。彼は激しい訛りを周囲から馬鹿にされ、孤独のなかで屈折していく。無関係の殺人事件の犯人として真っ先

に疑われるが、最終的には彼の鬱憤が限界を超え、本当に人を殺してしまう。この小説では犯罪のトリックとして東京の東西方向の広さが用いられる。東京の都下と都内、武蔵野と下町は、一般的なイメージよりも地理的に離れていて、気温の差や新聞の版の違いがそのことを示す記号となる。西へ西へと広がり複雑さを増していく「大東京」こそが、「もろもろの犯罪の真犯人」なのではないか、という警官の独白が結論となる。

　開高健が書いたように、オリンピックを控えた東京の大工事を実際に担っていたのは、ドヤ街に暮らす労働者たちに他ならない。物理的な構築物に最も近い場所にいた彼らは、オリンピックの高揚からは最も隔絶していた。彼らはしばしば「東北からの出稼ぎ労働者」として描かれるが、彼らに救いがもたらされることはストーリーのうちにおいてさえ稀である[31]。奥田英朗『オリンピックの身代金』(2008年) では、60年代に実際にあった未解決事件「草加次郎事件」を膨らませ、犯人像を独自の解釈で明らかにしている。主人公の島崎は秋田の貧しい村に生まれながら東大に通う若者である。マルクスを研究する大学院生で、労働者たちが経済発展の陰で搾取されているという現実を許すことができない。彼の兄もまた過酷な労働と薬物中毒の果てに命を落とした出稼ぎのひとりだった。島崎は徐々にテロ行為に手を染め、警察やインフラを標的にした爆発事件を起こす。最終目標は、オリンピック開会式で聖火台を爆破すると脅迫し、国から「身代金」をとることである[32]。もちろんこの目論見は失敗に終わり、失敗することで史実とつじつまが合うようになっている。「終わるも何も、最初から何もなかったんだ」という、現実を舞台に仮構された小説の自己言及的なセリフが末尾にある[33]。

　昭和史に題材をとるミステリーは枚挙にいとまがないが、その多くは知られざる過去を暴き出すという性質を持つ。史実を大きく変えずにその裏で起こっていた想像上の事象を描くことで、自然に昭和の闇があぶり出されるという構造になっている。このとき照らし出されるのは、東京を埋め尽くそうとしていたインフラの裏側である。60年代に打たれたコンクリートが年月とともに少しずつほころんでくると、その灰色の壁の裏側に、想像力の広がる空間ができあがる。そのインフラは誰によってどんな犠牲を払って造られたのか、そのコンクリートの壁は何を隠しているのか？　このように問うことで、団地の壁の奥

には日雇い労働者の飯場が、首都高の下には東北の寒村が見えてくる。ミステリー小説の標的は、インフラに埋もれて忘れられていった過去へと向いていくのである。

＊

桐野夏生『水の眠り 灰の夢』(1995年) は、こちらも「草加次郎事件」に取材した作品である。桐野もまた、この迷宮入りした事件に対して独自の解決を与えている。主人公の村野善三はフリーランスの記者（いわゆる「トップ屋」）で、偶然にも草加次郎によるとみられる爆破事件に遭遇する。彼は自ら取材をはじめ、犯人の正体を探ることにする。村野は戦前の下町の生まれで、オリンピックに向けて街が変わる以前を知るものである。東京大空襲も記憶に残っている。彼はしばしば東京が醜くなっていくと嘆き、東京タワーを「不気味」に感じる。

この作品でも東京の西と東、山手と下町の対比に焦点が当たる。国立競技場から発して飛田給を折り返し地点にしたマラソンのルートが示すように、オリンピックは多くの競技が西東京で行われていた。川本三郎は、オリンピックや経済成長から見捨てられていく「下町の悲しみ」が、桐野の小説のモチーフであると指摘する。犯人は「単に事件のなかにいるだけではない、「下町の悲しみ」という東京の町の歴史のなかにいる」[34]。コンクリートの「灰の夢」の裏側に眠っていた「水の東京」の記憶が、「草加次郎事件」というレンズをとおして、ミステリーの標的となっている。

3 みずから記憶を呼び起こす

1980年の唐十郎は次のようにこぼしている。

> ざっくばらんに我らがここ何年、水から隔離されていることに気づかないだろうか。それは都市が人口密度に気を利かせて、運河の上にコンクリの公園を造ったとか、衛生上、ぼうふらがわくのでうまく美装したというよりも、私達のもつ「文化」の昇華観念が、いつか知らぬうちに水にちなんだものを棄却していると言って言い過ぎではない。では、水にちなんだものとは何か。それは、入水とか羊水という言葉で証明されるような、極めて退嬰的な産物である。つまり、

「文化」の昇華観念に逆らう下部の、底にひろがる退行的なイメージである。[35]

　高度経済成長期のコンクリートが衰えを見せ始めたこの頃、東京の開発は唐の箴言を聞き入れたかのように、ウォーターフロントへと視線を変えた。ウォーターフロントとは交通機関の整備が遅れ開発から取り残されていた港湾地区である。この頃には世界的にコンテナが普及し、都市の水際は倉庫などの港湾施設から解放されていた。既存の倉庫群はそれまでの役割を終えて巨大な箱として浮かび上がり、リノベーションにかけられた。その代表格が芝浦のディスコ、ジュリアナ東京（1991年開業）である。階高が高く柱スパンの大きな倉庫の大空間は、夜な夜な饗宴を繰り広げるための劇場にうってつけだった[36]。内陸よりも権利関係が単純であり、市街化していない大規模な用地の手に入る港湾地区は、開発し尽くされたかに思えた東京の「新たな郊外」だったと言える[37]。このように、80年代から現代にかけて東京の水辺が再発見されたという経緯がある[38]。文学作品にも、上のような変化を反響させているものがある。

　例えば鈴木光司『仄暗い水の底から』（1996年）は、不気味な歴史性を帯びる都市の水の特性をいち早く主題化した。東京湾の水は、その暗い深部に、様々な生と死を飲み込んできた怪物である。水辺を開発しそこに暮らすことは水の歴史と接近することでもあるということを、鈴木はさまざまなホラー小編を通して語る。水の中で膨れ上がる死体、その強烈な腐臭など、目も鼻も覆いたくなるイメージが繰り返し提示されるのは、読者を怖がらせる要素である以上に、東京のグロテスクさを暗示するもののように感じられる。作中の一編「浮遊する水」では、埋立地に建てられたマンションの土台の不安定さが、2年前に消えたはずの少女に対する不安と恐怖を増殖させていく。「穴ぐら」は、代々健忘症にかかる血筋の男が、自らその悪しき循環を断とうとする物語だ。「ウォーター・カラー」では、芝浦の閉鎖されたディスコが劇場として転用される。湾岸地帯とは「日常生活が遠ざかり、空想や夢をはぐくむ異次元が近づいてくる場所」[39]なのであり、そこに作者の想像力も喚起されるのである。

*

　都市のインフラが綻びを見せれば、身体の調子も悪くなる。梨木香歩『椿宿の辺りに』（2019年）では、町の治水の不調が、身体の「痛み」と接続されて描

かれる。主人公の山幸彦と従姉妹の海幸比子は、原因不明のさまざまな痛みに苦しめられている。医者にかかれば。肩関節周囲炎やリウマチ性多発筋痛症などさまざまな診断が与えられるが、病に対する解決策はどれも根本的なものではない。痛みをやわらげる鍵は、医学ではなく、ふたりの家系のルーツに求められる。彼らの実家は「椿宿」と呼ばれる土地にある。古来、近くの川が繰り返される氾濫で流路を変えるごとに、その場所を移動させる宿場町だった。しかし近年は堤防で川を埋めることによって氾濫が抑えこまれていた。すると堤防によって水の流れが滞り、それが筋肉の凝り、あるいは関節の痛みという形をとって、「椿宿」の血筋をひくふたりを襲っていたことが明らかになる。彼らの痛みが、家の「治水」によって克服されるまでが描かれる。

主人公はしつこく繰り返す「痛み」について次のようにいう。

> 人生の、無様でみっともない「当事者」になるなど、私には、到底受け入れられることではなかった。〔…〕しかしあろうことか、その私の人生に「痛み」が関わってくるとは、思えばなんという皮肉であろう。「痛み」は人を否応なく当事者にする。[40]

「痛み」によって当事者となってしまった主人公は、それまで長く留守にしていた「椿宿」の実家を訪れる。そこで彼は、稲荷を詣で、家の風通しを良くする。周囲の水流に意識を巡らせ、お家騒動や災害といった家系の過去を学び、鎮魂する。血筋の歴史を繙いていくと、それが「山幸彦、海幸彦、宙幸彦」の神話的時間にまで達することが明かされる。そういった作業一つひとつが、物語中では「治水」と呼ばれる。この作品でもやはり、水に触れることは時間に触れることへと発展してゆくのだ。そうして主人公が最終的にたどり着いた結論は、問題に対して場当たり的に解決策を講じるのではなく、洪水と旱魃の繰り返しによって土地が安定していくことを「ただ待つこと」であった。

治水が終わった後には、治水をする前の「存在の基盤が崩れ落ちそうな不安」をもたらす痛みの代わりに、「過去の痛みの記憶による痛み」が鈍く主人公にとどまり続ける。彼はその鈍痛を自らの「根っこ」のように感じ、愛着を持つようになる。ここでは、治水を通じて触れた様々な記憶とともに生きる可能性が示唆されている。

　　　　　　　　　　　　　　　＊

　朝吹真理子『TIMELESS』（2018年）も、記憶が大きなテーマである。人の記憶は、嗅覚や味覚といった肉体感覚に纏いつくものとして、そして土地の記憶と交差するものとして描かれる。登場する東京の地名はさまざまだ。六本木、麻布、芝増上寺、代官山、丸の内、日比谷入江。それぞれの場所が、ある家族の記憶と、土地固有の歴史とにトレースされていく。

　この小説の第2部の主な舞台となるのは2026年前後の近未来である。現実と同じくオリンピックを経た世界であるが、さらにそれが私たちの（未だ）知らないテロや震災の後でもあるということが明かされる。

　　　　テロがあったんだよね。二〇二〇年に。そう、東京五輪の年に。あー、あったね。私たちが小三のときだよ。めっちゃこわかったよね。明治神宮。銀座四丁目。靖国神社。渋谷の交差点。日比谷線。小規模にいろいろ。最初はどこだっけ。忘れた。打ち上がる花火が、慰霊の花火でもあることをほとんどみんな忘れている。[41]

　　　　こよみは、古典の授業をうけていて地震に遭った。象潟や雨に西施がねぶの花。おくのほそ道を読んでいた。象潟は、一八〇四年の七月にマグニチュード7・1の直下型大地震がおきて三メートルも地面が隆起した。〔…〕そんな話を先生がしていたら、地面が揺れはじめていた。象潟地震がきたのかと思った。[42]

　思えば、東日本大震災は、地割れ、液状化、汚染水、そして何より津波によって、水とともに土地の記憶の奔流を引き起こした。インフラは、生活の基盤は、驚くほどに脆い。そして破壊されて初めて、私たちに強烈な存在の印象を与える。震災によっても、またコロナ禍によってもまた、私たちはそのことに気づかされたばかりである。

　　　　　　　　　　　　　　　＊

　一般にミステリーが与えるようなサスペンス感覚は、現代では純文学にも多く取り入れられている。『椿宿の辺りに』には次のようにある。

　　　　どこの家にも、他の家と比較できない、独自の「不可解」、「ミステリー」が存

在するのだと、しみじみ思うことでした。[43]

　『椿宿の辺りに』で語られる「ミステリー」は、ある事件の犯人を捜査していくというよりも、都市の、家の、個人の埋もれた記憶を辿っていく営みの形式を担うものである。その意味では、安部公房や後藤明生の小説に見出されるミステリーとも重なりがある。『書かれない報告』の団地の天井から漏れる水は一体どこからやってくるのか、その水の流れを問うことはまさしく、記憶と自己を問うことだったからだ。本節で紹介した現代の文学作品においては、共同体や家の記憶をさえ優に乗り越えてしまう地質学的な（あるいは神話的な）水の時間の助けを借りて、土地との、家との、ひいては自己との紐帯を取り戻すことが試みられていると言えるだろう。

4　エピローグ──都市を嗅ぐ

　2018年に開業した渋谷ストリームが話題になったのは、新たな商業施設の誕生という理由だけではなかった。1963年に暗渠化してから長いあいだ人の目に触れることのなかった渋谷川が、ストリームに沿う形で開かれたのである[図3][44]。

[図3] 渋谷ストリームに沿った渋谷川、2019年　写真提供：朝日新聞社

地面の下に埋められていたものがその歴史とともに掘り起こされただけあって、ついに日の目をみた川の臭いは少々きつい。渋谷川を嗅ぐ経験は、東京という肉体の遍歴を身体的なレベルで実感させる。今から40年前に、唐十郎は次のように言い切っていた。

　　　日本人にとっては、下水を覆ったコンクリートの上で、さだまさしが「関白宣言」を歌っているような極めて危なっかしくも微温的な光景、あるいは「他人触り」が好もしいのである。関東大震災ほどの事変が起こって見たまえ、何万というさだまさしはどこかに陥落し、逆に顔をのぞかせるのは、臭い下水道である。[45]

　渋谷ストリームの出現はさだまさしとも震災とも関係ないが、しかし再開発によって整頓されたはずの風景に隠蔽されていた水の臭いが漂うというのは、唐の想像した光景に近いものが感じられる。水とともに渋谷の地表に現れたのは、間違いなく土地の記憶である。こうした記憶から立ち昇る臭いというのは必ずしも快いものばかりではないらしい。この臭いは、都市空間に突如として開いた裂け目のように、強い他者性を発揮しているように感じられる。それは東京に生きる私たちにとって、『書かれない報告』の神経質な主人公がとらわれている壁の傷と同じように、無視することの難しい裂け目である。そして私たちも、『椿宿の辺りに』の主人公のいうように、この臭いが示唆する土地の歴史と共存してゆくという選択肢を持っている。
　いまや日本中の鼻という鼻が不織布に遮られていて、ふと何かの臭いを感知するということは難しくなってしまったかもしれない。それでもときには（周囲を窺いながら）マスクを外し、都市を嗅ぐようにして、東京という「肉体」が、あるいは東京を舞台に「肉体」たちがたどった道筋を思い返してみることが私たちにはできるはずだ。

註

1 │「都市は抽象化された概念であり、市民が相互の契約と実用のためにきずきあげてしまった虚像なのではないか」。磯崎新「都市破壊業KK」『空間へ』鹿島出版会、1997年、6頁。初出1962年。

2 │ ここで述べた東京の「東から西へ」の変化について、以下の文献に詳しい。陣内秀信『東京の空間人類学』筑摩書房、1985年、99-100頁。町村敬志『都市に聴け』有斐閣、2020年、104-113頁。

3 │ 黒川紀章『ホモ・モーベンス』中公新書、1969年、10頁。もちろんこの主張は黒川の西洋建築理解に基づくもので、「機械」主義的都市観を仮想敵としたところに議論の要諦があると言える。

4 │「メタボリズム」とは、1960年に東京で開かれた世界デザイン会議において黒川に加え槇文彦、菊竹清訓などのグループが『METABOLISM/1960──都市への提案』という冊子を配布したことにはじまる運動である。名付け親は評論家であった川添登。Cf. ハリー・フランシス・マルグレイヴ『近代建築理論全史』加藤耕一監訳、丸善出版、2016年、832頁。レム・コールハース、ハンス・ウルリッヒ・オブリスト『プロジェクト・ジャパン　メタボリズムは語る…』太田佳代子編集・翻訳監修、平凡社、2012年、233頁。

5 │ 黒川紀章『復刻版 行動建築論』彰国社、2011年（初版1967年）、73、89頁。

6 │ 黒川は大量の著作、テレビ、雑誌を通して大衆へと自己イメージを浸透させた。さらに政治家との交流を持ち、建築のみならずあらゆる社会問題へと自らの思考と行動を「拡張」していった。彼自身の身体が、メディアを介してひとつの巨大なイメージを作り出していたと言える。 Cf. 黒川紀章の活動については以下のインタビューに詳しい。レム・コールハース、ハンス・ウルリッヒ・オブリスト、前掲書、395頁。

7 │「60年代は身体とは言わず肉体と言いました。ようするに行動に生身の肉体を賭けている。アーティストもみんな大体パフォーマンスをやるとかその他も含めて自分の肉体を賭けて動いていた」。磯崎新・五十嵐太郎「磯崎新インタヴュー 破壊と救済のメトロポリス」（2000年3月）、10+1DATABASE、〈https://db.10plus1.jp/backnumber/article/articleid/1/〉（最終閲覧日：2023年1月14日）。

8 │ 開高健「ずばり東京」『開高健全集　第12巻』新潮社、1992年、464頁。

9 │ 唐十郎『特権的肉体論』白水社、1997年、7頁。唐にとっては「新劇」が、黒川紀章にとっての近代建築にあたるもの、つまり仮想敵として据えられている。

10 │ 同書、15頁。

11 │ 嵐山光三郎によれば、1973年当時チャンピオンに君臨していたモハメド・アリの強さについて唐十郎と話し込んだという。『特権的肉体論』を書いた当時から注目していたのだろう。劇団状況劇場編『唐組──状況劇場全記録 写真集』パルコ出版、1982年、133頁。

12 │ 石原慎太郎『太陽の季節』幻冬舎、2014年、Kindle版、位置 no.763/4406。

13 │ 寺山修司『あゝ荒野』角川書店、2013年、Kindlc版、位置 no.3749/3847。

14 │ 同書、no.3758/3847。

15 │ 石原慎太郎、前掲書、no.1082/4406。

16 │ しかし石原の小説が寺山のものと決定的に違うのは、恋愛あるいはボクシングの試合を外から見る観客が存在しないことである。そのために倫理的な裁定者に欠けた問題含みな状況が生まれている。

17 │ 同書、no.944/4406。

18 │ 後藤明生「私的生活」、『「内向の世代」初期作品アンソロジー』講談社、2016年、67頁。

19 │ 同書、95、98頁。

20 │ 開高健、前掲書、464-467頁.

21 │ 同書、471頁。

22 │ 三島由紀夫『命売ります』筑摩書房、1998年、163頁。

23 │ 国土交通省「全国総合開発計画」（1962年）、〈https://www.mlit.go.jp/common/001116825.pdf〉、4-5、19-20頁（最終閲覧日：2023年1月14日）。

24 │ 同書、20、34頁。

25 │ 後藤自身が埼玉・草加松原団地に居を構えていたことが知られている（図2参照）。

26｜後藤明生「書かれない報告」、『昭和文学全集第30巻』小学館、1988年、617頁。

27｜前田愛「空間の文学へ」『前田愛著作集第五巻都市空間のなかの文学』筑摩書房、1989年、337頁。

28｜同書、336頁。

29｜『燃えつきた地図』の詳細な分析については、本書所収の小林紗由里「失踪者のための回路」（238頁）を参照のこと。

30｜古橋信孝『ミステリーで読む戦後史』平凡社、2019年、28頁。

31｜他に東北からの出稼ぎ労働者に焦点を当てた作品として小杉健治『土俵を走る殺意』(1989年)や柳美里『JR上野駅公園口』(2014年)が挙げられるだろう。

32｜先にみた開高健の労災リストとは異なり、ここは搾取される労働者の身体ではなく、彼らによって築かれたインフラ（つまりは東京の身体）に値段がつけられているというのが、ストーリーの皮肉である。本作では他にも、特に主人公の兄の死後に受け取る香典や見舞いという形で、失われた身体と金銭との関係に焦点が当たる。

33｜奥田英朗『オリンピックの身代金』角川書店、2011年、385頁。

34｜川本三郎『ミステリと東京』平凡社、2007年、111頁。

35｜唐十郎「我らがここ何年、水から隔離されて
いることに気づかないだろうか。」、劇団状況劇場編、前掲書、216頁。初出は1980年1月16日毎日新聞夕刊。

36｜渡邊大志『ブルーインフラがつくる都市──東京港湾倉庫論』展覧会カタログ、2019年、24頁。

37｜中林一樹「東京大都市地域における湾岸開発の動向と背景」、『経済地理学年報』33(4)、1987年、256-269頁。

38｜さらに90年代以降は、「多自然川づくり」と呼ばれる自然環境に配慮した河川管理や、「ミズベリング」と呼ばれる都市の水辺開発が官民双方によって行われている。

39｜川本三郎、前掲書、236頁。

40｜梨木香歩『椿宿の辺りに』朝日新聞出版、2019年、Kindle版、位置no.1313/3689。

41｜朝吹真理子『TIMELESS』新潮社、2018年、123頁。

42｜同書、148頁。

43｜梨木香歩、前掲書、位置no.3484/3689。

44｜本田創編『東京「暗渠」散歩』実業之日本社、2021年、22頁。暗渠が開かれたとはいえ、実際に流れているのは渋谷川源流からの水ではなく、落合水再生センターで処理された再生水である。そして現在の渋谷川は、異臭対策のためむしろ塩素のような薬剤の香りが強い。

45｜唐十郎、前掲書、216頁。

参考文献

朝吹真理子『TIMELESS』新潮社、2018年
石原慎太郎『太陽の季節』幻冬舎、2014年
磯崎新『空間へ』鹿島出版会、1997年
─────・五十嵐太郎「磯崎新インタヴュー　破壊と救済のメトロポリス」(2000年3月)、10+1 DATABASE、〈https://db.10plus1.jp/backnumber/article/articleid/1/〉
奥田英朗『オリンピックの身代金』角川書店、2011年
開高健「ずばり東京」『開高健全集　第12巻』新潮社、1992年
唐十郎『特権的肉体論』白水社、1997年
川本三郎『ミステリと東京』平凡社、2007年

黒川紀章『ホモ・モーベンス』中公新書、1969年
─────『復刻版　行動建築論』彰国社、2011年
劇団状況劇場編『唐組──状況劇場全記録　写真集』パルコ出版、1982年
レム・コールハース、ハンス・ウルリッヒ・オブリスト『プロジェクト・ジャパン　メタボリズムは語る…』太田佳代子編集・翻訳監修、平凡社、2012年
レム・コールハース「シンガポール・ソングライン」『S, M, L, XL』太田佳代子・渡辺佐智江訳、筑摩書房、2015年
国土交通省「全国総合開発計画」(1962年)、〈https://www.mlit.go.jp/common/001116825.pdf〉。

後藤明生「書かれない報告」、『昭和文学全集 第30巻』小学館、1988年

───「私的生活」、『「内向の世代」 初期作品アンソロジー』講談社、2016年

陣内秀信『東京の空間人類学』筑摩書房、1985年

寺山修司『あゝ荒野』角川書店、2013年

中林一樹「東京大都市地域における湾岸開発の動向と背景」、『経済地理学年報』33(4)、1987年、256-269頁

梨木香歩『椿宿の辺りに』朝日新聞出版、2019年

前田愛「空間の文学へ」『前田愛著作集 第五巻 都市空間のなかの文学』筑摩書房、1989年

町村敬志『都市に聴け』有斐閣、2020年

ハリー・フランシス・マルグレイヴ『近代建築理論全史』加藤耕一監訳、丸善出版、2016年

三島由紀夫『命売ります』筑摩書房、1998年

古橋信孝『ミステリーで読む戦後史』平凡社、2019年

本田創編『東京「暗渠」散歩』実業之日本社、2021年

渡邊大志『ブルーインフラがつくる都市──東京港湾倉庫論』展覧会カタログ、2019年

【後　記】

　この文章の原型はオリンピックよりずっと前の2018年ごろに書かれた。レム・コールハースの「シンガポール・ソングラインズ」という文章を念頭に、さまざまなテクストの断片の集積によって東京（として）の肉体の物語を浮かび上がらせるというのがその構想だった。コロナ禍がはじまり、都市の声に耳を傾けることを望んだ自分にとって最も難しかったのは、外出することが減って身体と都市との距離が開いてしまったことだった。単に外出できないというだけでなく、不健康極まりない世相に比して不自然に思えるほどに健康な（感染しない）自分の身体のすわりの悪さを感じていた。しかしそうした外界と途絶されたような感覚は奇しくも、後藤明生を通して文中で触れた「コンクリート壁」の感覚や梨木香歩を通して触れた「当事者」の感覚とひびきあっている。コロナ禍を機に、外界への物理的な、というより感覚的な接続を断たれた状態、というのも本文の裏テーマのようにして浮かび上がってきたように思う。

失踪者のための回路
──都市における失踪表現の変遷

小林紗由里

　新型コロナウイルスの感染拡大に伴い、初めての緊急事態宣言が2020年4月7日に国から発出された。そのおよそ2週間後、東京都と近隣3県は、感染の収束を図るために4月25日から5月6日までを「いのちを守るステイホーム週間」とし、市民の外出自粛を徹底するよう呼びかけた[1]。「ステイホーム」というキャッチフレーズは、公式の「ステイホーム週間」が終わった後も繰り返し発信され、一時は新たな生活様式の代名詞とも言えるまでになった。一方、こうした呼びかけは、特定の住まいで安心に生活できる環境を有した市民像が前提となっているようにも思われた。前提の外側に位置付けられるのは、日常を送るために差し障りのない「ホーム」が、生活環境に組み込まれていない人々である。一例を挙げれば、家に居場所のない10代の少女を対象に生活支援をする一般社団法人Colaboによると、ウイルスの感染拡大による学校の休校、塾やネットカフェの閉鎖などの影響で居場所を失ったという内容を筆頭に、相談件数は例年の2.5倍に増えたという[2]。

　このような都市生活における所在の問題を導きとして、ここでは失踪という現象に焦点を当てたい。失踪とは、「人が家族や共同体から消え去り、長期的に連絡が取れずに所在も不明な状態が継続すること」[3]を指す。この現象ははるか以前の時代から、共同体の中で起こりうるものとして認知されてきたが、近代以降には、一般的には社会的病理として捉えられる傾向にある。一方、文学や芸術においてこの現象は、様々な意味を付与されながら創作物における主題となってきた。ここではそうした作品群に注目することで、1960年代に「家出」や「蒸発」といった用語で当時の重要な社会問題のひとつとなっていた失踪と

いう現象が、創作行為においては、高度成長期の日常に潜在する様々な社会規範を客観的にまなざすための題材となっていたことを論じ、失踪というテーマに込められた意味の現代における変化について考えてみたい。

1　家出と蒸発の時代

　失踪現象について詳しく見ていく前に、そもそも高度成長期における家族や共同体の概念とはいかなるものだったのかについて、簡単に触れておくことにする。1960年代前後は、日本人の生活の転換期にあった。都市化、工業化を進める社会の中で出現したのは、「家庭」という核家族の形態であった[4]。この「家庭」は、農村社会が示す大家族や地縁的つながりといった様々な紐帯から外れることで成り立つ点が、旧来の「家」とは大きく異なっており、この新たな家族モデルは、都市の中で出会う男女の性愛関係によって形成された。同時代には大衆メディアによって、こうした「愛情共同体」の幸福を示す作品が多く提供されている。「こんにちは赤ちゃん」（1963年）などの流行歌、純愛小説『愛と死を見つめて』（1963年）などは、それらの代表と言える。また、都市に増加した人口を収容するためにつくられた団地は、若い世代が「家庭」を形成するための、新たな環境の象徴となった。

　こうした背景の一方で、新旧双方の家族モデルから離脱する失踪者の問題も、当時話題を集めていた。当時のマスメディアで語られた失踪の概要を分析した中森弘樹によると、「1950年代には少年少女の農村から東京への「家出」が、1970年代には成人の「蒸発」が、それぞれの時期の「失踪」の主要な論点として語られていた」[5]という。例えば「家出」に関する雑誌記事では、「家出」の目的には東京で働くこと、つまり若者の都会への憧れが共通して挙げられており、若者の東京病を引き起こしたとしてマスメディアに批判が向けられた[6]。特に大久保正弘作詞の「東京へ行こうよ」（1955年）というレコードは、地方から東京への「家出」を増加させる要因になりかねないとして非難の的になった。

　一方「蒸発」に関しては、1960年代半ばから原因のわからない失踪を「蒸発」と呼ぶ記事が登場するようになった[7]。東京オリンピック開幕を間近に控えた夏頃から、祝賀ムードの裏でひっそりと姿を消す人々が現れ始める。1964年に

は東京だけで年間5500人の成人の家出が確認され、そのうち約1600人は行方がわからなかったという[8]。「昭和元禄の繁栄の下にひそんでいる世相の無気味な断層をのぞかせる現象」[9]として「蒸発」は認知されてゆき、1967年に上映された今村昌平による映画『人間蒸発』が、この奇妙な用語の定着を後押しした。このような中、当時この現象を究明するため帰還者を取材した鎌田忠良をはじめ、「蒸発」を単なる怪奇現象としてではなく、60年代の世間一般に潜在する願望のひとつとして考える者もいた[10]。彼らによれば、「蒸発」は特異な病理としてのみならず、多くの人々に内在する深層心理の表れでもあった。こうした失踪の根底にある人々の精神構造を捉えようとした作品に、安部公房の長編小説『燃えつきた地図』（1967年）がある。安部は60年代において、本作以外にも失踪を題材とする小説（『砂の女』1962年、『他人の顔』1964年）を次々に発表しており、これらは一般的に失踪三部作と呼ばれている。

　『燃えつきた地図』の主人公である私立探偵の「ぼく」は、半年前から行方知れずとなっている失踪者の調査を依頼される。都内のとある団地[11]に住む依頼人の夫は、通勤のため家を出たきり忽然と姿を消してしまった。行方不明の蒸発者は全国で8万人を超える世の中である[12]。探偵は失踪者の手がかりを掴もうと関連人物と接触してゆくのだが、調査の過程で暴行を受けたために記憶喪失に陥ってしまう。どんな映像でも呼びさませると自負していた探偵の記憶力は効力を失ってしまうばかりか、自身の名前すら思い出すことができなくなっ

［図1］勅使河原宏監督『燃えつきた地図』、1968年
探偵が失踪者となってゆく様子が、砂漠に足を踏み入れるかたちで表されている。砂漠の背後に浮かぶ都市はニューヨークの合成ということだが、東京タワーのような輪郭もかすかに見て取れる。

てしまう。失踪者の行方を追跡してきた探偵は、記憶喪失によって所在を忘却することとなり、追うものが追われるものへと反転してしまうことで物語は帰結を迎える［図1］。

　この小説のタイトルにもなっている地図は、文字通り都内の地形を表す現実の地図として小説内で登場するほか、個人が都市の中でとりうる行動を制限する、様々な契約の象徴として描かれているという指摘もある[13]。つまり探偵の失踪者化とは、家庭や企業との契約によって結ばれる人間関係の解体であり、個人の属性が白紙化された状態から外界を見つめなおす行為としても捉えられるという。このように、安部は社会的病理としてメディアに取り上げられていた「蒸発」の現象を小説に利用することで、1960年代の都市生活の中におけるある種の閉塞感を描き出そうとしたとされている。それでは、こうした閉塞感は小説の中でいかなる方法で描写されているのだろうか。

2　地図にないどこかへ

　『燃えつきた地図』で描かれる東京と思われる都市は、動きの停滞を感じさせる空間と、循環を繰り返す空間とが混在している。探偵が目にする様々な街の風景[14]は最初、都市全体が次第に廃棄物となっていくかのような、停滞する印象を彼に残す。それらのほとんどは、都市の観察者である探偵にとって愛着を感じさせるものではない。例えば「人生の整理棚」と探偵に形容される団地［図2］では、歩道のアスファルトは「水銀燈の光に照らされても、息づく気配さえ見せない、ひびだらけの道路の死骸」[15]として描写される。失踪者の手がかりを掴むために訪れる喫茶店「つばき」では、色刷り写真のめくれ上がった角に積もるほこり、「変色してしまったゴムの木」などが彼の目にちらつく[16]。このように、街は長くいると自らも埃を被ってしまうかのような、不快な印象を探偵に与えている。また、小説内の都市が様々な臭気を放つ場所として描かれる点も特徴的である。S駅（新宿駅）近くの飲み屋街で「午後十時過ぎ、下水の使用度が急に減ってから、逆流してくる、あの都会の臭気……」[17]、探偵が屋内で度々出会う「石油ストーブの刺戟的な臭い」[18]、資料収集先の図書館では「原油のようなワックスが鼻をさす……」[19]、そして「二月のほこりの味や臭い」[20]等。

[図2]『燃えつきた地図』のロケ地として使われた赤羽台団地

[図3]『燃えつきた地図』で撮影された首都高速道路

臭気という生理的な感覚に基づく都市の描写が多い点は、探偵である主人公が街を探索する（嗅ぎ回る）ということの比喩かもしれないが、彼が「むろん、街が清潔だなどと思ったことは一度もない」[21]と思うように、石油系の刺激臭や下水の臭いを含め、都市は不衛生さが際立つかたちで主人公に知覚される[22]。

　しかし、こうした閉塞感が際立つ場所がある一方で、都市には探偵に解放感を感じさせる場所も存在する。そのひとつは、主人公が久々の晴れ間に車を走らせる高速道路である［図3］。別居中の妻に、彼女からだけでなく「人生から逃げ出した」のだと言われた「ぼく」は、上司との打ち合わせを放り出し有料道路へと繰り出す。

　　　　〔…〕純粋な時間……目的のない、時間の消費……なんという贅沢さ……アク

セルをいっぱいに踏み込む……速度計の針が徐々に上って、九十六キロを指す……風にハンドルを取られはじめる……緊張感で、ぼくはほとんど点のようになる……暦に出ていないある日、地図にのっていない何処かで、ふと目を覚ましたような感じ……この充足を、どうしても脱走と呼びたいのなら、勝手に呼ぶがいい……海賊が、海賊になって、未知の大海めざして帆をあげるとき、あるいは盗賊が、盗賊になって、無人の砂漠や、森林や、都会の底へ、身をひそめるとき、彼等もおそらく、どこかで一度は、この点になった自分をくぐり抜けたに相違ないのだ……誰でもないぼくに、同情なんて、まっぴらさ……〔…〕[23]

　誰に知られることもなく無目的に車を走らせる高速道路での時間は、「ぼく」を都市の中で「点」として存在させる[24]。様々な関係性から一時的に脱出した探偵は、都市空間の開放的な側面を体感したことで、次第に「点」となった自分と失踪者を重ね合わせてゆくのである。
　しかし、高速でつかの間の解放感を感じながらも、はたして探偵は失踪者のようにどこか彼方へ行けたのだろうか。道路を走っている最中は、高揚感が彼を永遠の逃避行へと誘い、まるで地図の外へと連れ出してくれたかのような幻影を探偵に見せた。ところが走り終わってみると、彼は自分が、所詮決められた料金所と料金所の間を行き来しているに過ぎなかったことに気づく。のちに依頼人の住む団地を訪ねた際、彼は高速道路の印象を次のように回想する。

　　「走りながら、ぼくは、このまま永久に走りつづけられたら、どんなにか素晴らしいだろうと思いましたよ。そして、そのあいだは、本当に走りつづけられそうな気がしたんですね。しかし、今、あの時の心理状態を思い出すと、ぞっとする。だって、そうでしょう、もしも万一、じっさいにその願いどおりになって、いつまで走りつづけても、どこまで行っても、永久に終点の料金所に辿り着けなかったとしたら……」[25]

　すると依頼人の「彼女」も、行方不明となった夫が以前よく高速道路を使っていたことを思い出す。夫は車の一級整備士の免状を持ち、住まいにはフォーミュラ・エンジン[26]の透視図を飾るカーマニアでもあった。

「何百回も、何千回も、走っているうちに、だんだん出口の数が減っていって、しまいに高速道路の中に閉じ込められてしまいそうな気がするんですって……」[27]

　まるで彼らは閉じられた回路、すなわちサーキット（circuit）を延々と走るレーサーのようである。探偵と失踪者はかくして、一時的には高速道路に解放感を抱いたにせよ、「点」となっても同じ空間に留め置かれ続けてしまうような感覚を共有していた。彼らの居場所を指し示す地図は、「決して開かれた無限に通じる地図ではない」[28]、閉ざされた回路だったのである。だからこそその外に出るために、タイトルのごとく地図は燃えつきなければならなかったのだ。

　失踪者と探偵自身が同化していくような様子は、匿名性を必然的に抱えながら同時に特定の関係性の中に所属するという、都市生活者の存在のあり方の二重性、あるいは両義性を表しているようにも思われる。高度成長期に急速に発展した都市社会において、この匿名性から生じる疎外感、孤独感はネガティブなものとして一般的に語られていた。しかし安部は、このような言説は旧来の農村社会における人々の関係性を前提にしていると批判し、こうした心情を悲観的に見るのではなく、新たな都市生活に必然的なものとして捉え直そうとした。「都市生活者が農村に帰ることが出来ないことがわかっていながら、都市生活というものを農村生活者の目で、やはり見続けている。その疎外感、孤独感というものが弱みになっている。だからたとえば、孤独であるとか疎外であるとか、そういういろいろな言葉で言われているさまざまな概念を、全部一度単なる客観的な事実にしてしまって、そこに感情をこめて、情緒をこめて、そういうことを口にしない決意」[29]を文学の中で実践したいと彼自身も述べているように、安部が本作で描き出そうとしていたのは、孤独でもあり自由でもあるという両義的な都市生活者の心情なのである。

＊

　安部公房が描こうとした失踪者の精神構造は、黒井千次が翌年に発表した小説である「穴と空」（1968年）[30]にも見出せる。この短編小説は、会社に勤める男が、欠勤し続ける同僚の様子を見に、郊外の同僚の自宅を訪れるところから始まる。

同僚は病気だったわけでなく、家の庭に穴を掘り続ける毎日を送っていた。様子を見に来た男は、同僚と一緒に穴を掘ることに夢中になり、今度は彼も会社を欠勤するようになる。その男の様子を見に来た他の同僚も穴掘りに参加するようになるが、3人はしまいに巨大な岩盤に突き当たり、それ以上進めなくなってしまうのであった。

　会社から忽然と姿を消し、高度成長期の社会機構に抵抗するかのように未知への通路を掘り進める男たちは、此処ではないどこかを目指す点において安部の描いた失踪者と重ね合わせることができる。しかし、黒井の小説の場合は、失踪者が辿るその後までもが描かれている。物語の終盤では、掘り進めた先に岩盤が出てくることで、男たちは行き止まりの状態になってしまう。こうした帰結、あるいは、穴を掘り進める作業が人員の増えるごとにどんどん効率化されていく様子が描かれている点は、彼らの身体が生産性を生むために規律化された状態から逃れられず、自由を得たにも拘わらず従来の社会構造に回帰していくさまが描かれているようである。

3　「抜け殻」と上野駅

　同じく1960年代に、紐帯からの離脱に肯定的な意味を込めて語った人物として寺山修司が挙げられる。自身が青森からの家出人である寺山は、1963年に『現代の青春論』、のちに『家出のすすめ』と改題される著作を刊行した。同書の目的は、「自分自身を自由にするための思索と行動のすすめ」[31]を若い読者に提示することであった。つまり彼は、家族や共同体における古い倫理の束縛から離脱することで、個人として生きる道が初めて開けることを若者に訴えたのである。この失踪者が個人として出発する情景が象徴的に描かれているものに、森山大道と共作のフォト・エッセイ「家出の抒情」がある。このエッセイでは、18歳の時に初めて上野駅にやってきた寺山が見た、駅構内の保安室に貼られた数十枚の人物写真［図4］について語られている。そこにみられるサラリーマンや女学生などの多様な人物は、いずれも行方不明者である。寺山のエッセイに併置された森山の写真では、こうした失踪者たちの顔写真が、彼ら／彼女らが都市で変容する前の過去の「抜け殻」として表されている。こうした「抜け殻」

は後の寺山の演劇においても、東京遺失物保管所に届けられた「戸籍」（『身毒丸』
1978年）等様々なモチーフで登場している。

〔…〕その写真の主たちはひろい東京のどこかで、ひそかにかくれ棲んでいるの
だろうか？
それとも名をなして、晴れて故郷へ帰れる日のために、汗にまみれて働いてい
るのだろうか？〔…〕
私は、彼らが故郷から失踪するのではなく、上野駅の雑踏の中で自分自身から
脱けだして、どこへともなく失踪してゆくさまを、思いうかべた。
上野駅はそれほどひろかった。
それはまるで、一〇〇メートル四方のはてしない群衆の荒野なのだった[32]。

［図4］寺山修司『街に戦場あり』天声出版、1968年、9頁　写真：森山大道

寺山はその後、家出人が東京で生きるための指南書である『ドキュメンタリー家出』(1969年) [図5] を出版した。この本には、寺山の「家出論」をはじめとするいくつかの論考とともに、東京の家出少年、少女のインタビューなど、家を捨てた当事者個人のありようが記録されている。寺山いわく、地方の少年少女にとって東京は「陽のあたる場所」であり、「行けば行ったで何とかなる」場所であった。また彼は、「「家」をでて、一人になることによって……東京のパチンコ屋の屋根裏でロビンソン・クルーソーのような生活から自分をつくりあげてゆくこともできるでしょう」[33] と少年たちを鼓舞する。

　寺山は、こうした若者たちを培養する土壌としての東京を、「人生処方地図」として示している。本書には「付録 実用的家出案内——素晴しき家出のために」と題して、東京の路線図や「人生処方上野案内地図」と書かれた手書きの地図が付けられている。地図上には約100箇所の家出人のための目的地が記されており、「人生処方上野案内——寝る所から食べ物まで」に従って、必要な場所を項目別に検索することができるようになっている。例えば、すぐに就職した

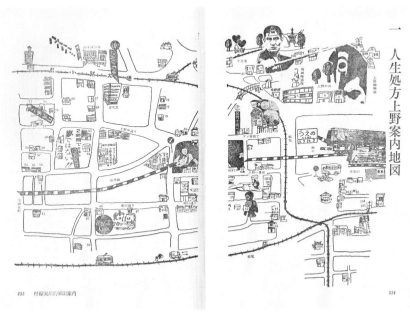

[図5]「人生処方上野案内地図」 寺山修司と天井桟敷編『ドキュメンタリー家出』
ノーベル書房、1969年、234-235頁

ければ《食堂の部》《喫茶店の部》《バー・サロンの部》などの一覧から店名を選択することができ、映画を見たくなれば上野駅周辺の6箇所の映画館から選ぶことができる。また、一年で一番家出人の続出する4月のみ、上野駅では家出の特別取り締まりが行われるなど、細かな上野の情勢についても注意書きがされており親切である[34]。

本書の上野地図の特徴は、行きたいところがあれば東京ではどこへでも行けるのだという素晴らしさを演出するかのように、地図が人生のテーマパークのように作成されている点だろう。地方生活と比べると、何かを自ら選ぶという選択肢が無数にあるという幻想が、様々な紐帯を振り切る原動力を少年少女に持たせる要因であったことが本書からは見えてくるのである。

4 「ゼロ化」する身体

以上のように、1960年代の作品群に現れる失踪には、一貫して従来の関係性の解消という共通項が見出せるが、このような特徴はゼロ次元を代表とする1960年代の前衛パフォーマンスとも共通点を持つのではないか。ゼロ次元は、人間を幼児に戻す行為として地面を這いずるパフォーマンスや、出産場面を模倣したパフォーマンスを行った。さらに、新宿駅周辺を裸体で歩く《全裸防毒面歩行儀式》(1967年) では、裸体で歩くという非文明的とも捉えられる行為を通じて、近代化された都市空間とのギャップを作り出すことが試みられ、また、布団が日本の前近代性の象徴として都市空間でのパフォーマンスに頻繁に取り入れられた。60年代の前衛パフォーマンスを研究する黒ダライ児によると、ゼロ次元のメンバーは、東京の都市空間でのこうした集団儀式を身体的な規律の「ゼロ化」を目的として行っていた[35]。つまり、幼児や出産の模倣は諸々の社会的関係性をそれが構築される以前の状態に「ゼロ化」することであり、非文明的、前近代的なモチーフの利用はリニアな歴史の時間の「ゼロ化」ということになる。すると、安部や寺山もまた、失踪を主題とした小説やエッセイ、演劇の中で、失踪者、家出人が家庭や仕事に関する様々な契約関係を「ゼロ化」することによって、抑圧から解放され個人となる姿を描こうとしたとも言えるだろう。裏を返せば、文学や戯曲における失踪もまた、単なる現象ではなく、

登場人物の身体表現なのである。

　一方、黒ダは1960年代の前衛パフォーマンスの背後に共通するアナーキズムの思想について、次のように述べている。

　　「人間の歴史が始まるとともに流れでた、一つの地下水脈」であるアナーキズムを定義するのは困難であるが、一般的な理解とすれば、今では勢力を失ったかつての左翼の一派であり、いかなる政党や政府組織、代表制でさえ即座に新しい権力をはらんでしまうとして否定し、ストライキなどの「直接行動」を主張して個人の絶対的な自由を求める思想である。ただし、その行動がときに体制的秩序だけでなく、市民の日常生活をも脅かすように思われたとしても、「アナーキー」が「混乱」や「無秩序」を表わすという理解は正しくない。「アナーキー」の原義は「支配のない an-archy」状態を意味するだけであり、相互扶助による平和で原始的な共同体を求める思想もアナーキズムの重要な側面だからである。[36]

　このように黒ダはアナーキズムを、個人の絶対的な自由を求める思想として論じているが、それは政府への攻撃的な行為へとつながるものではなく、オルタナティブな共生の方法を創造するための思想のひとつであるとしている。だが、このオルタナティブな共同体を求める精神、あるいは自身の生きるコミュニティを生成すること、そうした関係性の構築により重点を置く表現は、1960年代のパフォーマンスよりも、むしろ現代のパフォーマンスや文学にこそ顕著に見出せるだろう。

5　現代の東京地図を描く

　1960年代には、失踪を通じて達成される「個人化」、あるいは「関係性の解消」は、様々な桎梏からの解放として肯定的な意味をもった。しかし、時代が移り変わる中でこの関係性の「ゼロ化」は、「無縁社会」というネガティブな意味へと変化してゆく。「無縁社会」とは、NHK「無縁社会プロジェクト」取材班によって考案された、つながりのなくなった日本社会を表す造語である[37]。1960年代には従属関係を重んじる社会体制が目に見えて残っていたが、それは

裏を返せば人々のセーフティネットの役割も担っていた。共同体の強固な関係性は、世話を焼いてくれる他者の存在が身近にあったということでもある。そうした強固な絆が時代とともに失われ、セーフティネットとしての機能を持ち合わせていた「家」や地域社会の共同性は崩壊していった。こうした失われた共同性の意義と、それを何らかのかたちで代替していく必要性は、高齢化社会が進展する中での孤独死の増加を背景に再考が進み、2011年に起こった東日本大震災も問い直しの重要な契機となった。

　こうした状況の変化を背景に、帰属を失った人々が新たな共同体への接続を試みるというプロットが、現代の演劇作品の中にも現れた。演出家の高山明は、実際の東京の街を舞台とした実験的な演劇作品を多く手掛けてきた。2010年に発表された『完全避難マニュアル 東京版』[図6] は、そうした作品のひとつである。この作品は、JR山手線の29駅につくられた「避難所」に、観客が一時的な「避難民」となって既存のコミュニティに出会うという、参加型アートとも言える形式で構成されている[38]。高山はこの作品をつくるにあたり、「東京時間」の失調を主題にしたかったと語る[39]。高山によると、この「東京時間」とは、山手線をはじめとして、都内の電車が毎分決まった時刻にきっちり停車・出発するという時間の流れのことである。しかし年々、人身事故などで電車が遅れることが増え、こうした「東京時間」が人々の中で失調をきたしているのではないかという見解が生まれたという。『完全避難マニュアル 東京版』では、こうした時間の流れから逸脱することによって都市との関係性を新たにつくりなおすことが目指された。東京時間からの一時的な脱走者として設定された観客は、まず

[図6] 高山明(Port B)『完全避難マニュアル 東京版』、2010年　©蓮沼昌宏

『完全避難マニュアル　東京版』のウェブサイトにアクセスし、そこから指定された避難所への地図をダウンロードする。「避難所」には、モスクや寺などの宗教施設、シェアハウス、路上生活者の集まりなどの既存の共同体の活動場所が指定されており、参加者とコミュニティとの出会いが意図的につくりだされる。参加者は「避難民」、すなわち「東京時間」と呼ばれる時間を一時的に「ゼロ化」するような一種の失踪者として、ダウンロードした地図を見ながら目的地まで向かう。こうした避難所までの道のりを歩き、新たなコミュニティに接続することは、観客と都市との新たな回路をつくり出していく行為でもあり、寺山の「人生処方地図」の現代版を体験するようなものであるかもしれない。

*

　現代の無縁社会という状態は悲観的な状況ではあるが、社会的な関係の意義を再考させ、旧来の「家」とは異なる共同性の構築への契機ともなった。現代の団地を舞台に失踪を描いた柴崎友香の『千の扉』（2017年）もまた、そうした兆しを見せる作品のひとつである。

　この小説は2010年代の新宿区都営団地[40]を舞台に、主人公と団地近隣の人々が結ぶ交流を描いた物語である。千歳は夫の祖父の怪我と療養をきっかけに、その祖父が長らく暮らしていた団地の居室に一時的に夫婦で越してくる。千歳は祖父の勝男から、団地のどこかに住んでいる高橋という高齢者が、彼のある荷物を預かっているので探して欲しいと頼まれ、それをきっかけに巨大団地を巡り歩く日々が始まる。

　この物語の特徴として、団地近隣で生活していた人々の、終戦から現代にいたるまでの様々な記憶が断片的に挿入されていることが挙げられる。しかし、主人公も他の登場人物も、これらの記憶を知り得ないまま物語は進行していく。つまり、数々の記憶は有機的に繋がり合わず、「またすぐ消え去り、通り過ぎていく」[41]ものとして描かれているのである。このような描写は、まるで個人的な思い出が団地周辺の空間に浮遊しているような情景を思い起こさせる。さらに言えば、こうした個々の人々の記憶が繋がり合わずに漂う街の空間は、「歴史的な連続性や紐帯の希薄な空間」[42]として特徴付けられる、高度成長期以降の東京の都市空間を象徴しているようでもある。

　『千の扉』に登場する築45年の団地には、30を超える棟に約７千人が住んで

いるが、住人の半分以上が65歳以上である[43]。高度経済成長期のシンボルでもあった団地は、居住者の高齢化と共に活気のある時期を過ぎ、静まりかえった空間として描写される。こうした場所を舞台として、本作では2種類の失踪者が描かれているとされる[44]。第一の失踪者は、団地で孤独死を遂げる人々である。本作で孤独死は、高齢の居住者の会話の中で幾度か触れられており、将来自身に起こり得る、あるいは親族に起きた結末として語られている[45]。菅原祥は、「安部公房の時代において「失踪者」が当時の団地の病理を象徴する存在であったとすれば、現代における「孤独死者」こそは、まさにかつての失踪者の後継者にほかならない」[46]と指摘するが、まさに文学的想像力において都市の自由と解放は、無関心と孤立へと反転を見せている。

　この団地の居住者であり、数日間行方不明となる中学2年生の少女メイは、この小説内の第二の失踪者である。メイは物語の中で、日常を過ごす拠点としての「家庭」が機能不全になっている住民のひとりとして登場する。ネグレクトといってよい状況に置かれているこの少女は、団地のどこかにあるという未来に行けるトンネルの入り口を探す日々を送っている。やがて彼女はその入り口を見つけ出し、どこか他人の居室に辿り着くのだが、そこにはメイを救済するような人物もおらず、結局彼女はもとの団地へと帰ってゆく。

　こうした失踪者の描かれ方を1960年代と比較すると、現代の失踪者として登場する少女や孤独死者たちは、自由を得た個人の象徴とは言い難い。彼女たちは社会的な関係を「ゼロ化」する以前に、「ゼロ化」するものを持ち合わせていないのだ。『千の扉』の失踪者たちは未来や未知の世界へ行くわけでもなく、置かれた現実に留まっており、社会の中で他の人々が視線を向け、手をさしのべるべき対象として描かれている。例えば千歳は、平日の昼間に団地を徘徊するメイを目撃したことがきっかけで彼女との交流をはじめる。千歳が団地の住人に投げかけてゆくこのような視線は、無縁社会の中で新たに人々との関係性を構築するための兆しとして表されている。

　こうした事柄に紐付けられるような描写としては、千歳が副業の場として働く新宿の喫茶店「カトレア」で、古い団地近隣の地図を見つける場面が挙げられる。彼女はその地図を眺めながら、地図に載っているが見ることのできない景色を見ることについて想いを巡らす。

地図に描かれた大まかな地形と地名だけが同じで、いくつもの別の世界が乗っかっている。誰も、自分の世界しか生きていないが、共通の地図を使っているから同じ街だと思っている。別の時代の街も、別の暮らしがある街も、自分が知っているところと同じだと思っている。自分が見た街ではない時間の街を、すぐ近くにいる別の誰かが見た街を、直接見ることはできないのに。たとえ同じ場所にいても見ることができないのだと、思い知ることしかできないのに。見ることができないからこそ、わたしはどうしても見てみたくなる。知りたいと思う。[47]

　千歳の住む現代の東京は、個人や家庭という枠組みに閉ざされた生き方が、ある種の生活規範となった日常が続いてゆくような世界である。それは先ほど見たように、継承されない個人的な記憶が浮遊する都市空間としても小説内で表されていた。しかし、千歳はそうした通常の生活規範からは見えない人と人とのつながりの回路を探そうとする。安部の『燃えつきた地図』では、主人公の居場所を指し示す地図は閉じられた回路であり、失踪者に想いを馳せつつその外へ出ることが夢想されていた。一方千歳はそうではなく、「地図に載っているが見ることのできない」異なる時間や他者の視線を通して知ることのできる東京の景色に、新たな回路を開く可能性を見ようとする。それらの回路は、いつも見ようと思えば明瞭に見えるものではなく、浮かんでは消えるように明滅する点線にすぎないかもしれない。しかしながら、千歳はその明滅に関心を向けることによって、刻々と形を変えるような可塑的地図を描きだそうとするのである。

＊

　以上見てきたように、本稿では1960年代、そして現代の創作物において度々登場する失踪のモチーフをいくつか取り上げてきた。1960年代においてある人物の不在を題材とした作品は、失踪者側の病理を問題視するのではなく、失踪者と共同体との関係性を「ゼロ化」することによって、同時代の社会規範を問い直すことが多くの作品に共通する試みであった。言い換えればこうした失踪表象は、高度経済成長や東京オリンピック開幕に伴い、急速に近代化されていきながらも日常の中に潜在する制約を再考するための想像力のひとつとして現

れていた。一方、現代においては、個人化は必ずしも肯定的な意味合いだけで
なく、むしろ、不可避な現実、あるいはリスクのある生き方としても描かれて
いる。それゆえ、失踪の物語が向かう先は新しいコミュニティを構築していく
未来であり、関係の生成へと向かっていくものであった。だが、柴崎らの作品
における繋がりの形成は、単に関係性の「復活」を指しているわけではない。
これらの作品では、今までの社会関係の枠組みでは目に見えない存在を描き出
すことで、新たな連帯の方法を模索することが目指されているのである。

　いまだ感染者数の乱高下が続くなか、わたしたちは依然として感染状況を意
識しながら暮している。しかし、このような時間の継続は、様々な都市生活者
の所在について考える契機を生み出しているようにも思われる。こうした主題
を扱う物語や作品は、現在の東京の地図に、新たなつながりの回路をつくり出
すための手がかりを与えてくれることだろう。

註

1｜東京都政策企画局「「いのちを守る STAY HOME 週間」1都3県共同キャンペーン」、〈https://www.seisakukikaku.metro.tokyo.lg.jp/collaboration/covid19/20200423campaign.html〉（最終閲覧日：2023年1月21日）。

2｜大久保真紀「相談、コロナ禍で2・5倍　家出「少女の問題ではない」」（2020年11月30日）、朝日新聞デジタル、〈https://digital.asahi.com/articles/ASNCZ5GVBNCZTIPE00M.html〉（最終閲覧日：2023年1月21日）。

3｜中森弘樹「1950-1980年代の失踪表象と親密圏の変容──「家出」と「蒸発」の雑誌記事分析を中心に」、ソシオロゴス編集委員会『ソシオロゴス』第37号、2013年、115頁。

4｜内田隆三『国土論』筑摩書房、2002年、173頁。

5｜中森弘樹、前掲論文、115頁。

6｜同論文、119頁。

7｜同論文、120頁。

8｜『日本の歴史　第16巻　戦後史下・世界の中の日本』研秀出版、1975年、118頁。

9｜同書。

10｜鎌田忠良『蒸発──人間この不思議なもの』三一書房、1968年を参照。

11｜この団地は、日本住宅公団が1958年に建てた荻窪団地（現・杉並区荻窪三丁目）がモデルと言われている。苅部直『安部公房の都市』講談社、2012年、Kindle版、位置no.522/2711を参照。

12｜安部公房『燃えつきた地図』新潮文庫、1980年、281頁。

13｜中野和典「地図と契約──安部公房『燃えつきた地図』論」、日本近代文学会『日本近代文学』第81号、2009年、216-217頁。

14｜探偵の主な移動ルートとしては団地のほか、府中市近辺や新宿駅周辺などが想定されている。苅部直、前掲書、位置no.499/2711、波潟剛「安部公房『燃えつきた地図』論──作品内の読者、小説の読者、および同時代の読者をめぐって」、筑波大学比較・理論文学会『文学研究論集』第14号、1997

年、142頁。

15 ｜ 安部公房、前掲書、25頁。

16 ｜ 同書、45頁。

17 ｜ 同書、87頁。

18 ｜ 同書、102頁。

19 ｜ 同書、178頁。

20 ｜ 同書、212頁。

21 ｜ 同書、211頁。

22 ｜ 好感を持つ香りが出てくる場面は、探偵が密かに欲望を向ける失踪者の妻である「彼女」のシーンである。「彼女」の住まう団地の住居を探偵が想像するとき、そこには「レモン色」の香りがイメージされる。また、ある日の「彼女」からは「日向っぽい髪の臭い」がする。

23 ｜ 安部公房、前掲書、227頁。傍点は筆者による。

24 ｜ 苅部直はこの高速道路の描写について、ここまで爽快な疾走感は、安部以降の時代も含めた現代日本の小説の中では珍しいと述べている。苅部直、前掲書、位置no.299-300/2711を参照。

25 ｜ 安部公房、前掲書、246頁。

26 ｜ レーシングカーのエンジンを指す。

27 ｜ 安部公房、前掲書、247頁。

28 ｜ 同書、391頁。

29 ｜ 安部公房「続・内なる辺境」『内なる辺境／都市への回路』中公文庫、2019年、136-137頁。

30 ｜ 黒井千次『穴と空』『時間』講談社、2007年、Google Playブックス版、位置no.29-51/212。

31 ｜ 寺山修司『家出のすすめ』角川文庫、1972年、107頁。

32 ｜ 寺山修司「家出の抒情」『街に戦場あり』天声出版、1968年、10-11頁。

33 ｜ 寺山修司『家出のすすめ』、前掲書、63項。

34 ｜ 寺山修司と天井桟敷編『ドキュメンタリー家出』ノーベル書房、1969年、249頁。

35 ｜ 黒ダライ児「知覚の襖──都市空間における「ゼロ次元」の儀式」、金沢21世紀美術館『Я［アール］：金沢21世紀美術館研究紀要』第2号、2003年、26頁。

36 ｜ 黒ダライ児『肉体のアナーキズム──1960年代・日本美術におけるパフォーマンスの地下水脈』grambooks、2010年、524-525頁。

37 ｜ この取材班による番組、NHKスペシャル「無縁社会～“無縁死”3万2千人の衝撃～」(2010年1月31日)の放送をきっかけとして、「無縁社会」は2010年の新語・流行語大賞にトップテン入りした。NHK「無縁社会プロジェクト」取材班「無縁社会──無縁死は明日のあなたかもしれない」、文藝春秋、〈https://www.bunshun.co.jp/pick-up/muen/index.html〉(最終閲覧日：2023年1月21日)、自由国民社「「現代用語の基礎知識」選 ユーキャン 新語・流行語大賞」、〈https://www.jiyu.co.jp/singo/index.php?eid ＝00027〉(最終閲覧日：2023年1月21日)を参照。

38 ｜ Port B「完全避難マニュアル 東京版」、〈http://portb.net/the-complete-manual-of-evacuation-tokyo/〉(最終閲覧日：2023年1月21日)。

39 ｜ 高山明「時間(の失調)」(録画日：2012年12月13日[木])、東京事典、〈https://vimeo.com/63727151〉(最終閲覧口：2023年1月21日)。

40 ｜ 東京都新宿区戸山に位置する巨大団地、都営戸山ハイツがモデルとなっている。瀧井朝世「新宿の巨大都営団地を舞台に人々の記憶が交錯していく『千の扉』──「作家と90分」柴崎友香(前篇)」(2017年11月11日)、文春オンライン、〈https://bunshun.jp/articles/-/4834〉(最終閲覧日：2023年1月21日)。

41 ｜ 菅原祥「団地ノスタルジアのゆくえ──安部公房と柴崎友香の作品を手がかりとして」、京都産業大学『京都産業大学論集(社会科学系列)』第36号、2019年、92頁。

42 ｜ 内田隆三、前掲書、174頁。

43 ｜ 柴崎友香『千の扉』中央公論新社、2017年、35頁。

44 ｜ 菅原祥、前掲論文、94-95頁。

45 ｜ 柴崎友香、前掲書、263項。

46 ｜ 菅原祥、前掲論文、96頁。

47 ｜ 柴崎友香、前掲書、247頁。

参考文献

安部公房『燃えつきた地図』新潮文庫、1980年
───『内なる辺境／都市への回路』中公文庫、2019年
内田隆三『国土論』筑摩書房、2002年
大久保真紀「相談、コロナ禍で2・5倍　家出「少女の問題ではない」」(2020年11月30日)、朝日新聞デジタル、〈https://digital.asahi.com/articles/ASNCZ5GVBNCZTIPE00M.html〉
鎌田忠良『蒸発──人間この不思議なもの』三一書房、1968年
苅部直『安部公房の都市』講談社、2012年、Kindle版
黒井千次『時間』講談社、2007年、Google Playブックス版
黒ダライ児「知覚の襖──都市空間における「ゼロ次元」の儀式」、金沢21世紀美術館『Я［アール］: 金沢21世紀美術館研究紀要』第2号、2003年
───『肉体のアナーキズム──1960年代・日本美術におけるパフォーマンスの地下水脈』grambooks、2010年
柴崎友香『千の扉』中央公論新社、2017年
菅原祥「団地ノスタルジアのゆくえ──安部公房と柴崎友香の作品を手がかりとして」、京都産業大学『京都産業大学論集(社会科学系列)』第36号、2019年
高山明「時間(の失調)」(録画日:2012年12月13日［木］)、東京事典、〈https://vimeo.com/63727151〉
瀧井朝世「新宿の巨大都営団地を舞台に人々の記憶が交錯していく『千の扉』──「作家と90分」柴崎友香(前篇)」(2017年11月11日)、文春オンライン、〈https://bunshun.jp/articles/-/4834〉
寺山修司『街に戦場あり』天声出版、1968年

───『家出のすすめ』角川文庫、1972年
───と天井桟敷編『ドキュメンタリー家出』ノーベル書房、1969年
中野和典「地図と契約──安部公房『燃えつきた地図』論」、日本近代文学会『日本近代文学』第81号、2009年
中森弘樹「1950-1980年代の失踪表象と親密圏の変容──「家出」と「蒸発」の雑誌記事分析を中心に」、ソシオロゴス編集委員会『ソシオロゴス』第37号、2013年
波潟剛「安部公房『燃えつきた地図』論──作品内の読者、小説の読者、および同時代の読者をめぐって」、筑波大学比較・理論文学会『文学研究論集』第14号、1997年
『日本の歴史 第16巻 戦後史下・世界の中の日本』研秀出版、1975年

NHK「無縁社会プロジェクト」取材班「無縁社会──無縁死は明日のあなたかもしれない」、文藝春秋、〈https://www.bunshun.co.jp/pick-up/muen/index.html〉
自由国民社「「現代用語の基礎知識」選 ユーキャン 新語・流行語大賞」、〈https://www.jiyu.co.jp/singo/index.php?eid=00027〉
東京都政策企画局「「いのちを守るSTAY HOME週間」1都3県共同キャンペーン」、〈https://www.seisakukikaku.metro.tokyo.lg.jp/collaboration/covid19/20200423campaign.html〉
Port B「完全避難マニュアル　東京版」、〈http://portb.net/the-complete-manual-of-evacuation-tokyo/〉

【後　記】

　先日、アーティスト百瀬文氏があるインタビューで、自粛生活中に抱いた違和感を次のように述べているのを見つけた。

　「私は、新型コロナウィルスそのもの以上に、コロナ禍が生み出した社会規範に脅威を感じています。例えば家族やパートナーシップのあり方は、自粛生活下では、血縁や戸籍制度で規定された関係に限定されていたように思います。社会から見過ごされた存在の小さな声を拾うこと、一元化されない個別の身体の欲求をすくい上げること。そうした作品を作ることができたらと思っているんです。」（ART news JAPAN「百瀬文　Aya Momose 30 ARTISTS U35 / 2022」〈https://artnewsjapan.com/30artists_u35/article/1〉（最終閲覧日：2023年1月21日））

　同じ状況の中で書かれた拙稿と共通する問題意識が、ここには端的に言語化されているように思えた。本稿の「失踪者」とは、百瀬氏の言葉を借りれば、ある社会規範に「一元化されない個別の身体」を象徴するものであり、その救済こそが本稿の関心であった。自粛要請下で顕在化した様々な問題は解決したわけではないが、制限の緩和が進むにつれて触れられることも減っていった。そうした「小さな声」に同時代のアーティストが注目し続けてくれていることを心強く思った。

Part III / 標

赤瀬川原平の楕円幻想

桑田光平

> なぜか町には大事なものがない
> それはムード 甘いムード
> 意味を求めて無意味なものがない
> それはムード とろけそうな
> 入り組んだ路地であなたに出会いたい
> それはムード 甘いムード
> 誰か 味見をしてみな 踊りたい
> さあどうぞ ムード
>
> ゆらゆら帝国「空洞です」[1]

　3度目の緊急事態宣言下[2]にある東京で、無観客だとしても2ヶ月後のオリンピック開催など想像しがたい、いや、無観客だからこそ想像できないのかもしれない。「ニューノーマル」という言葉で今後の生活様式についてさまざま語られているのを耳にするが、「ノーマル」を更新するのは口で言うほど簡単ではない。動きすぎないよう注意しながら、心情的にはどこか落ち着かない日々を過ごしている。この一年、活動の自粛を要請され続けているが——と、ここで3度目の緊急事態宣言の延長が発表された——、「自粛要請」という言葉は撞着語法でしかない。補償の額もわずかなのだから（欧米諸国はロックダウンとそれなりの生活補償がセットになっている）、居直って無料（タダ）の撞着語法を使い続けるしかないのだろう。GW前には、変異ウイルスの感染者数の増加を受け、都知事が、都外からの通勤者に「可能なかぎり東京に来ないでください」とお願いしていた。ワクチン接種が他国より遅れ、一年かけても医療体制が十分に整えられて

いないことが連日報道されるなか、「復興五輪」という大義で誘致された国際的な祝典だけは断行する気配で——まるで開催によって「復興」に一区切りがつくかのように——、オリンピック中止の声が国の内外問わず大きくなっている今日この頃。国民全員がオリンピックのことで頭がいっぱいだった64年とは別の意味で、わたしたちもオリンピックのことで頭がいっぱいだ。この状況でオリンピックを本当にやるのだろうか、と。いまだどのような形で実現されるのか明確な情報がないなか、開催を楽しみにしている人も、ぜひとも中止をと反対する人も、そんなことはどーでもよいという人も、宙吊りになったままのオリンピックが大きな不安としてもやもやと生活にとりついている。いや、そんなことでもやもやしていてもストレスは溜まるばかかりだから、ここはひとつ掃除でもしよう。「ヒトは掃除をする生き物です」と無印良品のサイトにも書いてある。掃除とは「人為と自然のバランスを心地よく整える営み」だ、でもこの東京で、「人為と自然のせめぎあう「ほどほどの心地よさ」を探し当てること」なんてできるのだろうか[3]。考えてみれば、これも商品プロモーションのキャンペーンに過ぎないではないか……。ダメだ、理屈が先に来てしまう。とにかく今は掃除に集中すること。

1　前衛か、ただの掃除か?

　1964年10月16日、数日前に開会式を終え、オリンピックに湧く東京。銀座の並木通りではホウキやゾーキンを手に、白衣に身を包んだ数名の男たちが、「BE CLEAN！清掃中」の看板をたてて、道路掃除をはじめた［図1］(27頁図版参照)。通行人は怪訝な表情でその様子を眺めていたが、誰かが通報し、そこに二人の警官がやってくる。急いできたものの、ただ掃除をしているだけの若者たちに何を尋ねてよいのか分からない。やがて一人の警官は立ち去り、残された警官は当惑したままその様子を眺めることしかできなかった[4]。開会式後ではあったものの、路上を清掃する景色は都民の生活の一部となっていた。62年12月から毎月10日は「首都美化デー」に定められていただけでなく、64年9月27日から10月3日までの1週間は「首都美化総点検週間」として、「一千万人の手で東京をきれいに」［図2］というスローガンのもと、各自が身のまわりの清掃事項

を点検するよう呼びかけられていた。清掃は国家事業だったのである。国民・都民たるもの、清掃すべし。高松次郎、赤瀬川原平、中西夏之らハイレッド・センターによるこの清掃イベントは、たいていの場合、オリンピックを目前に急速な都市化を進める高度経済成長期の東京に対して、いくぶん冷ややかな視線を投げかけるアイロニカルな振る舞いとして、また、日常の公共空間に非日常をもちこむことによって日常を問い直すという社会への直接行動の一環として解釈されてきた。20年後、赤瀬川はこのイベントについて、オリンピック前の東京の空気に触れながら次のように語っている。

> 〔…〕何ヶ月かの東京の世の中というのはもうオリンピックのことで頭がいっぱいで、世界中からお客様がお見えになるというので、さあ大変だと慌てて道路を舗装しなおしたり、慌ててゴミを片付けたり、慌てて道端に花を植えてみたり、とにかく外から見えるところをキレイに掃除するので町中が慌てておりました。高速道路なども慌てて作ってしまいました。
>
> 　そういう空気の中で、それじゃあいったい我々は何をすればいいのかと、ハイレッド・センターは深く考えました。考えたけどあまりいい考えも浮かばずに、やっぱりこりゃ掃除だねと、みんなと同じように掃除をしようということになりました。でも掃除は掃除だけど正しくやろう、テイネイにやろう、ジックリやろう、これが本当の掃除だという、何というか、日本一の掃除をやってやろうじゃないかと、そう心に決めたのでした。[5]

この述懐の時、すでに赤瀬川は尾辻克彦名義で小説家としての活動を開始しており、81年には「父が消えた」で芥川賞を受賞していた。有名な模型千円札裁判の後、芸術の果てを見て制作をやめ、路上にフィールドを移して、開発の「ゴミ」として残り続ける無用な建築遺物「超芸術トマソン」を観察しながら、軸足を文筆業に移していたのだ。20年後の回顧ということは考慮に入れるものの、この言葉には、「慌てて」うわべだけを小綺麗に取り繕おうとする東京に対して、あえて「本当の掃除」を見せてやろうという「ネタ」としての態度が見えると同時に、芸術としてのコンセプトをうまく練り上げることができなかったことを「ベタ」に伝えてもいる。「ネタ」としての掃除なのか、都民がやっていた

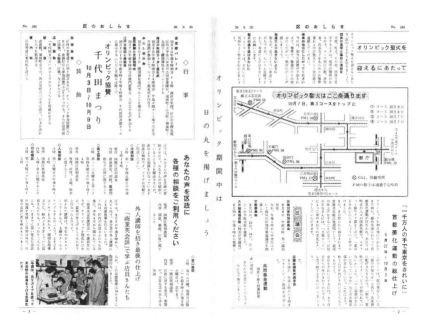

[図2] 千代田区役所『区のおしらせ』no.184、1964年（昭和39）9月20日発行

のと同じ「ベタ」な掃除なのかははっきりと決められない。そもそもこのプロジェクトは「東京中が掃除掃除とやっているものだから、それじゃあ我々は町中のゴミ箱にゴミをギッシリと詰めて回ろう」という正反対の発想が出発点となっていた。しかし、それは現実的ではなく、「やっぱりジミだ」というわけで——清掃のほうがよほど「ジミ」だと思うが——最初の発想を否定した上で「ベタ」に清掃を行うことに落ち着いたのだ[6]。中ザワヒデキは、それを「反転の反転としての正当な清掃」[7]と呼んでいる。つまり、「反芸術」を標榜する前衛芸術の論理に従えば、自らの芸術性そのものをこそ否定せざるをえないのだから、これはまったく必然的な帰結だということだ。同時代の〈九州派〉、〈ゼロ次元〉などの前衛グループが都市空間の隙間を狙って「都市の浄化による日常生活の管理への抵抗」[8]としてのパフォーマンスを行っていたことを考えれば、この清掃もまた、美術史のなかで60年代という前衛の時代のひとつの代表作とみなされてしまうことに異論はない。模型千円札との関連から、清掃イベントのポイントが「看板の模型」によって「オオヤケ」が模造されたことにあると指摘した椹木野衣もまた、芸術作品としての価値を可能にする「規約的文脈」（＝

約束事)——美術史的な次元だけでなく政治・経済的な次元も含む——の存在を暴露する赤瀬川の作品が、「デュシャン以降の美術史的状況をほかの国のだれにもまして正統的に継承・反復している」と結論している[9]。清掃イベントを含むハイレッド・センターの活動の「日常を日常の只中で異化させようとする意図」[10]には本当には「ネタ」か「ベタ」か分けがたい両義性があるのだが、いったん美術史的な整理がなされるや、その両義性は消え、もっぱらあの清掃は、たんなる清掃ではなく芸術あるいはカウンターカルチャーの一形式として整理されてしまう。しかし、結果的に「ベタ」な(あるいは「ベタ」に見える)掃除を行ったことは、美術史的な意味づけは別にして、単なる現状肯定あるいはシニシズムにしか見えないという可能性も改めて確認しておく必要があるだろう。その上で、ここではさらにもう少し「ベタ」の部分について考えてみたい。

　赤瀬川の発言があった1984年の座談会において、ハイレッド・センターの三人は、自分たちの芸術が真実を目指すものではなく、ただ行動すること、ただやってみることであり、そのためには「方便」や「口実」が必要だったと確認している。中西が、高松のジャスパー・ジョーンズ論を引き合いに出しながら、ジョーンズは、ただ絵が描きたい一心で、塗りやすいダーツの標的を「方便」としたにすぎず、決してダーツの標的そのものを描きたかったわけではなかったらしい[11]、と発言したのを受けて、赤瀬川は次のように述べている。「だから掃除するってのも、いわゆる大ざっぱに評論しようとすると、形の上澄みの掃除そのものになんか意味を、というふうになって、それはまあまるでないわけじゃないんだけど、そうじゃないんだよね」[12]。「みんなと同じように掃除をしよう」ということをとりあえずの「方便」にし、意味づけは宙吊りにしたまま、それを「糞真面目にやってみる」[13]ことが重要なのだ。それから、赤瀬川は自分の小説へと話題を移し、小説や文章を一本の矢印ととらえ、その「矢印の先だけに意味がある」と考える評論家を批判しながら、「矢印の本体にこちらの命があるのに、方便について言われたって……」とこぼし、中西は「それについてやることが生きることなわけなんで、芸術活動もそうだと思う」[14]と応答している。これは高松がジョーンズにみた「わざとなされる行為」、つまり「もくろみを意識的に放棄」した行為に等しい[15]。さしあたり、「ネタ」とは意図(目論見、目的、意識、意味)であり、「ベタ」とは意図の意図的な放棄だと言いかえ

られるだろう。「ネタ」と「ベタ」がもつれあう両義的な姿勢は、後の赤瀬川の路上での活動や執筆活動においても顕著であり、そのことは、赤瀬川が終生、「偶然」に関心を抱き、三十年以上にわたって自分が遭遇した「偶然」を手帳に記録し続けてきたこととも大いに関係している[16]。かぎりなく意図に頼ろうとしない赤瀬川は、いったい何を制作のよりどころとしたのか。倉林靖は、ハイレッド・センターを含む日本の前衛美術に、「自らの肉体のありかたをもう一度根源的にとらえなおされねばならないという衝動」を見ている。その上で、「どこまでいっても芸術も行為も、観念性をつきやぶって肉体や現実に直接的に接することはできない」[17]ことを芸術家たちは自覚したのではないか、と述べている。「直接性への願望」[18]を認めていた赤瀬川もその例には漏れないが、それでも、赤瀬川は、自らの身体を、さらに言えば、自らの身体に対する違和感を、文学を含む芸術制作の根本的な原理とし続けたのではないだろうか。

2　あいまいな身体

　赤瀬川は繰り返し、若い頃からの身体の不調や身体との不和を話題にした。中学まで続いた夜尿症、ネオ・ダダ参加直前の十二指腸潰瘍と胃の切除手術、読売アンパン（読売アンデパンダン展）後に悪化して2年続いた不眠症[198]、それに付随して生じた先端恐怖症、少食、嘔吐、下痢、食当たり。人生を通して身体は自分の思うようには決してならない。また、死を意識するほどの恐怖として、幼少期の大分時代の空襲経験と1959年の伊勢湾台風の被災が語られている[20]。伊勢湾台風の経験に関しては、椹木野衣が『震美術論』において、「画家であった「赤瀬川克彦」が、ネオ・ダダの「赤瀬川原平」へと切断されるきっかけのひとつ」[21]だと指摘している。日本列島を地質学的な「悪い場所」とし、震災と復興の反復から美術史の（不）可能性を問わんとする同書の意図は理解できるが、赤瀬川自身、前衛へと進むためのひとつの区切りとして、台風経験とともに長きにわたる十二指腸潰瘍の痛みと胃の切除手術を認めており、さらに言えば、読売アンパンに出品した真空管とゴムチューブによる《ヴァギナのシーツ》[図3]やそのヴァリエーションである中古の下着を使った《患者の予言》[図4]が、肉体や内臓への関心から生まれたものだとも述べている以上、彼の身体性を無

視することはできないだろう。《ヴァギナのシーツ》でのゴムの使用について、赤瀬川は次のように述べている。

　　ゴムは、やっぱり肉体感覚みたいなことだろうな。あの感触とイメージ。肉体の代弁者。あのころ自分なりの肉体論みたいなことを、詩みたいにしてよく書いていた。「あいまいな海」とかね。
　　肉体っていうのは、いつも離れずに意識にあった。肉の体ね。それと機械構造と結びつけたみたいなことが頭にあったな。自分の体の手術もあるねえ。それまでさんざん胃袋を苛まれてるから、それが自然に出たっていうこともあるのかもしれない。だから筋肉とか内臓とかね。有機的な、どろついたもの。**22**

「あいまいな海」（雑誌初出時のタイトルは「スパイ規約」）は、1970年に刊行された最初の著作『オブジェを持った無産者』に収められることになるが、執筆は63年6月だった。同書の「あとがき」で、赤瀬川は絵筆を手放してネオ・ダダに参加した60年から、「落ちているものはなんでも拾える」**23**という態度で、廃品も文章も同じように手に拾って制作を行ったと述べている。つまり、「あいまいな海」からはじまり短編、小説、エッセイへと展開していく彼の文章は、言葉による「既製品」あるいは「器用仕事」の感覚で作られたのだといえる。「あいまいな海」は、発砲音だけは大きいものの、相手に銃口をくっつけなければ殺傷できないほど威力の弱い銃を手に入れたスパイの話で、このスパイが海岸に試し撃ちに行く場面には、次のような長編詩が挿入されている。

　　人間の肉体に、水をかけてうすめながら
　　思い切り強烈に振動し
　　体中の細胞を分離させると
　　細胞はそれぞれ独立したアメーバとなって
　　泳ぎながら
　　すきまを満たしていた水分と共に
　　ペロペロと海水となって流れ落ちる。
　　だから海はねばっこい。

[図3] 赤瀬川原平
《ヴァギナのシーツ(二番目のプ
レゼント)》1961/1994年
[図4] 赤瀬川原平
《患者の予言(ガラスの卵)》
1962/1994年

東京国立近代美術館蔵
Photo: MOMAT/DNPartcom

それは死なない肉体の
生きていない水平線
海は体系の無い肉体
法律の蒸発した肉体の絨毯。[24]

人間の身体の大部分が水からできている、というのは、その後も赤瀬川が繰り
返しとりあげるテーマだが、ここでは、身体が海との相互浸透のなかで己の境
界を失っていく経験が語られている。

僕の意識の法律は徐々に蒸発し
流れ出した小さな海水を
僕が海に加わっても
海はふえもしないし減りもしない。
そこに僕はいるけれど
僕としての僕はもういない。
分るかな
そこに僕はいるけど
僕としての僕はもういない。[25]

こうした自他の区分の消滅、僕が僕でありながら世界でもあるという感覚は、この直後に登場する「一切の私有財産制度の否定」という言葉と併せれば強烈な政治性を帯びることになるし[26]、赤瀬川における「匿名性」という重要なテーマを示唆しているとも読めるが[27]、この文章が「自分なりの肉体論」でもある以上、そこに胃の一部を摘出した経験と中学二年までどうしてもなおらなかった夜尿症という個人的経験の反映を見出すのはむしろ自然なことだと思える。77年の『現代詩手帖』に掲載された一連のエッセイ——小説を書き始める前の習作に近い——の中に「蛇口」と題された文章があり、そこには「私の肉体の本質は、夜尿症によって煮詰められてきたのです」という言葉とともに、小便＝水分＝肉体＝海という等式が綴られている[28]。切除された胃はなお自分なのか、布団に地図を描いたあの水は自分の一部なのか。僕と海との境界はどこで、誰が定めてくれるのか。身体感覚を通して明らかになる自分と世界との境界のあいまいさは、小説作品においても、また、後年のエッセイや路上活動のなかでも繰り返し反復されるテーマである。その意味で、実は赤瀬川はたえず、自分という境界の不確かさそのものを「観察」し続けていたように思える。

3　目触りな世界

　63年に発表され、赤瀬川作品のなかでもっとも多くの批評や研究の対象となったのは《復讐の形態学（殺す前に相手をよく見る）》［図5］いわゆる「模型千円札」だろう。この千円札の精密模写の日々を描いた78年の小説「レンズの下の聖徳太子」には、チューブや真空管はもとより町中で拾ってきた廃品の山に埋もれる「ぼく」の身体が、狭いアパートの一室へ、そしてアパート全体へと拡張される様が描かれている。

> この部屋は細胞である。この薄いベニヤ板は細胞膜だ。ぼくの心臓の音は細胞膜から廊下をつたわり、階段を降りて、アパート全体を揺るがしている。この細胞膜は視線をさえぎるだけで、音には透明、震動にも透明、熱も、匂いも、すべて浸透させてしまう。このアパートには音の個室がない。震動の個室もない。熱の大部屋、匂いの大部屋……。[29]

[図5] 赤瀬川原平《復讐の形態学（殺す前に相手をよく見る）》1963年　名古屋市美術館蔵

千円札という普段、誰もが目にしているものを、実はわたしたちは見ていない。そのあまりに複雑なデザインを正確に思い出すことはできない。レンズを通して百倍に拡大したお札を前に、ひとつひとつの波線の絡み合いをほどき、たどっていく作業が何度も繰り返される。「ぼく」は「レンズを通ったゴミのような体になって」千円札の線と線のあいだにすっかり沈みこみ、元の世界には戻れないのではという不安に襲われる。しかも、隣人たちときたら、みな普通の勤め人。自分だけがこの部屋にガラクタとともに置いてけぼりになり、「アパートに刺さった棘となって、しまいにはプツンと引き抜かれてしまう」[30]かもしれない……。赤瀬川自身の経験を書いたと思しきこのアパート空間との同一化の感覚は、自分の身体が物理的にも心理的にも社会と乖離していく不安から生まれた一種の防衛機制のあらわれに思える。その後、身体は次々と奇妙な違和感を覚え、日常生活の邪魔をする。それとともに、毎日眺めているお札のほうには身体性が宿りはじめる。「ぼく」はお札に使用した人間の体臭や汗、垢を感じ、ついにはそれを下着と同一視してしまう。「お札は下着だ。この油汗のにじみ出る肉の体を、ピッタリと包み込んでいる生臭い下着」[31]。新しく印刷してもらったお札を前に作業を再開する「ぼく」だったが、変わらぬ細かい反復作業に疲弊しきり、布団のなかで自分自身が「油」へと変容してゆく。

　　ぼくの体は横になって、布団の皺の中に潜り込み、目だけがいつまでもブツブツと呟きながら、手が眠り、足が眠り、背中が眠り、頬っぺたが眠り、全身がぬ

るい油のようになって、また次の睡眠に流れ込んでいく。時間が逃げる、形も逃げる、目玉を伸ばして、あと少し……油はそんなことを考えながら、布団の中に拡がっていく。[32]

　お札は「油汗のにじみ出る肉の体」を包む下着となり、「ぼく」はお札を仔細に見つめる目だけを残して「油」となる。身体という自己と世界との境界線はその厚みを失って液体となり、紙幣と「ぼく」とは限りなく接近する。身体が不確かなものになると、世界もまた不確かなものに見えてくる。ある日、「ぼく」はクリーニングに出すワイシャツ置き場となっている椅子の背に、大家の若奥さんの裸の体が脱ぎ捨ててあるのを目撃する。当の奥さんはと言えば、背中を向けて台所に立っている。たんなる白昼夢のようにも思えるが、静かに錯乱している「ぼく」の精神と身体から見れば、他人の身体もまた、汗や垢の染み込んだお札や、汚れたワイシャツと同様、脱ぎ捨てられるものに感じてしまう。ここでとりあげた描写以外にも、小説「レンズの下の聖徳太子」には、「ぼく」の身体の変容が世界の変容とともにさまざまな形で表象されている。見えないはずの物体（UFO）を見るという結末は評判があまり良くなかったようだが[33]、ある意味では必然的な結末だとも言えるだろう。

　翌年の「肌ざわり」以降の小説作品では、肩の力も抜けたのか、赤瀬川本人とおぼしき主人公の父子家庭の日常が、しかしやはり、特異な身体感覚をベースに書き綴られている。たとえば「虫の墓場」の冒頭はいきなり「目が虫にはいった。いや、目に虫が入った。」と、外（世界）と内（自分）の互いに絡み合った関係を示す一文からはじまる。内容は父娘で自転車に乗っていた時に父の左目に虫が入ったというシンプルなもので、「サンズイにモドル」という漢字なのだから「水に戻る」というのが涙の意味ではないかと娘に言われた父は、人間の身体はほとんどが水であり、水のモトは海で、海水のモトは宇宙の成分のほとんどを占める水素であるから、涙を流すのは宇宙の原理であり、「人間は泣くたびに少しずつ水に戻り、水は流れ流れて海に戻り、やがて海は水素に戻るのだろう。人間は泣くたびに少しずつ無くなっていく」[34]と夢想を重ねる。「あいまいな海」での身体が世界に溶けていくあの感覚が、やわらかい表現で日常生活の中に根を下ろしていくのがわかる。同じ文庫に収められた「闇のヘルペ

ス」でも、これまでに出てきたテーマないしイメージが再出する。「私」が、口唇ヘルペスの痛みと発熱の中、電気スタンドのスイッチをいつもより布団のそばにたぐりよせようとコードを持ち上げた時、「バチリ」という感触とともに部屋の明かりが全部消えてしまう。暗闇のなか、病身は闇に溶け、家そのものに変容する。

> 私はそのままの姿勢で、一転した闇の中に凍りついてしまった。好奇心で乳児を殺してしまった小学生のようだった。この家のどこかが裂けたのだ。闇の中で、この家全体の空間が、私の中にはまり込んでくる。私は全身の皮膚が逆立ち、家全体に鳥肌が立ってくる。[35]

「虫の墓場」や「闇のヘルペス」を書いたとき、赤瀬川は43歳になるところだった。前衛芸術家の頃は、若さからか、あるいは時代の要請からか、好んで「肉体」という言葉を用い[36]、それをなまなましい「モノ（廃品）」によって表現していたが、あいまいで境界がはっきりしない身体感覚は大きな変更を伴うことなく、あるいはむしろ、そのような身体感覚を諦念とともにしなやかに受け入れながら、赤瀬川＝尾辻は文章を紡いでいったといえる。のちの「老人力」[37]の発見も、弱い身体に対して向けられる日常的な意識、あるいは「自己への配慮」（フーコー）が可能にしたものだと言えるだろう。この文章で一貫して「肉体」ではなく「身体」という言葉を用いているのも、彼の身体感覚が60年代という時代的な制約を受けるものではないと考えるからだ。

　「トマソン観測センター」から「路上観察学会」、そして「ライカ同盟」へと至る路上での活動もやはり、世界と自己との接面としての身体の不安定さが重要な要素となっている。まずは、本人が認めているとおり、例の夜尿症があげられるが[38]、ここでは別の観点について触れてみたい。1965年頃、赤瀬川はそれまで以上に本格的な不眠症に悩み、地獄のような日々を過ごしていた。ネオ・ダダ、読売アンパン、ハイレッド・センターと絵画という既成の枠組みを破壊する前衛活動に集中した結果、自己自身の安定も失ってしまったことが原因だという。「燃えるものが全部燃えてしまって、自分の中がカラッポになる。そうすると自分の体の重心がなくなり、生きて動いているのが不安定になる」[39]と

赤瀬川は振り返っている。2年ほど続いた不眠症についてはエッセイ等でやはり繰り返し語られることになるが、この時期、彼は事物の先端や角が自分に迫ってくる感覚を覚えた。

> そうやって私の不眠症はずいずいと深まり、一年ほど進んでその行き詰めたところで、先端恐怖症みたいなものが出てきて驚いた。ある夜、どうにも眠れずに電気をつけたら、棚の角、机の角、角という角が全部自分を見つめている。卒倒しそうになった。[40]

このあと、彼はできるだけ瑣末な作業に集中することでこの危機を乗り越えたようだが、ここでも問題なのは、私と世界との境界だ。境界をモノが暴力的に破って、こちらに迫ろうとする恐怖。この経験は、『芸術原論』に収められた「接触考」の中では制作原理にかかわるものとしてとりあげられている。目や耳を通して伝わる接触は、皮膚による接触の記憶と共鳴するのであり、そうしたいわば諸感覚による世界との接触経験が、「個体内に自意識があること」あるいは「一という数を維持する人生」を確認させる。芸術表現の根拠はその「一〔＝個体〕」という数字にあるのだ、と説明されている[41]。路上での観察行為は、しばしば言われるように、非人称の都市が生み出す無用の「モノ」を単に受動的に見ることではない。むしろ世界の手触りを視覚的に探ることによって、自分自身の輪郭を確認する行為でもある[42]。その輪郭は更新され続け、目による接触の感覚はなかなか言葉にできないために、それを表現する文章は自然とふくらんでゆくのだ。

> すべて見知っていたはずの町の路上から見知らぬ物件が続々と発見されていくたびに、それに驚く自分の内側も続々と発見されていく。
> 路上観察は自己観察であった。新しい物件が、新しい感覚の皮をめくる。目玉を境界として、その外側世界と内側世界が等価なのだ。それが根底からの楽しさの原因である。[43]

先端恐怖症は、路上観察という「自己と世界のバランスを心地よく整える営み」

へといわば昇華されたのだといえる。そして、路上観察に欠かせないものとなったカメラへの偏愛に関しても、スノッブな趣味であることは否定しないものの、赤瀬川自身にとってみれば、そのような他人からの評価は関係なく、目による世界との接触を促すためのひとつの装置として必要だったということがわかる。

　　人間はふだん、町の必要なところしか見ていない。家の近所、勤め先の町にしても、まずは必要な所だけ見て通り過ぎる。
　　でもカメラと歩くと、人は現代人から狩猟採集民にさかのぼる。必要でもないところに目がいき、思いがけない状態のものを見つける。[44]

カメラとともに町を歩けば、意味で満ちた町のなかで目は自然と無意味なものを探そうとする[図6]。カメラは身体能力を拡張するメディアだが、それは、ファインダーをのぞく前のいわば身構えの段階ですでに生じていることなのだ。そ

緑の上塗り
緑が生えているのに、なお壁に緑を描く。いまの言葉では、エコということになるのだろう。

[図6] 赤瀬川原平『散歩の収穫』日本カメラ社、2010年、77頁

[図7] 赤瀬川原平『ステレオ日記 二つ目の哲学』大和書房、1993年、48頁／81頁

の意味では、ファインダーをのぞいてシャッターを切る必要すらないのかもしれない。90年代に赤瀬川が「自分の体の不思議を知る」[45]ため、ステレオ裸眼視に強く興味を抱いたことも容易に理解できるだろう［図7］。

4 「楕円幻想」

　赤瀬川は、自分自身とも世界ともうまく折り合いのつかない身体のあいまいな感覚を信頼していた。「芸術」をするという意図を、意図的に放棄するために、不安定な自分の身体をよりどころにしたのだ。冒頭で提起した「ネタ」と「ベタ」という不用意で便宜的な区分も、「理屈」あるいは「論理」と「身体」というふうに言いかえたほうがわかりやすいだろう[46]。赤瀬川の文章には、論理が先ばしってしまう自分を咎め、論理に頼ることをいわば「自粛」して、まずは身体的に現実に対峙しようとする記述がしばしばある[47]。ハイレッド・センターの清掃イベントに関してもそうだった。ただ、赤瀬川が論理を意図的に放棄しようとするのは、彼が論理的であるからに他ならず、論理と身体は両輪となって赤瀬川を支えていることは言うまでもない。『自分の謎』に挿入されて

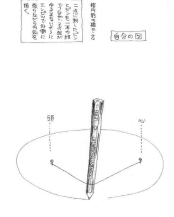

いる図を用いながら、もっと単純化して言えば、赤瀬川の「自分」とは「頭と心臓という二つの中心をもつ楕円構造を成して」おり、「どちらか一つが中心という真円ではあり得ない」[48]のである［図8］。「頭」を論理、「心臓」を身体と考えればよいだろう。この楕円構造こそ赤瀬川の変わらぬ両義性の正体と言えるが、そこには若い頃、路上でサンドイッチマンのアルバイトをしている時に年上の「ワダさん」から教えてもらった花田清輝の「楕円幻想」の影響が窺える[49]。本好きとは言えない赤瀬川だが、花田の発想、とりわけ二つの焦点をもつ「楕円」という考

[図8] 赤瀬川原平『自分の謎』
毎日新聞社、2005年、45頁

え方には深く影響を受けたと認めており、「ぼくなんか身に染みちゃってる」[50]とすら漏らしている。といっても、もちろんそれ以上、花田の思想やその後の展開を深く掘り下げていったわけではなく、あくまで制作や生きるための拠り所となったということだ。不安定であいまいな身体を二つの焦点のひとつに据えている危うさに、赤瀬川的楕円の特徴がある。

　美術家、小説家、漫画家、趣味人などというカテゴリーごとに赤瀬川のことを考えるよりも、二つの焦点をもつ楕円構造の存在として見るならば、彼の現代性が見えてくるのではないだろうか。誠実さや正しさという一つの中心しかない真円に対して、つねにそれをおちょくる諷刺や、韜晦や、グロテスクをもう一つの中心としてもつ楕円は、花田が明言したように、二つの点の間をただただ往来し続けるどっちつかずを意味しない。二律背反に陥るとしても、相反する二つの焦点をどちらも保持したまま、「無数の性格」を備えた楕円を描ききること。世界が激しく変わりつつある「転形期」あるいは「復興期」こそ、そのための絶好の機会となる。戦中の1943年に発表された「楕円幻想」の中で、花田は「いま、私は、立往生している。思うに、完全な楕円を描く絶好の機会であり、こういう得がたい機会をめぐんでくれた転形期にたいして、心から、

私は感謝すべきであろう」[51]と語っており、多くの人が真円しか描けなかった時代において——「右翼であれ、左翼であれ、円の正しさだけを信奉する人々の無理解の中で」[52]——「我々は、なお、楕円を描くことができるのだ」[53]と喝破した。花田において「楕円」は実現すべきものとして提起されたが、赤瀬川はと言えば、自分自身を「楕円構造」と考え、生涯、その都度さまざまな形の楕円を描こうとしていたように思える。それが「完全な楕円」だったかどうかは分からないが、終わりの見えない「復興期」にある現在、赤瀬川の描線を改めてたどり直しながら、わたしたち自身の楕円を描くためのヒントにしてもいいのではないだろうか。

5　自粛からの創造——伊東五津美《Sun room》

　最後に挿話的なことを。

　パンデミックの最中に赤瀬川のことを考えるようになったのは、漠然と彼が「自粛」の人だったのではないかと感じたからだ。お願いされた「自粛」ではなく「生きること」（中西）の前提条件として「自粛」を実践していたのではないか。「貧乏性」、「不眠」、「老い」、「病気」といったネガティヴでマイナスだと考えられる要素を、一挙に反転させてポジティヴに捉えるというのでなく、いくらかの諦念とともに受け入れ、時間をかけて馴染ませ、それを制作に生かす。残された自分の胃袋と同じように、虚弱で小さくなった身体を、いわばひとつの部屋としながら、赤瀬川はその限られた空間の無限の広がりを感じるようつとめていた。「自宅で出来るルポ」の連載をまとめた『純文学の素』は、そうした赤瀬川の「自粛」精神がにじみでた本だ。身体の不調があるわけでも、編集者から頼まれたわけでもないのだが、自宅をルポルタージュの対象にするという一種の自粛生活を自らに強いたのだ。とはいっても、初回から「やはり本当は自宅ではどうしようもない」[54]と言って映画館に出かけてしまうほど融通無下な作者は、出かけた先が自宅だという論理で、しょっちゅう外出する。それでも時には連載テーマに戻り自宅そのものを本気か冗談かわからない仕方で調査し報告する。同書に収められた「自宅の悲しみ」は、雑誌『平凡』に掲載されている「自宅でできる○○○」という類の広告文句を集めて自宅でルポし

た文章。痩せる、身長が伸びる、美肌、歯が白くなる、薄毛がなおる、記憶力がよくなる……、現代詩のように短い言葉を連ねたさまざまな広告文句のコラージュとともに、他者の目をたえず気にしてしまう現代人と、それにつけこむコンプレックス産業とが面白おかしく描かれている。自宅でこそ人目につかないよう過剰な自意識のエネルギーが育まれている様を「自宅の壁はなおもどんどん分厚く増強されて行くのです」[55]と語る言葉には、家や部屋を自分の身体として感じるおなじみの身体感覚があらわれている。

　自粛生活が続く中、意識は必然的に部屋に向けられる。必ずしも自分の部屋というわけではないとしても、以前よりも、とにかく室内で過ごす時間は増えた。ヴァージニア・ウルフの『自分ひとりの部屋』や、ジョー・ブスケ[56]についてなんとなく考えを巡らせながらも、気がつけば、部屋生活を充実させる、とか、テイネイな生活を創る、とか、新しいアイテムで部屋をリフレッシュ、といった広告文句にふと心を動かされている自分がいて、思わずはっとする。街でのショッピングが激減しても、資本主義リアリズムは消費への夢をばらまき続けるのだ。いや、別にそのこと自体批判するつもりはなく、「部屋」というもののあり方を、比喩的な次元も含めて、これを機会にさまざまに考え直してみることは面白いだろう。できれば赤瀬川とともに。そんなことを考えながら、というわけではなかったと思うが、2021年2月、東京芸大の卒展・修了展に足を運び、赤瀬川の《宇宙の罐詰》［図9］にインスパイアされた伊東五津美

［図9］赤瀬川原平《宇宙の罐詰》1964/1994年
Courtesy of SCAI THE BATHHOUSE

[図10] 伊東五津美《Sun room》2021年

の《Sun room》[図10]に遭遇した。もしかしたら、この作品を見たことで、改めて赤瀬川のことを考えはじめたのかもしれない。

　《宇宙の罐詰》は、模型千円札とおよそ同時期に作成された梱包作品の到達点だといえる。複雑な千円札を模写しているときの心身の負担についてはすでに触れたが、それとは反対の紙と紐だけを使った超シンプルな梱包作品を、ほとんど反動的に赤瀬川は思いつく。ただモノを梱包するだけの作品だ。63年7月、内科画廊での中原佑介企画の「不在の部屋」展で、赤瀬川はカーペット、椅子、扇風機、ラジオを梱包し、扇風機とラジオを作動させた［図11］。その後、あらゆるものに対する梱包欲が湧いてきたが、包むもののスケールが大きくなるだけで、梱包にはキリがないことにいち早く気づき、宇宙全体を逆転の発想で梱包したのが《宇宙の罐詰》である。蟹の缶詰の中を空にし、外側に貼られていたレッテルを剥がして内側に貼って、また蓋をしてハンダ付けする。すると、外と中の反転が起こり、宇宙全体が罐詰の中に閉じ込められたことになる。《Sun room》は、自粛生活のなかで窓の内側から眺める機会が多くなった太陽を、反対に、窓に閉じ込められたものと見立てるインスタレーションだ。部屋の中で動かず自粛しているのは、わたしたちではなく太陽のほうであり、閉じ込められた太陽はいわばわたしたちの鑑賞の対象となるのだ。《Sun room》は東京都知事賞を受賞したとのこと。「この作品のように、部屋で自粛しているのは

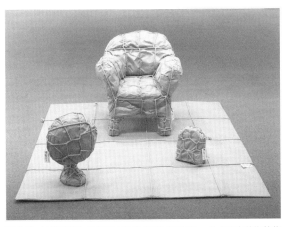

[図11] 赤瀬川原平《不在の部屋》1963/1995年　名古屋市美術館蔵

太陽だと考えて、みなさんには、引き続き外出をなるべく控えていただき、人命優先で可能なかぎり人流を抑え、この危機を乗り切っていきましょう。」防災服を身につけた都知事の姿が目に浮かぶ。《Sun room》のどの部分を評価したのか、ぜひ都知事には伺ってみたい。いや、もちろん、ご本人が選んだのではないということは重々分かっているのだが……。

　この作品がもつ解放感は、「宇宙の罐詰」的な逆転にあるだけではないだろう。たしかに「自粛」というネガティヴな状況を逆手にとる赤瀬川的発想が第一にはあるが、《宇宙の罐詰》とは違ってこの部屋にはドアがある。太古から崇拝の対象となり神格化されてきた太陽に、わたしたち人間と同じく部屋が与えられたのだ。しかし、ドアの大きさからして、太陽が動いて出入りするわけではない。太陽のまわりを動いているのはいつも地球であり、《Sun room》のドアを開けるのはわたしたちしかいない。その部屋に入る（＝外出する）かどうかはわたしたちが決めるのであって、ドアはいつでも開けられることだけを待っている。太陽はと言えば、壁がすべて窓になっていることからも分かるように、部屋の中で自粛などせず、いつもそこにいて室内も室外も区別なく、ただ照らしているだけだ。窓はどれも使い古された廃品（？）であるため、その窓から外を見ていたであろう人々の暮らしの気配を想起させる。ステンドグラス、擦りガラス、傷の入ったガラス、補修されたガラス……それぞれの窓と、その窓があった部屋や建物には個別の生活様式と歴史があるはず。日常生活では、ましてや現在のような自粛生活では、そうした複数の生きられた時間の共存によって街ができていることはなかなか見えづらい。街に出れば窓はどこにでもあるのに、実際に窓に目を向けて観察することはとても難しい。外から他人の家の窓をじっと見るとどうなるか想像してみてほしい。その上、窓はたいてい採光や眺めという機能に徹しているため、窓そのものに視線が向けられることはほとんどない（そんな感じのことを現代美術論のなかでオルテガは語っていた）。また、窓のサイズがすべて異なっているため、ところどころに隙間があり、そのちぐはぐな様子が街そのものの隙間を思い起こさせるだけでなく、もっと言えば、「復興期」を喚起するバラックの様相さえ感じさせる。こうして見ると、この作品の主題は太陽ではなく、太陽の光を享受する窓とその窓の向こうにある街の生活だと言えそうだ。単なるコンセプチュアルな反転というのではなく、廃品を

使って、普段、近すぎて見えていないものに手触り（目触り？）を与えようとしているところなど、やはり赤瀬川を思わせるのだが、これは理屈が過ぎた解釈かもしれない。

註

1｜JASRAC 出2301558-301。

2｜2021年4月25日から6月20日。

3｜20年で40周年を迎えるにあたり無印良品は、文明・文化を超えて営まれる普通の生活のなかに人間の本質が潜んでいるという発想のもと、「気持ちいいのはなぜだろう。」というメッセージとともに、感じのよい生活の基盤として「掃除」をテーマにした商品プロモーションを開始。あわせて書籍『掃除 CLEANING』を刊行した。このプロモーションはパンデミック以前から企画されていたもので、書籍は2019年に撮影された世界中の掃除のシーンを収めた写真集である。Youtubeの公式チャンネルには動画もアップされている。〈https://www.muji.com/jp/message/2020/ja/〉（最終閲覧日：2023年2月15日）。

4｜「平田実オーラルヒストリー」（2015年6月21日）、〈http://www.oralarthistory.org/archives/hirata_minoru/interview_01.php〉（最終閲覧日：2023年2月15日）。

5｜赤瀬川原平『東京ミキサー計画』ちくま文庫、1994年、250-251頁。

6｜同書、251頁。さらに約20年の時を経て2001年に刊行された松田哲夫による長大なインタビュー『全面自供！』で、赤瀬川は「考えてみれば意外と政治的な企画だった」と振り返りながら、「東京中が「街をきれいに、きれいに」といっているのがどうも鼻について、「何かしたいな」というのがあった」とやはりはっきりしない言い方をしている。ゴミを町中に詰めて回る、という最初のアイデアについては、「イメージは面白いけど、その労力を考えたら仕事みたいになっちゃって、やっていて面白くない。何だか目的がありすぎて」と語り、「そ

れでどうせなら掃除しようって（笑）」と笑いで締めている（赤瀬川原平『全面自供！』晶文社、2001年、125頁、強調は引用者）。

7｜中ザワヒデキ『現代美術史 日本篇 1945-2014［改訂版］』アートダイバー、2014年、42頁。

8｜黒ダライ児『肉体のアナーキズム――1960年代・日本美術におけるパフォーマンスの地下水脈』grambooks、2010年、487頁。

9｜椹木野衣『日本・現代・美術』新潮社、1998年、第9章。看板が「模造したオオヤケの力」を発揮したことは赤瀬川自身が『東京ミキサー計画』（268頁）で強調していることである。「模型千円札」に関しては、椹木に近い見解を1971年8月刊の『美術手帖』で石子順造がすでに指摘している。「物がつねに社会化されてあり、その社会化されるすじ道がまたつねに人間の欲望を疎外する道程と重なり想像力を規制する行程にもなっているはばとあつみへの反発が、彼の表現の弾力ではないだろうか。それは、物の効用と価値との関係への疑惑、といいかえてもいい」（石子順造「ハイレッド・センターにみる美術の〈現代〉」、真武真喜子他編『高松次郎を読む』水声社、2014年、34頁）。また、絓秀実は、資本主義における等価交換のフィクション性を、それを支える「貨幣」の模型（＝芸術）の制作によって暴いたところに「模型千円札」の革命性をみている（絓秀実『増補・革命的な、あまりに革命的な』ちくま学芸文庫、2018年、第9章）。

10｜光田由里「芸術・不在・日常――「反芸術」をめぐる批評言説」、美術評論家連盟編『美術批評と戦後美術』ブリュッケ、2007年、160頁。

11｜高松次郎の「ジャスパー・ジョーンズ試論」（1975年）のことだと思われるが、一連の《標的

（Target）》に関する言及はない。高松次郎「ジャスパー・ジョーンズ試論」『不在への問い』水声社、2003年、85-95頁。

12｜赤瀬川原平『東京ミキサー計画』、前掲書、337頁。

13｜同書、336頁。

14｜同書、337頁。

15｜高松次郎「ジャスパー・ジョーンズ試論」、前掲書、91-92頁。

16｜赤瀬川原平『世の中は偶然に満ちている』筑摩書房、2015年。

17｜倉林靖『渋澤・三島・60年代』リブロポート、1996年、第5章。

18｜赤瀬川原平『全面自供！』、前掲書、112頁。また、『反芸術アンパン』（ちくま文庫、1994年）の第2章「絵画の直接性を求めて」も参照のこと。

19｜本書所収の高部論文「半醒半睡のシネマトグラフ」（117頁）も参照のこと。

20｜「八月、伊勢湾台風に襲われ、小学生の甥を背負って水の中を逃げる。結局首まで水に漬かり、泳げないために死を覚悟する。八歳の爆撃のときと同じく、不思議に静かな気持ちだった」（赤瀬川原平『全面自供！』、前掲書、438頁）。

21｜椹木野衣『震美術論』美術出版社、2017年、178頁。

22｜赤瀬川原平『全面自供！』、前掲書、93-94頁。

23｜赤瀬川原平『オブジェを持った無産者』（復刻版）河出書房新社、2015年、362頁。

24｜同書、215-216頁。

25｜同書、217-218頁。

26｜ウィリアム・マロッティ「オブジェを持った無産者──1960年代における赤瀬川の政治性（ポリティックス）」、『赤瀬川原平の芸術原論展 1960年代から現在まで』千葉市美術館、2014年、14-21頁。

27｜河合大介「研究ノート 赤瀬川原平と《山手線事件》──〈匿名性〉を手がかりとして」『美術研究』第418号、東京文化財研究所、2016年、68-80頁。

28｜赤瀬川原平『少年とオブジェ』ちくま文庫、1992年、71-84頁。

29｜赤瀬川原平「レンズの下の聖徳太子」『レンズの下の聖徳太子』幻戯書房、2017年、19頁。

30｜同書、18-19頁。

31｜同書、34頁。

32｜同書、45頁。

33｜赤瀬川原平『全面自供！』、前掲書、295頁。

34｜尾辻克彦「虫の墓場」、『肌ざわり』中公文庫、1983年、67頁。

35｜尾辻克彦「闇のヘルペス」、同書、95頁。

36｜本書所収の伊澤論文「東京肉体拾遺」（217頁）も参照のこと。

37｜1997年、老いによる身体・認知能力の低下を「ボケ」ではなく新しい力の発現として赤瀬川は「老人力」と名づけた。『ちくま』での連載をまとめた『老人力』には次のような記述がある。「じっさいに、自分の力の限界を知り、落胆もあるだろうが、ある諦めの後にその限界内で何かをはじめてみると、それが自分にとってじつに大きな世界になってくるのである。無限の世界に向かっていたときにはムダな力ばかりで空回りしていたものが、限界の中ではむしろ有効に力が発揮されて、その限られた世界が広がってくる。これはやってみなければわからないことだけれど、力の限界を知って、その限界内で何ごとかをはじめると、その限界内の世界が無限に広がってくる」（赤瀬川原平『老人力 全一冊』ちくま文庫、2001年、Kindle版、位置No.854/3546）

38｜「私は中学二年生まで重度の夜尿症児だった。不可抗力の現象をもたらす自分の肉体への懐疑は、その肉体をシステムの一部とする世の中を不信し、それがいきおい世の中の柱である父、母、親族、家屋、その他身の回りの万物への観察心を強めることになる」（赤瀬川原平・藤森照信・南伸坊『路上観察学会入門』ちくま文庫、1993年、10頁）。

39｜尾辻克彦（文）、赤瀬川原平（絵）『東京路上探検記』新潮文庫、1989年、182頁。

40｜赤瀬川原平「空罐」、『レンズの下の聖徳太子』、前掲書、288頁。

41｜赤瀬川原平『芸術原論』岩波現代文庫、2006年、62-64頁。

42｜石子順造から借用した「目触り」という言葉を赤瀬川は頻繁に使う。これに関しては、その文体も含めて、赤瀬川の活動の深い理解に基づいた成相肇の論考「（有）赤瀬川原平概要」（『文藝別冊 赤瀬川原平 現代赤瀬川考』河出書房新社、2014年、171-177頁）を参照のこと。

43｜赤瀬川原平『千利休 無言の前衛』岩波新書、1990年、43頁（強調は引用者）。

44｜赤瀬川原平『散歩の収穫』日本カメラ社、2010年、66頁。

45｜赤瀬川原平『ステレオ日記 二つ目の哲学』大和書房、1993年、13頁。

46｜「ベタ」な意味での清掃を、そのまま街を美化するという「アート」にしている一般社団法人「CLEAN AND ART」の活動を見れば、ハイレッド・センターの清掃との相違は明らかだろう。「CLEAN AND ART」は行政からの業務委託を受け、2019年から渋谷の街のグラフィティの消去作業を行っている。「ベタ」であることがもはや完全に「ネタ」となり、両者の区分はまったく意味をなさないだけでなく、あいまいな両義性もそこにはもうない。

47｜論理に対する執拗な警戒が繰り返し現れているのは『優柔不断術』（ちくま文庫、2006年）だろう。

48｜赤瀬川原平『自分の謎』毎日新聞社、2005年、44頁。

49｜赤瀬川原平『ぼくの昔の東京生活』筑摩書房、2003年、45 48頁。

50｜赤瀬川原平『全面自供！』、前掲書、62頁。

51｜花田清輝『復興期の精神』講談社文庫、1974年、191頁。

52｜沼野允義「転形期の前衛――花田清輝とアヴァンギャルド芸術の理論」、花田清輝『アヴァンギャルド芸術』講談社文芸文庫、1994年、326頁。

53｜花田清輝、前掲書、191頁。

54｜赤瀬川原平『純文学の素』ちくま文庫、1990年、11頁。

55｜同書、88頁。

56｜「彼の部屋を特徴づけていたもの、それはひとつには、その部屋で交わされる会話の極端なまでの慎ましさであり、そこでもたれる面会の完全なまでの倫理的様相だった。もうひとつには、社会的配慮の完全な不在であり、その不在は、彼の部屋で出会う男女の何にもとらわれることのない意識によってしめされていた。Bはまるで、ゆるやかな坂道でブレーキの利かない自動車を操縦する運転手のように幸福だった。そこには、愛しあう存在、愛していると伝えあった存在、だが、いかなる愛のあかしも与えあうことのない存在たちがあった。なぜならおそらく、彼ら彼女らはげんに感じている以上に理解していたからであり、あるいは、夢が彼らを包んでいたからであり、あるいは、彼らの言葉が神々しいほど美しかったからである」（ジョー・ブスケ『傷と出来事』谷口清彦・右崎有希訳、河出書房新社、2013年、41頁）。1897年生まれのフランスの作家ブスケは、第一次世界大戦での被弾によって脊髄を損傷。21歳で下半身付随となり、1950年の逝去まで南仏のカルカッソンヌの「鎧戸を閉ざした一室」でベッドに横たわったまま執筆活動を続けた。

参考文献

赤瀬川原平『純文学の素』ちくま文庫、1990年

―――『千利休 無言の前衛』岩波新書、1990年

―――『少年とオブジェ』ちくま文庫、1992年

―――『ステレオ日記 二つ目の哲学』大和書房、1993年

―――『東京ミキサー計画』ちくま文庫、1994年

―――『反芸術アンパン』ちくま文庫、1994年

―――『全面自供！』晶文社、2001年

―――『老人力 全一冊』ちくま文庫、2001年

―――『ぼくの昔の東京生活』筑摩書房、2003年

―――『自分の謎』毎日新聞社、2005年

―――『芸術原論』岩波現代文庫、2006年

―――『優柔不断術』ちくま文庫、2006年

―――『散歩の収穫』日本カメラ社、2010年

―――『オブジェを持った無産者』（復刻版）河出書房新社、2015年

―――『世の中は偶然に満ちている』筑摩書房、2015年

―――『レンズの下の聖徳太子』幻戯書房、2017年

赤瀬川原平・藤森照信・南伸坊編『路上観察学会入門』ちくま文庫、1993年

石子順造「ハイレッド・センターにみる美術の〈現

代〉」、真武真喜子他編『高松次郎を読む』水声社、2014年

尾辻克彦『肌ざわり』中公文庫、1983年

尾辻克彦（文）、赤瀬川原平（絵）『東京路上探検記』新潮文庫、1989年

河合大介「研究ノート 赤瀬川原平と《山手線事件》——〈匿名性〉を手がかりとして」、『美術研究』第418号、東京文化財研究所、2016年

倉林靖『渋澤・三島・60年代』リブロポート、1996年

黒ダライ児『肉体のアナーキズム——1960年代・日本美術におけるパフォーマンスの地下水脈』grambooks、2010年

椹木野衣『日本・現代・美術』新潮社、1998年

——『震美術論』美術出版社、2017年

絓秀実『増補・革命的な、あまりに革命的な』ちくま学芸文庫、2018年

高松次郎「ジャスパー・ジョーンズ試論」『不在への問い』水声社、2003年

中ザワヒデキ『現代美術史 日本篇 1945-2014［改訂版］』アートダイバー、2014年

成相肇「（有）赤瀬川原平概要」、『文藝別冊 赤瀬川原平 現代赤瀬川考』河出書房新社、2014年

沼野充義「転形期の前衛——花田清輝とアヴァンギャルド芸術の理論」、花田清輝『アヴァンギャルド芸術』講談社文芸文庫、1994年

花田清輝『復興期の精神』講談社文庫、1974年

ジョー・ブスケ『傷と出来事』谷口清彦・右崎有希訳、河出書房新社、2013年

ウィリアム・マロッティ「オブジェを持った無産者——1960年代における赤瀬川の政治性（ポリティックス）」、『赤瀬川原平の芸術原論展 1960年代から現在まで』千葉市美術館、2014年

光田由里「芸術・不在・日常——「反芸術」をめぐる批評言説」、美術評論家連盟編『美術批評と戦後美術』ブリュッケ、2007年

【後　記】

　赤瀬川のことを書こうと思ったのは、ひとつには彼が「自粛」というネガティヴな言葉を創作原理にしていたように感じられたからだ。この論考の執筆時には、「自粛生活」という言葉がいたるところで使われていたので、64年のことを調べながらも、自然と赤瀬川の活動に目が向いていったのだと思う。赤瀬川はとても両義的な存在であり、最初から最後まで両義的であり続けた。それは大きな批判を招く生き方でもあるが、割り切れない世界を生きていかなければならない私たちにとって、ひとつの指標にはなるだろう。伊東五津美の作品に出会ったのは幸運だった。この作品は、21世紀を特徴づける世界的な「自粛生活」を証言し続けるだろう。自粛生活が要請されるなか、マスクをつけて、仲間たちと手作業でこの作品を作った伊東の姿が目に浮かぶ。

ガールたちの無自覚な反乱
—— 源氏鶏太と愛とBG

平居香子

1 源氏先生と私

[図1] 齋藤良吉「恋人たち」
『東京』朝日新聞社、1961年、
113頁。皇居前広場で語り合
う、「都会の家なき恋人たち」。

> 源等:「あー、しーいず、ビジー。B・G。ビジネス・
> ガールね。」
> ゲーリー[1]:「HAHAHA! Oh! Business girl. Very
> nice, おヒップ！」(ゲーリー、RGの腰を数回撫で、タッ
> プする仕草)
> BG:「なにすんのよ！エッチ！」
> ゲーリー:「HAHAHA…エッチィ？ Why?」
> 源等:「ああおう。ベリーグッド。ヘーイ、カモー
> ン。おうっ！ごーっくろうさん！」
> ゲーリー:「Oh! Gokurousan!!」[2]

　これは、1962年の年末に正月映画として公開された、クレージーキャッツ映
画第二作にして、源氏鶏太『三等重役』を原案とする「社長シリーズ」となら
んで「(働かない) サラリーマン映画」の代表作 (というより怪作) の、『ニッポン
無責任野郎』[3]に何気なく挿入されたひとコマである。

> アメリカ人:「…(地図を指差しながら)ウィル ユー……シンバシ？」
> BG:「…？(わからない。困ったわ)」
> アメリカ人:「ショー ミー……シンバシ？」

BG:「オーアイ…アイ アム ビージー(BUBY)。アイ ハヴ ビジネス」

アメリカ人:「…?（しばらく顔を見つめて）ビージー(B・G)、ビジネス ガール?…オー OK ショート タイム」

BG:「…?!」⁴

　これは、『ニッポン無責任野郎』の公開からおおよそ1年後、1963年11月4日号の『女性自身』に掲載された、あるうら若き「ビジネス・ガール」とアメリカ人の会話である。1963年9月、NHKの放送用語委員会は、「ビジネス・ガール(BG)」という言葉を、今後放送では使わないと発表した。それは『女性自身』に掲載された会話が示唆するように、「ビジネス・ガール」という言葉が、アメリカでは「バー・ガール」すなわち商売女・売春婦を意味する言葉だからだ。「ビジネス・ガール」に代わって採用されたのが、同じくらいトンチキな和製英語である「オフィス・レディ(OL)」だった。女性社員の名称が、直訳すれば「会社女」⁵というヘンテコなものにならざるを得なかったのは、彼女たちの仕事が、「サラリーマンの身の回りの世話」⁶という、甚だ呑気かつ曖昧なものだったからだ。サラリーマンの源等が「ビジネス・ガール」と言い、アメリカ人のゲーリーが「Business girl」と納得し、お尻を撫で、BGが怒る。「Why？」と不思議がるゲーリーを、源等は「ベリーグッド」と笑い飛ばす、この短く間抜けな17秒に、現在から見ると皮肉にすぎる現実が詰まっている。

＊

　源氏鶏太という男は、そんなビジネス・ガールやサラリーマンについて書きまくった作家だ。しかも、80本以上の長編小説、300篇近い短編小説を世に送り出し、そのほとんどが映画化・ドラマ化されたという、戦後から1970年代にかけての、超多作・超ベストセラー作家である。同時に、実は本業サラリーマンという傑物でもあった⁷。「ときどき私は、自分の作品で死後読まれる作品があるだろうか、と思ったりすることがある。〔…〕まして、死んでしまえばそれまでであろう。それが大方の大衆小説作家の運命とわかっていて、ちょっと寂しい気がすることがある」⁸と、まるで社会の歯車に過ぎない悲哀を噛み締めるサラリーマンのような態度で、源氏は作品を生産し続けた。彼の予言は不幸にも的中し、現在、源氏鶏太という名前はほとんど記憶されていない。

そんな彼の作品を2021年の今、読んでいる私はというと、東京大学大学院生、25歳女性、未就労で一人暮らし。毎日ズボンを履いて研究と婚外恋愛にいそしむ私の生活費と学費は、地方在住の親が共働きで支えている（ちなみに母は専業主婦をやったことがなく、父も長らくサラリーマンをしなかった）。源氏が監査役を務めた東宝株式会社は、1953年以来「女子25歳定年制」を導入していた[9]。悲しいかな、当時、女子が不幸にも事故で若くして儚くなると、労働者としての逸失利益が算定されるのは平均初婚年齢である25歳まで[10]。1965年、女性の大学院進学率は1.9%[11]。1964年の芥川賞受賞作『されど　我らが日々――』のなかで、我が東京大学の女性大学院生は、先天的に研究に向いていないと哀れまれ、修論提出前に結婚して研究室から姿を消す[12]。高揚する学生運動、そのバリケードの中でおにぎりを作らされた女たちは、脱がされにくいジーンズを履いたとき「性的主体性」を得たとか、得ていなかったとか――[13]。つまり大袈裟に言えば、1960年代の東京大学で、パンツルックの地方出身未婚女性が修士の学位を得たとしたら、1964年の東京オリンピックで、女子100m自由形を史上初めて3連覇した後、銀座で酔いどれ皇居に闖入、五輪旗を盗みかけて丸の内警察に追われ、挙句お堀を泳いで逃げようとした「ドーンおばさん」[14]並みの快挙である。そう、源氏が知れば驚愕のあまり卒倒するだろう女、それが私だ。

　源氏作品は、同時代のステレオタイプを抽出した、単純明快な人間模様が魅力なのだが、それから60年余りが過ぎた今、彼のまさしく大衆小説的な「ベタな」文体による「典型的な人情話」は、時代背景を全く共有しない私にとって、しばしば珍妙だ。源氏が1965年に書いた『愛しき哉』[15]も、そんな作品のひとつである。

　『愛しき哉』は、まさに源氏鶏太らしい小説だ。豊和商事株式会社の総務部長・関沢周三は、いずれは常務かと目される一流サラリーマンであり、妻と娘からこよなく敬愛される一流の父でもある。彼の穏やかな日常に訪れた、一過性の嵐。そんな明快なストーリーを、わずかな淀みもなく描く、源氏お得意の陳腐な大衆小説だ。

　この小説には8人の女性が登場するが、彼女たちのキャラクターを構成する全て――住み、働き、遊ぶ場所、そして装い、雰囲気、金銭感覚――は、源氏鶏太が生きた東京とぴったり一致している。加えて源氏は、それぞれがそれぞ

れの比較対象となるように、彼女たちをくっきり描き分けた。例えば、一人暮らしか、実家住まいか。未婚か、既婚か、非婚か。清潔か、不潔か。従順か、強情か。一流サラリーマンの娘なのか、二流サラリーマンの娘なのか。そのうちで、女性たちを分ける最も強力な境界線は、「ビジネス・ガール」と「バー・ガール」の間に引かれている。

　「一流サラリーマン」関口周三の愛をめぐる物語、『愛しき哉』において、「ビジネス・ガール」を代表するのが周三の部下である「宮崎路子」、「バー・ガール」が周三の浮気相手の「波子」、そして「ビジネス」と「バー」の境界線上にいるのが、周三の娘、「愛」だ。彼女たちは、実はほとんど同一人物と言ってもいいくらいに似通っている。「二十四歳」[16]、「美しい方」、「出しゃばらず、口も固い」[17]。「清潔感があって、卑しさのない」[18]見た目だが、実は恋愛に失敗した過去があり、「まともな結婚のできる身体」[19]でなくなった嘆きの涙を、「真ッ白いハンカチ」[20]で拭く。3人とも、それだけだ。源氏鶏太は、彼女たちへの手がかりを、これ以上には与えない。源氏が明かすのは、彼女たちの立ち位置だけだ。

2　ふたりのBG

　「ビジネス・ガール」を代表する宮崎路子は、周三の秘書である。周三は路子を信頼し、「出来たら自分の力で、いい相手を選んでやってもいいとすら思っていた」[21]のだが、彼女は不倫の恋に陥っていた。周三に男と別れるよう諭されるうち、路子はその恋が周三への憧憬のすり替えだったと気づき、周三にアタックし始める。しかし結局路子は、若きエリートとの結婚を選び、周三のもとを去る。

　彼女はまさに、東京に生きる「ビジネス・ガール」そのものだ。中野に小さな家をもつ彼女の父は、やがて定年を迎える年にもかかわらず「万年係長」[22]で、「長年のサラリーマン生活の垢といったようなもの」[23]を隠せない男である。松濤に居を構え[24]、「部下からも、また、社長からも信頼され」、「すでに取締役」、やがては「常務取締役」[25]と噂される周三とは大違いだ。路子の父は、娘の気持ちをまるきり無視して、自分の昇進のため、取引先の息子との見合いを命じて

くる。彼女は卑屈で暴力的な父とは縁を切る覚悟で、憧れの上司、周三だけを頼りに家を出る。

　周三は路子に、自分の娘・愛と当面の間一緒に暮らすよう勧め、新生活にかかる費用を負担する。それどころか、彼女たちの新しい就職先まで世話をする。周三の親切の裏には、「他人の娘とはいえ、自分の部下なのである」[26]から、というもっと

[図2] 長野重一「サラリーマン」
『東京』朝日新聞社、1961年、11頁

もらしい理由だけでなく、周三に思わせぶりな態度をとる路子に、「（もしかしたらあの娘は、俺に対して…）という甘い思い」[27]もあったからだ。

　つまり周三は、部下である路子と、擬似的な「父娘」関係に留まるか、「恋人」関係に進むかで逡巡しているのだが、それは2020年代を生きる私からすると、どちらにせよ単なるセクハラだ。しかし1960年代の「ビジネス・ガール」、路子からすればどうだろう。金野美奈子によれば、この時代、職場とは「家庭そのものと連続した、もしくは家庭とアナロジカルにとらえられうるもの」だった。BGたちには、「会社即夫」「家庭即会社」であるという見方のもと、たとえ「勤続は結婚までであることが前提であっても、その限定された期間内では」、「あたかも真剣な結婚生活を送るように職場に真摯にコミット」することが求められた[28]。『愛しき哉』における、周三と路子の関係は、この状況を見事に写しとっている。路子は周三の秘書、つまり会社における周三の妻だ。一方で、上司の周三には、会社における父として、路子を家庭的幸福に導く責任もある。路子と周三の関係は、「社内妻」と「社内父」の攻防戦なのだ。

　路子は、しかし結局、周三への想いをあっさりと捨て、父が勧めたお見合い相手「久世三郎」との結婚を選ぶ。路子が「いわゆるお古」[29]であると知っても彼女への愛をあきらめない三郎に、彼女はだんだんと恋をしたのだ。三郎は「如何にも育ちのよさそうな」[30]、「一級品的な青年」[31]で、「路子の分に過ぎた男」[32]、である。

　つまり路子は、「恋愛結婚」で「一流サラリーマンの妻」となり、「階級上昇」

を成し遂げるという、「ビジネス・ガール」の「ビジネス・モデル」を体現する存在なのだ。上野千鶴子によれば、配偶者選択の優先順位が、見合い結婚から恋愛へと逆転したのが1960年代だった。上野は、恋愛結婚によって成立する、夫と妻が中心となる近代的な核家族において、「「恋愛」とは、女が「父の支配」から「夫の支配」へと、自発的に移行するための爆発的なエネルギーのことだと、言ってもよいかもしれない」[33]と述べている。そんな「恋愛」によって作られた家族は、会社によって守られる。金野美奈子によれば、戦後の大企業は、従業員一人の賃金による家族全体の生活費補償を目指す「電産型賃金」に基づく給与体系を採用した。この体系における「従業員」は男性であり、「家族」とはサラリーマンと専業主婦からなる「核家族」だ[34]。路子は早晩会社を辞め、中央線沿線のアパートか、都市近郊の「夢の公団住宅」に三郎と住み始めるだろう。鈴木貴宇は、源氏鶏太の『三等重役』を論じた文章で、「サラリーマン層がまだ就業人口上、稀少であった1950年代初頭にあっては、サラリーマンの妻となることは女性の新しいライフコースとして憧憬の対象であり、そこに注がれた視線の根幹には日本的経営で守られた「家庭」——それは勿論、「姑」という「封建的」な要素が排除された「核家族」でなければならない——という欲望が控えていたのではなかったか」、そして、サラリーマンと結婚したいという、「女性たちの真の欲望は定期的な収入の積み上げにより獲得可能となる「マイホーム」と、ステータスの上昇移動にあったのではないだろうか」[35]と指摘している。会社においては、単調で定型的な、下層の「作業事務」[36]しか任せられない「ピンク・カラー」[37]のガールたちにとって、唯一の出世のチャンスは結婚だった。路子は、「一級品的青年」、三郎との結婚で、未来の重役「夫人」に昇進するのだ。井原あやは、職場を舞台としながらBGが働いている様子を描かない源氏の小説は、「「中産階級」を目指す読者たちにコミカルな娯楽小説という形でBGの規範を提示した」[38]と分析しているが、『愛しき哉』の路子はまさにそんなBGの規範的存在なのだ。

　そんな彼女は銀座を歩く。三郎と夢中で話し込みながら銀座の雑踏を行く路子の胸に、もう周三への恋はない。『愛しき哉』において「銀座」とは、正しい愛の場所だった。「銀座を一緒に歩いて貰いたい」[39]という言葉は、結婚を前提にした交際の申し込みとセットであり、当時のヒット映画「無責任」シリー

ズや「社長」シリーズ、あるいは『嵐を呼ぶ男』でも、若く清き男女は、ネオン輝く銀座で逢瀬を楽しむ。また、そんな「東京の銀座を父親と一緒に歩いていられるということ」[40]は、後ろめたい過去のない、幸福な父娘にのみ許されることで、結婚に失敗して傷物になった娘と再会した周三は、「よその場所ならともかく、〔…〕銀座の真ン中」では、自分たちの不幸を一層痛感せずにはいられない[41]。

ひるがえって、同じ銀座で働きながら、周三の浮気相手の「バー・ガール」波子は、周三にとっては「ビジネス・ガール」路子の「身代わりのようなものだ」[42]。周三が波子を気に入ったのは、「二十四、五歳で」、「一応の美人だし、清潔感があり、卑しさのない」姿で、「悪い噂も聞いていないし、口が固いよう」だし[43]、そして周三に惚れていて、「貞女のように」[44]いつでも彼を待っているからだ。周三が波子に求める資質は、路子の長所とほとんど同じだ。周三は波子の本名も実年齢も知ろうとせず、1回の逢瀬につき1万円の手当を渡して愛人にする。ちなみに、路子の月給が1万9千円、愛と路子が住む「高円寺の四畳半二間」の家賃が1万円なので[45]、波子はまるで「ビジネス・ガール」のごとく周三に尽くすことで、路子たちとほとんど同等の金額を稼ぐ。

しかし波子は路子の影だ。銀座の人混みを堂々と歩く路子とは違い、彼女は銀座でも「割合に人通りが少ない」場所で周三と待ち合わせ、「千駄ヶ谷」の方へとタクシーを走らせる[46]。「千駄ヶ谷」は、現在で言うとNEWoMan新宿のあたりから国立競技場まで南北に伸びる街で、戦後から新宿御苑や神宮外苑の「野放しアベック」を受け入れる「連れ込み宿」が乱立してい

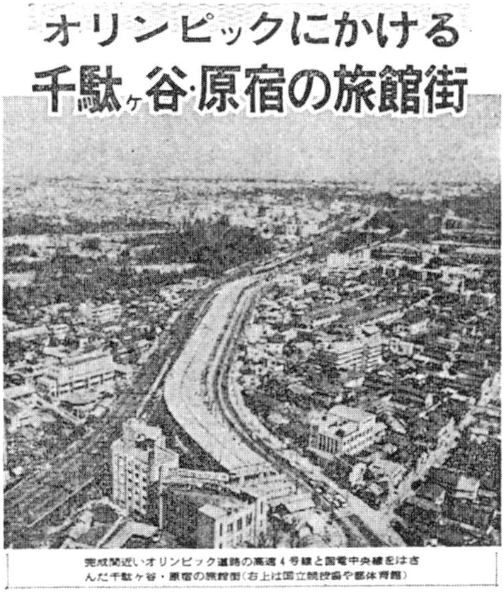
オリンピックにかける
千駄ヶ谷·原宿の旅館街

完成間近いオリンピック道路の高速4号線と国電中央線をはさんだ千駄ヶ谷・原宿の旅館街（右上は国立競技場や都体育館）

[図3]「オリンピックにかける 千駄ヶ谷·原宿の旅館街 ホテル難で“一役”」『読売新聞』1962年4月3日、朝刊、10頁

た。「立体ブロ」「ハリウッドベッド」といった際どい看板が立ち並び、サカサクラゲの温泉マークのネオンがじりじり光る千駄ヶ谷は「都心の熱海」と呼ばれ、売春防止法の制定を機に一層その輝きを増した。近隣の住宅から丸見えの「不純アベック」、朝から晩まで丸一日中響き渡る彼らの嬌声やいかがわしい「落とし物」、立ち並ぶ旅館は異国情緒あり純日本趣味ありと節操がなく、旅館のボイラーや風呂の流し湯から冬でも発生する蚊などなど、さまざまな被害に悩まされた住民たちが中心となって、1950年代末から浄化運動が盛り上がったが、法の目をかいくぐり、違法な増築・改築を繰り返しながら営業を拡大する木造の「桃色旅館」は無くならなかった。

　その後、浄化運動は1964年の東京オリンピックを前に再燃する。国立競技場のおひざ元を健全化し、あわよくば外国人旅行客用のホテルとして使いたいという、東京都オリンピック準備局らの思惑もあった。旅館業者側はこの流れに便乗し、「自粛紳士協定」──「けばけばしいネオンサインや温泉マークは使わない」「好ましくない客の使用物は室内で処理する」「不純と見られるアベックは泊めない」などの条項からなる──を示しつつ、千駄ヶ谷での営業権を確立しようとした。「オリンピック道路」首都高速4号線の建設に伴う立退きなどにより、徐々に千駄ヶ谷の旅館街は衰退したが、1965年の地図には、「あみ本館」「かつみ荘」「もみぢ旅館」「舞子ホテル」「旅荘浦島」など、未だ多くの連れ込み宿がしぶとく群棲しているのが見える。それらはまるで、「オリンピック道路」と国電中央線に押し寄せる大波のようだ。この波間のどこかの部屋に、廊下に敷き詰められた真っ赤な絨毯を踏みしめて、周三と波子は入っていったのである[47]。

　源氏は、高度経済成長期において変わりゆく登場人物の月収と、その行動範囲といった情報を必ず一致させるよういつも意識しており、彼が描く風俗情報は、常に時代に正確だった[48]。例えば一流サラリーマンである周三の家の「茶の間」では、「ちゃぶ台」を囲んで、母娘三人が「テレビ」に映し出される「ホーム・ドラマ」に熱心に見入っている[49]。周三と娘たちはそれぞれ私室をもち、「戸」で仕切られた娘の部屋は「和室なのだがベッドが入れてあった」[50]。対して路子の実家、二流サラリーマンの家では、子供たちの中で最年長の路子にだけ個室があるが、それは「襖」で仕切られた、たった「三畳間」のスペースだ[51]。井

上ひさしによれば、源氏小説には、このような「風化速度のはやい風俗情報を
ちりばめる」[52]ことによって生まれるリアリティがあった。だからこそ、「銀座」
で遊ぶ「ビジネス・ガール」と「千駄ヶ谷」で寝る「バー・ガール」の間に引
かれた、愛の行く末を決めるその線は、私が感じるよりもずっと深く生々しく、
当時の読者の前に刻まれたのではないか。

3　「（嫌だわ、あたし）」

　ビジネス・ガールとバー・ガール、ふたりのBGを隔てる境界は、一度どち
らかに行けば二度と渡れはしないほど深い。しかしその線上で、ふらふらと危
なっかしくよろめくのが、周三の娘「愛」である。愛は、かつて周三が勤める
会社の社長の甥・桑井良作との結婚直前に駆け落ちし、行方をくらませていた
が、恋人に裏切られ、東京に戻ってきた。しかも、「家」という命綱を、ちゃ
んとした結婚の見込みもないのに切り離し、東京で「一人で生きていく」覚悟
を決めて。彼女は再会した周三に、「あたし、いっそ、バーにでも働きに出よ
うと思っているのです」とさらりと言い放ち、父を驚愕させる。

　　「だって、お父さん。あたし、これから一人で生きていかなくてはなりませんのよ。」
　　「……」
　　「そして、あたしのような女に、いったい何が出来まして？」
　　「……」
　　「あたし、これでも列車の中で、今後のことについて、いろいろと考えて来まし
　　　たのよ。結婚に破れた女が自活していく方法を。」
　　「……」
　　「特技を持っているでもない平凡な女。」
　　「……」
　　「そりゃぁ昔のようにどこかの会社に勤めることも考えてみました。だけど、そ
　　　んな月給では、アパート代を払ったら後に殆ど残らないでしょう？」
　　「……」
　　「結論は、やっぱり、バーぐらいのところよ。〔…〕」[53]

周三の「……」が何よりも雄弁に、愛の現実的な慧眼を証明しているのだが、一流サラリーマンの周三は、娘がバーの女になるのを許せない。周三は、元恋人のことを忘れること、元婚約者・桑井良作と接触しないことの２つを愛に厳命し、路子との共同生活の支度金と、ビジネス・ガールとしての新しい就職先を用意する。愛は、父の変わらぬ愛情に心から感謝し、誰よりも大好きな父の言いつけに従っておとなしくしているように振る舞うが、実際には周三の願いをことごとく無視する。

　愛は、良作に思いを寄せる異母妹への嫌がらせのためだけに、愛のことを忘れられない良作に会いに行く。愛は良作に心惹かれはしないのだが、交際を迫る良作の熱心さに「ふっとよろめき」[54]、交際を承諾する。さらには2度目のデートで、グラス2杯のビールと熱烈な求婚、そして接吻で、父との固い約束はどこへやら、愛は良作との結婚を願い始める。

　接吻を目撃した妹の密告で、愛の裏切りは周三の知るところとなった。愛は申し開きのため周三の勤務先に出向いてゆき、そこで図らずも産みの母と対面する。かつて周三の愛人だった実母は、金の無心に周三に会いに来ていたのだ。過去の過ちを後悔する父を慮り、愛は実母を「お母さん」と呼ぶことを拒否するが、

　　（お母さん……）
　　　と、いっていたら今頃、どういうことになっていたろうか。
　　　あの女を喜ばせたであろう。そして、あの女は、父に対しても、してやったりというような顔をして見せたに違いあるまい。そのかわり、愛は、今とは比較にならぬくらい厭な思いにさいなまれていたであろう。
　　（あたしは、必ずしも間違っていなかったんだわ）
　　　今は、そう思っておくことであった。[55]

と、周三が「忘れろ」と頼んだにもかかわらず、「必ずしも間違っていなかった」と「今は、そう思っておく」と、母への感情に執行猶予をつける。周三はそんな愛に、良作との結婚を諦めるよう、再び説く。

「桑井君のことは、今日限りであきらめるのだぞ。」

「………」

「厭なのか。」

「いえ。でも……。」

「でも？」

「好きになってしまったのです。」

「そんなこと、このわしが許す筈がないとわかっていて？」

〔…〕

「それに愛。愛が桑井君と結婚するとなったら由比が今後どういう態度に出る
かということも考えて貰いたいのだ。勿論、愛にとっては、大嫌いな由比なんか
どうなってもいいと思いたいだろう。いや、由比のことを考えただけでも意地
になりたくなるかもわからない。しかし、由比は、わしの娘の一人なのだ。そう
いうわしの立場も考えて貰いたいのだ。勿論、こんなことは父親のエゴイズム
だという批難だってあるだろう。わしは、それを承知の上で、愛に、桑井君との
結婚だけはあきらめてくれといいたいのだよ。愛、この通りだよ。」

　　周三は、頭を下げた。

「まッ、お父さん、およしになって。」

「すると、あきらめてくれるんだな。」

「……、あきらめます。」

　　愛は、ハンドバッグの中からハンカチを取り出すと、急いで目にあてた。[56]

　桑井との結婚に対する周三の頑固さも不可解だが、愛の感情の展開の速さも
また不可解である。父親の説得に唯々諾々と従う愛の姿に、深い家族愛を感じ
て涙するよりも、少し拍子抜けしてしまう。今までの愛の言動からして、愛が
本当に父のことを思って結婚を諦めたのか、いまいち疑わしい。それに愛は、
こんなことまで言ってしまう。

「それで家へお帰りにならないの？」

「そうよ。」

「すると、このまま、永遠に？」

「そうよ。」[57]

　バーの女もダメ、結婚もダメ、既に24歳なのでBGを続けられるのも後少し。しかも家には「永遠に」帰らないと宣言してしまった。お先真っ暗である。現実というものが少しでも頭にあるのなら、彼女は、姉妹間の少々のいざこざなど問題でないと周三を説得し、一刻も早く良作と結婚して、路子のように一流サラリーマンの妻におさまるべきなのだ。なのに愛は、パチンコ狂いのダメ男と駆け落ちしてみたりバー・ガールになると言ってみたり水商売の女をやっている実母を想ってみたり家には永遠に帰らぬと声高々に宣言したりと、「自分にだけは特別の父」[58]と周三に対して独占欲を発揮しながらも、ことごとく父の願いを裏切って事態をかき乱すばかり。周三は、そんな娘に対して、「哀しい」としばしばこぼすが、愛の産みの母・千代との再会の際、それまでの落ち着きをかなぐり捨てて発する「哀しみ」はとりわけ強烈だ。

　　（しかし、いちばん哀しいのは俺だ！）
　　　周三は、声を大にして、そういいたいのであった。が、それを実行してみたところで、周三の苦しみには変りがなかったろう。やはり一人で堪えていく他はないのである。[59]

　しかし、いちばん哀しいのは俺な訳もないのである。なぜなら実際には、娘たちの結婚問題に余計な口を出してこじらせているのも周三だし、姉妹の確執の原因だって、悪い女に騙された周三が元はと言えば原因だ。定年間近だが昇進確実で、継子も育てた糟糠の妻をほっぽりだし、娘とほぼ同い年の女と浮気して「男盛り」と鼻息荒い53歳に、なんの哀しみがあろう。一般的に見れば、駆け落ちに失敗、結婚に失敗、バー・ガールとしてもビジネス・ガールとしても定年が近い愛の方が哀しい状況だ。周三の哀しみは、娘への心配を装うには強烈すぎはしないか。

　しかも周三は、愛と良作の結婚に反対していた最大の理由である社長の意向を確認してなお、反意を翻さない。桑井のおじである周三の会社の社長は、本

人同士の気持ちが一番なのだから、この結婚に骨を折ってもいい、と周三にわざわざ伝えにくるのだが、周三は断る。

> 「社長、お志は有りがたいんですが、私の気持は変りませんから。」
> 「相変らず強情だなア。」
> 「強情にならざるを得ないんですよ。」
> 「自分のために？」
> 「そして、娘のために。」
> 「さア、どうかな。」
> 社長は、笑って、
> 「まア、近いうちにもう一度、この問題でゆっくり話し合おうじゃアないか。」
> と、いって出て行った。[60]

　この場面において、これまで良き父、良き夫、良きサラリーマンとして輝いていた周三の権威はガタ落ちになる。周三は、それまで作中では最も地位が高い男だったが、社長の登場によって結局、彼も会社という縦社会の歯車の一部に過ぎなかったということが明らかになってしまう。しかも社長は、周三の強情は、結局は自分大事に過ぎないのだろう、とあっさり看破する。
　恐らく、社長の読みはとても正しい。周三は、娘たちの幸福より、自分が娘たちに対して発揮する権威を失うことを哀しんでいるのだ。細谷実によれば、戦後から1990年代に至るまで、サラリーマン的男性性が、現実の日本社会における「覇権的男性性」、つまり、社会における威信、権威を保有している存在であった[61]。周三は、日本一のビジネス・センター丸ノ内にオフィスを構える豊和商事株式会社の、押しも押されもせぬ総務部部長である。会社でも家庭でもバーでも、彼は女たちから一心に敬愛される。彼は、彼女たちを幸福に導く「一流のサラリーマン」だ。けれども、女たちの愛なくしては、サラリーマンはただの労働者に過ぎない。BGたちが一流サラリーマンの妻、一流サラリーマンの恋人、一流サラリーマンの娘を夢見ることがなくなれば、周三は権威を失う。それなら周三が、「一番哀しい」男になってしまったことにも納得がいく。周三自身は哀しむだけでこのカラクリには気づいていないらしいが、彼自身の

差配の結果として、彼の一番大事な幸福は雲散霧消した。路子は周三に熱い視線をくれないし、娘たちはことごとく結婚に失敗、家庭は暗い空気に沈み、周三は沈黙する娘たちに「頼むから強い女になってくれ」[62] と言うことしかできない。毎日の繰り返しをただ働く平凡なサラリーマン、周三の心の拠り所は、東京を生きるガールたちが夢見る幸福の象徴であることなのに、彼の周りの女たちは、もはや周三が差し出そうとする「愛」を信じない。とりわけ愛は、周三の願いを全く無視して、サラリーマンが支える「愛」の境界線上をよろめくばかり。穿った見方をするならば、この愛のよろめきは、ビジネスでもバーでもどっちでもいい、でも、サラリーマンって、なんだか、「(嫌だわ、あたし)」[63] と、心の中でつぶやきながら、東京中のサラリーマンとBGたちの共犯関係が支える「愛」の夢を撹乱しにかかる、無自覚の反乱なのだ。父が望む真ッ白いハンカチで目を押さえながら、愛がこっそり中指を立てていたら面白いのに、と私は夢想する。

4　ガールたちの歌

　東京という都市は、数多くの歌に歌われてきた。歌詞と曲名に「東京」「トーキョー」「Tokyo」を含むものだけに絞っても、その数はおよそ1000件以上にものぼる[64]。これに、直接「東京」と名指していなくても、明らかに東京を舞台とする歌も加えれば、その数はもっと膨大なものになるだろう。

　源氏の小説は、ガールたちの声が全く生々しく響かないが、もしも彼女たちが歌を口ずさんでいたなら、それはどんな歌だったのだろう。さらには、もし彼女たちが、2000年代や現代の東京を生きていたなら、その声はどんな歌として聞こえるだろう。『愛しき哉』の余白を想像する試みとして、1962年、2002年、2017年に作られた、東京を歌う3つの曲をピックアップした。

　最初に取り上げるのは、1962年の大ヒット曲「いつでも夢を」（作詞：佐伯孝夫）である。吉永小百合と橋幸夫のデュエットによるこの曲を、東京に生きるBGの歌だと解釈してみよう。重ねて言えば、当時の吉永小百合がまとっていた、清潔でハツラツとした幸福感あふれる雰囲気は、まさに源氏鶏太が繰り返し描いた理想のBGを具現化した姿のようだ。

「いつでも夢を」[65]

星よりひそかに　雨よりやさしく　あの娘はいつも　歌ってる
声がきこえる　淋しい胸に　涙に濡れた　この胸に
言っているいる　お持ちなさいな　いつでも夢を　いつでも夢を
星よりひそかに　雨よりやさしく　あの娘はいつも　歌ってる

歩いて歩いて　悲しい夜更けも　あの娘の声は　流れくる
すすり泣いてる　この顔上げて　きいてる歌の　懐かしさ
言っているいる　お持ちなさいな　いつでも夢を　いつでも夢を
歩いて歩いて　哀しい夜更けも　あの娘の声は　流れくる

言っているいる　お持ちなさいな　いつでも夢を　いつでも夢を
はかない涙を　うれしい涙に　あの娘はかえる　歌声で

　明るい曲調のこの歌に、一見、湿っぽさはない。しかし、歌詞だけを抜き出してみると、どこか侘しい雰囲気が漂っている。源氏鶏太風にこの歌を曲解してみよう。歌詞に出てくる「あの娘」は、24歳位のBGで、「ナマの音楽を聞きたい」「ただ、東京で暮らしてみたい」という思いで上京し、東京で一人暮らしをしている。しかし東京の暮らしは厳しい。方言が恥ずかしくて、会社の電話は取れないし、遊びに行けば財布がすられ、雀の涙の給料は生活費にほとんど消えていく。やっと最近はそんな生活にも慣れ始めたけれど、会社とアパートの往復だけの毎日に、突然、恐ろしいほどの孤独感に襲われる[66]。そんなころ、東京の父のように慕っていた部長さんに声をかけられた。「あの娘」が「悲しい夜更け」を「歩いて歩いて」いる、その場所はおそらく、彼女の住む木造アパートがある、中野か新大久保あたりだろう。多分彼女は、さっき初めて、部長さんと千駄ヶ谷の連れ込み宿で、一歩踏み込んだ関係になってしまったのだ。もう彼女は、まともな結婚はできない身体になってしまった。部長さんのことは尊敬しているけど、部長さんには妻子がいて、結婚の未来なんて望めない。

将来有望な若いサラリーマンと結婚しなければお先真っ暗である。タイムリミットは近い。部長さんがくれるお小遣いやタクシー代を貯めて、少しでも結婚資金を殖やさなければならない。BGの給料で貯金までするのは、至難の技なのだから。将来への不安から流れる涙をこらえて夜道を急ぐ彼女は、小さな声で「こんにちは赤ちゃん」（1963年）を口ずさんでいたかもしれない。しかし「あの娘」はついに、将来有望なサラリーマンとの恋愛結婚＝東京における身分上昇に成功し、「はかない涙」つまり実のない婚外恋愛を、「うれしい涙」に変えた。「あの娘はかえる／歌声で」という歌詞から、彼女が東京で核家族とマイホームをもつことに成功し、故郷にいる親の面倒は見ないという決意を固めたとも想像できる。「あの娘」は、東京じゅうのBGが願った「夢」を見事叶えたのだ。

　では、40年の時を経て、BGたちの夢は、どんな形になったのだろうか。2002年にリリースされた、「カレーライスの女」（作詞：つんく♂、歌：ソニン）は、もはや結婚に夢見ることができないレディたちの声を代弁している。

　「カレーライスの女」[67]

　「そのうち行くから」とか適当で　結局あんまり来なかった人
　終わっちゃったから仕方ないけど　あなた有りきの私だったから
　今の私に何も無い

　いつもあなたに言われてた　「笑顔がなんかウソっぽい」って
　小さい頃からの癖　3週間凹んだままで　誰からの電話も無くて
　やる事なす事　裏目に出てる

　台所に立って　あなたの大好きな料理　私がはじめて覚えた料理
　たったそれだけだよ　今の私にはそれが全て　東京に来てからの全て

　わかってます　わかってます　わかってます　わかってます
　いつまでも逃げたままでいないから
　わかってます　わかってます　わかってます　わかってます

だから今は何も　聞かないで

ブランドバックとか意味も無いほど
お部屋のそこらじゅうに転がってる
終わっちゃってから　あえて思うわ　ほとんど友達もいなかった
今の私に何も無い

TVの中のあの子みたく　うまくいきそうな気がしてた
根拠なんて無いけど　英会話も続かないし
なんかやんなきゃいけないと　思っているような
そうじゃないような感じ

台所に立って　あなたの大好きな料理　久しぶりに作ったのよ料理
たったこれだけでも　今の私の財産ね　東京に来てからの財産ね

なんもない　なんもない　なんもない　なんもない
いつまでもこのままじゃダメなんだよね
なんもない　なんもない　なんもない　なんもない
ほんの少し今も　夢を見てる

台所に立って　あなたの大好きな料理　久しぶりに作ったのよ料理
たったこれだけでも　今の私の財産ね　東京に来てからの財産ね

なんもない　なんもない　なんもない　なんもない
いつまでもこのままじゃダメなんだよね
なんもない　なんもない　なんもない　なんもない
だけど少し今も夢を見てる

だから私明日も　生きていける

「私」は、「あの娘」と同じく、上京して一人暮らしをしている女性である。「ブランドバック」を買ったり、「英会話」を習っていたり、彼女は気ままな独身生活を謳歌するOLだろうか。「終わっちゃってから／あえて思うわ／ほとんど友達もいなかった」と、東京生活を過去形で振り返っている彼女は、東京を去って郷里に戻るか、それとも東京で生き続けるか、迷っているのかもしれない。彼が去った今、「あなた有りき」の夢は雲散霧消してしまった。「あなた」だけに邁進してきてしまった今の彼女に残った財産は、「あなたの大好きな料理」の作り方だけ。それがティラミスとかアクアパッツァとかだったら良かったのだが、それは不幸なことに、多くの日本人が家庭の団欒を連想する、カレーライスである。

　結局、彼女が夢見ていたことは、40年前のBGたちとさほど変わってはいない。だが彼女は、「いつまでも逃げたままでいないから」「このままじゃダメなんだよね」と、夢と決別して生きていこうとする姿勢を見せる。

　そして彼女は、「なんもない」と連呼する。この苛立ちと悔しさは、頼るべきものを何一つ身につけられなかった自分に対するものだろう。しかし彼女の失望感は、東京という街それ自体にも向けられているのではないか。彼女が東京に願った夢は、今やほとんど空虚なフィクションになってしまった。バブルの時代はとっくの昔、就職は氷河期、サラリーマンとの愛による階級上昇など、もはやあり得ない。それでもなお、彼女はこの虚構に「ほんの少し今も夢を見て」おり、だからこそ「明日も生きていける」、と言ってしまう。ミュージックビデオでは、巨大化したソニンが、まるでゴジラのように東京のビル街に火を吹くが、その炎は幻で、東京が燃え上がることはない。彼女は源氏鶏太的ドリームを否定したいと願いつつ、まだその中で生きている。「あなた有りき」の夢はまだ、明日も彼女が東京を選ぶための根拠のままだ。

　ガールたちが源氏鶏太の「愛」から離陸するためには、さらに20年の時を要する。最後に取り上げるのは、2019年リリース「tOKio」（作詞：菊地成孔、歌：FINAL SPANK HAPPY）[68]である。

「tOKio」
※部分はFINAL SPANK HAPPY版での付加部分（筆者聞き取りによる）

ラデュレのサロン・ド・テにいると　中国語が聞こえてくるわ(シノワズリー)

左の子はお姫様だし　右の子は平民まるだし

夕暮れは落ち着かないから　何かを考えなくちゃ

銀座の街に革命が起こったら　どのブランドを着て闘おうかな？

愛という名前の子は愛について結構普通

ねえ？ 東京　フロアにいるから　私をもっと揺らして

いま彼は私の部屋に　初めてお泊りに来て(ノスタルジー)

知りたくないことばっかり知りすぎて暗くなってる

真夜中はちょっと怖いから　何かを考えなくちゃ

銀座の街に革命が起こったら　どのブランドを着て闘おうかな？

愛という名前の子は恋について普通じゃなくなる

ねえ？ 東京

このサロンの中であたし撃たれたら　どのマカロンの血が流れるかな ※

愛の名のもとに　苦しくてみんな恋をむさぼる ※

ねえ？ 東京　後ろに乗るから私を　もっと揺らして

　この曲で、「私」はラデュレでマカロンを食べている。名前は「愛」という
ようだ。しかし自分を「愛という名前の子」と、まるで他人のように呼ぶ。彼
女はあまり、人間のようではない。もしかしたらこの曲の「私」は、「愛」と
いうイメージそのものが歌いはじめたときの一人称なのかもしれない。そう、
「愛」という言葉には、東京が見せる夢が託されてきた。本論で見たように、「愛」
とは、将来有望なサラリーマンと出会い、結婚をし、子供を産み、家を買うこ
とだった。「愛」の名のもとに、ガールたちは、より良い未来を夢見て戦って
きた。
　それはさておき、「私」も、東京で一人暮らしをしているらしい。「いつでも
夢を」の「あの娘」のように、「夕暮れ」や「真夜中」は、一人暮らしのガー

ルたちが恐れた時間だった。会社を出て、銀座を歩く夕暮れ、連れ込み宿やホテルから帰る真夜中、定年はすぐそこ、なのにまだ私は一人。しかしこの曲の「私」ときたら、「落ち着かないから」「ちょっと怖いから」「何かを考えなくちゃ」と能天気。

「愛について結構普通」だが、「恋について普通じゃ」ない「私」。源氏鶏太なら、彼女を描くのに、筆を尽くして卑しい女のイメージを作り出しそうだが、ラデュレでマカロンをつまんでいる彼女に卑屈な雰囲気は微塵もない。

「ねえ？東京」、と「愛」は呼びかける。「もっと揺らして」と命令する。そうすると「東京」は、彼女の恋人なのだろうか。そんな「東京」氏は、「今夜はじめて私の部屋に泊まりに」きた。「愛」の「知りたくないことばっかり知りすぎて暗くなってる」その姿は、まるで周三のようだ。

恐らく哀しすぎて泣いている東京氏には我関せず、「このサロンの中であたし撃たれたら／どのマカロンの血が流れるかな」と「愛」は夢想する。残念ながら「私」は、東京氏がくれる愛はもういらないのだ。東京という都市が生み出した夢だった「愛」は、東京の娘であることをやめる。「東京」と「愛」の権力関係は逆転する。「愛」は、東京の「後ろに乗」って、東京じゅうを駆け回る。

源氏鶏太にとって、正しい愛と夢の街であった銀座。その街に革命が起こる。私だったら、ティーカッププードル入りのエルメスのバーキン、ディオールのワンピース、ルブタンのパンプスというキャバ嬢スタイルで参戦したいが、愛だったら、どんな服を選ぶのだろう。

註

1｜ちなみに、ゲーリーを演じたジェリー伊藤は、日本初の国際的な舞踊家である伊藤道郎の息子で、ニューヨーク・ブロードウェイでミュージカル俳優として活躍し、来日後、『モスラ』『江分利満氏の優雅な生活』『君も出世ができる』など様々な作品に、「外人」役として登場している。

2｜『ニッポン無責任野郎』58分26秒～43秒。

3｜蛇足だが、無責任シリーズには特徴的な女性キャラクターが登場する。第1作『ニッポン無責任時代』の社長秘書「華子」は、当時としてはかなり珍しい大卒女性──しかも、ストライキを熱心に主導するあたり、かつては学生運動の女闘士かとも思わせる──である。当時の女性の4年制大学進学率は2％程度。1965年、大卒女子が事務職の新規学卒採用者に占める割合は1％以下だった（金野美奈子『OLの創造──意味世界としてのジェ

ンダー』勁草書房、2000年、175-176頁）。金野は、戦後の職場において正当化されていた、給与・職務における男女間格差と、大卒男性／高卒男性という男性間に存在した学歴格差という2つのヒエラルキーの中で、仕事の上でも給与の上でも「大卒女子」は位置付けが難しかったため、高度経済成長期を通じて企業は大卒女性の事務職採用に消極的だったのではないかと指摘している（同書、179-180頁）。彼女が「社長秘書」という特別な職務を与えられながらも、「秘書っていうのは名ばっかり、お茶汲みとお掃除、月給だってふつうの女の子とおんなじなのよ、バカにしてるわ！」（『ニッポン無責任時代』22分31秒〜40秒、傍点筆者）とボヤくのにはそういった背景がある。第2作のヒロイン「英子」は50万円の貯金をしている。当時の女性の平均月給は1.5万円で、平均家賃が5500円だった（浅利重雄『木造アパートの経営管理』日本不動産研究所、1960年、23頁）。『女性自身』のある記事は、東京で女性がひとり暮らしをする場合の1ヶ月の生活費を合計で1万6000円ほどと紹介しており、収支はむしろ赤字になる（「緊急特集 はじめて東京で自活するあなたへ」『女性自身』1965年1月25日、8巻4号、47頁）。高卒で働き始め、現在25歳だとしても、英子は「まともな結婚ができなくなる」副業を少々しているのではないかと想像させる貯金額だ。ちなみに当時の結婚式の一般的な予算は10〜20万円なので、英子の貯金だけで3回は結婚式をあげられる（「結婚式・披露宴の形式はこれ！」『ヤングレディ』1964年9月14日、2巻37号、52-58頁を参照）。源等との電撃結婚、会費制結婚式、共働きで割り勘の夫婦生活など、英子は雑誌に載りそうなくらい進歩的すぎる女性である。

4｜「第4回女性自身　世論調査 "オフィス・レディ（略称 O.L）が第1位」『女性自身』1963年11月25日、6巻46号、58-59頁。

5｜小笠原裕子によれば、lady は woman の婉曲な言い回しだが、職業名に付加される場合、cleaning lady（洗濯女）など、社会的評価が低い仕事に用いられる、侮辱的な表現となる（小笠原裕子『OLたちの〈レジスタンス〉』中央公論社、1998年、3頁）。

6｜小笠原は、男性を補助する典型的な女性の仕事として、「ブルーカラー」や「ホワイトカラー」ならぬ「ピンクカラー」という呼称があると紹介している（同書、9頁）。また、会社内で、個人の業績を評価されない「名前のない存在」として、さまざまな雑事を担う女性会社員の役割を指し、「社内妻」と呼ぶ慣習があることは、女性は職場でも家庭でも、「男性の身のまわりの世話」を担っていることの表れである、と指摘している（同書、18頁、25-26頁）。

7｜小説の収入が会社員としての収入を上回り、過労によるノイローゼにも苦しめられていたため、勤続25年10ヶ月で退社したが、本来は余暇に小説を書きながら定年まで勤め上げるつもりだったらしい（源氏鶏太『わが文壇的自叙伝』集英社、1975年、111-113頁）。

8｜同書、125頁。1951年に『英語屋さん』で直木賞を受賞。同期の芥川賞受賞者は、安部公房と石川利光。

9｜東宝株式会社は、人員整理のため、1951年、劇場接客業務での新規採用者（そのほとんどが女性である）を「雇員」（＝1年契約の非正規労働者）とし、1953年、彼女たちを「25歳定年」とする労働協約を労働組合との間で締結した（大森真紀「性別定年制の事例研究──1950年代〜60年代」『早稲田社会科学総合研究』2017年3月、第17巻第2号、5-6頁）。この性別定年制や、女性にのみ適用される結婚・妊娠・出産を理由とする退職制度といった労働における男女間格差は、1985年の男女雇用機会均等法によって禁止されたが、現在でも完全に解消されたとは言えない。

10｜最高裁判決昭和49年7月19日（民集28巻5号872頁）は、7歳女児の逸失利益の算定に当たり、原審（東京高等裁判所昭和44年3月28日、判タ238号250頁）が、高校卒業後平均初婚年齢（25歳）に達するまでしか認めなかったため、両親が上告した事案。この最高裁判決によって、女性の家事労働が金銭的に評価され、未就労の女子は、女子平均賃金を逸失利益の基礎にするという図式が確立された。逸失利益の男女間格差は、平成13年8月20日の東京高裁での判決──「男女を合わせた全労働者の平均賃金」をもとにした逸失利益の算定──まで温存された（田中靖子「年少者における逸失

利益の男女間格差」『立命館法政論集』2004年、第2号、249-251頁、傍点筆者）。

11｜男女共同参画白書（概要版）平成29年版「学校種類別進学率の推移」、男女共同参画局ホームページ、〈https://www.gender.go.jp/about_danjo/whitepaper/h29/gaiyou/html/honpen/b1_s05.html〉（最終閲覧日：2023年2月15日）。

12｜柴田翔『されど 我らが日々──』文藝春秋新社、2002年、Kindle版、位置no.400・位置no.2283/2847。

13｜松井久子編『何を怖れる──フェミニズムを生きた女たち』岩波書店、2014年、20頁。上野千鶴子・田房永子『上野先生、フェミニズムについてゼロから教えてください！』大和書房、2020年、68-71頁。

14｜ドーン・フレーザー。当時27歳。ドーン・フレーザー『ドーン・フレーザーの告白』宮川毅訳、ベースボール・マガジン社、1965年、26-30頁。および、「"水の女王"思わず涙 帰国したら結婚式100自由 3連勝のフレーザー嬢」『朝日新聞』1964年10月14日、朝刊、15頁。

15｜『愛しき哉』は1965年5月から翌年4月にかけて講談社発行の女性週刊誌『ヤングレディ』（20歳前後の結婚退職前のBGを読者層としたゴシップ誌）に連載され、1966年に出版、テレビドラマ化された。本稿では1981年に講談社文庫として刊行されたものを参照している。

16｜源氏鶏太『愛しき哉』講談社、1981年、10頁・262頁。

17｜同書、11頁。路子の描写。

18｜同書、262頁。波子の描写。

19｜同書、195頁。路子の描写。

20｜同書、46頁。愛の描写。

21｜同書、11頁。

22｜同書、142頁。

23｜同書、183頁。

24｜松本清張「熱い空気」（『事故──別冊黒い画集』文藝春秋新社、1963年、Kindle版、位置no2274-4085/4102）、立原正秋『恋人たち』（集英社、1967年）でも、上流家庭が松濤に住んでいる。中央沿線のアパートや借家に中流以下の家庭／BGが住んでいるという設定は、同時期の少女小

説（例として、三木澄子『遠い花火』集英社、1967年など）とも共通している。源氏と全く違った東京感覚を見せる小説としては、「ノストラダムスの予言」を出した五島勉の『BGスパイ──デパートを燃やせ』（芸文社、1964年）がある。デパートで働くBG・マユミを誘惑する冷徹なスパイ、猪狩は、京葉道路を64年型トライアンフ・インターナショナルで吹っ飛ばし、船橋の高台にある、ネオン輝く超近代的な「新世紀レジデンス」にマユミを連れ込む。そして最後には、猪狩たちの暗躍によって銀座のデパートが爆発炎上する。この小説は闇市の地上げとデパート競争という時代背景をもとに描かれているのだが、それにしても源氏ならば銀座を爆発させることは決してしないはずだ。

25｜源氏鶏太『愛しき哉』、前掲書、12頁。

26｜同書、174頁。

27｜同書、239頁。

28｜金野美奈子、前掲書、146頁・148頁。

29｜源氏鶏太『愛しき哉』、前掲書、316頁。

30｜同書、281頁。

31｜同書、349頁。

32｜同書、337頁、傍点筆者。

33｜上野千鶴子『近代家族の成立と終焉』岩波書店、2020 年、171-172 頁。

34｜金野美奈子、前掲書、140-141頁。

35｜鈴木貴宇「「明朗サラリーマン小説」の構造──源氏鶏太『三等重役』論」、『Intelligence』2012年3月、12号、134-135頁。

36｜金野美奈子によれば、戦後初期から導入された、事務作業の「科学的管理」という思想は、事務作業を、「フレキシブル」な対応が必要な上層の「判断事務」と「定型的」な下層の「作業事務」とに区分けするヒエラルキーを作り上げた。この序列の中で、「判断事務」とされた高度な仕事は職場の「正規構成員」たる男性に、低レベルな「作業事務」は「正規の構成員」カテゴリーから外れる女性に割り振られた。この男女間の職務上の差異が、男女間の序列格差を循環的に強化していった（金野美奈子、前掲書、153-155頁）。

37｜註6を参照。また、上野千鶴子は、明治時代初期に誕生した都市型の女性の新職業について、それらが「ピンク・カラー」と呼ばれる職種、つまり

教師、保母、看護婦、書記などといった、「手先の器用さや忍耐強さ、養育のような「女の特性」を生かした、男性と競合しない女性向けのゲットー職」だったと指摘している（上野千鶴子、前掲書、209頁）。

38｜井原あや「『女性自身』と源氏鶏太──〈ガール〉はいかにして働くか」、『國語と國文學』2017年、94巻5号、149頁。

39｜源氏鶏太『愛しき哉』前掲書、127頁。

40｜同書、89頁。

41｜同書、44頁。

42｜同書、263頁。

43｜同書、262頁。

44｜同書、265頁。

45｜同書、327頁。

46｜同書、261-264頁。

47｜「"都心の熱海"にゆがむ子供たち　アベック、のぞき遊び　鳩森小学校正門も閉鎖」『読売新聞』1957年2月13日、朝刊、7頁。「千駄ヶ谷の桃色侵略にこの動き　急に増えた転校者　父兄の浄化運動も盛り上がる」『読売新聞』1957年2月15日、朝刊、7頁。「文教地区また乱れ出す　鳩森小付近　アベック旅館が増築　都で近く一斉検査」『読売新聞』1961年7月18日、朝刊、11頁。「桃色旅館　"建築Gメン"出動　おかあさんたちも追放訴え」『読売新聞』1961年7月26日、夕刊、7頁。「千駄ヶ谷旅館街を一斉"手入れ"　子供部屋を客室に」『読売新聞』1961年7月27日、朝刊、11頁。「"自粛協定"を遵守　桃色旅館　浄化専門委つくる」『読売新聞』1961年9月8日、夕刊、7頁。「オリンピックにかける　千駄ヶ谷・原宿の旅館街　ホテル難で"一役"」『読売新聞』1962年4月3日、朝刊、10頁。また、『渋谷区　1965年度版（東京都大阪府名古屋全住宅案内地図帳）』住宅協会地図部、1965年、地図番号1365-1366を参照。

48｜源氏鶏太『わが文壇的自叙伝』前掲書、123頁。

49｜源氏鶏太『愛しき哉』、前掲書、111頁。

50｜同書、129頁、139頁。

51｜同書、148頁。

52｜井上ひさし「ベストセラーの戦後史 8」、『文藝春秋』1988年1月、66巻1号、414-415頁。

53｜源氏鶏太『愛しき哉』、前掲書、75-77頁。ただ

し、結婚に敗れたがバーの女になる器量もない、30過ぎの中年女の選択肢として、先述した松本清張「黒い空気」に登場する河野信子のように、家政婦になるという道もある。

54｜源氏鶏太『愛しき哉』、前掲書、308頁。

55｜同書、471頁。

56｜同書、472頁。

57｜同書、409頁。

58｜同書、251頁。

59｜同書、449頁。

60｜同書、479-480頁。

61｜細谷実「「戦後日本の覇権的男性性としてのサラリーマン的男性性」説の考察」、小林富久子・村田晶子ほか編『ジェンダー研究／教育の深化のために──早稲田からの発信』彩流社、2016年、279-280頁、287頁。

62｜源氏鶏太『愛しき哉』、前掲書、501頁。

63｜同書、188頁。

64｜JOYSOUND「"東京"を含む検索結果」〈https://www.joysound.com/web/search/song?keyword=東京&match=1〉（最終閲覧日：2023年2月15日）。JOYSOUND「"トーキョー"を含む検索結果」〈https://www.joysound.com/web/search/cross?keyword=トーキョー&match=1〉（最終閲覧日：2023年2月15日）。JOYSOUND「"Tokyo"を含む検索結果」〈https://www.joysound.com/web/search/cross?keyword=tokyo&match=1〉（最終閲覧日：2023年2月15日）。

65｜JASRAC 出2301558-301。

66｜「緊急特集　はじめて東京で自活するあなたへ」『女性自身』1965年1月25日、8巻4号、46-50頁を参照。

67｜JASRAC 出2301558-301。

68｜初出は、菊地成孔プロデュース〈けもの〉による2017年のアルバム『めたもるシティ』に収録された曲（「tO→Kio*」）。その後、同じく菊地プロデュース〈FINAL SPANK HAPPY〉による2019年のアルバム『Mint Exorcist』で、再アレンジ、再録された（「tOKio」）（JASRAC 出2301558-301）。本稿は、ファイナルスパンクハッピー版の「tOKio」を聴いて執筆している。菊地成孔は自身のエッセイ集で、「tO→Kio*」の着想について明らかにしている──日本にもう革命は起こらないけれど、「で

も、オリンピックがあるからいいじゃん」とうそぶく「愛」という女性の恋──が(菊地成孔『次の東京オリンピックが来てしまう前に』平凡社、2021年、26-31頁)、本稿では作詞者の解題にはよらず、この曲を解釈している。

参考文献

〈書籍、論考〉

浅利重雄『木造アパートの経営管理』日本不動産研究所、1960年

井上ひさし「ベストセラーの戦後史 8」、『文藝春秋』、1988年1月、66巻1号、410-416頁

井原あや「『女性自身』と源氏鶏太──〈ガール〉はいかにして働くか」、『國語と國文學』2017年、94巻5号、137-150頁

上野千鶴子『近代家族の成立と終焉』岩波書店、2020年

────・田房永子『上野先生、フェミニズムについてゼロから教えてください!』大和書房、2020年

大森真як「性別定年制の事例研究──1950年代〜60年代」、『早稲田社会科学総合研究』2017年3月、17巻2号、1-24頁

小笠原裕子『OLたちの〈レジスタンス〉』中央公論社、1998年

源氏鶏太『わが文壇的自叙伝』集英社、1975年

────『愛しき哉』講談社、2019年

五島勉『BGスパイ──デパートを燃やせ』芸文社、1964年

金野美奈子『OLの創造──意味世界としてのジェンダー』勁草書房、2000年

鈴木貴宇「「明朗サラリーマン小説」の構造──源氏鶏太『三等重役』論」、『Intelligence』2012年、12号、125-136頁

柴田翔『されど 我らが日々──』(Kindle版)文藝春秋、2002年

立原正秋『恋人たち』集英社、1967年

田中靖子「年少者における逸失利益の男女間格差」、『立命館法政論集』2004年、第2号、248-287頁

ドーン・フレーザー『ドーン・フレーザーの告白』宮川毅訳、ベースボール・マガジン社、1965年

細谷実「「戦後日本の覇権的男性性としてのサラリーマン的男性性」説の考察」、小林富久子・村田晶子ほか編『ジェンダー研究／教育の深化のために──早稲田からの発信』彩流社、2016年、279-296頁

松井久子編『何を怖れる──フェミニズムを生きた女たち』岩波書店、2014年

松本清張『事故──別冊黒い画集』文藝春秋新社、1963年

三木澄子『遠い花火』集英社、1967年

『東京』朝日新聞社、1961年

〈雑誌・新聞・インターネット記事・地図〉

「第4回女性自身 世論調査 "オフィス・レディ"(略称O.L)が第1位」『女性自身』1963年11月25日、6巻46号、58-61頁

「結婚式・披露宴の形式はこれ!」『ヤングレディ』1964年9月14日、2巻37号、52-58頁

「"水の女王"思わず涙 帰国したら結婚式 100自由3連勝のフレーザー嬢」『朝日新聞』1964年10月14日朝刊(東京)、15頁

「緊急特集 はじめて東京で自活するあなたへ」『女性自身』1965年1月25日、8巻4号、46-50頁

「"都心の熱海"にゆがむ子供たち アベック、のぞき遊び 鳩森小学校正門も閉鎖」『読売新聞』1957年2月13日、朝刊、7頁、1段

「千駄ヶ谷の桃色侵略にこの動き 急に増えた転校者 父兄の浄化運動も盛り上がる」『読売新聞』1957年2月15日、朝刊、7頁、5段

「文教地区また乱れ出す 鳩森小付近 アベック旅館が増築 都で近く一斉検査」『読売新聞』1961年7月18日、朝刊、11頁、1段

「桃色旅館 "建築Gメン"出動 おかあさんたちも追放訴え」『読売新聞』1961年7月26日、夕刊、7頁、4段

「千駄ヶ谷旅館街を一斉 "手入れ" 子供部屋を客室に」『読売新聞』1961年7月27日、11頁、5段

「"自粛協定"を遵守　桃色旅館　浄化専門委つくる」
　　『読売新聞』1961年9月8日、夕刊、7頁、3段
「オリンピックにかける　千駄ヶ谷・原宿の旅館街
　　ホテル難で"一役"」『読売新聞』1962年4月3日、
　　朝刊、10頁、4段
『渋谷区　1965年度版(東京都大阪府名古屋全住宅
　　案内地図帳)』住宅協会地図部、1965年
男女共同参画白書(概要版)平成29年版「学校種類
別進学率の推移」、男女共同参画局ホームペー
ジ、〈https://www.gender.go.jp/about_danjo/
whitepaper/h29/gaiyou/html/honpen/b1_
s05.html〉(最終閲覧日：2023年2月15日)。
日活作品データベース「いつでも夢を」〈https://
www.nikkatsu.com/movie/20695.html〉(最終
閲覧日：2023年2月15日)

【後　記】

　「その湯の出る音を聞きながら、窓側の椅子に掛けて、目黒一帯の灯を見つめていた」。源氏先生の小説に最初に惹かれたのは、なまめかしい『御身』のこの一節でした。先生、あなたは「目黒一帯の灯」を「家庭」の枕詞として使われていますが、今じゃ幸福な住宅街といえば、吉祥寺なんです。

　先生と私の「東京」のこんなズレが、そのままあなたの「大衆小説」のほころびになってしまいました。そのほつれ目をさらにほどいていくことで、私は「ガール」たちが見たかもしれない、別の「目黒一帯の灯」を妄想しようとしていました。

　言い換えれば先生の「東京」の空白地帯が、「ガール」と私がつながるチャンネルになったと言えるかもしれません。私は、「目黒一帯の灯」の中に隠された、彼女たちの「愛」以外の他の何かを探していたような気がするからです。私だって、愛や、恋や、ロマンチックな運命が大好きです。でも、「窓際の椅子に掛けて、目黒一帯の灯を見つめて」いるとき、ガールたちは、そして私も、そうではない何かも見たくて目を凝らしているような気がしたのです。それが何なのか、いまだになお、分かりはしない不安のままに、ではありますが。

ジオラマ都市のカタストロフ
——ゴジラが去ったそのあとに

吉野良祐

> かくして孵化された都市は、崩壊する宿命にある。廃墟は、われわれの都市の未来の姿であり、未来都市は廃墟そのものである。われわれの現代都市は、それ故にわずかな《時間》を生き、エネルギーを発散させ、再び物質と化すであろう。
> ——磯崎新[1]

1 カタストロフが似合う都市

　東京という街は、幾度となく破壊されてきた。

　徳川将軍が江戸の地に幕府を置いてから、世界に類を見ない都市発展を見せた江戸は、1657年の明暦の大火をはじめ、度々大きな火災に見舞われた。幕末には安政江戸地震が下町を襲い、明治5年の銀座大火は丸の内から銀座・築地にかけた東京の中心地を焼き尽くした。関東大震災と東京大空襲の惨禍は改めて書かずともよいだろう。最近でも、東日本大震災では、揺れによる直接の被害は大きくなかったが、交通網や経済の混乱など都市機能の麻痺に直面し、巨大都市の脆弱性が露わになった。そして、2020年。フィジカルな都市の破壊こそ見当たらないものの、目に見えないウイルスの恐怖が東京を覆い、あらゆる社会活動が停滞して、経済都市あるいは文化都市としての東京を蝕んでいる。

　東京が破壊されるのは現実世界だけではない。2020年の夏〜秋に開催された国立新美術館「MANGA都市TOKYO　ニッポンのマンガ・アニメ・ゲーム・特撮2020」[2]は、東京を描いたマンガ・アニメ・ゲーム・特撮作品を、3つのタイプに類型化して提示した。その最初のセクションのタイトルこそ「破壊と復

興の反復」であり、現実と虚構のあわいを往還する「破壊された東京」の姿を浮き彫りにする。『ゴジラ』シリーズをはじめ、大友克洋の『AKIRA』、庵野秀明の『新世紀エヴァンゲリオン』など、東京を襲う空想上のカタストロフィは種類も規模も多様であるが、そのテクストや映像は、多かれ少なかれ現実の東京を襲った天変地異にレファレンスを持つだろう。破壊された都市の現前性が、作品にリアリティと強度を与えているのだとすれば皮肉なことではあるが、こうした表現が許されるのもまた、東京という都市の特異さ、あるいは特権かもしれない。東京はまさしく、「カタストロフへの想像力が似合う都市」であり、「崩壊の不安におびえている」[3]のである。

　破壊された東京に対するこれほどまでに豊かな想像力の源流を辿るとき、民俗学者の宮田登が、東京を破壊するゴジラの姿を安政江戸地震後に流行した鯰絵に重ね合わせた[4]ことを思い起こさずにはいられない。地底に眠る巨大ナマズが地震を起こすという民間信仰の奇妙さもさることながら、描かれるナマズのキャラクターの多様さとある種のコミカルさに、都市破壊に対する想像力の共鳴をみることができる［図1］。ナマズは天罰の象徴として人々の前に姿を現すだけではない。時には「世直し」を手伝ったり、あるいは復興景気をもたらしたりと、災害をめぐる都市のダイナミズムの様々な局面にナマズが描かれる。

［図1］《しんよし原大なまづゆらひ》1855年　東京大学附属図書館蔵

こうした錦絵は、地震発生直後にお守りやまじないとして庶民に広まったことも知られており、大地震を起こすナマズは、絶対的な巨悪などではなく、多義的な存在として都市およびそこに住まう人間と共生する存在であった。

　一方で、再生や復興に向けての想像力もある。大友克洋の『AKIRA』では、第三次世界大戦で壊滅的な被害を受けた東京に代わり、東京湾上に建設されたネオ東京に舞台が設定される。形態やコンセプトに違いこそあれ、東京湾に都市域を広げるという発想自体は丹下健三の「東京計画1960」［図3］（29頁図版参照）に通じるアイディアとしてしばしば論じられる[5]。『新世紀エヴァンゲリオン』に登場する、2015年の「第3新東京市」（東京といっても場所は箱根だが）も、グリッド状のマスタープランが都市を覆う「六〇年代的スケールの国家計画の産物」[6]そのものである。

　戦後復興から高度経済成長への移行期である1960年前後、この丹下のマスタープランをはじめ、「塔状都市」、「海上都市」（菊竹清訓）、「農村都市計画」（黒川紀章）、「新宿ターミナル再開発計画」（大高正人＋槇文彦）など、新たな都市ビジョンが相次いで発表された[7]。これらの青写真は、もちろん、復興の中で人口過密に陥った都市の生存圏を拡張しようとする意味で、戦後復興の延長上にあると言えるが、それ以上に、原子スケールでの物質の振る舞いが都市を破壊した原子爆弾をヒントに、細胞の新陳代謝というミクロな現象を都市生成の理論へと昇華する[8]というアナロジー的な発想に注目したい。都市を破壊した理論が、そのまま都市を再生するための理論になったのである。

　江戸のナマズも、丹下らのメタボリズムも、あるいは、ゴジラも『AKIRA』も『エヴァンゲリオン』も、破壊と再生の間を結ぶ想像力の絶妙な力学のもとに置かれている。破壊された都市で作動する物語の表象は、むしろ、その都市の往事の姿を照射する。丹下のように、骨と筋肉と血液でできた生命体のアナロジーを都市に持ち込むのであれば、その皮膚を抉り取るような深傷にこそ、都市の記憶が滲み出ていると言えるかもしれない。フィクションの世界で破壊される東京の表象を辿る意味は、そこにある[9]。

2 核は東京の他所で

　こと日本においては、都市の破壊とは原子爆弾の記憶と強く結びついている。そして、原爆の記憶もまた、都市を創造する理論となったし、そのことによって原爆は記憶されるべき物語として強化された。丹下健三がコンペで勝ち取った広島平和記念公園および平和記念資料館は、原爆ドームを中心とした軸線で都市空間を秩序付けるというコンセプトのもとで設計された記念碑的な都市計画である。平和記念資料館―慰霊碑―原爆ドームという強力な軸線は現在でも受け継がれ、広島市内の都市域の中心をなしている。

　一方で、東京は核によって破壊されたことがない。東京大空襲のような悲劇はやはり存在するけれども、東京という都市が、広島のように原爆の記憶を直接継承するメディアになることはない。東京にとっては、ヒロシマもナガサキも「他所」なのだ。その構図は、2011年の原発事故とも重なる。東京に住まう少なくない人が、フクシマもまた「他所」のできごとである、という感覚を素朴に抱いていただろう。

　東日本大震災直後の4月30日、渋谷駅の壁画《明日の神話》[図3]の空白部分に、爆発した原子炉建屋を思わせるパーツが付け加えられた[図4]事件を思い起こす。その後、"犯行声明"を出したChim↑Pomは炎上（当時はまだ「炎上」という言葉はそれほど一般化していなかったかもしれない）し、批判的な世論が向けられた。その「不謹慎言説」には、津波や原発の被害者に対する配慮という建前をとりながらも、「他所」のできごとを東京に陳列することを拒絶したい、核や原子力とは無関係でいたい、という東京の本音が見え隠れはしなかったか。この事件のあと、Chim↑Pomは、メンバーが被災地ボランティアに従事していたこと[10]や、震災後1か月の福島第一原発を直接目撃した経験から「メルトダウンした世界」における「秩序」を目指そうとしたこと[11]を語ったし、岡本太郎記念館の館長・平野暁臣も、この挑発的な試みに「岡本太郎をリスペクトしたうえで、真剣にぶつかっている」[12]と一定の理解を示したが、わざわざこうしたコメントを発さなければならないということ自体が、このパフォーマンスの意義を逆説的に炙り出しているといえる。

[図3] 岡本太郎
《明日の神話》
（渋谷駅連絡通路）
著者撮影

[図4] Chim↑Pom
《LEVEL7 feat.明日の神話》
Courtesy of the artist,
ANOMALY and MUJIN-TO
Production

　一方で、原爆や原発事故が「他所」のできごとであるからこそ、「もし東京が核爆発で破壊されたら……」という空想が起動するとも言える。森下達は、3.11以後、ポピュラー・カルチャーを通じて核エネルギーのあり方を問い直す試みが増加したことを指摘する。ゴジラをはじめとする「戦後日本のポピュラー・カルチャーにおける重要なアイコン」が、核や原発のような社会問題に対する「日本社会の集合的な「思い」のようなものを背負っている文化象徴」として捉えられる[13]現象は、核による破壊を経験していない日本の首都が、そのような「思い」を容れる舞台としてフィクショナルな位相を維持していられることと同じ質を有してはいないか。

3　ゴジラと核と終末論

　批評家の八束はじめは、「反核映画としてスタートした『ゴジラ』においては、

核による自然の秩序の破壊に対して、その歪みの中から誕生した大怪獣が、元凶たる文明に対する復讐を行なうかのように大都市の破壊を繰り返していくというパラダイムが生まれた」[14]と述べて、核兵器批判あるいは文明批判の表象としてのフィクショナルな都市破壊の源流を初代『ゴジラ』（1954年）に見出す。このパラダイムがゴジラ以後に影響力を持ちえたのは、その思想性や時代性はもとより、この映画においてゴジラの圧倒的な破壊行為に見舞われた空想上の東京が、被爆地を彷彿とさせる映像によって描かれたインパクトと無関係ではないだろう。ゴジラの原作小説には、「ゴジラの通過した後は、原爆被害地にも似た、惨たんたる様相を呈していた」[15]という記述があり、映画『ゴジラ』の映像もそれを意識しただろう表現が採用されている。ゴジラが吐き出す熱風が人々を瞬時に呑みこみ、なんとか立っている電信柱や木をのぞいて、あたり一面は焼野原と化している。戦後10年と経たない日本において、「他所」のできごとである原爆被害の光景［図5］が、フィクションの力を借りつつ東京に突き付けられたのである。

　初代『ゴジラ』で提示されたこの都市破壊のパラダイムは、やがて終末論的なイメージを色濃くしてゆくことになる。『エヴァンゲリオン』や『AKIRA』など、ポピュラー・カルチャーにおいてその例には事欠かないが、初代『ゴジラ』との比較という意味でも、2016年に公開された映画『シン・ゴジラ』の表現を検討してみるのがわかりやすい。

　鎌倉から再度上陸し、多摩川河川敷のタバ作戦を突破したゴジラは、東京の中心部へと歩みを進め、アメリカ軍の地中貫通爆弾を受けたことをきっかけに能力を覚醒させる。苦しみ悶えているかのようにも見える痛ましい姿のゴジラから、鉄筋コンクリートのビルを一瞬で溶かす熱線が放射され、東京の高層ビルが次々

［図5］原爆で被災した直後の広島（1945年8月6日）
撮影：国平幸男　写真提供：毎日新聞社

と破壊される。しかし、この『シン・ゴジラ』最大の破壊シーンに付された劇中曲「Who will know」は、一見すると破壊に似つかわしくない、賛美歌のような響きをもった合唱つきの荘厳な音楽なのである。田中純はこの場面について、「視覚に与えられる壊滅的カタストロフの光景と聴覚が受容する悲歌の調べとの距たりが悲劇的な終末感を強める」[16]と述べる。クライマックスでは、「I wear a void　Not even hope　A downward slope　Is all I see」と歌われ、破滅的なシーンに付された神聖な祈りは、伊福部昭の無骨なメインテーマと好対照を成しながら、東京の破壊を神話化する作用をもたらす。

　東京の中心部を捨てて立川へと移転した新政府に対し、アメリカ政府が核兵器の使用を提案する場面も興味深い。東京に核が落ちるかもしれないという恐怖が、映画のクライマックスに向けたスピード感のある展開を用意する。ここで石原さとみ演じるカヨコ・パターソンが「本当に怖いのはゴジラじゃなくて人間かもしれないわね」と呟くのは、反核映画として製作された1954年の初代『ゴジラ』への応答を狙いすぎているきらいもあるが、いずれにせよ、ゴジラの圧倒的な破壊行為を経てもなお、『シン・ゴジラ』の登場人物たちは、東京が核兵器で人為的に破壊されることに対して終末的な恐れを抱くのだ。

　「もし東京が核爆発で破壊されたら……」という仮定は、現実世界で東京に原爆が落ちていたら成立しない空想である。そして、それが空想であるからこそ、畏怖を伴う終末的イメージと共に、東京を破壊するという物語のパラダイムが駆動していったように思う。日本最大の都市が現実世界で核攻撃を受けなかったということが、その後のフィクション作品における東京破壊のパラダイムと終末的な核への想像力を生み出す「余白」となったのである。

4　地形となった高層ビル群

　初代『ゴジラ』では海中のゴジラがオキシジェン・デストロイヤーによって白骨化させられる結末が用意されているのに対して、『シン・ゴジラ』では東京駅周辺で展開されたヤシオリ作戦によってゴジラは地上に立ったまま「凍結」させられる。オブジェのごとく東京の街に残され、「みずからランドマークと化した」[17]ゴジラの姿それ自体も奇妙だが、映画のラストシーンでは、その姿が

北の丸公園の科学技術館屋上を視点とした遠景の中に置かれる。眼前に広がる皇居の森と、その奥、本来であれば大手町や丸の内の高層ビル群があったはずの場所に佇む凍結されたゴジラ。皇居が丸の内から銀座・築地にかけての港湾部に比べて一段高い標高を有するという地形条件が存分に活かされたカットであり、皇居という「空虚な中心」（ロラン・バルト）が、かつて江戸湾に面した武蔵野台地の「縁」だったことを思い起こさせる。もし、『アースダイバー』[18]的な想像力で東京の原風景を再生する意図があったのだとすれば、そこに佇むゴジラは東京の新しい地霊〈ゲニウス・ロキ〉[19]だ。

　このように考えると、『シン・ゴジラ』における東京の表象は、都市というより地形的なものだった、と読みたくなる。作中で描かれる東京は、建築物の集合が地形的な様相を示すほど過剰となった現在の東京であったし、ゴジラが破壊したのも、個々の建築物というより、建築の集合が織りなす地形的な都市空間だったのではないだろうか。東京湾と武蔵野大地を覆うアスファルトとコンクリートはまさに、人新世の時代に堆積された地層なのだ。ゴジラはその地層を破壊し、皇居の森という古層がむき出しになった地の向こうで最期を迎えるのである。

　そして、建築や都市に向けられた地形的なまなざしは、個々の建築物が持つ社会的な意味を無効化する。「怪獣たちは、その時々の「都市を象徴する建物」を破壊している」[20]という橋爪紳也の指摘に反して、『シン・ゴジラ』では特定の建物がゴジラの「標的」にされることは無い。たしかに初代『ゴジラ』では、明らかに意図をもって銀座の和光ビルや国会議事堂が破壊された。それは、これらの建物が、当時の日本で最も高いビルのひとつであったということに加え、経済都市であり政治都市でもある東京を、ひいては日本の都市文化を象徴する「ランドマーク」[21]だったからだろう。同時代の映画評の言葉を借りれば、「お客様は怪獣が東京をあばれまわるのがみたくてやってくる」[22]のであって、東京だとわかるアイコンが壊される必要があった。

　それに対して『シン・ゴジラ』では、五十嵐太郎が論じているように、ゴジラの進軍経路に位置する建物が偶然破壊されるだけで、象徴的な建築の破壊が描写されることはない。もちろん、丸の内や霞が関の有名な建物はいくつも破壊されているが、1秒に満たないようなごく短いカットで処理され、そこに意

味や象徴性を見いだせないようにしているし、逆に長めのカットが充てられるのは、東京のどこにでもあるようなアノニマスな都市景観やマンションの破壊である。ゴジラは東京を「ただ歩いている」[23]だけであって、建物と都市に付着する人間スケールの社会的な意味には全く参与しようとしない。「ゴジラが放射熱線を吐くとカーテンウォールが吹き飛ぶシーンひとつ取っても、「そうそう、ああいうふうに、鉄骨だけ残るよね」とか、そういうところはこだわりました。あと、竹中工務店の設計担当の人に頼んで、構造計算をやってもらったんです」[24]という樋口監督の証言があるように、あくまで建物が崩壊するときの物質的な挙動に力点が置かれているのであり、建物が有するシンボル性や社会的な意味を破壊することにはほとんど無関心なのだ。

『シン・ゴジラ』で印象的に用いられたゴジラの形態変化も、東京の地形を効果的に利用するための戦略だったと解釈すれば納得がいく。最初の上陸地である蒲田は、低層住宅の密集するエリアであり、呑川を俎上して地上を四足歩行するに至った第2形態［図6］でこそ、その恐怖が増幅されるし、二足歩行の第3形態として品川駅に到達することで、八ツ山橋（初代『ゴジラ』のオマージュだ）やビル群との対比が生かされる。品川の御殿山に逃げた人々がゴジラを眺めるというカットもまた、品川近辺の地形的条件と第3形態［図7］の目線の位置を生かしたものだ。はじめから体長100mの直立するゴジラ（第4形態）が現れていたら、蒲田や品川の街に対してスケールアウトしてしまう。

2回目の上陸で、第4形態のゴジラが東京に足を踏み入れるのは多摩川河川敷

［図6］『シン・ゴジラ』、蒲田の第2形態　©2016 TOHO CO., LTD.

の武蔵小杉付近からであるが、制作チームにおいてももともと想定されていた二子玉川駅近辺という案がボツになった結果だという。「二子玉川から見たときの川崎側がスカスカで、あそこに怪獣をポンと置いたときの景色は、それこそ野原に怪獣がいるのとほとんど変わらないんですよ」[25]という証言からは、ゴジラをディスプレイする舞台装置としての都市へのまなざしが窺える。ここでも、建物は意味をはぎ取られ、ただそのビジュアルとスケールを地形的に現前させることに利用されるのである。

5　高層ビルのドラマトゥルギー

　『シン・ゴジラ』において、東京のビル群が地形として強く印象付けられるのが、東京駅周辺での最後の戦闘シーンである。東京駅を囲む丸の内から大手前にかけての超高層ビル群は、まさに「スリバチ状」[26]の地形となっており、ゴジラはその中に囚われる。爆破されたビルが雪崩れ込むようにしてゴジラの動きを止めるのだが、せいぜい30mほどの高さしかない低層の東京駅と、その周囲を囲む200mクラスのビル群という対比が存分に活かされる[図8]。注意深く映像を観察すると、映画公開の2016年時点で未完成の（というか着工すらしていない）常盤台の超高層ビルが登場する。完成すれば日本一の高さになるまだ見ぬ建築物を、三菱地所の図面データを利用してまで登場させたのは、一定のリアリティを保ちつつ東京駅周辺の地形を際立たせる意図があったのではないか。

ゴジラが「凍結」した位置に立ってみると、東京駅から行幸通りを望む格好になることがわかる［図9］。この行幸通り沿いには、東京駅周辺が超高層ビルに囲まれるという地形を獲得した歴史的経緯が埋め込まれている。手前に見える丸ビルは、低層部（およそ5階まで）と高層部でデザインが異なるが、これは「腰巻ビル」などと呼ばれ、100尺制限という約31mの高さ制限があった時代の建築の上に、規制緩和後の新しい建物が建てられたことを示す地層的史料だ。右手奥に見える赤い外観の東京海上ビルは、1960年代にその100尺制限が撤廃されたあと、丸の内エリアに建った最初の高層ビルであり、計画にあたっては「皇

［図8］『シン・ゴジラ』、東京駅のビル群に囲まれるゴジラ　©2016 TOHO CO., LTD.

［図9］行幸通りの建築群　著者撮影（2023年2月）

居を覗き込む高さのビルは不敬か」という論争まで起こった[27]。かつて一丁倫敦と呼ばれて未来的な街並みの代名詞ともなった丸の内エリアは、建物の高層化時代を牽引してきた。

さらに1972年に制定された総合設計制度では、特定条件を満たした建築に容積率の割り増しが認められる（すなわち、より高い建物が可能になる）こととなり、2002年の都市再生特別措置法も後押しして、さらなる規制緩和のもとでの官民一体となった街区再開発が超高層ビルの乱立を招いた。このとき、東京駅が歴史的価値を有する低層建築であったために、東京駅が余らせた容積率を周囲のビルに「振り替え」て適用することが認められた［図10］。つまり、東京駅周辺の超高層ビルは、東京駅が低層であるがために成り立ったのであり、スリバチ地形はこうした制度のもとでより強力に形成されることになった。『シン・ゴジラ』のラストシーンは、東京駅〜丸の内エリアのビル群の歴史が積層する地形なしには成立しなかった。

建築史家の藤森照信は、2012年に復原工事が完了した東京駅とその周辺を、次のように描写する。

　　驚いたのは、昔は結構雑然とした駅周辺と背後の光景だったのに、周りにボンボン新しいビルができていたことです。実はあれがかえって東京駅にとって良かったと思いました。みんなが辰野金吾(1854〜1919年)の横綱土俵入りを迎える観客のように見えました。三菱地所は無色の灰色建築をつくっていますので、おかげで邪魔にならなかった。あの周りの空間は100％ひとつの美学、三菱地所スタイルで管理されたオフィスビルで囲まれていてすごいですね。あそこに個性を主張したがる建築家が何か建ていたら相当違っていたと思いますよ。[28]

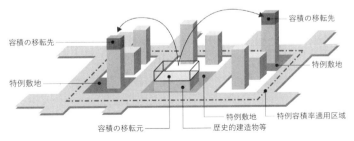

［図10］
容積率移転の
イメージ

低層がゆえにかえって中心性を獲得することになった「東京駅＝土俵」を囲むスリバチ状のビル群には、表層的な記号性を極限まで希釈させた「無色の灰色建築」が並ぶ。都市計画と再開発の諸制度に加え、三菱地所のデザインコードもまた、東京駅周辺の「地形化」に一役買っているといえよう。

　ゴジラを囲む地形＝舞台装置としての東京のビル群が、様々な制度や社会条件のもとで形成された歴史的な産物であることを思い起こさねばならない。即物的な破壊行為が意味やイメージを喚起しないとしても、そうした描写の前提にある東京の地形は、近代国家と資本主義の理論によって現出する都市のなかの政治的・経済的な磁場の絶妙な力学の上に成り立っている。初代『ゴジラ』と『シン・ゴジラ』において、都市破壊の表象や東京が受けた傷の性格が変質したことは、まさしく、両作品の間にある半世紀という時間で東京が経験したある種の「成熟」を物語っているのだろう。

6　まなざしの断片化

　東京の都市スケールでの変化が、そこで社会生活を営む人々の振る舞いをも変えうることを示したのは、吉見俊哉であった。吉見は、戦前における浅草から銀座への盛り場の移動を分析しながら、〈触れる＝群れる〉感覚に対して〈眺める＝演じる〉という視覚的パラダイムが支配的になってゆく東京の姿を描き出す。

　吉見の論によれば、視覚的パラダイムの優位は高度経済成長を経て東京という都市に強力に浸透することになるが、その源流はかつての関東大震災にあるという。破壊された東京を体験した夢野久作が、復興した街の様子を描き出した「恐ろしい東京」には、その兆候が示されている。少々長いが引用しよう。

　　銀座の夜店で机の上にボール箱を二つ並べて、一方から一方へ堅炭を鉄の鋏で移している。一方が空になると又一パイになっているボール箱の方から一つ一つに炭を挟んで空のボール箱へ移し返し始める。それを何度も何度も繰り返しているから不思議に思って見ていたが、サッパリ理由がわからない。二つのボー

ル箱の左から右へ、右から左へと一つ一つに炭の山を積み返し積み返して、夜通しでも繰り返しかねないくらい。やっている本人は落ち着き払っている。それを又、大勢の人が立って見ているからおかしい。今に理由がわかるだろうと思って一心に見ていたが、そのうちに欠伸が出て来たので諦めて帰った。

　家に帰ってからこの事を皆に話したら、妹や従弟連中が引っくり返って笑った。その炭を挟む鉄の道具を売るのが目的だという事がヤットわかった。

　こんな体験をくり返しているうちに、筆者はだんだんと東京が恐ろしくなって来た。すくなくとも東京が日本第一の生存競争場である位の事は万々心得て上京した積りであったが、このアンバイで見るとその生存競争があんまり高潮し過ぎて、人間離れ、神様離れした物凄いインチキ競争の世界にまで進化して来ているようである。アノ高々と聳立している無電塔や議事堂も、事によると本物ではないかも知れない。あの青空や、太陽や、行く雲までもがキネオラマみたいなインチキかも知れない。田舎の太陽や、樹木や、電車や、人間はみんな本物だがナアと思うと、急に田舎へ帰りたくなった。真黒に日に焼けた、泥だらけの子供の笑い顔が見たくて見たくてたまらなくなった。[29]

　夢野が目にした東京は、〈触れる＝群れる〉という生身の体験ではなく〈眺める＝演じる〉という表層的な交感によって人々を結び付けるような、「インチキ」な都会だったのだろう。吉見はさらに、このパラダイムシフトの過程で現れる、〈触れる＝群れる〉感覚と〈眺める＝演じる〉感覚の共存状態を次のように図式化する。

　この時代にあっては、〈眺める＝演じる〉感覚によって営まれていたような空間は、都市全域から見るならまだ「島」のようなものにすぎず、その周囲には、〈触れる＝群れる〉感覚を醸成していくような場の秩序が、「海」のように広がり、息づいていたのである。[30]

　この論を借りるとすれば、1954年の『ゴジラ』は、「島」として銀座や霞ヶ関の建築が描かれると言える。ゴジラはその島を渡り歩くようにして、東京のシンボルたる建築を破壊する。有名なスポットばかりを狙うゴジラを「はとバ

スツアー」に擬えたのは野村宏平である[31]が、そうした建築はまさに人々のまなざしに晒されることによって東京の象徴としての地位を獲得するのだ。《モスラ》(1961年)において、怪獣モスラは完成したばかりの東京タワーをへし折るし、《大怪獣ガメラ》(1965年)では、東京タワーはもちろん、羽田空港や銀座などが破壊される。

　加えて、初代『ゴジラ』における視覚の優位性は、まだ世に出て間もないテレビが劇中において多用されることで統御・強化される。「『ゴジラ』(初代)が何よりもテレビに取りつかれた映画だったことを忘れるわけにはいかない。山根博士たちはテレビでゴジラ掃討のニュースを見るし、GTVという放送局のテレビカメラやゴジラに破壊されるテレビ塔が有名である」[32]という指摘があるように、劇中で画面越しに東京の街が映し出されるのも、そうした視覚的パラダイムによって創出される東京のイメージを意識してのことであろう。唐沢俊一の言うように[33]、『ゴジラ』の映像は地方の子供たちが先進的な東京の姿を想像するための「窓口」でもあったのだ。この「窓口」の向こうに見える東京こそ、夢野が「インチキ」だと喝破した東京の姿にほかならない。

　対して『シン・ゴジラ』では、テレビ的な視覚の統御がいくらか弱まっている。映画の冒頭から、逃げ惑う人々のゴジラとの遭遇は、twitterを思わせる画面のカットが度々挿入されるなど、SNSを通じて断片的かつ多声的に共有され、その声とまなざしは拡散し続ける。テレビを用いた描写が登場しないわけではないが、むしろそれらは政府が場当たり的な声明を全国民に発するオールドメ

[図11]『シン・ゴジラ』におけるSNS的表現　©2016 TOHO CO., LTD.

ディアとしての取り扱いを受け、SNS的な断片化した視覚的経験の無秩序な集合こそがリアルなコミュニケーションとして前景化している［図11］。Google earthのような俯瞰的なツールによりかえって「俯瞰する視線に対しての興味を失ってしまった」[34]人々は、かつてテレビを通じて形成された集合的で幻想的なシンボル性よりも、「映える」「バズる」といった感性のもとにおかれたごく個人的な経験のビッグデータ的集合に自らの身体を晒そうとする。過剰なまでに増殖した東京の建築が、地形というシンボル無き全体性を獲得したのと同様に、断片化した視覚の輻輳が、〈眺める＝演じる〉のパラダイムを「島」から「海」へと全面化させる。

7　フィクションのリアリティと模型化するリアル

　こうした東京という街の過剰さは、コンピュータ・グラフィックと巧みな映像編集との相性を示しながら、『シン・ゴジラ』にリアリティを与えている。かつての『ゴジラ』が、25分の1サイズの模型を使っての特撮であり、劇中では夜の時間を中心に物語を進行せざるを得ず、それでも模型材料のマテリアリティを隠し切れていなかったことを思うと、モニュメンタルな構造物と〈眺める＝演じる〉パラダイムは、黎明期の特撮映画の模型的表現の覚束なさと表裏一体の関係にある。
　一方で、21世紀の東京において、現実の方がある種の"覚束なさ"の質を有していることを若林幹夫は論じる。

> 例えば横浜に向かうフェリーから湾岸を見ると、コンビナートや空港、あるいは巨大なコンテナヤードや広大な埋立地が目に映ります。その風景からは、そうした文化の理論に還元できない、古い言葉で言えば「下部構造」——さしあたりはそれを「マテリアルなもの」と呼ぶこともできるでしょうが——があるということを改めて感じました。それらに比べると湾岸の臨海副都心の新しい建築群は、模型と言うか折り紙細工みたいに見えてしまう。[35]

この発言に乗るとするならば、特撮映画・SF映画の世界では、かつての模

[図12] 本城直季《渋谷》2006年

型による表現から現在のCGによる表現へとリアリティが向上していったのに対して、現実世界では、高度経済成長期の圧倒的なマテリアリティの上に、模型あるいはジオラマ的な21世紀の構造物が乗っかるという逆方向の変化が起きているということになる。このような、東京を埋め尽くすアノニマスな建築の「パヴィリオン的な雰囲気」[36]は、「現在の東京が、のっぺりとしたマンガの世界と近似してきている」[37]ことの裏返しかもしれない。

　写真家の本城直季が捉える東京は、まさにそのような模型化した都市の姿にほかならない［図12］。「嘘っぽいんだなって強く感じる瞬間が時々あって……」[38]と本城は観察する。そこにあるのは堆積した凹凸であって、意味ではないのだ。ジオラマと現実の境界を解体するその技法により、そこにいる人間は、ただ街のスケールとアクティヴィティを示すために配置された"点景的身体"となる。吹いたら飛んでしまいそうな、やはり"覚束ない"身体が、それでも都市をまなざす主体として蠢いている。

　東京は、地層的に堆積する土木・建築のうえで、特定の視覚的なシンボルに回収されない断片の集積として、マテリアリズム的現実とジオラマ的フィクションの質を逆転させつつある。断片化した都市へのまなざしが多様なリアリティの質を捉える一方、それを統べるような全体性はジオラマのように虚構として

ふるまう。「消滅を十分にイメージできることだけが、この都市をダイナミックにうごかすことができる」[39]という磯崎の言葉に拠るならば、戦争のような壊滅的な破壊をしばらく経験していない現在の東京は消滅への想像力からは遙か遠い地点にあり、俯瞰的な視点から東京の未来を構想することが有効な手立てとはなり得ないのかもしれない。一方、コロナ禍は、物理的な破壊を伴わずとも容易に姿を変える東京を現前させ、我々はその姿に戸惑いつつも、新しい都市生活のあり方を模索し始めている。今となっては、つぎにどのような形で訪れるかわからない、未来の東京の破壊に備えることすら難しくなっているが、だからこそフィクショナルな想像力こそ、我々の道標になるのではないか。

註

1 | 磯崎新「孵化過程」、『美術手帖』No.203、1962年4月、50頁。「現代のイメージ」という特集が編まれており、二川幸夫の都市写真を破壊するかのようにドローイングを重ねた図が描かれる。

2 | 令和2年度日本博主催・共催型プロジェクトとして開催された。なお、新型コロナウイルス感染症の影響で会期が8月12日〜11月3日に変更された。〈https://www.nact.jp/exhibition_special/2020/manga-toshi-tokyo/〉（最終閲覧日：2023年2月21日）。

3 | 五十嵐太郎「他者が欲望する黒船都市、トーキョー──ねじれたトポロジーの表出」、『10＋1』No.12、1998年2月、85頁。特集「東京新論」に収録された一篇であり、「東京＝カオス論」の変遷を描き出す。

4 | 宮田登『妖怪の民俗学』岩波書店、1985年、10頁。

5 | 例えば五十嵐太郎『建築の東京』みすず書房、2020年、83-85頁など。

6 | 森川嘉一郎「ラブコメ都市東京──マンガが描く現代の〈花の都〉」、『10＋1』No.12、1998年2月、92頁。

7 | 1960年に東京で開催された世界デザイン会議において、これらの計画が掲載された冊子『METABOLISM/1960』が配布された。

8 | 豊川斎赫「原子のスケールから新しい都市を構想した、高度経済成長時代を可視化する建築運動」、〈http://touron.aij.or.jp/2017/06/3954〉（最終閲覧日：2023年2月21日）

9 | こうした、フィクション作品やメディアの表象を通して東京の都市的な変化を描き出す試みとしては、前掲した展覧会や五十嵐太郎『建築の東京』のほか、速水健朗『東京β──更新され続ける都市の物語』筑摩書房、2016年などがある。

10 | Chim↑Pom「「明日の神話」と原発と僕達が表現したかったこと」、『創』2011年9・10月号、56-61頁。

11 | Chim↑Pomのメンバーである岡田将孝によるテクスト、『美術手帖』2012年3月号、10-11頁。

12 | 「チンポム問題作を岡本太郎記念財団が認めた「太郎を乗り越えてほしい」」（2011年11月7日）、日刊SPA、〈https://nikkan-spa.jp/83113〉、（最終閲覧日：2023年2月21日）

13 | 森下達『「特撮映画」・「SF（日本SF）」ジャンルの成立と「核」の想像力──戦後日本におけるポピュラー・カルチャー領域の形成をめぐって』京

都大学学位論文、2015年。

14｜八束はじめ「ゴジラvsメタボリスト」、『10+1』No.1、1994年、180頁。

15｜香山滋『ゴジラ』岩谷書店、1954年、193頁。

16｜田中純『『シン・ゴジラ』の怪物的「しるし」」、『ユリイカ』2016年12月臨時増刊号。

17｜五十嵐太郎、前掲書、53頁。

18｜中沢新一『増補改訂 アースダイバー』講談社、2019年。

19｜鈴木博之『東京の地霊［ゲニウス・ロキ］』筑摩書房、2009年。

20｜橋爪紳也「ゴジラはなぜ都市をめざすのか」、『ユリイカ』2016年12月臨時増刊号。

21｜五十嵐太郎、前掲書、52頁。

22｜双葉十三郎「日本映画批評 ゴジラ」、『キネマ旬報』、1954年12月。

23｜小野俊太郎『新ゴジラ論──初代ゴジラから『シン・ゴジラ』へ』彩流社、2017年。

24｜「特集 特撮と東京1960年代」、『東京人』2016年8月。

25｜同記事。

26｜皆川典久『東京スリバチ地形入門』イースト・プレス、2016年。皆川は、建物のスカイラインが都市の微地形を強調するという性質を論じている。

27｜なお、2021年4月、この東京海上ビルの取り壊しの決定が報じられた。〈https://www.tokyo-np.co.jp/article/95654〉（最終閲覧日：2023年2月21日）。写真は実際の取り壊しの様子が写り込んでいる。

28｜藤森照信×中谷礼仁×清水重敦「東京駅──再生と復元の美学」（2012年12月）、10+1 website、〈https://www.10plus1.jp/monthly/2012/12/issue00.php〉（最終閲覧日：2023年2月21日）

29｜夢野久作「恐ろしい東京」、『探偵春秋』2巻2号、1937年2月。

30｜吉見俊哉『都市のドラマトゥルギー──東京・盛り場の社会史』弘文堂、1987年。

31｜野村宏平『ゴジラと東京──怪獣映画でたどる昭和の都市風景』一迅社、2014年。

32｜小野俊太郎『新ゴジラ論──初代ゴジラから『シン・ゴジラ』へ』彩流社、2017年。

33｜唐沢俊一「怪獣は東京を目指す」、『ユリイカ』1999年5月。

34｜森川嘉一郎・吉見俊哉（文：藤津亮太）「対談 破壊と復興の都市を生きる。」、『東京人』2020年9月、116頁。

35｜内田隆三・若林幹夫「東京あるいは都市の地層を測量する」、『10+1』12号、1998年2月。

36｜東浩紀・五十嵐太郎「東京という現実の幸せな砂漠」、『インターコミュニケーション』No.61、2007年。

37｜森川嘉一郎、前掲論文。

38｜「本城直季のジオラマ・マジック 「街って嘘っぽいと時々思う」」、『芸術新潮』Vol.57 No.6、2006年6月。

39｜磯崎新「都市破壊業KK」、『空間へ』河出書房新社、2017年。

参考文献

東浩紀・五十嵐太郎「東京という現実の幸せな砂漠」、『インターコミュニケーション』No.61、2007年

五十嵐太郎「他者が欲望する黒船都市、トーキョー──ねじれたトポロジーの表出」、『10+1』No.12、1998年2月

────『建築の東京』みすず書房、2020年

磯崎新「孵化過程」、『美術手帖』No.203、1962年4月

────「都市破壊業KK」、『空間へ』河出書房新社、2017年

内田隆三・若林幹夫「東京あるいは都市の地層を測量する」、『10+1』12号、INAX出版、1998年2月

小野俊太郎『新ゴジラ論──初代ゴジラから『シン・ゴジラ』へ』彩流社、2017年

香山滋『ゴジラ』岩谷書店、1954年

唐沢俊一「怪獣は東京を目指す」、『ユリイカ』1999年5月

鈴木博之『東京の地霊［ゲニウス・ロキ］』、筑摩書房、2009年

田中純『『シン・ゴジラ』の怪物的「しるし」」、『ユリイカ』、2016年12月臨時増刊号

Chim↑Pom「「明日の神話」と原発と僕達が表現したかったこと」、『創』2011年9・10月号

Chim↑Pomのメンバーである岡田将孝によるテキスト、『美術手帖』2012年3月号

豊川斎赫「原子のスケールから新しい都市を構想した、高度経済成長時代を可視化する建築運動」、〈http://touron.aij.or.jp/2017/06/3954〉

中沢新一『増補改訂 アースダイバー』講談社、2019年

野村宏平『ゴジラと東京——怪獣映画でたどる昭和の都市風景』一迅社、2014年

橋爪紳也「ゴジラはなぜ都市をめざすのか」、『ユリイカ』2016年12月臨時増刊号

速水健朗『東京β——更新され続ける都市の物語』筑摩書房、2016年

藤森照信×中谷礼仁×清水重敦「東京駅——再生と復元の美学」（2012年12月）、10+1 website、〈https://www.10plus1.jp/monthly/2012/12/issue00.php〉

双葉十三郎「日本映画批評 ゴジラ」、『キネマ旬報』1954年12月

皆川典久『東京スリバチ地形入門』イースト・プレス、2016年

宮田登『妖怪の民俗学』岩波書店、1985年

森川嘉一郎「ラブコメ都市東京——マンガが描く現代の〈花の都〉」、『10+1』No.12、1998年2月

森川嘉一郎・吉見俊哉（文：藤津亮太）「対談 破壊と復興の都市を生きる。」、『東京人』2020年9月

森下達『「特撮映画」・「SF（日本SF）」ジャンルの成立と「核」の想像力——戦後日本におけるポピュラー・カルチャー領域の形成をめぐって』京都大学学位論文、2015年

八束はじめ「ゴジラvsメタボリスト」、『10+1』No.1、1994年

夢野久作「恐ろしい東京」、『探偵春秋』2巻2号、1937年2月

吉見俊哉『都市のドラマトゥルギー——東京・盛り場の社会史』弘文堂、1987年

「特集 特撮と東京1960年代」、『東京人』2016年8月

「チンポム問題作を岡本太郎記念財団が認めた「太郎を乗り越えてほしい」」（2011年11月7日）、日刊SPA、〈https://nikkan-spa.jp/83113〉

「木城直季のジオラマ・マジック 「街って嘘っぽいと時々思う」」、『芸術新潮』Vol.57 No.6、2006年6月

【後　記】

　コロナ禍で暇ができてしまい、真っ先にやったことのひとつが、自動車免許を取りに教習所に通うことだった。以来、何度となく都内を運転しているが、だだっ広い埋立地を80km/hで駆け抜けられる湾岸線よりも、片側2車線のせせこましい高架が「スパゲティをふりかけた」（川上秀光ら）ようにビルの間を縫う首都高のほうが、ずっと東京の地形の面白さを味わえる。両国のあたりを隅田川のカーブに沿って走るのもよいし、新富町のあたりで微地形を感じながら地を這うのもよい。

　コロナ禍真っ只中の2021年4月、賛否のどちらの声も根強い日本橋の首都高地下化計画、その工事がついに着工した。「日本橋に青空を」のスローガンが、膨大な事業費と工期を要する大プロジェクトを動かすというこの珍妙さも、時が経てば歴史化されるのだろう。今はただ、「あと十数年でこの道はなくなるのだ」という想像力を働かせることが、都心環状線の日本橋付近を走るときの、ちょっとした愉しみになっている。

あとがき

吉野良祐

「タマガワを越えたむこうがトーキョーだよ」

　JR線の車窓から広々とした河原を眺める自分に、両親がそう教えてくれたのは、いくつの頃だっただろう。その日、東京はそう遠くはないということを知ったけれど、同時に、東京が「あちら側」の世界だということも知った。

　横浜で育ったが、中高生時代は東京の学校まで1時間かけて通っていた。学生服のまましょっちゅう寄り道した場所──たとえば、総菜屋の揚げ油の匂いが充満する谷中の路地裏、学生証を見せれば無料で常設展に入れた上野の博物館、先輩に仕込まれてビリヤードを覚えた池袋の雑居ビル、地下から8階までびっしり本が並ぶ東京駅の書店──は、自分の青年時代の断片が描きこまれた原体験的な場所でこそあったが、自分と東京という街とを直接に結びつけてくれることはなかった。毎日のように多摩川を越えて東京を目指しているのに、いや、むしろその通過儀礼があったからこそ、当時の自分にとっての東京はいつまでも「あちら側」だったし、自分は異邦人であり続けた。

＊

　あれは2015年の夏だったと思う。駒場に通い始めて3年目の夏、留年していて暇を持て余していた自分は、同じキャンパスの同級生S子さんとひょんなことから知り合った。その日、彼女は留学から帰って来たばかりで、なんでも東京に家が無く、しばらくは知人の家を転々とする算段だという。東京の街ではそれが可能なんだな、と妙に感心したことを覚えているが、はたして彼女は、ほどなくして無事に新居を見つけ出し、そのそばにある小劇場併設のカフェでアルバイトをはじめた。駒場から電車で10分ほどの明大前駅だというから、大学で同じクラスのN君と一緒に立ち寄ってみることにした。

　明大前駅の改札を出てすぐ、甲州街道の手前、チェーン店が立ち並ぶ小奇麗

な通りに、不気味にそびえるコンクリートの塊がその小劇場だった。地下にあるカフェは、店の端から端まで10歩で足りるような店だったが、天井高は4mくらいあって、主に美術や文芸関連の書籍が、床から天井までしつらえられた本棚を埋め尽くしていた。道路に面している側の壁だけは本棚で覆われず、むき出しのコンクリートの壁には小さな絵画作品が何点か、控え目なキャプションと共に掛けられていた。「アーティストを呼んで、小さな個展をやっているのよ。来週また新しい人に変わるから、今のはもうじき見納め」、とカフェを切り盛りしているＪ子さんが教えてくれた。客は我々のほかに、もう一人だけだった。

　その店の名を「ブックカフェ槐多」といった。画家の村山槐多にあやかったネーミングで、カウンターの上のほうに槐多の絵のコピーが飾られていた。サイフォンでコーヒーを淹れてくれるＳ子さんと、厚切りのパンをトーストしているＪ子さんの他愛のない会話に相槌を打ちながら、その奇妙な絵を眺め、ふと天井に視線を移す。そこに垂れる照明器具は、ブリキかトタンのような質感の、穴が開いて歪んだ金属片で覆われ、無骨に、それでいて優しく、電球の光をほうぼうに乱反射させていた。「この上の階が劇場で、今日はなにかやってるんだったかしら……？ あ、劇場のオーナーは窪島さんと言って……」と天井を見つめたままの自分にＪ子さんが話しかける。「ほら、そこの本の著者の、窪島誠一郎。このキッド・アイラック・アート・ホールをつくった人」。それ以上にどんな会話をしたかはあまり覚えていない（荒川修作とかやなせたかしの話をしたかもしれないし、しなかったかもしれない）が、コーヒーの香りとゆっくり流れる時間で満たされたあの空間の得も言われぬ居心地の良さはよく覚えている。その日からこの「槐多」は、我々のささやかな隠れ処になった。

　　　隠れ処では、子供は物(stoff〔素材〕)の世界のなかに包みこまれている。物の世界が途方もなく露わになり、無言のまま子供に迫ってくる。
　　　──ヴァルター・ベンヤミン

　しばらくして我々は、この居心地の正体を思わぬ形で知ることになった。2016年の春先、キッド・アイラック・アート・ホールが同年末で閉館するとい

あとがき　吉野良祐

う報せがあった。1963年、かつての東京オリンピックの前の年から続くこの場所が、我々の目の前でその最期の時を迎えるというのだ。S子さんやN君と話して、この「キッド」の閉館を"我々なりのやり方で"見届けよう、ということになった。チーフマネージャー早川誠司氏を皮切りにキッドに関係する人物への取材を行い、劇場に保存されていた数十年分のフライヤー（ダンボール箱10箱ぶんはゆうにこえていた）に目を通し、さらには窪島氏が建てた信州上田の美術館「無言館」を訪ねたりもした。50年前に劇場を使った渡部洪氏がライブハウス曼荼羅のオーナーであることを突き止めて、吉祥寺の喫茶店ゆりあぺるぺむで本人から話を聞いたこともあったし、ついには窪島誠一郎氏その人とも連絡をとることができて、背筋が伸びてしまうような品の良いホテルの一室の扉を叩いたことを覚えている。

　「高校を出てからは、生地屋さん、印刷会社、喫茶店、と職を転々としていたね。その頃、明大前から渋谷までは井の頭線で20円だったんだけれど、隣の神泉までなら10円だった。だから、神泉から渋谷は歩いて電車代を安く済ませていたんですね。その道中で、村山槐多の画集に出会ったわけです。そのときは、美術は皆目わからない男だったけれども、絵に出会ったというよりは、こういう絵を描いて死んでいくっていう生き方に出会ってしまったんですね。それは、ショックでしたね。それが、将来にわたるほんの種火のようなものを、私のなかに燻らせんですね。そういうちいさな火種、芸術っていいな、っていうものを抱えたままに、昭和38年にスナックを開くんですね。ちょうどあと5日で22になる、まだ21でしたけどね。それで、東京オリンピックがやってきて、店の前をエチオピアのアベベが走っていたり……」（窪島氏への取材より）

　あの隠れ処は、この10円の電車賃のために、東京の街へ繰り出した窪島青年が生み出したものだったのだ。高度経済成長期の東京で現実と理想の狭間に自らの生を投じた若き窪島誠一郎の「種火」の残滓が、2016年のキッドと槐多でもなお、細々と、しかしよほどしぶとく、残り火として灯っていたのだと思う。

　「坂田明や坂本龍一はうちのアジフライを食べているはずです。水木一郎さん

が手伝ってくれたり、松原町の北杜夫先生が来てくれたり。確か16歳くらいの関根恵子さんもお客さんでした。二階では役者の卵が絶叫していて、渡部洪っていう人がやっていた新人劇場っていう劇団は、お客さんもすごかった。三島由紀夫に黒川紀章。そうそうたる面々ですよ。そういう不思議な空間なのだけれど、その不思議さをあの時代の若者は求めていたんでしょうね」(窪島氏への取材より)

　こうして、明大前に集った様々な人の"証言"が集まるにつれ、カフェに飾られた槐多の絵や、天井付近までディスプレイされた本の一冊一冊、あるいは劇場の古びた什器、非常階段で埃を被る照明機材が、自分の前に「途方もなく露わに」迫ってくるようになった。それだけではない、これまで「あちら側」だった東京の街の広漠とした風景が、確かな歴史と誰かの語りに現れるトポスとして自分の前に立ち現れるようになった。劇場とカフェに集う（集った）多くの人々と、そこを埋め尽くすモノたちが、東京というヘテロトピアと自らの生を接続する契機となる、それは、マッスな都市のあちこちにあるはずの裂け目に、自らの隠れ処を定めようとする、生まれてはじめての体験でもあった。決定的な「終わり」を眼前に、あの小劇場とカフェは、異邦人であった自分やS子さんの前にその裂け目として現れたのだった。

　　「ついに音は鳴り止む。舞台は暗転する。うまく呑み込めないけれど、これっきりでほんとうに最後なのだった」(S子さんのテクストより)

　2016年の大晦日、劇場は最後の日を迎えた。
　　　　　　　　　　　　　　　　　＊
　……少々長い、そして非常に個人的なエピソードをこのあとがきに記したことをお許し頂きたい。本書の原稿が全て出揃い、いよいよあとがきを、となった段で、各論考に埋め込まれた東京への切実なまなざしに触れるにつけ、ここで自分が何やら総括か結論めいたことを記すよりも、このエピソードを余滴として書き残すことの方がいくぶんか相応しいのではないか、と思い立ったのである。

あとがき　吉野良祐

巻頭言や序にあるように、本書はオリ・パラとコロナ禍を契機として編まれたものではあるが、その祝祭と厄災を物語として再構成することを目指した本ではない。むしろ、祝祭と厄災で浮き彫りとなった都市の「痛み」に、"我々なりのやり方で"応答を試みたものである。それは、東京という「あちら側」、あるいは1964年という「あちら側」に、我々書き手の切実さを重ね合わせる、ともすれば非常に危うい作業であったことを最後に告白しておかなければならない。

＊

　最後となりましたが、この非常に難しい時期に、多くの原稿と図版を含む本書の編集の労をとってくださった、羽鳥書店の矢吹有鼓さんに心よりお礼申し上げます。本書が、多くの読者にとって、東京という都市の記憶と想像力の裂け目となることを、心から祈ります。

　　　　　　　　　　2023年1月某日　多摩川を渡る横須賀線の車内にて

図版一覧

Part I / 動

歩くこと──「人間の尺度」の回復
桑田光平

図1｜平田実《BE CLEAN! 首都圏清掃整理促進運動 ハイレッド・センター》1964年
© HM Archive/Courtesy of amanaTIGP
図2｜1964年5月24日の銀座4丁目交差点
写真提供：朝日新聞社
図3｜1964年6月7日の八丁堀・桜川
撮影：池田信　写真提供：毎日新聞社
図4｜「東京計画1960」と丹下健三
撮影：川澄明男　写真提供：川澄・小林研二写真事務所
図5｜久住昌之・谷口ジロー『散歩もの』扶桑社、2009年、20-21頁　©Masayuki Qusumi, PAPIER, FUSOSHA
図6｜久住昌之・谷口ジロー『散歩もの』扶桑社、2009年、74頁　©Masayuki Qusumi, PAPIER, FUSOSHA

われら内なる動物たち──寺山修司、
ダナ・ハラウェイ、AKI INOMATA
田口 仁

図1｜『大群獣ネズラ』1964年（未公開）
©KADOKAWA
図2｜AKI INOMATA《やどかりに「やど」をわたしてみる》2009年-　©AKI INOMATA courtesy of Maho Kubota Gallery
図3・4｜AKI INOMATA《犬の毛を私がまとい、私の髪を犬がまとう》2014年
撮影（図3）：Nagano Satoshi　©AKI INOMATA courtesy of Maho Kubota Gallery

Part II / 時

Waves From A Seaside City in 1964
──サーフィン、GS、City Pop
田口 仁

図1｜大瀧詠一『A Long Vacation』Sony Music Labels Inc.、1981年（カバーアート：永井博）
©THE NIAGARA ENTERPRISES INC.
図2｜山下達郎『For You』air RECORDS、1982年（カバーアート：鈴木英人）
図3｜『エキサイト・ショー』の1シーン
出典：月刊「ON STAGE」特別編集『日本ロック大系：1957-1979』白夜書房、1990年
図4｜オックス『ガール・フレンド』ビクターレコード、1968年
写真提供：ビクターエンタテインメント
図5｜ブルー・コメッツ、ザ・スパイダース、B&B7、ザ・サベージ　出典：『週刊明星』1967年6月号、集英社、巻頭グラビア
図6｜ザ・タイガース『シーサイド・バウンド』ポリドール、1967年
図7｜ブルース・マッカンドレス宇宙飛行士、1984年2月11日、初めての宇宙遊泳、アメリカ航空宇宙局（NASA）　出典：Wikimedia Commons, Bruce McCandless II during EVA in 1984.jpg

都市のレイヤーを描く
──マンガの中の東京、その地下
陰山 涼

図1｜「不要不急の外出」が控えられた渋谷、2020年
図2・3｜永島慎二『フーテン 上』グループ・ゼロ、2017年、63・64頁　©永島慎二／グループ・ゼロ

図4│永島慎二『フーテン 上』グループ・ゼロ、2017年、104-105頁 ©永島慎二／グループ・ゼロ
図5│手塚治虫『手塚治虫漫画全集 火の鳥③(未来編)』講談社、1980年、7-8頁 ©手塚プロダクション
図6│マキヒロチ『吉祥寺だけが住みたい街ですか?(1)』講談社、2016年、70-71頁
図7│大友克洋『SOS大東京探検隊』講談社、1996年、32頁
図8│panpanya『おむすびの転がる町』白泉社、2020年、154-155頁
図9│panpanya『おむすびの転がる町』白泉社、2020年、158頁
図10│山口晃「趣都 第八回 日本橋ラプソディ─後編その肆─」、『月刊モーニングtwo』2019年10月号、講談社、521頁

半醒半睡のシネマトグラフ
──映画における東京と眠りの共同体について
高部 遼

図1│『MAM PROJECT 025 アピチャッポン・ウィーラセタクン＋久門剛史』森美術館、2020年(《シンクロニシティ》展、2018年)
図2│小津安二郎監督『一人息子』1936年 写真提供:松竹
図3│武智鉄二監督『紅閨夢』1964年
図4│吉田喜重監督『日本脱出』1964年 写真提供:松竹
図5│蔡明亮『無無眠』北師美術館、2016年 撮影:MoNTUE北師美術館／黄宏錡
図6│蔡明亮監督『無無眠』2015年 出典:台北電影節 Taipei Film Festival「2015台北電影節 無無眠 No No Sleep(予告編)(YouTube)

「壁」景から「窓」景へ──写真表現における
東京を見る人の表象をめぐって
西川ゆきえ

図1│中野正貴「Ginza Chuo-ku Jan. 1996」1996年、《TOKYO NOBODY》
図2│土門拳「とかげ」1954年、《江東のこども》 土門拳記念館
図3│高梨豊「新宿区伊勢丹 23 October」1966年、《東京人》 東京国立近代美術館蔵 Photo: MOMAT/DNPartcom
図4│東松照明「団地」1963年
図5-8│高梨豊「都市へ」 出典:別冊『東京人ノート』イザラ書房、1974年
図9│高梨豊「豊島区西武デパート 25 April」1966年、《東京人》 東京国立近代美術館蔵 Photo: MOMAT/DNPartcom
図10│高梨豊「Tomorrow」 出典:『カメラ毎日』1963年5月号、毎日新聞社、48-49頁
図11│東松照明「アスファルト」1960年
図12│東松照明「オリンピック・カプリチオ・1」1962年
図13│東松照明・高梨豊「I am a king 第3回／写真」 出典:『現代の眼』1964年9月号、現代評論社、巻頭グラビア
図14│中野正貴「27, May '04 Higashi-Azabu Minato-ku」2004年、《東京窓景》
図15│中野正貴「5, Jun '04 Shibuya Shibuya-ku」2004年、《東京窓景》

無柱のメカニクス／かたちのポピュリズム
──フラー・山田守・坪井善勝・丹下健三
吉野良祐

図1│フラーによるモントリオール万博会アメリカ館、1967年(開幕前の様子) 写真提供:朝日新聞社
図2│フラーによる Project for Floating Cloud Structures (Cloud Nine) 出典:『バックミンスター・フラーのダイマキシオンの世界[新装版]』鹿島出版会、2008年、257頁
図3│ミゼットハウスのパンフレット 写真提供:大和ハウス工業株式会社
図4│ミゼットハウス販売の様子(大阪 扇町公園、百貨店) 写真提供:大和ハウス工業株式会社
図5│建設中の日本武道館1964年6月(同年10月完

成）写真提供：共同通信社

図6｜日本武道館の屋根天井伏図
出典：建築家山田守展実行委員会編『建築家山田守作品集』東海大学出版会、2006年、137頁

図7｜パンフレット『浅草 新世界』(新世界、1952年11月)に描かれた新世界ビル　台東区立中央図書館蔵(浅草文庫)

図8｜斉藤辰寿による新世界ビルのイラスト
出典：浪江洋二・斉藤辰寿「新編東京名所図会 浅草六区と新世界」、『俳句研究』Vol.18 No.8、角川マガジンズ、1961年8月、135頁

図9｜スター・ドームのドローイング
出典：James Ward, *The Artifacts of R. Buckminster Fuller Volume Four*, New York and London: Garland Publishing, 1985, p.3.

図10｜スター・ドームの屋根のユニット
出典：James Ward, *The Artifacts of R. Buckminster Fuller Volume Four*, New York and London: Garland Publishing, 1985, p.5.

図11｜坪井が構造設計を担当した晴海のドーム
撮影：平井勝夫(1959年)
写真提供：中央区立京橋図書館

図12｜建設中の代々木競技場(1964年7月31日撮影)　写真提供：朝日新聞社

図13｜代々木第一体育館の骨組み(1964年3月30日撮影)　写真提供：朝日新聞社

図14｜有楽町マリオンの壁面に現れた2019年の広告キャンペーンと、「#2020あと1年」でTwitterに投稿された写真の例

東京肉体拾遺
──ボクシング、ミステリー、水
伊澤拓人

図1｜ダウンしたソニー・リストンを見下ろすモハメド・アリ、1965年　写真提供：アフロ

図2｜草加松原団地、1964年
写真提供：毎日新聞社

図3｜渋谷ストリームに沿った渋谷川、2019年
写真提供：朝日新聞社

失踪者のための回路
──都市における失踪表現の変遷
小林紗由里

図1｜勅使河原宏監督『燃えつきた地図』1968年

図2｜『燃えつきた地図』のロケ地として使われた赤羽台団地

図3｜『燃えつきた地図』で撮影された首都高速道路

図4｜寺山修司『街に戦場あり』天声出版、1968年、9頁　写真：森山大道

図5｜「人生処方上野案内地図」、寺山修司と天井桟敷編『ドキュメンタリー家出』ノーベル書房、1969年、234-235頁

図6｜高山明(Port B)『完全避難マニュアル 東京版』、2010年　©蓮沼昌宏

Part III / 標

赤瀬川原平の楕円幻想
桑田光平

図1｜〔図版は27頁掲載〕平田実《BE CLEAN! 首都圏清掃整理促進運動 ハイレッド・センター》1964年　© HM Archive/Courtesy of amanaTIGP

図2｜千代田区役所『区のおしらせ』no.184、1964年(昭和39)9月20日発行

図3｜赤瀬川原平《ヴァギナのシーツ(二番目のプレゼント)》1961/1994年　東京国立近代美術館蔵　Photo: MOMAT/DNPartcom

図4｜赤瀬川原平《患者の予言(ガラスの卵)》1962/1994年　東京国立近代美術館蔵　Photo: MOMAT/DNPartcom

図5｜赤瀬川原平《復讐の形態学(殺す前に相手をよく見る)》1963年　名古屋市美術館蔵

図6｜赤瀬川原平『散歩の収穫』日本カメラ社、2010年、77頁

図7｜赤瀬川原平『ステレオ日記 二つ目の哲学』大和書房、1993年、48頁／81頁

図8｜赤瀬川原平『自分の謎』毎日新聞社、2005年、45頁

人名索引

*団体名、グループ名も含む。

事 項 索 引

＊詩・小説・戯曲、雑誌・書籍等の文献、楽曲・アルバム、テレビ番組、映画、写真、アート、パフォーマンス、
展覧会などを含む。（　）内には作者・製作、アーティスト等を記し、映画は公開年を記した。

執筆者紹介 (五十音順) ＊編者

伊澤拓人（いざわ・たくと）
1995年、名古屋生まれ。東京大学大学院総合文化研究科博士後期課程。［専門］18世紀から19世紀のフランス美術史（ジャン＝ジャック・ルクー、観相学）。［論文］「頽廃の創造力——ジャン＝ジャック・ルクー『新しい方法』とその時代」（修士論文、2020年度）。［最近の関心領域・テーマ］塔短歌会などで短歌や詩の創作も行っている。

陰山 涼（かげやま・りょう）
1996年、埼玉生まれ。東京大学大学院総合文化研究科博士後期課程。［専門］マンガ研究（日本マンガ史）。［論文］「田河水泡「人造人間」におけるキャラクターの「内面」と「暴走」」（『マンガ研究』vol. 28、2022年）。「戦前・戦時下の日本マンガにおける飛行機」（『Phantastopia』第1号、2022年）。［最近の関心領域・テーマ］1920年代以降の日本におけるマンガ表現および科学／テクノロジーをめぐるイメージの歴史。

桑田光平（くわだ・こうへい）＊
1974年、広島生まれ。東京大学大学院総合文化研究科教授。［専門］フランス現代文学、表象文化論。［著書・共著］『ロラン・バルト——偶発事へのまなざし』（水声社、2011年）、『世界の8大文学賞——受賞作から読み解く現代小説の今』（共著、立東舎、2016年）など。［最近の関心領域・テーマ］現在『現代詩手帖』に「声を集めて」と題するエッセイを連載中。

小林紗由里（こばやし・さゆり）
1993年、東京生まれ。東京大学大学院総合文化研究科博士後期課程／東京国立近代美術館研究員。［専門］近現代美術史（写真史）。［論文］「女性写真家の不在をめぐって——「New Japanese Photography」展における議論の再考」（『東京国立近代美術館研究紀要』第27号、東京国立近代美術館、2023年）。［最近の関心領域・テーマ］1960-70年代の日本における女性写真家の表現活動。

西川ゆきえ（さいかわ・ゆきえ）
1996年、東京生まれ。東京大学大学院総合文化研究科博士後期課程。［専門］表象文化論（写真）。［論文］「森山大道初期作品における歌謡曲的政治性——「かっこわるい」写真家の肖像をめぐって」（修士論文、2020年度）。［最近の関心領域・テーマ］戦後日本写真における写真家、写真、語りの問題。

高部 遼（たかべ・りょう）

1995年、神戸生まれ。東京大学大学院総合文化研究科博士後期課程。［専門］映画研究、表象文化論。［論文］「神を撲つ——『告白的女優論』に至る岡田茉莉子＝吉田喜重の方法」（『Phantastopia』第1号、2022年）。「水平性の暴動——吉田喜重監督、別役実脚本未映画化シナリオ『万延元年のフットボール』を分析する」（『Phantastopia』第2号、2023年）。［最近の関心領域・テーマ］1960年代の日本映画（とりわけ吉田喜重を中心に研究）。蔡明亮などの台湾を中心に活動するアーティストの動向。

田口 仁（たぐち・ひとし）＊

1982年、茨城生まれ。東京大学大学院総合文化研究科博士後期課程。［専門］表象文化論（映画、芸術理論）。［論文］「『略称・連続射殺魔』再考——抵抗形式としてのエクスパンデッド・シネマ」（『映像学』109巻、2023年）など。［最近の関心領域・テーマ］1970年代以降の日本の映画産業。制作集団「nezumi」にて音楽関連の執筆なども行っている。

平居香子（ひらい・かのこ）

1995年、香川生まれ。東京大学大学院総合文化研究科博士後期課程／京都芸術センターアートコーディネーター。［専門］コンテンポラリー・ダンス（1960年代〜80年代にかけての日本／フランスの現代舞踊）。［論文］「矢野英征の『鷹の井戸』と「間」——「日本的なるもの」をめぐって（修士論文、2021年度）、「わたしたちは夢みる観客のまま、いまだなお。」（WEBマガジンAMeeT、2022年）。［最近の関心領域・テーマ］身体芸術、アナーキズム、源氏鶏太。

吉野良祐（よしの・りょうすけ）＊

1994年、横浜生まれ。東京大学大学院工学系研究科博士後期課程／日本学術振興会特別研究員／京都芸術大学非常勤講師。［専門］建築（近代日本建築史）。［論文］「1920〜30年代の日本における劇場近代化志向と海外情報受容の相関——洪洋社を中心とする建築系雑誌メディアの分析から」（『日本建築学会計画系論文集』第87巻802号、2022年）、「集団意識と建築——1910年からの問いかけ」（片岡安賞受賞、『建築と社会』2019年6月号掲載）。［最近の関心領域・テーマ］近代社会における建築・都市が、人々からいかにまなざされ、語られてきたか。

とうきょうじえい
東 京 時 影 1964/202X

2023年 3月 31日　初版

編　者　　　桑田光平、田口 仁、吉野良祐

ブックデザイン　大西隆介、沼本明希子（direction Q）

発行者　　　羽鳥和芳
発行所　　　株式会社 羽鳥書店
　　　　　　113-0022 東京都文京区千駄木5-49-2　ベガハウスミタケ305
　　　　　　電話 03-3823-9319 ［編集］／03-3823-9320 ［営業］
　　　　　　ファックス 03-3823-9321
　　　　　　https://www.hatorishoten.co.jp/

印刷・製本所　大日本法令印刷 株式会社

私たちの「東京の家」　尾形一郎・尾形優　B5判変型 160頁 5400円

沖縄彫刻都市　尾形一郎・尾形優　A5判 160頁 3400円

成田亨作品集　成田亨　B5判変型 400頁 8000円

成田亨の特撮美術　成田亨　菊判 282頁 3800円

どうぶつのことば　根源的暴力をこえて　鴻池朋子　A5判 384頁 3400円

水族館劇場のほうへ　桃山邑［編］　B5判変型 452頁 5800円

迷宮と宇宙　安藤礼二　四六判 320頁 2800円

『ハッピーアワー』論　三浦哲哉　四六判 178頁 2200円

論集 蓮實重彦　工藤庸子［編］　A5判 640頁 5400円

「ボヴァリー夫人」拾遺　蓮實重彦　四六判 312頁 2600円

〈淫靡さ〉について　はとり文庫005　蓮實重彦＋工藤庸子　A6判 240頁 1300円

女たちの声　工藤庸子　B6判 200頁 2400円

過去に触れる　歴史経験・写真・サスペンス　田中純　A5判 620頁 5000円

イメージの自然史　天使から貝殻まで　田中純　A5判 332頁 3600円

円山町瀬戸際日誌　名画座シネマヴェーラ渋谷の10年　内藤篤　四六判 346頁 2400円

波打ち際に生きる　松浦寿輝　四六判 168頁 2200円

こころのアポリア　幸福と死のあいだで　小林康夫　四六判 432頁 3200円

ここに表示された価格は本体価格です。御購入の際には消費税が加算されますので御了承ください。

羽鳥書店刊